国家出版基金项目
NATIONAL PUBLICATION FOUNDATION

"十三五"国家重点图书出版规划项目

智能制造
系 | 列 | 丛 | 书

数字化
与智能化车间

朱海平 著

DIGITAL AND
INTELLIGENT WORKSH

清華大学出版社
北京

图书在版编目（CIP）数据

数字化与智能化车间/朱海平著.—北京：清华大学出版社，2021.10（2022.10重印）
（智能制造系列丛书）
ISBN 978-7-302-59238-9

Ⅰ．①数…　Ⅱ．①朱…　Ⅲ．①数字技术－应用－制造工业－车间管理－研究 ②智能技术－应用－制造工业－车间管理－研究　Ⅳ．①F407.406.6

中国版本图书馆 CIP 数据核字（2021）第 191753 号

责任编辑：袁　琦
封面设计：李召霞
责任校对：赵丽敏
责任印制：宋　林

出版发行：清华大学出版社
　　　　　网　　　址：http://www.tup.com.cn，http://www.wqbook.com
　　　　　地　　　址：北京清华大学学研大厦 A 座　　邮　　编：100084
　　　　　社　总　机：010-83470000　　　　　　　邮　　购：010-62786544
　　　　　投稿与读者服务：010-62776969，c-service@tup.tsinghua.edu.cn
　　　　　质量反馈：010-62772015，zhiliang@tup.tsinghua.edu.cn
印　装　者：涿州市京南印刷厂
经　　销：全国新华书店
开　　本：170mm×240mm　　**印　张：**29.75　　　**字　　数：**598 千字
版　　次：2021 年 12 月第 1 版　　　　　　　　**印　　次：**2022 年 10 月第 2 次印刷
定　　价：98.00 元

产品编号：078475-01

智能制造系列丛书编委会名单

主　任：

　　　周　济

副主任：

　　　谭建荣　李培根

委　员（按姓氏笔画排序）：

王　雪	王飞跃	王立平	王建民
尤　政	尹周平	田　锋	史玉升
冯毅雄	朱海平	庄红权	刘　宏
刘志峰	刘洪伟	齐二石	江平宇
江志斌	李　晖	李伯虎	李德群
宋天虎	张　洁	张代理	张秋玲
张彦敏	陆大明	陈立平	陈吉红
陈超志	邵新宇	周华民	周彦东
郑　力	宗俊峰	赵　波	赵　罡
钟诗胜	袁　勇	高　亮	郭　楠
陶　飞	霍艳芳	戴　红	

丛书编委会办公室

主　任：

　　　陈超志　张秋玲

成　员：

郭英玲	冯　昕	罗丹青	赵范心
权淑静	袁　琦	许　龙	钟永刚
刘　杨			

制造业是国民经济的主体，是立国之本、兴国之器、强国之基。习近平总书记在党的十九大报告中号召："加快建设制造强国，加快发展先进制造业。"他指出："要以智能制造为主攻方向推动产业技术变革和优化升级，推动制造业产业模式和企业形态根本性转变，以'鼎新'带动'革故'，以增量带动存量，促进我国产业迈向全球价值链中高端。"

智能制造——制造业数字化、网络化、智能化，是我国制造业创新发展的主要抓手，是我国制造业转型升级的主要路径，是加快建设制造强国的主攻方向。

当前，新一轮工业革命方兴未艾，其根本动力在于新一轮科技革命。21世纪以来，互联网、云计算、大数据等新一代信息技术飞速发展。这些历史性的技术进步，集中汇聚在新一代人工智能技术的战略性突破，新一代人工智能已经成为新一轮科技革命的核心技术。

新一代人工智能技术与先进制造技术的深度融合，形成了新一代智能制造技术，成为新一轮工业革命的核心驱动力。新一代智能制造的突破和广泛应用将重塑制造业的技术体系、生产模式、产业形态，实现第四次工业革命。

新一轮科技革命和产业变革与我国加快转变经济发展方式形成历史性交汇，智能制造是一个关键的交汇点。中国制造业要抓住这个历史机遇，创新引领高质量发展，实现向世界产业链中高端的跨越发展。

智能制造是一个"大系统"，贯穿于产品、制造、服务全生命周期的各个环节，由智能产品、智能生产及智能服务三大功能系统以及工业智联网和智能制造云两大支撑系统集合而成。其中，智能产品是主体，智能生产是主线，以智能服务为中心的产业模式变革是主题，工业智联网和智能制造云是支撑，系统集成将智能制造各功能系统和支撑系统集成为新一代智能制造系统。

智能制造是一个"大概念"，是信息技术与制造技术的深度融合。从20世纪中叶到90年代中期，以计算、感知、通信和控制为主要特征的信息化催生了数字化制造；从90年代中期开始，以互联网为主要特征的信息化催生了"互联网＋制造"；当前，以新一代人工智能为主要特征的信息化开创了新一代智能制造的新阶段。

这就形成了智能制造的三种基本范式，即：数字化制造（digital manufacturing）——第一代智能制造；数字化网络化制造（smart manufacturing）——"互联网＋制造"或第二代智能制造，本质上是"互联网＋数字化制造"；数字化网络化智能化制造（intelligent manufacturing）——新一代智能制造，本质上是"智能＋互联网＋数字化制造"。这三个基本范式次第展开又相互交织，体现了智能制造的"大概念"特征。

对中国而言，不必走西方发达国家顺序发展的老路，应发挥后发优势，采取三个基本范式"并行推进、融合发展"的技术路线。一方面，我们必须实事求是，因企制宜、循序渐进地推进企业的技术改造、智能升级，我国制造企业特别是广大中小企业还远远没有实现"数字化制造"，必须扎扎实实完成数字化"补课"，打好数字化基础；另一方面，我们必须坚持"创新引领"，可直接利用互联网、大数据、人工智能等先进技术，"以高打低"，走出一条并行推进智能制造的新路。企业是推进智能制造的主体，每个企业要根据自身实际，总体规划、分步实施、重点突破、全面推进，产学研协调创新，实现企业的技术改造、智能升级。

未来 20 年，我国智能制造的发展总体将分成两个阶段。第一阶段：到 2025 年，"互联网＋制造"——数字化网络化制造在全国得到大规模推广应用；同时，新一代智能制造试点示范取得显著成果。第二阶段：到 2035 年，新一代智能制造在全国制造业实现大规模推广应用，实现中国制造业的智能升级。

推进智能制造，最根本的要靠"人"，动员千军万马、组织精兵强将，必须以人为本。智能制造技术的教育和培训，已经成为推进智能制造的当务之急，也是实现智能制造的最重要的保证。

为推动我国智能制造人才培养，中国机械工程学会和清华大学出版社组织国内知名专家，经过三年的扎实工作，编著了"智能制造系列丛书"。这套丛书是编著者多年研究成果与工作经验的总结，具有很高的学术前瞻性与工程实践性。丛书主要面向从事智能制造的工程技术人员，亦可作为研究生或本科生的教材。

在智能制造急需人才的关键时刻，及时出版这样一套丛书具有重要意义，为推动我国智能制造发展作出了突出贡献。我们衷心感谢各位作者付出的心血和劳动，感谢编委会全体同志的不懈努力，感谢中国机械工程学会与清华大学出版社的精心策划和鼎力投入。

衷心希望这套丛书在工程实践中不断进步、更精更好，衷心希望广大读者喜欢这套丛书、支持这套丛书。

让我们大家共同努力，为实现建设制造强国的中国梦而奋斗。

周济

2019 年 3 月

技术进展之快，市场竞争之烈，大国较劲之剧，在今天这个时代体现得淋漓尽致。

世界各国都在积极采取行动，美国的"先进制造伙伴计划"、德国的"工业 4.0 战略计划"、英国的"工业 2050 战略"、法国的"新工业法国计划"、日本的"超智能社会 5.0 战略"、韩国的"制造业创新 3.0 计划"，都将发展智能制造作为本国构建制造业竞争优势的关键举措。

中国自然不能成为这个时代的旁观者，我们无意较劲，只想通过合作竞争实现国家崛起。大国崛起离不开制造业的强大，所以中国希望建成制造强国、以制造而强国，实乃情理之中。制造强国战略之主攻方向和关键举措是智能制造，这一点已经成为中国政府、工业界和学术界的共识。

制造企业普遍面临着提高质量、增加效率、降低成本和敏捷适应广大用户不断增长的个性化消费需求，同时还需要应对进一步加大的资源、能源和环境等约束之挑战。然而，现有制造体系和制造水平已经难以满足高端化、个性化、智能化产品与服务的需求，制造业进一步发展所面临的瓶颈和困难迫切需要制造业的技术创新和智能升级。

作为先进信息技术与先进制造技术的深度融合，智能制造的理念和技术贯穿于产品设计、制造、服务等全生命周期的各个环节及相应系统，旨在不断提升企业的产品质量、效益、服务水平，减少资源消耗，推动制造业创新、绿色、协调、开放、共享发展。总之，面临新一轮工业革命，中国要以信息技术与制造业深度融合为主线，以智能制造为主攻方向，推进制造业的高质量发展。

尽管智能制造的大潮在中国滚滚而来，尽管政府、工业界和学术界都认识到智能制造的重要性，但是不得不承认，关注智能制造的大多数人（本人自然也在其中）对智能制造的认识还是片面的、肤浅的。政府勾画的蓝图虽气势磅礴、宏伟壮观，但仍有很多实施者感到无从下手；学者们高谈阔论的宏观理念或基本概念虽至关重要，但如何见诸实践，许多人依然不得要领；企业的实践者们侃侃而谈的多是当年制造业信息化时代的陈年酒酿，尽管依旧散发清香，却还是少了一点智能制造的气息。有些人看到"百万工业企业上云,实施百万工业 APP 培育工程"时劲头十足,可真准备大干一场的时候,又仿佛云里雾里。常常听学者们言,CPS(cyber-physical systems,信息物理系统)是工业 4.0 和智能制造的核心要素,CPS 万不能离开数字孪生体(digital twin)。可数字孪生体到底如何构建? 学者也好,工程师也好,少有人能够清晰道来。又如,大数据之重要性日渐为人们所知,可有了数据后,又如何分析? 如何从中提炼知识? 企业人士鲜有知其个中究竟的。至于关键词"智能",什么样的制造真正是"智能"制造? 未来制造将"智能"到何种程度? 解读纷纷,莫衷一是。我的一位老师,也是真正的智者,他说:"智能制造有几分能说清楚? 还有几分是糊里又糊涂。"

所以,今天中国散见的学者高论和专家见解还远不能满足智能制造相关的研究者和实践者们之所需。人们既需要微观的深刻认识,也需要宏观的系统把握;既需要实实在在的智能传感器、控制器,也需要看起来虚无缥缈的"云";既需要对理念和本质的体悟,也需要对可操作性的明晰;既需要互联的快捷,也需要互联的标准;既需要数据的通达,也需要数据的安全;既需要对未来的前瞻和追求,也需要对当下的实事求是……如此等等。满足多方位的需求,从多视角看智能制造,正是这套丛书的初衷。

为助力中国制造业高质量发展,推动我国走向新一代智能制造,中国机械工程学会和清华大学出版社组织国内知名的院士和专家编写了"智能制造系列丛书"。本丛书以智能制造为主线,考虑智能制造"新四基"[即"一硬"(自动控制和感知硬件)、"一软"(工业核心软件)、"一网"(工业互联网)、"一台"(工业云和智能服务平台)]的要求,由 30 个分册组成。除《智能制造:技术前沿与探索应用》《智能制造标准化》《智能制造实践》3 个分册外,其余包含了以下五大板块:智能制造模式、智能设计、智能传感与装备、智能制造使能技术以及智能制造管理技术。

本丛书编写者包括高校、工业界拔尖的带头人和奋战在一线的科研人员,有着丰富的智能制造相关技术的科研和实践经验。虽然每一位作者未必对智能制造有全面认识,但这个作者群体的知识对于试图全面认识智能制造或深刻理解某方面技术的人而言,无疑能有莫大的帮助。丛书面向从事智能制造工作的工程师、科研人员、教师和研究生,兼顾学术前瞻性和对企业的指导意义,既有对理论和方法的描述,也有实际应用案例。编写者经过反复研讨、修订和论证,终于完成了本丛书的编写工作。必须指出,这套丛书肯定不是完美的,或许完美本身就不存在,更何况智能制造大潮中学界和业界的急迫需求也不能等待对完美的寻求。当然,这也不能成为掩盖丛书存在缺陷的理由。我们深知,疏漏和错误在所难免,在这里也希望同行专家和读者对本丛书批评指正,不吝赐教。

在"智能制造系列丛书"编写的基础上,我们还开发了智能制造资源库及知识服务平台,该平台以用户需求为中心,以专业知识内容和互联网信息搜索查询为基础,为用户提供有用的信息和知识,打造智能制造领域"共创、共享、共赢"的学术生态圈和教育教学系统。

　　我非常荣幸为本丛书写序,更乐意向全国广大读者推荐这套丛书。相信这套丛书的出版能够促进中国制造业高质量发展,对中国的制造强国战略能有特别的意义。丛书编写过程中,我有幸认识了很多朋友,向他们学到很多东西,在此向他们表示衷心感谢。

　　需要特别指出,智能制造技术是不断发展的。因此,"智能制造系列丛书"今后还需要不断更新。衷心希望,此丛书的作者们及其他的智能制造研究者和实践者们贡献他们的才智,不断丰富这套丛书的内容,使其始终贴近智能制造实践的需求,始终跟随智能制造的发展趋势。

2019 年 3 月

制造车间是制造工艺活动与生产活动的主要发生场所,完成从虚拟产品向物理产品的转化。以车间作为数字制造(digital manufacturing, DM)和智能制造(intelligent manufacturing, IM)的实施载体,通过建设数字化、智能化车间,实现制造过程提质增效、敏捷响应外部变化,是制造企业进行数字化转型(digital transformation, DT)的基本方式之一。

本书主要面向离散制造行业,较全面地阐述了数字化与智能化车间的概念、技术、系统实现及应用。本书将数字化车间定义为:将数字化建模、数字化控制、数字化管理等技术综合应用于车间规划与改善、生产运行、工艺执行、库存物流、质量控制、设施维护等主要业务活动。通过对产品定义数据的数字建模和数字量传递,打通设计、工艺、制造、检测、装配等各个环节;通过对车间设施及生产流程的数字建模,仿真分析并优化车间的运行性能;通过引入数字化设备,实现生产过程的数字化控制以及设备状态的数字化监控;通过引入数据采集手段并建设数字化管控系统,实现产品制造及生产过程数据的自动获取、记录、流转和增值计算,优化车间管理效率和决策效率。本书也认为:智能化车间是自动化与信息化深度融合的制造车间,它继承了自动化车间、数字化车间、数字孪生车间的基本特征,并更加强调能够在车间活动的关键环节,具备自主性的感知、学习、分析、判断、通信与协调控制能力,实现数据驱动的智能决策,且决策结果能够通过在线或离线控制方式来优化车间活动的运行。

本书是作者多年以来相关科研工作的成果总结,先后得到了国家自然科学基金(编号:51275191、51875225、52075202)、国家重点研发项目(编号:2018YFB1703204)、广东省引进创新创业团队项目(编号:2016ZT06D189)、国家数控重大专项课题(编号:2014ZX04014101)、国家"863"项目(编号:2009AA043301、2012AA040909)以及多个工信部智能制造项目的经费支持,书中近 20 个大大小小的应用案例,也全部来自与企业合作的项目成果。本书理论联系实际,从系统概述与体系架构、优化模型和方法、关键技术与软件系统、综合应用案例 4 个方面对数字化与智能化车间的研究实施内容进行详细阐述,共分为 9 章,各章内容如下:

第1章　数字化与智能化车间概述。对制造车间的边界和业务活动进行了梳理,介绍了数字化与智能化车间的提出背景及相关概念,对车间"数字化""智能化"的内涵和特征进行了定义,提出了数字化与智能化车间的系统架构,对关键使能技术与工具进行了阐述,并归纳了数字化与智能化车间的实施路线和主要实施内容。

第2章　车间布局设计与物流仿真优化。结合工程应用案例,对车间布局设计和物流仿真优化中的4个问题进行了研究,包括混流双边装配线平衡设计、机加工车间仿真建模与性能分析、多跨车间布局设计仿真优化、装配线物流集配系统仿真优化设计等内容。

第3章　车间生产计划制定与优化。结合汽车、电子、飞机等行业的典型应用案例,对几类车间生产计划优化问题的模型与算法进行详细探讨。

第4章　数据驱动的设备故障诊断。首先对设备故障诊断问题进行概述;然后深入探讨了两类具体的工程问题:一是数据驱动的轴承故障诊断方法,二是数据驱动的铣削刀具磨损状态识别方法。

第5章　基于统计理论的生产过程质量控制。首先对统计过程控制(SPC)相关理论进行了概述;然后深入探讨了控制图的优化设计方法及应用,包括两类问题:一是经济最优的变量控制图优化设计,二是经济最优的多工位生产系统属性控制图优化设计。

第6章　车间数据采集技术及应用。首先分析了车间制造过程数据的类型及特征;然后对车间物联网的架构及关键技术进行了探讨;最后结合典型应用场景,对几类常见的车间数据采集应用进行阐述。

第7章　高级计划排程技术及应用。详细阐述了高级计划排程的基本概念、原理、相关理论技术和软件系统,并介绍了4个APS的应用实施案例。

第8章　制造执行系统技术及应用。首先回顾了MES的起源与发展过程,归纳了MES的特点和建设意义;然后从业务活动、数据应用、体系架构3个视角对MES的内涵进行了详细阐述;最后介绍了MES的产品及汽车制造、飞机装配行业的典型应用案例。

第9章　数字化与智能化车间综合应用案例。介绍了3个综合性的应用案例,这些案例分别来源于某3C金属结构件加工企业、某输配电装备(中低压开关柜)制造企业和某工程机械制造企业。

在本书的撰写过程中,得到了华中科技大学机械学院管在林教授及岳磊博士(撰写了第7章)、艾普工华董事长黄刚博士(撰写了第8章部分内容)、华中科技大学船海学院吴军教授(修订了第4章)、南京理工大学何非副教授(提供了第6章部分素材)的帮助,在此表示诚挚谢意,同时感谢本人所指导的博士研究生程一伟、杨朝阳、尹惠、田志鹏、邓宇浩、张聪,以及硕士研究生关辉、卫志栋、徐家宽、孙志娟、桂达、罗远光、马雷博、程佳欣等的支持。另外,特别感谢艾普工华公司、广东省智能机器人研究院、武汉创景可视公司的各位同事,也感谢众多不便署名的合作企业,它们为本书的撰写提供了很多素材。

作　者

2021 年 3 月

Contents | 目录

第 4 章 数据驱动的设备故障诊断 158

第 5 章 基于统计理论的生产过程质量控制 204

第 6 章　车间数据采集技术及应用　246

第 7 章　高级计划排程技术及应用　282

第 1 章

数字化与智能化车间概述

近些年来,我国制造企业面临转型升级的机遇与严峻挑战,在深化"互联网＋先进制造业"、制造强国战略、制造业高质量发展等宏观政策的引领下,一大批制造企业都正在开展数字化转型(digital transformation)工作,推动传统制造方式向数字化、网络化、智能化制造方向转变。制造车间是制造工艺与生产活动的主要实施场所,完成虚拟产品向物理产品的转化,它是制造系统的一个重要中间层级(制造系统的层级从低到高依次是设备、生产线、车间、工厂、供应链、生态系统)。以制造车间作为数字制造(digital manufacturing,DM)或智能制造(intelligent manufacturing,IM)的实施载体,通过建设数字化与智能化车间,实现企业提质增效、敏捷响应市场变化,是制造企业进行数字化转型的基本方式之一。

本章对制造车间的边界和业务活动进行了梳理,介绍了数字化与智能化车间的提出背景及相关概念,对车间"数字化""智能化"的内涵和特征进行了定义,提出了数字化与智能化车间的系统架构,对关键使能技术与工具进行了阐述,并归纳了数字化与智能化车间的实施路线和主要实施内容。

1.1 背景

1.1.1 制造企业转型升级的机遇与措施

"中国制造 2025"报告指出,我国制造业在全球范围内总体上处于"大而不强"的地位,面临来自发达国家的高技术竞争和来自发展中国家的低成本竞争。因此,制造企业必须主动谋求变化,以适应"两头挤"的激烈竞争生存环境。T(时间)、Q(质量)、C(成本)、S(服务)、E(环境)是制造企业追求的五大目标,全面提升自身综合能力(包括创新能力、研发能力、制造能力、营销/服务能力等),并提高业务运作效率,最终产生可观的效益,是制造企业转型升级的基本要求。如图 1-1 所示,在企业转型升级过程中,以数字化、互联网/物联网、移动通信(4G/5G)、人工智能与大数据、虚拟现实/增强现实/混合现实等为代表的信息与通信技术(information and communication technology,ICT)和以智能数控设备、自动化产线与机器人、3D打印、激光加工等为代表的先进制造技术(advanced manufacturing technology,

AMT)是两大关键动力因素,而需求多样多变、产品高质量且全程追溯、增值服务、快速上市等挑剔的客户要求,以及人力成本上升、严格的绿色环保和劳动保护要求、全球市场环境不确定等外部环境变化则是主要的压力因素。

数字化转型

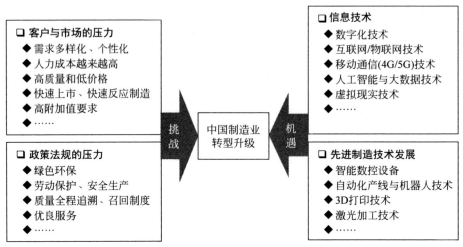

图 1-1　中国制造企业转型升级的机遇与挑战

为了提升自身的市场适应能力和竞争力,制造企业通常需要从两个层面进行转型升级,见图 1-2。首先是理念层面的改变,比如:①企业从以生产和市场为中心,转为以客户为中心;②确立创新能力是企业核心竞争力;③放弃大而全思想,强调核心能力(比如研发能力、制造能力、营销/服务能力)建设,并开展分布式协作;等等。其次是策略层面的改变,主要有以下 3 个措施:

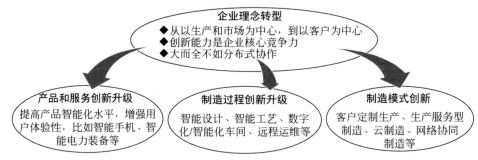

图 1-2　制造业转型升级的两个层次

一是实现产品和服务的创新升级。"产品智能化"是产品创新和服务创新的重要手段,所谓智能产品,指深度嵌入了传感、通信、分析、控制等信息技术,在其制造、物流、使用和服务过程中,能够体现出自感知(或被机器自动识别)、自诊断、自适应、自决策等智能特征的产品。通过产品智能化,既能增强用户体验性,也能显著提升产品价值和服务价值。

二是实现制造过程的创新升级。这里的制造过程是广义概念,包括设计过程、工艺与制造过程、生产过程、服务过程等。其中：

（1）设计过程的创新升级指通过大数据智能分析手段精确获取设计需求，通过智能创成设计方法进行产品概念设计，通过知识工程实现变型产品设计，通过科学计算和仿真优化实现产品高性能设计，通过并行协同策略实现设计制造信息的同步等；

（2）工艺与制造过程的创新升级通常包括数字化、智能化装备的应用，机器与人协同工作，基于虚实融合环境的工艺分析与优化，以及新型工艺技术的应用（比如 3D 打印）等；

（3）生产过程的创新升级指在车间或工厂层面，实现可视化透明管控，并引入大数据分析与智能决策手段，实现生产资源优化配置、生产任务和物流实时优化调度、生产过程精细化管理和智慧科学管理决策；

（4）服务过程的创新升级指将物联网、大数据分析、远程诊断等技术综合应用于产品使用及服务保障过程，从而达到提升服务水平、创造服务价值、创新产品设计等目的。

三是实现制造模式的创新。常见的新型制造模式包括客户定制生产或用户直连制造（customer-to-manufacturer，C2M）、生产服务型制造、云制造、网络协同制造等，如青岛酷特智能（原红领服装）创新服装定制模式，深圳智布互联打造共享纺织工厂产能资源的新行业模式，海尔开创"人单合一"的商业模式等。通常，制造模式创新首先由理念转型来拉动，而最终还需要通过产品和服务创新升级、制造过程创新升级等来落地。很容易联想到，如果没有建设数字化、柔性化、智能化制造车间，青岛酷特智能的服装定制模式就无法实现。

从上面的阐述中可以看出，数字化与智能化车间既是实现制造过程创新升级的重要途径，也是制造模式创新的重要支撑，它的主要目标是提升产品的工艺制造能力和生产过程能力，最终实现提质增效、节能降本、快速应对市场和客户需求变化，从而提升企业竞争力。

1.1.2　数字化、网络化、智能化是实现转型升级的关键技术

数字化、网络化、智能化是实现制造企业转型升级的关键技术和路径。数字化、网络化是基础，智能化是数字化、网络化发展的必然趋势。

1. 数字化

"数字化"指将物理世界的信息转化为计算机能够理解的信息，从而便于信息的分析、处理与应用，包括采集、建模、结构化、存储、分析、传递、控制等一系列过程。如图 1-3 所示，数字化制造的内涵包括数字化设计/工艺、数字化装备、数字化加工/装配/检测/物流、数字化生产、数字化企业运营、数字化服务等。

另外，在图 1-3 中，有填充背景的部分即为数字化车间的范畴。

2. 网络化

"网络化"是指将已经通过"数字化"进行描述的信息借助网络设施来实现远程

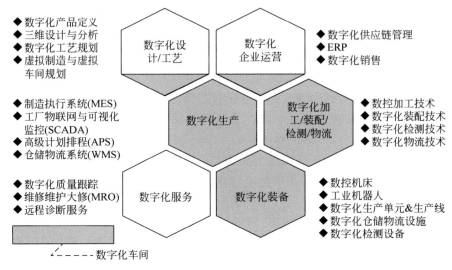

图 1-3　数字化制造的内涵

传递与共享,从而缩短时空距离,为制造过程中"人-人""人-机""机-机"之间的信息共享和协同工作奠定基础。网络的终端可以是人(称为互联网,即 internet),也可以是机器、产品、工具等物体(称为物联网,即 internet of things),万物互联是趋势。如图 1-4 所示,网络化制造的主要应用领域包括:

(1) 产品设计过程的网络化,典型代表是异地协同产品研发;

(2) 产品制造过程的网络化,如工厂(车间)内部的物联网、面向供应链的协同网络、面向行业资源整合的工业云等;

(3) 产品服务过程的网络化,典型代表是产品的远程监控与智能运维,如通过工业互联网平台,实现工程机械和风电设备的远程状态监控。

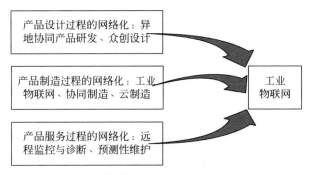

图 1-4　网络化制造的 3 种主要应用领域

在先后经历了基于应用服务提供商(application service provider,ASP)的网络化制造、网格制造(grid manufacturing)、云制造(cloud manufacturing)、互联网＋协同制造等多种表述形态后,工业物联网(industrial internet of things,IIoT)成为现今网络化制造的主流表述形式。2017 年 11 月,国务院发布《关于深化"互联网＋先进制造业"发展工业互联网的指导意见》，指出"工业互联网通过系统构建网络、平台、安全三大功能体系，打造人、机、物全面互联的新型网络基础设施，形成智能化发展的新兴业态和应用模式，是推进制造强国和网络强国建设的重要基础，是全面建成小康社会和建设社会主义现代化强国的有力支撑"。

3.智能化

"智能化"制造是指在数字化、网络化制造的基础上，深度处理和利用信息，使得产品(终端产品、中间物料、制造装备等)、工厂(包含设计、工艺、生产、物流、营销等环节)、服务系统(远程监控和运维系统)等目标对象具有一定自主性的感知、学习、分析、通信与协调控制能力，能适应动态环境变化，快速进行科学决策并做出响应。这种智能(intelligence)可简单理解为"随机应变"。如图 1-5 所示，制造智能(manufacturing intelligence)的来源主要有两类：一是人类专家的制造知识和经验经过固化后形成的规则；二是将通过互联网、物联网所获得的大量制造相关数据进行挖掘分析后形成的规则。制造智能有低级和高级之分。制造系统根据人类预定义的一些规则和模型进行计算，得出优化结果，并指导实际制造，可视为一种低级智能。制造系统的"自学习、自决策、自适应、高度人机协同"是高级智能，也是未来方向。在现阶段，通过泛在感知技术获得大数据，并通过数据挖掘和科学计算得到知识规则或优化结果，进而实现辅助决策支持，是"制造智能"的主要应用形式。

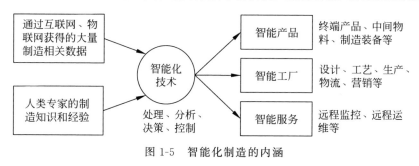

图 1-5　智能化制造的内涵

1.2　制造系统与制造车间

1.2.1　制造系统

制造是把原材料变成有用物品的过程，它包括产品设计、材料选择、加工生产、质量保证、管理和营销等一系列有内在联系的运作和活动。这是对制造的广义理解。对制造的狭义理解是指从原材料到成品的生产过程中的部分工作内容，包括毛坯制造、零件加工、产品装配、检验、包装等具体环节。对制造概念广义和狭义的理解使"制造系统(manufacturing system)"成为一个相对的概念，小的如柔性制造单元、柔性制造系统，大至一个车间、企业乃至以某一企业为中心包括其供需链而形成的系统,都可称为"制造系统"。从构成要素而言,制造系统是人、设备、物料流/信息流/资金流、制造模式的一个组合体[1]。

制造系统的层级如图1-6所示,从底层到顶层依次为制造装备、制造车间、制造企业/工厂、供需链和生态系统,上层包含了下层的所有内容。制造装备通常包括机床、生产线、机器人及各种物流设施等;制造车间是制造装备的集合,还包括工艺、生产、物流过程,以及生产管控过程;制造企业/工厂是制造车间的集合,还包括产品研发、企业运营管理、服务支持等过程;供需链是由多个企业及客户构成的需求-供应链过程;生态系统最为庞大,除了产品供需链以外,往往还涉及第三方服务,比如电网、金融、物流公司等。

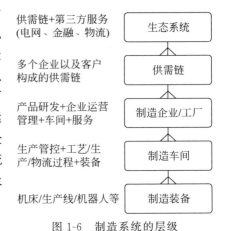

图 1-6　制造系统的层级

1.2.2　制造车间

如图1-6所示,制造车间是制造系统的中间层级。按照百度百科的定义,车间(workshop)是企业内部组织生产的基本单位,也是企业生产行政管理的一级组织,由若干工段或生产班组构成。它按企业内部产品生产各个阶段或产品各组成部分的专业性质和各辅助生产活动的专业性质而设置,拥有完成生产任务所必需的厂房或场地、机器设备、工具和一定的生产人员、技术人员和管理人员。车间有4个特点:①它是按照专业化原则形成的生产力诸要素的集结地;②它是介于厂部和生产班组之间的企业管理中间环节;③车间的产品一般是半成品(成品车间除外)或企业内部制品,而不是商品;④车间不是独立的商品生产经营单位,一般不直接对外发生经济联系。

按上述定义,车间是制造工厂的下一级单位,通常不涉及产品研发过程以及企业运营层面的工作,但车间的许多业务和产品研发及企业运营环节都有关系,比方说,车间生产之前需要从研发部门获取产品设计及工艺数据,包括产品模型、工艺规程、物料清单(bill of material,BOM)、变更指令等,也需要从运营部门获取制造订单、生产计划、物料供应等数据,并反馈生产结果数据。2006年,美国ARC组织总结了以制造为中心、以设计为中心、以管理为中心的数字制造,并考虑了原材料和能源供应、产品的销售与供应,提出用工程技术(通常包括设计、分析、工艺、制造、服务等阶段)、生产制造(通常包括设备、控制、生产、决策、运营等层次)和供应链(通常包括计划、采购、外协、厂外物流、生产物流、交付等环节)3个维度来描述制造工厂的全部活动。显然,车间的边界也可以通过该三维框架的子集来界定,具体来说:

(1)在工程技术维度,车间范围内仅包括制造和现场工艺;

(2)在生产制造维度,车间范围内仅包括设备、控制、生产及车间内决策;

（3）在供应链维度,车间范围内仅包括生产物流活动。

为了更好地理解车间的内涵,下面从业务活动和数据两方面进一步分析。

制造车间的业务活动如图 1-7 所示,主要业务活动包括:①车间规划与改善活动;②生产运行活动;③工艺执行活动;④库存物流活动;⑤质量控制活动;⑥设施维护活动。无论车间是否实现数字化、网络化、智能化,这些活动都是客观存在的。

表 1-1 简要列出了上述六大类业务活动的内容分解及执行主体,具体如下:

表 1-1　车间主要业务活动

车间主活动	子 活 动	活动执行主体
车间规划与改善活动	车间/产线/单元布局规划	工艺工程师
	车间生产平衡设计与改善	IE(工业工程)工程师
	运行性能分析与现场改善	IE 工程师
生产运行活动	作业计划编制	计划员
	生产派工与跟踪	调度员、班组长
	动态调度	调度员
	生产进度监控与上报	计划员
工艺执行活动	工序(作业)操作	工人或设备
	过程记录与任务提交	工人或设备
	现场工艺更改与优化	工艺员
库存物流活动	物料需求计划	物流工程师
	仓储活动	仓库工人
	领料或配送	物流工人
质量控制活动	质量策划与定义	质量工程师
	入库检验与过程检验	质检员
	质量异常处理	质量工程师、工艺工程师等
	质量分析与改善	质量工程师
设施维护活动	设备维护计划	设备工程师
	现场设备支持与维护	设备工程师
	设备检修与维护	设备工程师/维修工人
	安全生产保障	设备工程师等

（1）车间规划与改善活动:车间生命周期由规划、建设、运行、改善及重构等阶段构成。车间规划阶段的主要任务是在产能要求和工艺约束下,由工艺工程师确定车间布局、制造与物流设施选型、缓存区布置等基本要素,并由工业工程(industrial engineering,IE)工程师进行进一步的评估分析和优化;在车间运行阶段,精益改善活动一直在持续开展,当出现较大的产品调整和工艺升级时,还需要进行车间重构。

（2）生产运行活动:生产运行活动是车间运行阶段的主线活动,实现从计划到派工再到执行反馈与跟踪的闭环,计划员、调度员、班组长是主要的执行主体。

（3）工艺执行活动:车间工人(或者自动化设备)根据生产任务派工和工艺要

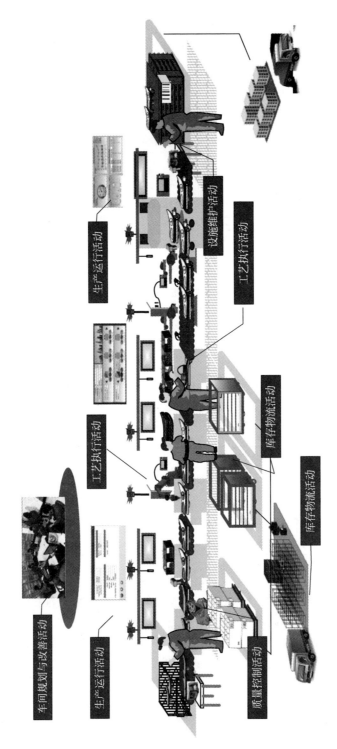

图 1-7 制造车间的业务活动示意图

求,操作特定设备完成加工、装配等任务指令,并提交操作结果。如果出现了工艺异常或变更,工艺员需进行现场工艺更改与优化。

(4)库存物流活动:这是车间运行阶段的辅活动之一,它根据生产任务进度要求,适时准备物料(原材料、零配件、工辅具等),并完成现场物料的配送。

(5)质量控制活动:这是车间运行阶段的辅活动之一,它根据产品设计与工艺要求,制定检测规范,确定检测环节、检测参数、检测手段和检测流程,依据规范进行产品检验(包括入库检、现场检、交付检等),按流程处置不合格品,并进行中长期的质量分析与改善。

(6)设施维护活动:这也是车间运行阶段的辅活动之一,它通过日常点检、定期维护、状态维修、故障修复性维修等多种维修、维护手段,确保设备正确可靠运行,减少停线停产时间,减少突发异常对正常生产活动的影响,保障安全生产。

车间是制造企业内信息最为密集的场所,一般情况下,其数据量远大于产品研发和运营管理环节。比如,某型号产品一批共制造 1000 件,该产品的设计数据只有 1 份(或者有几个版本),而制造数据则多达 1000 份。如表 1-2 所示,车间各类活动产生的数据按类型可以分为人、机、料、法、测、环、能等(简称 5M2E,即 man、machine、material、method、measurement、environment、energy)方面,在传统车间中,这些数据通常以纸质形式或者非结构化电子数据形式(比如 Word、Excel)存在,也可能没有记录,而在数字化车间中,它们必然要通过 MES 等信息系统实现结构化存储管理。

表 1-2　车间业务活动产生的主要数据

数 据 类 型	常 见 数 据
人(man)	人员基本信息、关键岗位资质、工作打卡记录、人员工时统计和质量考核等
机(machine)	设备台账、设备点检和定期维护记录、设备故障与维修记录、设备实时状态参数、设备综合效能(OEE)、其他关键制造资源信息(刀具、工装、量辅具)等
料(material)	物料基本属性、物料库存记录、入库清单、配送清单、报废记录、盘点记录等
法(method)	工艺规程文件(工序卡等)、制造 BOM、检测标准、工序检测要求、作业指导书、操作规程标准、工程更改单等
测(measurement)	生产过程记录(过程参数、操作人/时间等)、质检记录(入库、过程、交付)、不合格品处置过程记录、报废单、工程更改执行记录、产品实际装配清单、产品详细质量档案、质量统计分析表
环(environment)	重要环境参数(温度、湿度、灰尘、噪声等)、安全检查记录、监控视频等
能(energy)	水电气等能源定额、消耗统计等

1.3 数字化与智能化车间的内涵及特征

1.3.1 从传统车间到数字化与智能化车间的演化过程

传统制造车间的信息化状况如图 1-8 所示,一方面,车间是制造企业中信息最为复杂和密集的地方,如 1.2.2 节所述的六大类业务活动都在车间内发生,各种人、机、料、法、测、环、能数据都在车间内汇集,所以从信息量多少的角度来看,研发工艺、车间制造、运营管理 3 个阶段呈现两头细、中间粗的形状(越粗说明信息量越大);另一方面,车间又是多数制造企业中信息系统建设和信息管理最为薄弱的地方,从信息管理水平的角度来看,研发工艺、车间制造、运营管理 3 个阶段呈现两头粗、中间细的形状(越细说明信息化水平越差),在研发工艺和运营管理环节,企业通常都采用了 PDM/PLM、CAD/CAE/CAPP/CAM、ERP 等管理软件和工具软件,而在制造车间,ERP、PDM/PLM 等上层应用系统难以延伸进来,生产计划下达后,实际执行情况怎样、有无异常以及设备的工作状态等往往难以及时了解,产品制造过程数据以纸质形式存在甚至无记录,缺乏精确的电子质量档案,从而导致车间信息的查询、追溯、分析、利用都非常困难。

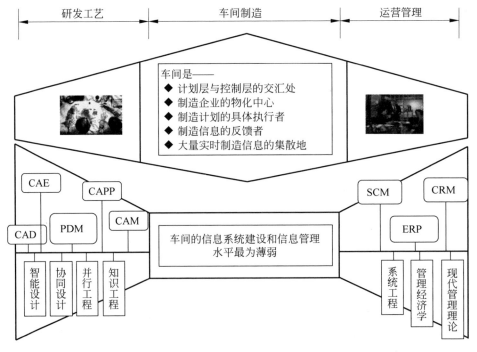

图 1-8 传统制造车间的信息化状况

　　在产品批量较大、生产稳定的情况下,上述信息管理落后问题还不是太突出。然而,和过去相比,制造企业正面临日益复杂多变的制造环境,体现为产品品种越来越多、批量越来越小、需求变更越来越多,车间各种活动的动态调整(比如计划的调整、品种的调整、工艺的调整等)也将越来越频繁,因此,制造车间必须通过向数字化、智能化方向转型才能敏捷应对这些变化。具体措施有两方面:一是提升制造设施的柔性自动化能力;二是提升车间运作管理过程的随机应变能力。随机应变能力也就是智能判断与决策能力,其实现依赖 4 个要素:信息、模型、算法和算力,也就是针对变化环境,通过获取高质量(准确、全面、及时)信息,建立有效的决策模型(用于分析、优化、判断、预测……),在合适算法(统计分析、数据挖掘、大数据和人工智能……)和计算能力(普通计算、边缘计算、云计算……)的支持下,辅助业务活动主体进行科学决策。

　　诺贝尔经济学奖和图灵奖获得者西蒙(Herbert Simon)认为:管理就是决策。车间生产管理活动当然也不例外。信息是决策的基础,而数据是信息的载体。通过制造车间的数字化、智能化转型,建设数字化与智能化车间,其目标是全面收集并分析制造过程数据,进行科学决策,最终通过柔性自动化设施及自动控制装置(自动化生产线、工业机器人、数控机床、AGV、立体仓库等)、工业软件(MES、APS、AGV 调度、WMS 等)、人来实现决策结果的实施,从而实现生产过程的提质增效、敏捷响应。显然,数字化车间是基础,智能化车间是发展方向。

　　图 1-9 反映了从传统车间到数字化与智能化车间的演化过程,本质上也就是自动化和信息化技术的发展和深度融合过程。第一阶段,自动化技术和信息化技术是分开发展的:一方面,通过在车间应用数控机床、自动化生产线、工业机器人等先进设备,逐步实现机器换人,许多繁重、重复的工作都可以交给机器去完成,生产效率和产品质量的一致性得到提升;另一方面,通过引入 MES、SCADA、ERP 等信息系统,广泛采集信息并实现信息管理和流程的数字化,节约大量的数据采集、传输、存储、管理、查询和统计时间,并消除数据的不一致性,提升管理效率,同时通过数据的分析和应用,提升决策效率。第二阶段,自动化和信息化技术逐步融合,互相赋能。按照融合程度的不同,可分为数字化车间、数字孪生车间和智能化车间 3 个子阶段。数字化车间的典型特征是实现一定程度的柔性自动化生产,信息系统和自动化设施实现一定融合(即所谓的 IT 与 OT 融合),数据产生一定的应用价值;数字孪生车间的典型特征是信息车间和物理车间深度融合,信息车间是物理车间的虚拟映射,通过信息空间的计算和决策分析,指导并优化物理车间运行;智能化车间的典型特征是在数字孪生车间的基础上,进一步实现基于数据的科学决策与动态优化,使得车间具有主动学习和持续优化能力。

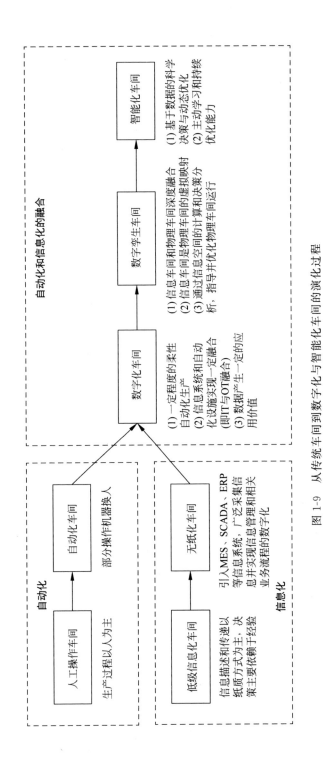

图 1-9　从传统车间到数字化与智能化车间的演化过程

1.3.2　数字化车间的定义及内涵

目前已有很多关于数字化车间（digital workshop）的定义，比如：

(1)《数字化车间　术语和定义》(GB/T 37413—2019)[2] 将数字化车间定义为：以生产对象所要求的工艺和设备为基础，以信息技术、自动化、测控技术等为手段，用数据连接车间不同单元，对生产运行过程进行规划、管理、诊断和优化的实施单元。《数字化车间　通用技术要求》(GB/T 37393—2019)[3] 给出了数字化车间的体系架构，如图 1-10 所示。数字化车间的基础层包括数字化车间生产制造所必需的各种制造设备及生产资源，其中制造设备承担执行生产、检验、物料运送等任务，大量采用数字化设备，可自动进行信息的采集或指令执行；生产资源是生产用到的物料、托盘、工装辅具、人、传感器等，本身不具备数字化通信能力，但可借助条码、RFID 等技术进行标识，参与生产过程并通过其数字化标识与系统进行自动或半自动交互。数字化车间的执行层主要包括车间计划与调度、工艺执行与管理、生产物流管理、生产过程质量管理、车间设备管理 5 个功能模块，对生产过程中的各类业务、活动或相关资产进行管理，实现车间制造过程的数字化、精益化及透明化。

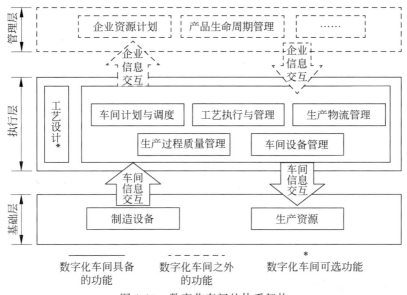

图 1-10　数字化车间的体系架构

(2)《机·智　从数字化车间走向智能制造》[4] 一书将数字化车间定义为：基于生产设备、生产设施等硬件设施，以降本提质增效、快速响应市场为目的，在对工艺设计、生产组织、过程控制等环节优化管理的基础上，通过数字化、网络化、智能化等手段，在计算机虚拟环境中，对人、机、料、法、测、环、能等生产资源与生产过程进行设计、管理、仿真、优化与可视化等工作，以信息数字化及数据流动为主要特征,对生产资源、生产设备、生产设施以及生产过程进行精细、精准、敏捷、高效地管理与控制。

（3）在工业和信息化部的智能制造综合标准化与新模式应用项目指南中,对数字化车间/智能工厂的支撑要素进行了定义。

① 车间/工厂的总体设计、工艺流程及布局均已建立数字化模型,并进行模拟仿真,实现规划、生产、运营全流程数字化管理。

② 应用数字化三维设计与工艺技术进行产品、工艺的设计与仿真,并通过物理检测与试验进行验证与优化。建立产品数据管理（product data management, PDM）系统,实现产品设计、工艺数据的集成管理。

③ 制造装备数控化,实现数控制造装备与工业机器人、智能传感与控制装备、智能检测与装配装备、智能物流与仓储装备等关键技术装备之间的信息互联互通与集成。

④ 建立生产过程数据采集和分析系统,实现生产进度、现场操作、质量检验、设备状态、物料传送等生产现场数据自动上传,并实现可视化管理。

⑤ 建立车间制造执行系统（manufacturing execution system, MES）,实现计划、调度、质量、设备、生产、能效等管理功能。建立企业资源计划系统（ERP）,实现供应链、物流、成本等企业经营管理的功能。

⑥ 建立工厂内部通信网络架构,实现设计、工艺、制造、检验、物流等制造过程各环节之间,以及制造过程与 MES 和 ERP 的信息互联互通。

⑦ 建有工业信息安全管理制度和技术防护体系,具备网络防护、应急响应等信息安全保障能力。建有功能安全保护系统,采用全生命周期方法有效避免系统失效。

⑧ 建立制造装备、生产线的运行监测、故障预警与远程诊断。

本书以 1.2.2 节对制造车间的内涵分析为基础,将数字化车间定义为:将数字化建模、数字化控制、数字化管理等技术综合应用于车间规划与改善、生产运行、工艺执行、库存物流、质量控制、设施维护等主要业务活动。通过对产品定义数据的数字建模和数字量传递,打通设计、工艺、制造、检测、装配等各个环节;通过对车间设施及生产流程的数字建模,仿真分析并优化车间的运行性能;通过引入数字化设备,实现生产过程的数字化控制以及设备状态的数字化监控;通过引入数据采集手段并建设数字化管控系统,实现产品制造及生产过程数据的自动获取、记录、流转和增值计算,优化车间管理效率和决策效率。

如图 1-3 中有填充背景的部分所示,数字化车间的主要构成如下:

（1）数字化生产设施及在制品。包括设备、产线、物流设施、辅助设施及各种在制品（包括毛坯、原材料、中间产品、零配件、成品等）,其数字化特征体现为具备自动标识与识别、位置跟踪、数字化控制、联网与数据采集、远程监测与诊断等能力。

（2）数字化车间规划系统。车间规划任务包括设施布局、工艺分配与平衡设计、物流设计等内容,其数字化特征体现为可通过计算机虚拟技术,建立车间仿真模型,通过事件驱动仿真手段模拟车间运行,对车间性能进行定量评估分析,进而优化车间规划。

（3）数字化加工/装配/检测/物流技术。与传统车间的加工、装配、检测、物流等过程是直接在物理设备上完成不同,这些过程的数字化特征体现为可通过计算机虚拟技术,对零件加工、部件装配、产品检测、物流过程等进行虚拟仿真验证,比如加工路径和参数分析、装配仿真、虚拟检测规划等。

（4）数字化生产管控系统。其数字化特征是通过 MES 等信息化系统,对与生产相关的计划、执行、现场、质量、物流、维护等活动进行调度和监控,详细记录生产过程的数字履历,并通过数据可视化和数据分析实现管理决策支持。

1.3.3　数字孪生车间

数字孪生（digital twin）的概念最早由美国密歇根大学的 Grieves 教授于 2003年提出,其主要思想在于:①应用数字化方式创建与物理实体多种属性一致的虚拟模型;②虚拟世界和物理世界之间彼此关联,可以高效地进行数据和信息的交互,达到虚实融合的效果;③物理对象不仅仅是某一产品,还可延伸到工厂、车间、生产线和各种生产要素。目前,数字孪生技术在制造企业的应用形式有数字孪生产品（digital twin product,DTP）和数字孪生车间（digital twin workshop,DTW）,前者用于产品体验、性能分析、维修维护、使用培训等目的,后者主要用于车间仿真优化与运行监控。

陶飞教授[5]指出,数字孪生车间是一种未来车间运行模式,是指以数字化方式创建物理车间的数字孪生模型,模拟车间的运行规则和现实行为,通过物联网等新一代信息技术,实现物理车间、虚拟车间、服务系统的全要素、全流程、全业务数据的集成与融合,通过虚实交互反馈、数据融合分析、决策迭代优化等手段,实现车间生产要素管理、生产活动计划、生产过程控制等功能。

简单来说,数字孪生车间（以下简称 DTW）是数字化车间（以下简称 DW）和虚拟仿真车间（以下简称 VW）的结合体,三者之间的区别与联系如下:

（1）DW 主要强调对物理车间运行过程的数字化控制与数字化管理,采集自物理车间的设备状态数据、生产过程数据等交给 MES 等生产管控系统来管理,这些数据并没有映射到一个虚拟车间载体来呈现;同时,MES 接收 ERP 等系统的上层指令,结合生产实况进行优化和决策（比如计划调度）,决策结果直接传给底层物理设备或人来执行,执行之前也没有在虚拟车间中进行验证。

虚实融合
数字孪生
车间

（2）VW 主要强调对物理车间的建模仿真,即首先建立三维虚拟车间,以虚拟车间为平台,通过离散事件动态系统原理（考虑订单到达、设备故障等各种离散随机事件）,对车间生产与物流过程进行仿真分析,输出的仿真动画可视化展现了生产运行过程,而定量的仿真分析结果则可用于车间规划或调整阶段的布局改善。VW 的各种仿真输入数据一般来自历史数据统计或主观估计,并没有来自物理现场的实时数据,因此,VW 并不是物理车间的真实映射,其分析结果往往也不完全符合物理车间的实际情况。

(3) DTW 则结合了 DW 和 VW 的优点。DTW 一般也以三维虚拟车间为载体,通过分析物理车间的运行规则,并输入来自车间现场的真实数据(包括来自设备的实时状态数据,来自 MES 的生产过程数据,以及各种绩效统计数据),建立物理车间到数字虚拟车间的映射,形成所谓的物理车间数字孪生体。DTW 模型在车间生命周期的各个阶段都能发挥不同的作用。在车间规划阶段,利用 DTW 可以对车间生产物流进行定量分析,其结果指导车间布局优化和重构;在计划阶段,利用 DTW 可以对生产计划进行仿真分析和评估,从而提前验证计划的执行性能;在执行阶段,通过加载生产实况和实际数据,实现生产过程的三维虚拟监控,基于数字孪生车间,对生产与物流过程进行调度优化,并通过对历史行为的分析,对未来进行一定的预测,从而让物理车间运行更加高效。

图 1-11 是某制造企业的数字孪生车间总体框架,主要包括 5 部分内容:数字孪生车间建模、基于数字孪生的车间物流仿真分析、基于数字孪生的车间生产计划评估优化、基于数字孪生的车间生产过程虚拟监控、基于数字孪生的车间物流配送调度优化。

(1) 通过数字孪生车间建模模块(可结合三维建模软件),在仿真平台所提供的标准模型库和定制模型库的基础上,构建车间虚拟映射对象,包括二维、三维模型及相关动画,并完成模型轻量化处理,同时建立工件或工装载具、物流设施等可移动对象在车间的生产物流运行逻辑,并以参数化的方式设置对象属性参数和运行逻辑参数,实现通过数据表的方式驱动数字孪生模型建立。

(2) 通过基于数字孪生的车间物流仿真分析模块,在新车间/生产线规划建设或旧车间/生产线升级改造阶段,在数字孪生模型的基础上,导入生产计划、随机因素等数据,利用仿真实验设计和数理统计分析方法,实现车间布局规划、产能评估、生产物流分析、参数优化设计、瓶颈分析优化、方案对比分析等,科学地指导车间方案选择。

(3) 通过基于数字孪生的车间生产计划评估优化模块,在车间运行时期生产准备阶段,基于数字孪生模型的实时仿真能力,提前预演生产计划执行情况,及时发现未来可能发生的风险,评估和优化生产计划。同时,通过仿真对比分析,在实际生产调度时辅助以基础数据支持和优化策略推荐。

(4) 通过基于数字孪生的车间生产过程虚拟监控模块,获取生产实况和绩效数据,以数字孪生模型为载体,实现数据与模型关联、实时数据驱动模型、生产状况可视化展示、交互控制与漫游等功能,并实现管控指令和分析优化结果的反馈与交互,如图 1-12 所示。

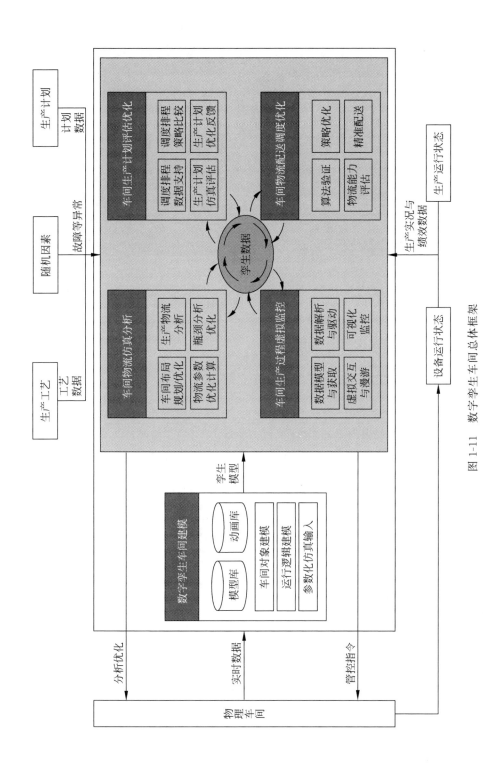

图 1-11　数字孪生车间总体框架

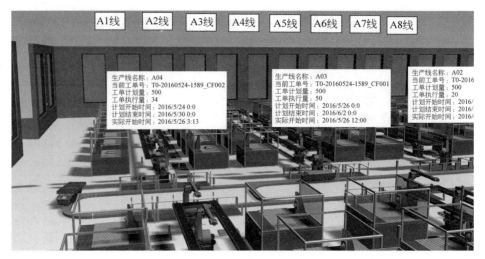

图 1-12　基于数字孪生车间的生产过程三维可视化监控

（5）通过基于数字孪生的车间物流配送调度优化模块，实现物流调度过程仿真验证，并针对车间实时情况，评估物流运输能力，对比分析物流调度规则，实时调整运输策略，实现物流配送精准调度。

1.3.4　如何理解设备和车间的"智能"

1. 设备智能化

设备是构成制造车间的基本物理单元，智能化车间的实现首先依赖于设备的数字化、网络化、柔性化和智能化。车间的先进设备通常包括高档数控机床与工业机器人、3D打印装备、传感与控制装备、检测与装配装备、物流与仓储装备等。

针对设备及其工艺过程，智能化与数字化的区别如表 1-3 所示。以普通数控机床为例，它是典型的数字设备，因为机床能按预先编好的数控程序执行操作，并可反馈执行状态和结果数据，但其不具备自动采集工况信息、根据实时状态优化调整加工参数并且自律执行的能力，因而还不能称为智能设备。

表 1-3　设备及其工艺过程的智能化与数字化的区别

数字设备与工艺	智能设备与工艺
数控机床按照预先给定的指令进行加工	机床自动采集工况信息，根据实时状态优化调整加工参数，设备自律执行
工业机器人在固定位置按照预先设定的程序自动进行重复式工作	机器人和人协同工作，其位置不再固定，行为不再预设，能自适应环境变化
制造工艺的验证基本在物理环境中完成	在虚拟环境或者虚实结合环境中完成全部制造工艺的验证
加工装配等缺陷的在线或离线检测	在线监测、缺陷预测、主动预防

智能制造设备的核心特征是能对自身和制造过程进行自感知,对与装备、加工状态、工件材料和环境有关的信息进行自分析,根据零件的设计要求与实时动态信息进行自决策,依据决策指令进行自执行,通过"感知→分析→决策→执行与反馈"的闭环过程,不断提升装备性能及其适应能力,使得加工从控形向控性发展,实现高效、高品质及安全可靠的加工。除此之外,设备与人的协同工作、工艺参数的学习与主动调控优化、虚拟/虚实制造、在线监测与缺陷智能预测等也是智能设备的重要特征。

以航空发动机叶片的加工设备为例,该设备具备工况自检测、工艺知识自学习、制造过程自主决策和装备自律执行等特征,可称为智能设备。

(1)工况自检测:零件加工过程中,制造界面上的热-力-位移多场耦合效应与材料/结构/工艺/过程具有强相关性,通过对加工过程中的切削力、夹持力,切削区的局部高温,刀具热变形、磨损、主轴振动等一系列物理量,以及刀具、工件、夹具之间热力行为产生的应力应变进行高精度在线检测,为工艺知识学习与制造过程自主决策提供支撑。

(2)工艺知识自学习:在检测加工过程的时变工况后,分析工况、界面耦合行为与工件品质之间的映射关系,建立描述工况、耦合行为和工件品质映射关系的联想记忆知识模板,通过工艺知识的自主学习理论,实现基于模板的知识积累和工艺模型的自适应进化。同时将获得的工艺知识存储于工艺知识库中,供工艺优化使用,为制造过程自主决策提供支撑。

(3)制造过程自主决策和装备自律执行:控制系统具有面向实际工况的智能决策与加工过程自适应调控能力。通过将工艺知识融入装备控制系统决策单元,根据在线检测识别加工状态,由工艺知识对参数进行在线优化并驱动生成过程控制决策指令,对主轴转速及进给速度等工艺参数进行实时调控,使装备工作在最佳状态。在进行调控时,具有完善的调控策略,避免工艺参数突变对加工质量的影响。还能实时调控智能夹具的预紧力以及导轨等运动界面的阻尼特性,以抑制加工过程中的振动,提高产品质量。

2. 车间智能化

数字化车间建成后,其典型应用场景是生产流程按照计划指令和工艺来开展,设备依据预先设定的数字指令执行操作与控制,生产执行信息实现自动采集和可视化,各种业务流程及产品档案等资料均实现了数字化管理,生产过程总体上显得透明且有序。然而,数字化车间模式仍然只适合于变化较少的制造环境,如果变化较多,还是需要大量人力来介入调整,系统表现出来的自适应能力较弱。随着车间数据积累越来越多,人们也意识到需要更充分地分析并利用这些数据,建立车间运行或设备执行的优化决策模型,并且将这些决策模型或规则固化在系统中,从而实现数据驱动的自主决策支持,具备这种能力的制造车间实质上就是智能化车间。数字化车间和智能化车间的区别如表 1-4 所示。

表 1-4 车间智能化与数字化的区别

数字化车间	智能化车间
制造装备/生产线/车间基本被动执行外部计划或指令	制造装备/生产线/车间自身在权限分派范围内具备自决策、自执行和自修复能力
人机交互主要基于感知或指令,非实时数据较多	基于感知的实时数据交互成为基本配置,基于决策过程的智能交互越来越多
决策主体主要是人	决策主体发生转移,软件可自发要求人协助完成某些高级识别或推理,从而辅助车间进行决策
比较适合于变化较少的制造环境	自适应能力较强,即使环境动态多变,也能通过感知、分析、预测与动态响应机制,实现高效高质生产

一般认为,智能化车间的目标就是将大数据智能等新一代人工智能技术应用于车间运行优化中。人工智能是智能机器所执行的与人类智能有关的功能,如判断、推理、证明、识别、感知、理解、设计、思考、规划、学习和问题求解等思维活动。人工智能具有一些基本特点,包括对外部世界的感知能力、记忆和思维能力、学习和自适应能力、行为决策能力、执行控制能力等。一般来说,人工智能分为计算智能、感知智能和认知智能三个阶段。第一阶段为计算智能,即快速计算和记忆存储能力;第二阶段为感知智能,即视觉、听觉、触觉等感知能力;第三阶段为认知智能,即能理解、会思考。

人工智能与制造车间的结合通常有如下好处[1]:

(1) 智能机器的计算智能高于人类。在一些有固定数学优化模型、需要大量计算、但无需进行知识推理的地方,比如高级计划排产、物流调度、质量缺陷的模式识别等,和人据经验来判断相比,机器能更快地给出更优的方案,因此,智能优化技术有助于提高制造与生产效率、降低成本,并提高能源利用率。

(2) 智能机器对制造工况的主动感知和自动控制能力高于人类。以数控加工过程为例,"机床/工件/刀具"系统的振动、温度变化对产品质量有重要影响,需要自适应调整工艺参数,但人类显然难以及时感知和分析这些变化。因此,应用智能传感与智能控制技术,能显著提高制造质量。同样,车间制造系统动态多变,制造设备、检测机构、物料输送和存储系统等要素必须能动态地、自动地响应系统变化,这也依赖于系统的自主智能决策。

(3) 随着物联网技术在车间的普及应用,车间积累的人、机、料、法、测、环、能数据已非常丰富,基于大数据的智能分析方法有助于优化工艺执行和车间运营过程。工业大数据在车间的典型应用包括设备故障诊断与预测、产品质量溯源与预测、工艺参数优化、能源优化等诸多方面。

制造车间的"智能"体现为几个方面[1]:一是制造车间具有自适应性,具有柔性、可重构能力和自组织能力,从而高效地支持多品种、多批量、混流生产;二是产品、设备、软件之间实现相互通信,具有基于实时反馈信息的智能动态调度能力;

三是建立有预测的制造机制,可实现对未来的设备状态、产品质量变化、生产系统性能等的预测,从而提前主动采取应对策略。下面对其关键实现技术进行简要阐述。

1) 制造车间的适应性技术

制造企业面临的环境越来越复杂,比如产品品种与批量的多样性、设计结果频繁变更、需求波动大、供应链合作伙伴经常变化等,这些因素会对制造成本和效率造成很不利的影响。车间必须具备通过快速的结构调整和资源重组,以及柔性工艺、混流生产规划与控制、动态计划与调度等途径来主动适应这种变化的能力,因此,适应性(adaptability)是车间智能特征的重要体现。适应性表现为3个层次:

(1) 柔性制造系统(flexible manufacturing system,FMS)主要通过设备的柔性来支持工厂的适应性。常见的柔性制造设备包括数控机床、机器人、3D打印设备、柔性工装、自动换刀装置、自动检测设备(比如机器视觉)、立体仓库、自动导引小车(automated guided vehicle,AGV)等。由柔性制造设备构成的柔性制造单元或柔性生产线,能一定程度地适应不同型号产品的混流生产。

(2) 可重构制造系统(reconfigurable manufacturing system,RMS)更强调通过系统结构及其组成单元的快速重组或更新,及时调整制造系统的功能和生产能力,从而迅速响应市场变化及其他需求。其核心技术是系统的可重构性,即利用对制造设备及其模块或组件的重排、更替、剪裁、嵌套和革新等手段对系统进行重新组态、更新过程、变换功能或改变系统的输出(产品与产量)。RMS除了包含生产单元的可重构性(FMS、物理或逻辑布局调整)以外,还包括组织结构与业务流程的可重构(business process reengineering,BPR),以及产品的可重构(标准化、模块化等)。

(3) 适应性制造系统(adaptive manufacturing system,AMS)是对RMS的进一步扩展,除了要求系统可重构外,还关注制造系统组织过程及运行控制策略的动态调整,即通过对系统功能结构与运行控制全面综合的统筹优化与逻辑重构,实现制造系统在产品全生命期乃至整个工厂生命期内对于内外部动态环境变化的适应性。

车间的自适应性要通过多种途径来保证。在制造工艺方面,应用3D打印是一种途径;在制造装备方面,应普及使用各种柔性设备(包括数控机床/机器人、柔性工装、AGV),构建柔性制造单元或柔性生产线;在生产规划方面,借助产品及其零部件的任务分组和设备资源的虚拟动态分组,通过充分合理地规划分配设备资源组间跨路径分支(虚拟单元)的能力共享,将整个车间运行控制分解落实到虚拟单元层次,可实现混流生产;在制造执行管控方面,通过"智能计划-智能感知-决策指挥-协调控制"的闭环流程来提升生产运作适应性,以及对异常变化的快速响应能力,保证制造质量,实现制造柔性。

2）基于实时反馈信息的智能动态调度技术

（1）智能数据采集技术：利用智能传感器，建立车间层的传感网，并实现多种现场总线、无线、异构系统集成和接入，自动获取车间制造现场的各种数据和信息，包括设备工况信息（温度、转速、能耗等）以及业务过程数据（物料数据、质量数据、人力数据、成本数据、计划数据等）。

（2）智能数据挖掘技术：对获取的海量数据进行实时处理、分析和挖掘，并以可视化的方式展示其结果，可以为不同用户提供个性化的数据分析结果。

（3）智能生产动态调度技术：根据现场数据和分析结果，针对优化目标，对各种任务、刀具、装备、物流和人员进行调度，尽可能在已有约束条件下满足生产需求。并能根据环境变化，快速反应，提出最佳应对方案。

（4）人机一体化技术：人机一体化一方面突出人在制造系统中的核心地位，同时在智能机器的配合下，更好地发挥出人的潜能，使人机之间表现出一种平等共事、相互"理解"、相互协作的关系，使二者在不同的层次上各显其能，相辅相成。因此，基于实时反馈信息的智能动态调度中，机器智能和人的智能将真正地集成在一起，互相配合，相得益彰。

当然，智能机器或系统还只能进行机械式的推理、预测、判断，只能具有逻辑思维（专家系统），最多做到形象思维，完全做不到灵感思维，只有人类专家才真正同时具备以上 3 种思维能力。因此，基于实时反馈信息的智能动态调度不能全面取代制造过程中人类专家的智能，让其独立承担起分析、判断、决策等任务是不现实的。

3）预测性制造技术

制造工厂是一个结构复杂且动态多变的环境，各种异常事件总会随机发生并对生产过程造成影响，这些异常通常包括两类：一类是可见的异常，比如设备停机、质量超差等；另一类是不可见的异常，比如设备性能衰退、制造过程失控等。对可见异常的应对措施属于事后处理方案，它显然是不够聪明的，因为到了问题完全暴露的那一刻，再采取纠正措施往往就打乱了原来的计划，造成生产紊乱或停滞。

对不可见异常的感知、分析、预测与处理是智能工厂的重要特征，李杰教授[6]称之为自省性（self-aware），并称满足这种特性的制造系统为"预测性制造系统"（predictive manufacturing system）。

要实现预测性制造，首先要通过工厂物联网或工业互联网实时获取生产过程中的各种状态数据，然后通过分析和训练建立相应的预测模型，并实现对未来状态的预测。常见的分析模型包括：

（1）多变量统计过程控制（multivariate statistical process control，MSPC）：对于串并联多工位制造系统，任一工位"设备/工装/刀具"状态的异常波动将导致整个制造过程发生不同程度的偏移甚至失控，过程一旦失控将大大增加产品的质量风险。为了提前发现过程异常,可以用到多变量统计质量控制方法,监控的变量包括产品的尺寸、缺陷数等关键质量特性,以及设备、夹具、刀具的状态参数等关键控制特性,通过优化设计的多变量控制图,监控上述过程变量的变化,并基于统计规律,对过程偏移发出预警,进一步通过模式识别等手段,还可以辨识失控模式并进行失控根本原因分析(root cause analysis,RCA)。

(2)设备预防性维护(preventive maintenance,PM):包括对制造装备和刀具的维护或更换。设备/刀具的失效是连续劣化和随机冲击共同作用的结果,其失效模型可以通过对设备大量的运行与维护历史数据进行分析而近似建立,基于该可靠性模型,可以科学评估设备的实时状态,计算继续服役的风险,预测其剩余使用寿命,并通过面向经济性或可靠性的维修决策模型,实现对设备的维护时机、维护方式和维护程度的科学决策。

(3)生产系统性能预测:如果将制造车间视为一个黑箱系统,其输入为计划与订单,其输出是各种绩效数据,包括产出量、准时交付率、物流效率、设备综合效能等。显然,系统的输出受到系统输入、系统结构、系统当前状态等各种可见因素以及各种不可见因素(随机因素)的影响。较为准确地预测系统响应,对于生产计划制定、生产订单评价、生产动态调整等都具有重要意义。目前已有大量的数学模型可用于预测分析,比如回归分析、神经网络、时间序列等。

1.3.5 智能化车间的基本特征

智能化车间是自动化与信息化深度融合的制造车间。它继承了自动化车间、数字化车间的基本特征。与数字化车间和数字孪生车间相比,智能化车间更加强调能够在关键环节,具备自主性的感知、学习、分析、决策、通信与协调控制能力,能够动态适应环境的变化,实现数据驱动的智能决策,且决策结果能够通过在线或离线方式优化车间活动的运行。下面从3个角度来归纳智能化车间的基本特征,如图1-13所示。

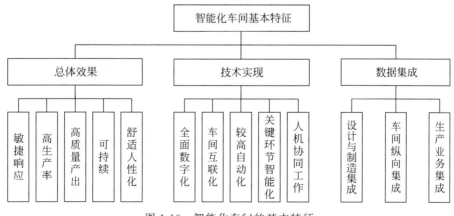

图 1-13 智能化车间的基本特征

1. 总体效果

从总体效果来看，智能化车间应具备如下五大特征：

（1）敏捷响应（agility）：所谓敏捷，指车间能够对个性化需求和市场变化进行快速响应，显然，柔性制造、自动化生产、分散控制、协同制造、智能决策等都是实现敏捷制造的具体技术手段。

（2）高生产率（high productivity）：以经济的手段，高效率实现多品种、变批量生产甚至单件生产。

（3）高质量产出（high quality）：接近零缺陷生产。

（4）可持续（sustainability）：环境友好、清洁生产。

（5）舒适人性化（comfortability）：车间环境舒适整洁，安全生产，机器取代工人从事高强度、不安全、烦琐、单调、易出错的工作。

2. 技术实现

从技术实现角度来看，智能化车间应具备如下五大特征：

（1）全面数字化：智能化车间首先是数字化车间。

（2）车间互联化：智能化车间也必然是互联车间。

（3）较高自动化：智能化车间是否必然是全自动化的呢？显然不是，自动化的目标是实现低成本、高效率、高质量、高柔性地完成产品生产，如果不能实现这些目标，自动化是没有意义的。另外，从精益生产和约束理论的角度来看，如果工序不是瓶颈，对其盲目进行自动化改造也往往意义不大。因此，在哪些关键环节实现自动化、实现"机器换人"，需要经过分析及仿真验证。

（4）关键环节智能化：与自动驾驶汽车运行过程中存在大量突发状况相比，车间的运行过程通常没有那么不可预测，从简化生产管控的角度来看也希望大部分决策工作都可以按照预先定义的规则来开展。但在车间运行的一些关键环节，数据驱动的动态智能决策（在线决策或离线决策）还是很有价值的。比如通过在线检测和在线监测，实现设备的自适应控制，从而提升制造质量。再如在自动化车间，当一台设备突发故障后，计划系统能自动重排生产计划，将分配给该设备的任务转给其他冗余设备，从而避免车间停线等场景。

（5）人机协同工作：智能化车间并非无人车间，仍然需要机器与人协同工作。随着人机协同机器人、可穿戴设备、VR/AR/MR 的发展，人和机器的融合在制造车间中会有越来越多的应用体现，机器是人的体力、感官和脑力的延伸，但人依然是智能化车间中的关键因素。

图 1-14 给出了数据驱动的智能化车间实现示意图，它以数字孪生车间为基础，通过数据的感知、接入、存储、分析、可视化、控制与决策的闭环来实现智能制造。对于实时性要求较高的环节（比如设备工艺参数优化），数据的操作处理在边缘端完成，而对于计算量大、实时性不高的环节（比如质量分析与优化），数据可以接入云端，进行处理后再进行离线决策执行。

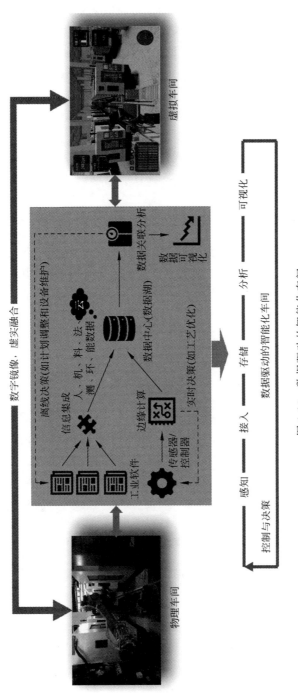

图 1-14　数据驱动的智能化车间

3．数据集成

从数据集成的角度来看，智能化车间应具备如下三大特征：

（1）设计与制造集成：车间生产依赖设计与工艺数据，同时设计的变更也会对生产过程造成很大影响。数据不一致是导致制造错误的重要原因，应基于模型定义（model based definition，MBD），打通设计与制造之间的数据流，并实现虚拟制造和物理制造的融合。

（2）车间纵向集成：构建信息物理生产系统，实现信息层（管理决策＋现场管控）和物理层（设备＋控制）的深度融合。

（3）生产业务集成：车间生产过程需要计划、工艺、生产工段、物流、检测等多个环节的协同工作，各环节的数据应能实现自动流动。

1.3.6　数字化与智能化车间的系统架构

在工业和信息化部（以下简称工信部）和国家标准化管理委员会（以下简称标委会）发布的《国家智能制造标准体系建设指南（2018 年版）》中，给出了智能制造系统架构，从生命周期、系统层级和智能特征 3 个维度对智能制造所涉及的活动、装备、特征等内容进行了描述。下面参照该架构，给出了数字化与智能化车间的系统架构，如图 1-15 所示，也分为 3 个维度。

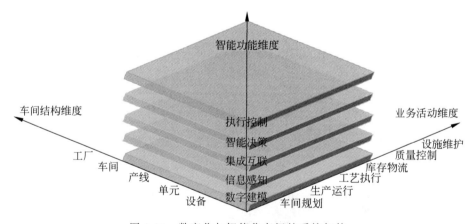

图 1-15　数字化与智能化车间的系统架构

1．车间结构维度

第 1 层是设备层，即单一的制造设备。第 2 层是单元层，主设备和辅助设施等共同构成制造单元，比如面向钣金加工的柔性制造单元，通常包括钣金加工设备、上下料机器人、存放钣金件的立体仓库等。第 3 层是产线层，生产线由多台设备串并联而成，还包含物料输送装置、上下料装置、检测单元、存储区等。第 4 层是车间层，由多条产线、若干制造单元和独立设备、仓储物流设施等构成。第 5 层是工厂层,通常包括多个不同类型的车间(机加工、装配、焊接、钣金、热处理车间等)。

2．业务活动维度

如 1.2.2 节所述,制造车间的 6 个主要活动是车间规划、生产运行、工艺执行、库存物流、质量控制、设施维护。

3．智能功能维度

第 1 层是数字建模层,实现产品、设备/产线以及关键制造资源的数字建模。第 2 层是信息感知层,通过制造物联技术,实现制造车间人、机、料、法、测、环、能等信息的获取,并建立与数字模型的关联。第 3 层是集成互联层,提供网络通信平台支持,通过有线、无线等通信技术,实现资源要素之间、资源要素与业务系统之间的互联互通,并确保信息安全。进而通过工作流和系统集成技术实现数据流在车间各业务系统之间的贯通,针对设计、工艺、加工、装配、交付等环节,基于模型定义,打通信息流,实现产品生命周期端到端集成;构建信息物理生产系统,通过信息层和物理层的深度融合,实现车间结构纵向集成;通过车间与上下游(其他车间、供应商、外协厂家甚至客户)之间的信息共享与流程集成,实现横向集成。第 4 层是智能决策层,建立数据驱动的决策支持模型,通过数据整合、分析、挖掘,实现面向车间运营和工艺执行的决策支持。第 5 层是执行控制层,决策的结果最后交给人、机器、软件系统去执行,监控执行结果,形成闭环。

1.4　数字化与智能化车间的关键使能技术与工具

为了建设数字化智能化车间,需要一系列关键使能技术与工具来支持,如图 1-16 所示。下面从关键使能技术、关键功能部件和核心工业软件 3 个方面逐一介绍。

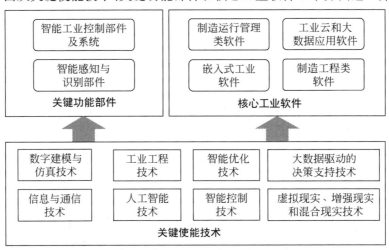

图 1-16　数字化智能化车间的关键使能技术与工具

1.4.1　关键使能技术

1. 信息与通信技术

新一代信息与通信技术(ICT)涵盖信息获取、处理、传输、融合等各方面的先进技术手段,它是制造企业创新的重要源动力。ICT 技术正广泛渗透进入制造车间,是人、机、物、软件互联互通与信息融合的基础。应用于制造车间的 ICT 技术通常包括:

(1) 智能感知技术:传感器技术、条码/RFID 等物体标识与自动识别技术、图像/语音/视频/生物识别技术、物体定位与跟踪技术(室外定位和室内定位)等;

(2) 物联网技术:设备联网与数据集成技术、无线传感网络技术、窄带物联应用技术、边缘计算技术等;

(3) 移动通信技术:4G、5G 等技术;

(4) 云计算技术:分布式存储、虚拟化、云平台等技术;

(5) 工业互联网基础技术:标识、信息物理系统(cyber-physical systems,CPS)、服务网架构、语义互操作、信息安全等。

2. 人工智能技术

人工智能的目的是让机器或软件系统具有如同人类一般的智能,传统人工智能强调知识建模、推理及学习。近些年来,人工智能加速发展,呈现出深度学习、跨界融合、人机协同、群智开放、自主操控等新特征。国务院发布的《新一代人工智能发展规划》指出,大数据驱动知识学习、跨媒体协同处理、人机协同增强智能、群体集成智能、自主智能系统成为人工智能的发展重点。在制造车间,人工智能技术有很多潜在的应用价值,比如智能协作工业机器人、生产过程智能控制、智能排产与调度、智能质量预警、智能故障诊断等。人工智能的实现离不开感知、学习、推理、决策等基本环节,其中知识的获取、表达和利用是关键。分布式人工智能(distributed artificial intelligence,DAI)是人工智能的重要研究领域,多智能体系统(multi agent system,MAS)是 DAI 的一种实现手段,其在多年前就已被广泛研究。"工业 4.0"强调以 CPS 为核心。CPS 被视为依附于物理对象(小到设备、产品,大到车间)并具备感知、计算、控制和通信能力的一套系统,它可以感知环境变化并自主运行,物理实体与虚拟映像共存同变。同时,远程对象也能通过它来监控并操控这个物理对象。在未来分散制造的大趋势下,CPS 是分布式制造智能的一种体现。

3. 智能控制技术

智能控制技术是随着人工智能和计算机技术的发展,将自动控制和人工智能以及系统科学中一些有关学科分支(如系统工程、系统学、运筹学、信息论)相结合而建立的一种适用于复杂系统的控制理论和技术。它是用计算机模拟人类智能进行控制的研究领域,在制造车间有广泛的应用价值,比如机床的智能数控系统、生产线/物流设施的智能控制等。

根据智能控制的基本控制对象的开放性、复杂性、不确定性的特点,一个理想的智能控制系统具有如下功能[7]:①系统对一个未知环境提供的信息进行识别、记忆、学习,并利用积累的经验进一步改善自身性能的能力,即在经历某种变化后,变化后的系统性能应优于变化前的系统性能。②适应功能:系统应具有适应受控对象动力学特性变化、环境变化和运行条件变化的能力。这种智能行为是不依赖模型的自适应估计,较传统的自适应控制有更广泛的意义。③组织功能:对于复杂任务和分散的传感信息具有自组织和协调功能,使系统具有主动性和灵活性。除以上功能外,智能控制系统还应具有实时性、容错性、鲁棒性和友好的人机界面。

智能控制系统具有如下特点:①拟人智能化的运作模式;②优胜劣汰的选择机制;③多目标的优化过程;④复杂环境的学习功能。

智能控制技术的主要方法有模糊控制、基于知识的专家控制、神经网络控制和集成智能控制等,常用优化算法有遗传算法、蚁群算法、免疫算法等。

4. 虚拟现实、增强现实和混合现实技术

采用虚拟现实(virtual reality,VR)、增强现实(augmented reality,AR)和混合现实(mixed reality,MR)技术,构建三维模拟空间或虚实融合空间,在视觉、听觉、触觉等感官上让人们沉浸式体验虚拟世界。VR/AR/MR 技术可广泛应用于产品展示与体验、设计与工艺验证、工厂规划与分析、装配/检测操作引导、生产监控与绩效可视化、维修培训与指导等环节。比如,图 1-17 所示的航空发动机产品装配现场,工人佩戴 VR/AR/MR 设施,可在虚拟环境中查看三维装配引导,甚至可将虚拟场景和相关数据叠加到物理对象上面,这种应用对于操作指导、防错防呆有重要的应用价值。同时,VR/AR/MR 也是实现数字孪生车间的关键支撑技术。

图 1-17　VR/AR/MR 技术在产品装配中的应用

5. 数字建模与仿真技术

以三维数字量形式对产品、工艺、资源、车间等进行建模,并通过 MBD 实现将数字模型贯穿于产品设计、工程分析、工艺设计、制造、质量和服务等产品生命周期全过程,用于计算、分析、仿真与可视化。由 MBD 技术进而演进成基于模型的系统工程(model based systems engineering, MBSE)和基于模型的企业(model based enterprise, MBE)。随着 CPS 等技术的发展,未来的数字模型和物理模型将呈现深度融合趋势,即应用于产品和车间的数字孪生技术。

6. 工业工程技术

工业工程是综合运用数学、物理和社会科学的专门知识和技术,结合工程分析和设计的原理与方法,对人、物料、设备、能源和信息等所组成的集成制造系统,进行设计、改善、实施、确认、预测和评价的学科。IE 是一系列建模与优化技术的集合,设施布局、线平衡设计、计划调度、物流建模与规划、质量分析与控制、设备健康诊断与预测性维护等制造车间规划与运作过程中的众多优化问题都可以归为工业工程的研究对象,同时,许多先进制造理念和方法也都来自工业工程领域,比如并行工程(CM)、云制造、精益生产(LP)、敏捷制造(AM)、虚拟制造(VM)、计算机集成制造(CIM)、全面质量管理(TQM)、全员生产维修(TPM)等。

7. 智能优化技术

制造车间应用中许多优化决策问题的性质极其复杂,求解困难,其中大部分已被证明是 NP-难问题,不可能找到精确求得最优解的多项式时间算法。近十几年来,通过模拟自然界中生物、物理过程和人类行为,业界提出了许多具有约束处理机制、自组织自学习机制、动态机制、并行机制、免疫机制、协同机制等特点的智能优化算法,如遗传算法、禁忌搜索算法、模拟退火算法、粒子群优化算法、蚁群优化算法、蜂群算法、候鸟算法等,为解决优化问题提供了新的思路和手段。这些基于生命行为特征的智能算法广泛应用于智能制造系统的方方面面,包括智能工艺过程编制、生产过程的智能调度、智能监测诊断及补偿、设备智能维护、加工过程的智能控制、智能质量控制、生产与经营的智能决策等。

8. 大数据驱动的决策支持技术

数据挖掘(data mining, DM)、数据知识发现(knowledge discovery in database, KDD)、决策支持系统(decision support system, DSS)等技术早已在制造过程中得到应用,常用的应用场景包括回归分析(订单完工期/成本预测、工艺参数的调优、质量追溯)、模式识别(机器视觉检测、故障诊断)、聚类(产品分组、故障聚类)、时间序列分析(机器/刀具的健康分析与寿命预测)等。近些年来,大数据概念的发展进一步拓展了这方面的研究与应用。来源于设备实时监控、RFID 数据采集、产品质量在线检测、产品远程维护等环节的大数据,和设计、工艺、生产、物流、运营等常规数据一起,共同构成了工业大数据。针对拥有大数据的工作场景,新型大数据分析方法(深度学习、强化学习、迁移学习等)有更好的计算效率和求解结果。一般认为,在车间的若干生产制造领域,通过大数据分析,可以提前发现生产过程中的异常趋势,分析质量问题产生的根源,发现制约生产效率的瓶颈,从而为工艺优化、质量改善、设备预测性维护甚至产品的改进设计等提供科学的决策支持。

比如,在制造车间,影响产品质量的因素很多,包括工艺参数、设备状态、原料品质、操作人员素质、环境参数等。利用工业大数据技术手段进行质量分析与改善的基本流程如图 1-18 所示。

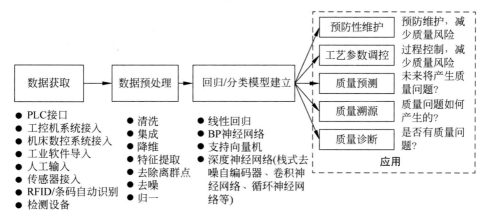

图 1-18　制造车间工业大数据应用的基本流程(以质量改善为例)

1.4.2　关键功能部件

1. 智能感知与识别部件

通过智能感知与识别技术,准确获取车间现场的各类原始数据信息,它是实现 CPS 和工业大数据应用的前提,也是保证机器人、数控机床、自动检测装置、虚拟现实套件等各种智能设备正常工作的基础功能部件,它总体呈现微型化、智能化、多功能化和无线网络化的发展趋势,可满足多物理量集成采集、感知驱动一体化、目标对象自动识别、移动对象精确定位等功能要求,以及实时高精高可靠、安全可控等性能要求。几类关键的智能感知与识别部件如下:

(1) 支持多物理量复合敏感的智能微型传感器:基于 MEMS 技术、新材料技术和信息技术的微型多功能集成传感器,能够同时测量多种物理量和化学量并进行信息融合,从而较全面地获得所感知对象的状态。如美国加利福尼亚大学研制的复合液体传感器,可同时测量介质的温度、流速、压力和密度。

(2) 支持感知驱动一体化的多功能集成传感器:在智能制造装备中集成多功

能传感器,实现大规模尺寸、轮廓、粗糙度等几何信息和多元化力、加速度、热等物理信息的感知、传输、融合与决策,并实现驱动与感知系统一体化。比如先进的多向力-位球形马达传感器,可实现力-位的混合测量,满足智能机器人末端执行器的力-位的感知与控制、三维部件尺寸的高精度位姿定位与调节、加工平台多自由度运动的工业应用需求。

(3) 基于RFID的识别与定位装置:RFID具有能主动识别对象并记录对象信息等优点,已广泛用于工业现场,其研究方向包括适应强干扰、高温、油污环境的RFID读写装置,基于RFID传感器集成的智能测量与识别装置,基于RFID的定位装置,以及各种小型化、微型化RFID标签等。

(4) 工业现场在线检测的视觉图像技术与装置:人工视觉检测、探针式接触检测等方法无法满足高性能、高复杂性、高质量产品组装和生产要求,自动光学检测(automated optical inspection,AOI)技术及其成套装置是解决这一问题的有效途径。最新研究方向包括:支持微小器件在线定位与检测的视觉装置,支持在线高精高速测量的视觉装置,大尺寸工件基于面结构光的三维形貌测量装置,动态在线测量的高速运动视觉跟踪装置,大尺寸、高精度、高量程的高速便携3D视觉测量装置等。

(5) 无线传感网络技术与装置:将无线传感器网络(wireless sensor network,WSN)技术应用于制造现场,实现制造数据的分布式采集,同时也支持室内移动物体(比如在制品、物流小车、人员)的精确定位。

(6) 生物识别技术与装置:通过计算机与光学、声学、生物传感器和生物统计学原理等高科技手段密切结合,利用人体固有的生理特性(如指纹、指静脉、人脸、虹膜等)和行为特征(如笔迹、声音、步态等)进行个人身份的识别。

(7) 虚拟现实用传感器:随着虚拟现实和增强现实技术在工业领域的应用,对各类传感器也提出了更高的要求,这些传感设备主要包括两部分:一是用于人机交互而穿戴于操作者身上的立体头盔显示器、数据手套、数据衣等传感设备;二是用于感知现实环境的视觉、听觉、触觉、力等传感装置。

2. 智能工业控制部件及系统

工业控制即工业自动化,包括大型复杂生产过程和连续生产过程所需综合自动化系统,多种现场总线标准和工业以太网并能利用互联网的综合自动化控制系统,应用现场总线技术的检测与控制仪表,高性能智能化控制器,大型传动装置用高效、节能调速系统,现场总线集成的各种软硬件产品,智能化工业控制部件和执行机构等。具体构成及发展趋势如下:

(1) 工业控制的基础元器件:包括核心芯片、PLC、变频器、伺服电机、驱动器、现场总线以及各种智能仪表,随着嵌入式技术、智能控制技术和通信技术的进步,这些基础元器件也正朝智能化、功能复合化、微型化等方向发展。

(2) 开放、互联互通的工业控制系统:分布式控制系统(distributed control

system，DCS）、现场总线控制系统（fieldbus control system，FCS）、工控机系统以及数据采集与监视控制系统（supervisory control and data acquisition，SCADA）的开放性和标准化势在必行，在工业互联网环境下，工业控制系统与各种业务系统的协作成为必需，工业设备、人、信息系统和数据的联系越来越紧密，系统一体化、设备智能化、业务协同化、信息共享化、决策需求全景化、全部过程网络化等成为工业控制系统的发展趋势。

（3）开放式、全数字、总线式的高性能数控系统：数控系统呈现"体系开放化、运行高速化、加工高精化、功能复合化、控制智能化、信息技术与数控技术不断融合"的趋势。采用 FPGA＋DSP 来实现数控系统的运动控制和逻辑控制，可提升系统的运动控制和 PLC 控制性能，满足高档数控机床的控制需求。采用开放式、全数字、总线式数控系统体系结构，以及"硬件可置换，软件跨平台"的技术方案，支持多主结构，采用分布式处理，可提高系统性能并增强系统的可扩展性。在总线拓扑结构方面，采用环形或线形结构，连接具有标准总线接口的伺服驱动、输入输出（I/O）单元或数据采集模块，使得系统可灵活地组合和置换。

（4）智能化的控制系统：智能控制系统能针对控制对象的不确定性复杂行为，通过系统的自学习、自组织、自优化和自决策能力，自动生成合理的控制策略，完成控制任务，从而解决传统控制方法难以处理的高复杂性、非线性、不确定性问题。智能控制系统目前主要有以下几种实现方法：基于模糊集理论的控制方法、基于神经网络的控制方法、基于专家系统的控制方法、基于群体智能的控制方法。智能控制技术已开始应用于智能制造领域，比如，日本 Mazak 公司推出的智能机床，集成了主动振动控制（AVC）、智能热屏障（ITS）、智能安全屏障（ISS）等多种智能控制系统，能够对机床自身的运行状态进行监控，可自行分析众多与机床、加工状态、环境有关的信息，能够自行采用应对措施来保证最优化加工。

1.4.3　核心工业软件

工业软件指专门用于工业领域的软件，它已成为重要的生产要素，是"制造业＋互联网"的"新四基"（一硬、一软、一网、一台）之一。工业软件大致可分为两类：一类是植入到硬件产品或生产设备之中的嵌入式软件，起到自动化、智能化控制、监测、管理各种设备和系统运行等目的，并实现计算、通信、控制等功能；另一类是装在通用计算机、服务器、工业控制计算机之中的工具类（如 CAD、CAE、CAPP、CAM 等）、管理类（如 MES、ERP、SCM 等）和中间件类（比如用于车间数据采集的SCADA 系统）软件，涵盖设计、开发、工艺、生产、监控、数据管理与分析等内容。

工业软件

工业软件的总体发展趋势如下：

（1）与硬件的深度集成，形成信息物理系统（CPS）。CPS 是一个综合计算、网络和物理环境的多维复杂系统，通过 3C（computing、communication、control）技术的有机融合与深度协作，实现系统的实时感知、动态控制和信息服务。显然，CPS

是一个软硬件综合体。

（2）各种管理软件从单纯的管理信息系统向智能决策支持的方向发展。以MES为例，传统的MES主要实现计划、生产、物流、质量等业务数据和过程的管理，随着MES能管理更大量的数据，基于MES数据的决策支持，比如质量分析、绩效评估等功能将成为MES不可或缺的内容。

（3）通过统一数据模型、企业服务总线等技术，实现软件与软件之间、软件与硬件之间的集成互联，完全消除信息孤岛。

（4）一些工业软件（特别是管理类软件）正向云端发展，SaaS（软件即服务）将成为未来趋势之一。

目前，在智能制造的核心工业软件领域，国外软件产品几乎占据了全部的高端市场和大部分中端市场，国产软件还只能在一些中低端市场与国外产品竞争，这无疑给工业数据的安全性、工业软件的开放性和互联互通带来了巨大挑战，使用国产工业软件来装备数字化智能化车间是智能制造使能工具建设必须解决的关键问题。

下面从4个方面对与制造车间相关的工业软件现状和发展趋势做介绍。

1. 嵌入式工业软件

这类软件嵌入在工业装备或工业产品之中，具有采集、控制、通信、显示等功能，包括嵌入式系统软件、嵌入式支撑软件、嵌入式应用软件三大类。针对工业应用的实时性、高可靠、网络互联等要求，嵌入式工业软件的发展趋势如下：

（1）高安全、高可信的国产实时工业嵌入式系统，实现与主流控制设备、CPU与总线协议的适配，提供嵌入式软件接口、组态语言与集成开发环境，形成嵌入式操作系统的安全性、可信性以及性能的测评标准和规范。

（2）强大的网络互联支持，不仅在硬件上提供相关的网络通信接口，还在软件上嵌入更多更通用的命令程序以及各类通信协议。

（3）与智能产品和智能装备相结合，更加智能、更加友好、更加开放的嵌入式工业软件。

2. 制造工程类软件

制造工程类软件包括各种制造过程管理软件（manufacturing process management，MPM）、三维CAPP软件、CAM软件、三维检测规划软件、工厂虚拟仿真软件等。达索公司的DELMIA、西门子公司的Tecnomatix是MPM软件的领先产品。武汉开目公司的三维CAPP作为国产三维工艺软件的典型代表，具备较为完整的DFM工艺分析、三维装配仿真、三维机加工艺等功能，已在多个智能制造示范项目中得到了成功应用。

结合智能制造的大背景，制造工程类软件的总体发展趋势如下：

（1）基于知识的智能化工艺设计：以面向行业和企业的知识库为支撑，在不断积累和丰富的工艺知识库的基础上，采用智能化工艺推理和自动建模技术实现工艺规划和仿真。

（2）模拟仿真和现场物理信息相结合的工艺参数优化：目前的 MPM 和 CAM 软件虽然都具有工艺仿真功能，但一般都基于离线环境，未能考虑实际加工情况，未来的趋势是根据测量和传感器采集的实时生产状况信息，在制造仿真环境中建立实际工艺模型，并进行工艺参数的在线优化。

（3）虚拟物理融合的三维虚拟工厂：目前的三维工厂模型一般只用于规划阶段的工厂物流分析，未来的趋势是通过与 MES 和设备监控系统的集成，实现生产数据驱动的三维虚拟工厂可视化监控，通过虚拟工厂和物理工厂的深度融合，实现透明可视化生产、预测式生产和工厂的持续运行优化。

3. 制造运行管理类软件

《企业控制系统集成　第 3 部分：制造运行管理的活动模型》(GB/T 20720.3—2010/IEC 622264-3：2007)[8] 将制造运行管理（manufacturing operations management，MOM）定义为协调制造流程中的人员、设备和物料的活动，主要包括生产运行管理、库存运行管理、质量运行管理、维护运行管理这 4 种形式。以该标准为基础，制造运行管理类软件通常包括制造执行系统（MES）、高级计划排程系统（advanced planning system，APS）、物流执行系统（logistics execution system，LES）、质量管理系统（quality management system，QMS）、设备管理系统（equipment management system，EMS）等，在整个数字化智能化车间体系中，MOM 软件是生产过程高效有序运行的"指挥调度大脑"，是实现信息物理融合的车间生产管控平台的关键。

结合智能制造大背景，MOM 软件的总体发展趋势如下：

（1）集成管控。在统一平台上，实现对计划-现场-物流-质量-设备-资源等要素的全面集成和协同管控，同一产品的制造数据不再分散在各个孤立的系统中，人、机、料、法、测、环、能数据互联互通，产品档案精准可追溯。

（2）全面支持精益生产。具体体现为：车间无纸化、可视化，信息沟通便捷无障碍；流程精简易操作；多车间计划协同，物料准时齐套，减少等待时间；质量信息完整且追溯方便；异常信息自动识别、主动提示，防呆；通过自动采集减少工人的交互操作；支持高效率的工程更改；等等。

（3）实现智能决策支持。比如：①多批次、多产线的高级生产计划排程的自动化、智能化。综合考虑订单交期、工艺约束、资源约束、生产线关联、计划与物流同步等因素，制定最优计划。②生产过程智能管控。通过三维作业指导引导工人完成装配操作，通过条码、RFID、视觉识别等手段实现装配错漏装的报警。③过程质量控制与追溯。定义质量预警规则，统计常见故障并进行预防提示，构建起完整的产品质量追溯体系。④设备/刀具故障诊断和预测性维护。通过信息感知和数据分析，智能识别设备/刀具的故障状态，通过预测性维护减少故障损失。

4. 工业云和大数据应用软件

通过各种感知技术和物联网技术泛在获取制造数据，通过机器学习方法挖掘数据价值,进而控制并优化制造车间的运行,是车间智能化的主要体现。工业领域的大数据通常具有以下鲜明特征:数据量大(一台布置了 10 个传感器的设备,采集频率 100kHz,数据量 3.6GB/h)、关联性强、多维(多元)、时空变化、混杂、业务相关性高、数据的获取困难、部分应用对实时性要求较高,等等。企业现阶段的数据管理方式和 IT 架构普遍存在如下问题,不能很好地支持大数据应用。

(1) 数据分散、低联结。体现为:数据分散在 PLM、MES、ERP、SCM、SCADA等业务系统中;设备实时状态等时序数据没有受到重视;数据低联结,比如当发生产品质量异常时,什么产品、哪道工艺、哪台设备、状态参数、操作人、环境等数据难以快速建立关联。

(2) 信息系统架构落后。体现为:存在单机、C/S、B/S 等多种信息系统架构,系统内各模块之间的耦合性强,系统间的互联互通成为灾难;存储/计算能力不足的现象普遍。

(3) 数据价值未曾利用。体现为:数据分析主要在单个系统内(比如 MES、ERP),难以进行跨系统的数据关联分析;以低层次的统计分析为主,缺乏深度分析与决策支持;数据的可视化以图表为主,和生产现场结合不紧。

在这样的背景下,基于工业云平台,重构信息系统,整合遗留系统,打通产品数字链,并实现数据的增值应用,已成为国内外一些大型制造企业数字化与智能化车间的重要内容。比如 GE(Predix)、西门子(MindSphere)、三一重工(根云)、徐工(汉云)、海尔(COSMOPlat)、美的(M. IoT)、富士康(BEACON)等企业都先后推出了自己的工业云平台。

典型的工业云和大数据应用框架如图 1-19 所示,包括传感器、物联网设施、工业云平台、应用即服务 4 个层次。

从工业大数据的角度来看,该应用框架主要实现下述 3 个功能:

1) 工业大数据的采集与转换

针对车间的特殊应用环境,采用多源制造信息传感器、异构信息转换与集成模块和工业大数据接入网关等模块,实现车间多源异构数据获取,为工业大数据分析、生产过程决策支持以及现场反馈控制提供高质量的数据源。

2) 工业大数据的存储与计算

基于云计算技术,建设 IaaS/PaaS 平台,提供工业大数据分布式存储和计算引擎,为工业大数据在智能车间的应用提供功能强大、性能优越的存储与计算环境。

3) 工业大数据的分析与控制

针对制造领域需求,实现生产、质量、工艺、设备等主题大数据的应用模型和方法,通过 SaaS＋App 的方式部署,构建车间综合绩效分析与预测、产品质量分析与诊断、设备状态监测与预测维护、刀具状态监控与寿命预测、工艺参数优化与自适应控制等典型工业大数据应用场景。

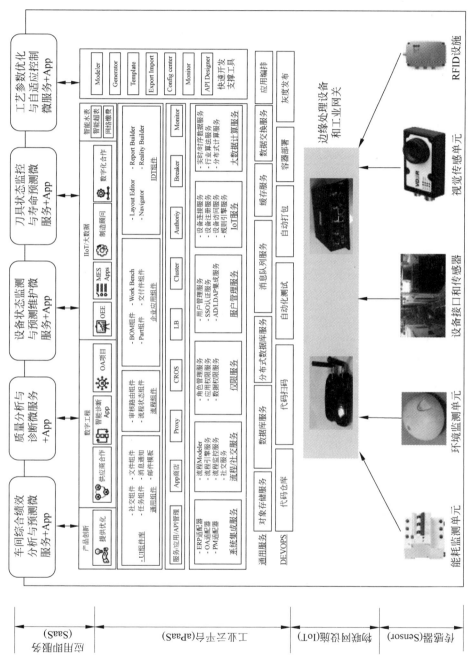

图 1-19　工业云和大数据应用框架

1.5 数字化与智能化车间的实施规划

1.5.1 数字化与智能化车间的实施路线

图 1-20 描述了数字化与智能化车间的实施路线,它包括规划、设计、建设、运行、评价与优化等 5 个关键阶段,每个阶段有各自的任务。制造车间的数字化、网络化、智能化升级是一个没有终点的任务,因此这 5 个阶段也构成了一个迭代升级的过程(即 PDCA 循环)。

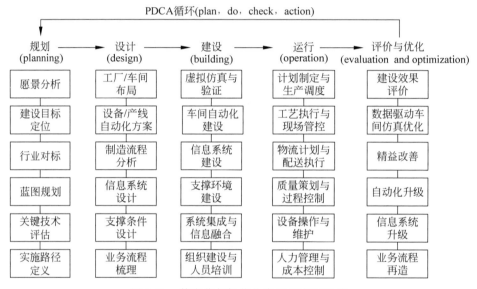

图 1-20 数字化与智能化车间的实施路线

1. 规划阶段(planning phase)

本阶段的主要任务是在企业创新发展战略的驱使下,综合评估当前相关技术的发展成熟度,并参考国内外标杆企业的建设经验,开展 SWOT 分析(strengths,weaknesses,opportunities,threats,即"优势-劣势-机会-威胁"分析),明确本企业的数字化与智能化车间建设目标和愿景,制定蓝图规划和实施路径。

规划阶段的三要素是:目标、技术、经济性。

(1)目标:即公司希望通过车间升级来解决什么问题或达到什么效果,"威胁"或"机会"都可以成为车间升级的动力,前者如"工人成本大幅提升迫使企业推行机器换人策略",后者如"车间数字化可使生产过程更加透明,产品制造全过程质量可追溯"。

(2)技术:指数字化与智能化车间建设所涉及的各项关键技术的可实现性及可靠性,包括工厂自动化技术、信息系统技术、数据集成和流程集成技术、物联网和大数据技术、虚拟仿真技术等。这些通用技术本身虽然都足够成熟,但每个企业受制于行业规范、自身基础条件、产品及工艺复杂度以及投资预算等因素,不一定适合采用每一项技术。比如,无线通信和 RFID 技术在军工企业尚难使用,自动化装配技术在手机装配过程中难以大范围使用等。因此,在规划阶段必须做深入的技术评估。

(3)经济性:即投资回报是否理想。依据常识,对于一个复杂系统,解决其瓶颈问题往往是价值最大的,而解决一个非瓶颈或不重要的问题,即使付出代价很大,也未必有多大实用效果。比如,针对一个飞机装配型企业,解决计划与质量问题显然比解决零配件物流自动化问题的意义重大。因此,在规划阶段,审慎地对各项任务或技术进行经济性评价,是非常有必要的。

2. 设计阶段(design phase)

一旦有了明确的建设任务后,就进入车间设计阶段,本阶段的主要任务通常包括:

(1)工厂/车间或单元/产线的布局设计:厂房设计、设备工艺能力分析与布置设计、物流方案设计等。

(2)设备/生产单元/生产线/车间的自动化方案设计:加工/装配/检测/物流的自动化方案,以及关键设备的智能化提升方案,比如状态数据采集与自适应控制等。

(3)制造流程分析:工艺路线规划、工序设计、工序分配、产线平衡等。

(4)信息系统与集成接口设计:从企业或工厂的全局角度来考虑,明确支持车间规划/计划/运行管控/现场控制/数据采集/决策分析的各类工业软件,比如SCADA、MES、APS 等,并确定系统之间数据流和数据集成接口。图 1-21 是某制造企业的信息系统的数据流梳理。

(5)支撑条件设计:包括车间物联网络、可视化显示与报警、信息安全与车间安全、数据总线与大数据存储、信息集成、人员规划等。

(6)业务流程梳理:包括计划流、执行流、物流、质量流、变更处置流、决策分析流等。针对数字化智能化车间的应用场景,上述流程和传统纸介质方式的传签流程往往有很大的区别,需要梳理和重构。

3. 建设阶段(building phase)

车间建设阶段的任务通常包括:

(1)虚拟仿真与验证:建立虚拟工厂(车间)模型,对生产及物流过程进行仿真分析,验证方案的可行性。

(2)车间自动化建设:根据制造工艺特点,建设加工/装配/检测/物流自动化生产系统。该系统应具备足够的柔性,支持多品种混流生产。

(3)信息系统建设:包括现场控制类(数据采集和过程控制)、生产管控类(计划、执行、物流、质量、设备、工具、人力的集成管控)、工厂运营类(工艺制定、生产计

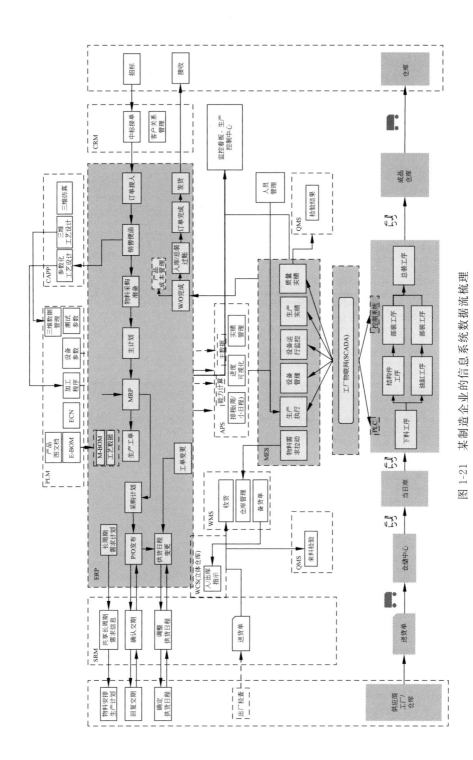

图 1-21 某制造企业的信息系统数据流梳理

划、物料供应、成本核算等）、协同制造类（设计与制造协同、多工艺专业之间的协同、制造商与供应商/外协商的协同、制造商与客户的协同等）等几类工业软件的建设。这些系统通常包括 MES、ERP、CAPP、SCADA、SCM 等。

（4）支撑环境建设：数字化与智能化车间离不开各类支撑环境，包括信息环境（网络、数据库、信息安全等）、管理环境（精益生产）、标准环境（基础数据的标准化、业务流程的标准化、信息集成的标准化、操作规范的标准化等）。

（5）系统集成与信息融合：数字化与智能化车间是一个复杂的系统之系统（system of system，SoS），为避免各单元（包括信息系统、设备、生产线、各部门等）成为信息孤岛，应全面实现系统集成和信息融合。通常而言，系统集成涉及三类集成：产品生命周期端到端集成（即实现贯穿"设计-工艺-制造-服务"的产品数字链）、横向集成（即实现制造商与供应商、协作商及客户之间的协同）和纵向集成（即针对从数字化设备、现场控制、生产管控到工厂运营的工厂纵向结构层面，实现自底向上和自顶向下的双向信息贯通）。

（6）组织建设与人员培训：数字化与智能化车间的建设必然会导致组织结构的调整和人员岗位的变化。以"机器换人"为例，在大幅减少操作工的同时，将会增加设备运维工程师，因此组织建设与人员培训至关重要。

4. 运行阶段（operation phase）

车间运行阶段的主要活动通常包括计划制定与生产调度、工艺执行与现场管控、物流计划与配送执行、质量策划与过程控制、设备操作与维护、人力管理与成本控制等。制造车间应该是一个信息物理高度融合的数字孪生车间，即车间层面的信息物理系统。产品的加工、装配、检测和物流过程均在物理车间发生，而制造工艺验证、生产计划制定与优化、设备健康诊断和维护决策、质量缺陷识别和溯源分析、物流路径规划与调度等智能决策活动均在信息车间中完成。智能决策的关键要素在于数据、模型和算法，其实际应用效果取决于能否实现从物理车间到信息车间的真实映射，映射越逼真，基于信息空间的数据分析和决策支持才有可能更准确。

5. 评价与优化阶段（evaluation and optimization phase）

数字化与智能化车间的建设是一个迭代升级、不断演化的过程，在每一个周期告一段落的时候，需要对建设效果进行客观评价，找出不足之处，分析原因，从而为以后的改善提供方向。本阶段的任务包括建设效果评价、数据驱动车间仿真优化、精益改善、自动化升级、信息系统升级、业务流程再造等方面。建设效果评价是一个难点，不同行业、不同的产品对象都有不同的数字化与智能化车间建设重点，评价指标、指标权重都不一样，因此有必要针对不同行业制定符合行业特征的评价标准。

从上述实施周期来看，数字化与智能化车间的规划与建设过程是一个非常复杂的系统工程，每一个阶段都有许多要点要关注，如果处理不好，都将导致车间建设效果不及预期，甚至失败。通过市场调研，我们总结出了几点可能导致数字化与智能化车间建设不成功的主要原因，分析如下：

（1）原因 1：缺乏客观清晰的蓝图规划，导致可集成性、扩展性不足；

（2）原因 2：目标定位有偏差，投资回报率低；

（3）原因 3：技术选择不合理；

（4）原因 4：自动化设备的柔性不够、可靠性不足；

（5）原因 5：缺乏强有力的机构来推动数字化与智能化车间的运行和持续改善；

（6）原因 6：缺乏持续投入，软硬件维护升级不及时；

（7）原因 7：管理流程不适应信息系统需要；

（8）原因 8：人员培训滞后；

（9）原因 9：其他（如供应商能力不足、企业变动等）。

针对上述问题，提出了实施建议，包括规划先行、问题牵引、夯实基础、循序渐进、持续投入、管理变革＋人员培训共 6 点建议，如图 1-22 所示。

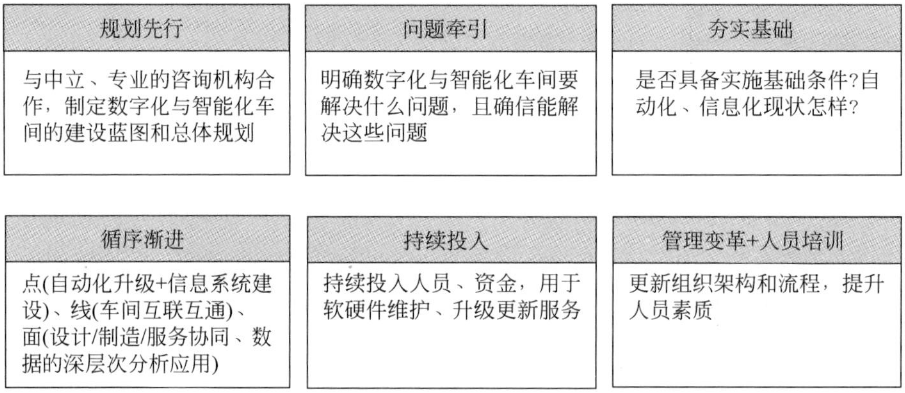

规划先行	问题牵引	夯实基础
与中立、专业的咨询机构合作，制定数字化与智能化车间的建设蓝图和总体规划	明确数字化与智能化车间要解决什么问题，且确信能解决这些问题	是否具备实施基础条件？自动化、信息化现状怎样？

循序渐进	持续投入	管理变革+人员培训
点(自动化升级+信息系统建设)、线(车间互联互通)、面(设计/制造/服务协同、数据的深层次分析应用)	持续投入人员、资金，用于软硬件维护、升级更新服务	更新组织架构和流程，提升人员素质

图 1-22　数字化与智能化车间的实施建议

1.5.2　数字化与智能化车间的主要实施内容

下面从 5 个方面介绍数字化与智能化车间的主要实施内容。

1. 虚拟车间/数字孪生车间建设

布局设计是车间建设的第一步，设施布局极大影响着车间运行过程中在制品传递、存储、搬运的效率。现如今，许多复杂产品的生产工艺及物流情况非常复杂，设备类型和数量多，生产过程中的异常情况也非常多（比如设计变更、设备故障、产品质量、计划调整等）。传统的设施布局方法主要依赖工程师的经验，带有一定的盲目性与随机性，对设施布局方案的评价体系往往停留于定性分析层面。"虚实融合、数字孪生"是数字化与智能化车间的重要特征。车间规划阶段的数字孪生就是构建三维车间模型，制作生产过程的仿真动画，在综合模拟不确定因素的情况下对车间性能进行定量评估，并通过试验设计、运筹优化等手段，寻找较高综合优化水平（物流效率高、设备利用率高、产能满足等）的车间布局方案。车间运行阶段的数字孪生就是构建以三维虚拟车间为载体的虚实融合车间,通过物联网手段实时采集生产过程数据,利用数据驱动仿真技术,通过三维场景可视化展示生产实况和生产实绩,并实现一定的反馈控制。

图 1-23 是虚拟车间/数字孪生车间的基本建设流程,主要包括如下步骤:

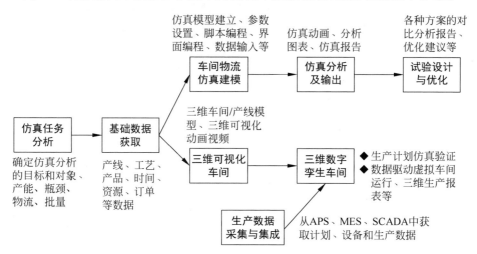

图 1-23　虚拟车间/数字孪生车间的基本建设流程

（1）对所规划的物理车间进行三维建模,包括产线、立体仓库、机器人/机械手、输送线、工装、传送车、AGV 物料小车、电子看板、操作人员、中央控制室等,定义设备仿真交互属性,采用轻量化技术保证大规模场景的流畅显示。

（2）基于已知的工艺、设备、订单等基础数据和预先给定的生产规则,设定各种随机因素,模拟生产与物流过程,对所获得的仿真数据进行计算分析,得到反映车间运作性能的统计指标,从而全面评估车间产能、设备利用率、物流频率和缓冲区容量等性能指标,及时发现生产瓶颈,并进一步优化设备（生产设备与物流设备）的数量与布置,以及投料策略（投料时机、批量大小）等关键参数。

（3）在车间运行阶段,基于三维虚拟车间,通过与 MES、APS、设备监控系统集成,建立数据驱动仿真机制,实现实时生产数据驱动的三维虚拟可视化监控,对生产计划的执行性能进行验证,向 APS 系统反馈问题,并实现虚拟车间与物理车间融合,即可以在三维虚拟车间漫游,通过人机交互方式,查看生产计划执行状态、设备状态、质量状态、生产历史等生产实况和生产实绩。如图 1-24 是面向 3C 结构件加工的数字孪生车间实例。

第 2 章将对车间布局规划与仿真分析方法进行详细介绍。

2. 数字化智能装备和生产线建设

针对产品的制造工艺特点以及质量要求,引入数字化、自动化、柔性化制造装备,构建智能制造单元或生产线,提升生产效率、柔性和质量一致性。这些设备大致包括:

数字化智能装备

图 1-24　数字孪生车间实例

（1）加工设备：包括智能数控加工中心、柔性制造单元/系统（FMC/FMS）、自动化加工线等；

（2）装配设备：包括各种用于自动对接、拧紧、焊接、钻铆、涂胶、插件、罐装、包装的装配设备或装置；

（3）检测设备：包括坐标机、激光跟踪仪、视觉/超声等在线或离线检测装置，以及各种专用检测设备和调试/试验设备；

（4）物流设备：包括各种自动化传送带和传送链，以及 AGV/RGV、智能叉车/天车、立体物料和刀具仓库等物流设备；

（5）机器人/机械手：用于上下料、翻转、搬运、焊接、检测等目的的机器人/机械手；

（6）其他辅助设备：比如柔性工装、刀辅具等。

图 1-25 是面向电子产品结构模组精密加工的局部三维车间模型。该车间是一个全自动化车间，主要设备构成包括 189 台数控机床、97 台机器人、7 台 AGV，以及自动化立体仓库、自动包装缠绕机、视觉检测设备等。

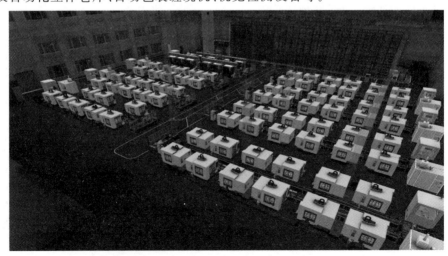

图 1-25　面向电子产品结构模组精密加工的局部三维车间模型

在一些特定场合,还需要通过加装传感器的方式实现设备在线监测和零件在线检测,进而通过自适应控制实现智能加工,满足零件的高效高精加工要求,该过程称为设备的智能化升级。图 1-26 是某机床企业的应用案例。在机床上安装有电流、振动、温度、位移等类型传感器,并通过 OPC 技术采集机床的数控系统数据。通过获取机床电机电流、主轴振动、关键部位温度、数字量信号以及数控系统内置传感信息,选取合理的信号处理方法进行在线处理,实现对加工过程的实时监控(包括切削负荷监控和加工碰撞监控)以及对机床状态的在线监测(包括主轴状态监测、丝杠状态监测、关键部位温度监测以及静压导轨间隙监测等),进而对机床的健康状态进行实时判断分析,并进行主动预警和反馈控制。

第 9 章综合应用案例部分将对数字化、自动化装备与产线建设进行详细介绍。

3. 车间物联网环境建设

车间物联网是用于车间内人、机、料、法、测、环、能等各类实时数据获取和传输的网络。它连接了底层设备和上层应用系统,实现多源异构数据采集、资源状态感知和控制指令下达,是数据自动流动的基础设施,也是数字化生产管控平台建设和设备智能化升级的基础。车间物联网的主要构成要素包括网络技术、数据采集技术、应用系统、应用场景等几方面。

(1) 网络技术:包括工业总线、以太网、无线网(Wi-Fi、红外、蓝牙、ZigBee、LoRa、NB-IoT 等)、移动通信网络(4G/5G)、近场通信 NFC 等;

(2) 数据采集技术:包括传感器、RFID、条码/二维码、串口通信/OPC、视觉识别、视频监控、操作终端录入等;

(3) 应用系统:包括用于机床数控系统数据采集的 MDC 系统、基于 OPC 的设备数据采集系统、基于 RFID 的在制品和刀具跟踪系统、基于无线技术的室内定位系统、视频监控系统、图像识别系统等;

(4) 应用场景:身份识别、状态感知、跟踪定位等。

图 1-27 是一个通过物联网实现加工设备和装配线数据采集的示例。

第 6 章将对基于物联网的车间数据采集技术进行详细介绍。

4. 数字化生产管控平台建设

如图 1-28 所示,数字化生产管控平台是面向制造运行管理的平台,贯穿从生产订单下发到产品制成的全过程。该平台通过实时数据采集和可视化展示,使得生产过程透明和可视;通过对计划、执行、物流、质量和制造资源的数字化管控,使得生产过程有序和可控;通过对仿真和运筹优化方法的支持及运用,使得生产过程更加优化和高效。

(1) 数字化生产管控平台以精益生产体系为基础而构建,精益生产体系涵盖作业分析与时间优化、计划与执行的闭环控制、生产与物流的协同、生产现场 6S 管理、拉式计划、OEE 分析、无纸化精益管控流程、全面质量管理(TQM)和全员生产维修(TPM)等内容。

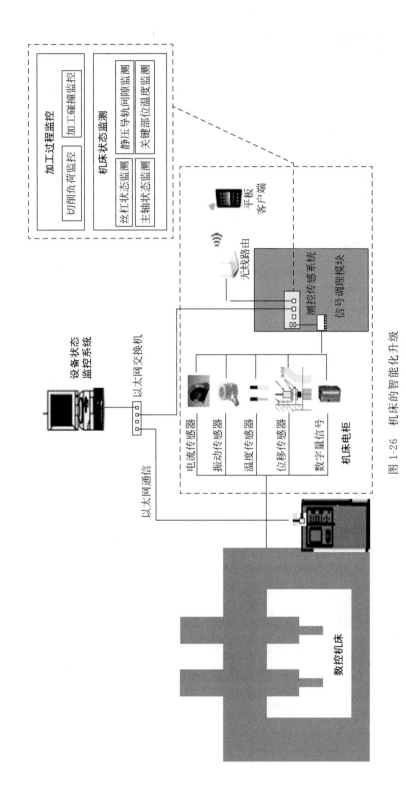

图 1-26　机床的智能化升级

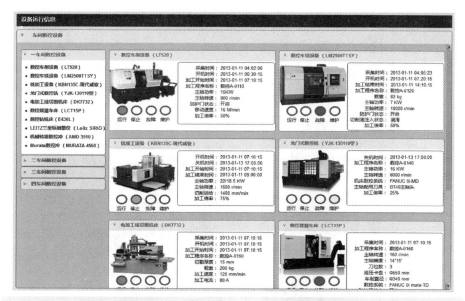

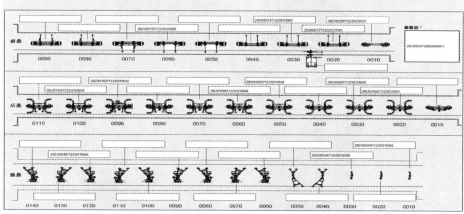

图 1-27 通过物联网实现加工设备和装配线数据采集

（2）制造执行系统（MES）是一套主要面向车间的信息管控系统，其目的是对车间的生产、物流、质量、维护等活动进行调度和监控，在合适的时间（计划驱动或事件驱动），安排合适的对象（机器、人）做合适的事情（工序加工、质检、维护、物流配送等），跟踪确认每个任务的开始和完成情况，最后从订单角度（进度表）、产品角度（质量档案）、设备角度（状态）详细记录生产过程履历。《工业自动化系统与集成制造执行系统功能体系结构》（GB/T 25485—2010）[9] 对 MES 的功能和流程进行了详细定义。

（3）高级计划排程系统（APS）是一套基于约束规划理论对作业计划进行编排并实现动态调度的系统。APS 的主要建设目标包括：①智能作业计划排程。基于智能算法引擎实现作业计划高级排程，提高计划覆盖范围和粒度。作业计划要覆盖

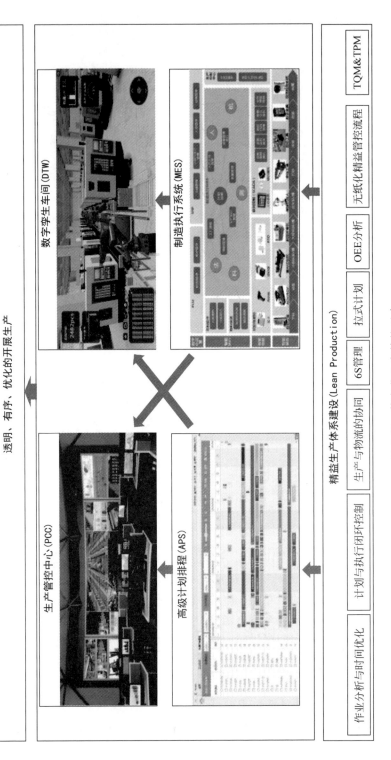

图 1-28　数字化生产管控平台

所有车间、生产线、机台和班组,并编制出车间班组或工作中心的详细作业计划,使计划能直接指导一线生产。②基于实时反馈信息的计划动态调整。外部的订单变更、内部的生产异常等,能及时反馈到计划排程系统中;借助可视化计划平台,辅助计划调整决策。③多车间生产计划的协同优化。实现从总装到机加再到锻造、焊接、热处理等多门类专业工艺的高度协同和全局优化的生产计划,在保证产品交付的基础上,为缩短生产过程中的等待时间从而压缩整个生产周期、减少在制品库存、降低生产成本提供支持。④面向物料拉动式的生产计划。支持零件车间批任务生产模式与部装/总装的项目生产模式的计划拉动、JIT 等物料配送模式,为企业生产执行、物流配送业务提供计划支持。

(4) 生产控制中心(PCC)是一套实现生产过程全面可视化的解决方案,它建立在生产管控平台的基础之上,通过对生产系统数据整合及不同层级间数据缩放的支持,对生产运作提供全局可视化管理手段,并结合车间生产实时状况与人、机、料、法、测、环、能等实时数据,发现生产过程趋势,预测未来资源利用状态,并对可能发生的故障和事故进行预警。PCC 提供了丰富的展现、提示和预警手段,无论在车间或是公司办公室、会议室,通过手机、PC 机、大屏幕显示器和多用途终端,用户都可以随时获得所需的实时、历史信息以及经过分析处理的决策信息。PCC 的具体功能包括:生产进度和绩效报表展示;现场安灯、看板、广播字幕等;通过视频监控人员流动和在岗情况;通过 MDC、RFID 等系统监控设备运行情况和物料在制品分布;数字工厂展示(三维仿真、回放);获取现场人员需求并调度处理;等等。图 1-29 是某汽车工厂的监控界面案例。

图 1-29　生产控制中心界面

(5) 虚实融合的数字孪生车间是一套基于三维虚拟工厂的数据驱动仿真可视化系统。如图 1-30 所示,通过从 MES、SCADA 等系统获取生产现场数据,驱动虚拟车间运行,实现从物理车间到虚拟车间的映射。

图 1-30 虚实融合的数字孪生车间

第 7、8 章将对数字化生产管控平台建设的相关关键技术与系统进行详细介绍。

5. 工业大数据应用平台建设

ERP、MES 等系统都包含一定的数据分析功能，比如 ERP 中的商务智能 (business intelligence，BI) 模块，但构建独立的大数据应用平台是未来发展趋势。主要有两个原因：其一，制造工厂各维度的业务数据往往都是相关的，如果只在某个系统中进行分析，可能导致管中窥豹、略见一斑。以能耗分析为例，传统的分析方法是实时采集数据，绘制能耗曲线，分析能耗数据随时间的变化趋势，这种方法非常片面。更合理的方法是深入分析产品类型、工艺参数、设备状态等对能耗的影响规律。但要做上述集成分析，需要从多个信息系统中获取数据，并通过时间戳联系起来。其二，工业领域的数据量很大且类型多样，数据的存储、管理、处理、显示方式都和传统的信息系统不同，需要新的 IT 架构支持。1.4.3 节的工业云和大数据应用软件是开展工业大数据应用的合适平台。

面向制造车间，大数据应用的第一步是进行数据集成整合，建设制造车间大数据中心。

如图 1-31 所示，通过设备集成（MDC、OPC、SCADA）和软件集成（与 MES、CAPP、PDM、ERP、WMS 等系统）等方式，将生产类数据、物料类数据、资源类数据、工艺类数据、设备类数据、质量类数据、供应链与服务类数据、绩效统计类数据等全部集成进入数据中心（也称数据湖（data lake）、数据仓库（data warehouse）等）。

以数据中心为基础，可开展的数据分析与大数据应用常见工作包括：

（1）车间绩效分析与数据多视图展现：运用统计分析方法，实现重要绩效指标（如 OEE、计划完成率等）的自动计算，并通过多视图方式对绩效数据进行展示，比如柱状图、饼形图、排列表、直方图、趋势图、雷达图、气泡图、仪表盘等。

（2）智能计划排程：利用聚类方法对相似零件进行分类，并通过历史数据的统计分析不断修正工序的期望工时，在此基础上，利用优化排程引擎实现多品种、多批次、多工序生产任务的自动排程，提高计划的优化水平和可执行性。

（3）物料智能调度：通过对在制品生产进度的实时掌控，以及对各种物流设施状态和位置信息的跟踪，利用智能调度算法，实现对各种物流资源的调度，优化物

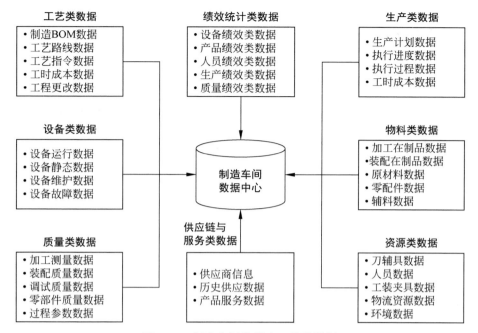

图 1-31　制造车间数据中心的数据源

流路径,提高物流设备利用率,减少在制品周转等待时间。

(4)制造过程质量评估与优化:一方面,通过基于历史质量数据的分析,实现产品、人员的质量综合评价,找出影响质量问题的关键因素,以及加工-装配、焊接-加工、加工-热处理等不同工艺之间或者同一工艺不同工序之间的质量关联关系,从而在以后的生产中设置关键控制点进行质量控制;另一方面,通过实时质量数据采集,运行多维 SPC(统计过程控制)等手段,实现对生产过程稳定性、工艺能力指数的评估,针对可能出现的异常,提前做出预警。

(5)工艺参数智能优化:通过对工艺、质量、工时等数据的关联分析,建立产品质量或工时与工艺参数之间的多元回归模型,基于该模型,分析工艺参数的敏感性,并运用优化算法实现对工艺参数的组合优化。

(6)设备状态监测与智能维护:针对所采集到的制造设备的多维实时数据,在信息融合的基础上,运用主成分分析、异常模式辨识、故障诊断等手段,实现对设备的健康状态评估,在此基础上,运用可靠性理论和优化方法,实现设备的维修维护决策。

(7)刀辅具寿命监测与维护决策:通过 RFID 技术,可以实时获取刀具生命周期的各种使用数据,通过数据分析方法,建立刀具的失效模型,实现刀具的剩余寿命预测,并以此作为刀具更换或修磨的决策依据。

(8)制造成本核算、控制与预测:采用标准作业成本法对制造成本进行核算,将生产作业活动、成本要素、制造资源、成本控制单元组合关联起来。定义每项作业,每种成本费用(料、工、费)的归集和计算方式、费率因子等。在事前成本分析过程中,基于历史成本数据,通过回归分析对成本进行预测,实现量本利分析和产品决策。

第3、4、5章将对数据驱动的计划制定、质量控制、故障诊断等方法进行详细介绍。

参考文献

[1] 国家制造强国建设战略咨询委员会. 智能制造[M].北京:电子工业出版社,2016.

[2] 全国工业过程测量控制和自动化标准化技术委员会.数字化车间 术语和定义:GB/T 37413—2019[S].北京:中国标准出版社,2019.

[3] 全国工业过程测量控制和自动化标准化技术委员会.数字化车间 通用技术要求:GB/T 37393—2019[S].北京:中国标准出版社,2019.

[4] 朱铎先,赵敏.机・智:从数字化车间走向智能制造[M].北京:机械工业出版社,2018.

[5] 陶飞,张萌,程江峰,等.数字孪生车间:一种未来车间运行新模式[J].计算机集成制造系统,2017,23(1):1-9.

[6] LEE J,LAPIRA E,YANG S,et al. Predictive manufacturing system trends of next generation production systems[C]//The Proceedings of the 11th IFAC workshop on intelligent manufacturing systems,2013,11(1):150-156.

[7] 傅京孙,蔡自兴,徐光佑. 人工智能及其应用[M]. 北京:清华大学出版社,2003.

[8] 全国工业自动化系统与集成标准化技术委员会.企业控制系统集成:第3部分 制造运行管理的活动模型:GB/T 20720.3—2010[S].北京:中国标准出版社,2011.

[9] 全国工业自动化系统与集成标准化技术委员会.工业自动化系统与集成 制造执行系统功能体系结构:GB/T 25485—2010[S].北京:中国标准出版社,2010.

第 2 章

车间布局设计与物流仿真优化

制造车间的生命周期始于布局设计(layout design)。在车间布局设计阶段,除了要确定生产设施的类型和数量外,还需要合理地安排设备位置及物流路径,从而最大限度地发挥出设备的生产能力,确保物流通畅并尽可能降低物流成本。在此阶段有许多关键问题需要解决,包括:如何合理安排工位及分配工位任务,从而使得生产线更加平衡;如何验证产能及改善瓶颈;如何分析物流效率并合理安排物流路径和物流设施;如何合理设置缓冲区位置及大小;等等。在多品种混流生产模式下,车间布局设计问题变得更加复杂,需要通过定量分析手段进行科学优化求解。有两种常见的定量分析方法:一是基于运筹优化(operations research,OR)理论建立布局优化的数学模型,并通过启发式算法等进行求解;二是基于离散事件动态系统(discrete event dynamic system,DEDS)理论建立车间的物流仿真模型,通过模拟仿真手段进行布局方案的评估验证和优化,这两种方法也可以结合起来使用。本章结合工程应用案例,对车间布局设计和物流仿真优化中的 4 个问题进行研究,包括混流双边装配线平衡设计、机加工车间仿真建模与性能分析、多跨车间布局设计仿真优化、装配线物流集配系统仿真优化设计等内容。

2.1 概述

2.1.1 车间布局设计

如图 2-1 所示,车间布局设计[1]是指在综合考虑产品种类、工艺流程、生产纲领要求和制造资源约束的前提下,确定车间布局和作业单元划分,合理安排作业单元及其相关辅助单元的位置关系与面积大小,对各种物流与非物流关系进行分析,确保车间内生产制造过程能持续高效进行,最大限度降低物流成本,高效利用人力、设备、能源等制造资源等。

车间布局
设计

精益(lean)是对车间布局设计的基本要求,常见的精益布局原则包括:①单件流(one piece flow,OPF)生产;②节拍平衡,即作业单元的周期时间尽量接近,减少无效等待和在制品积压;③物流距离短、路径简单,消除物流瓶颈;④加工工序集中;等等。现实中许多车间的布局设计过程中,精益布局分析与改善还主要依

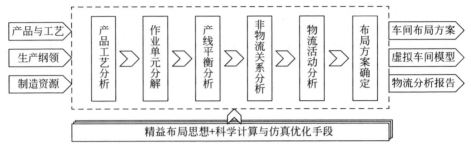

图 2-1　车间实施布局设计的基本过程

赖于人员的规划经验,有一定的随机性,对设施布局方案的评价往往停留在定性分析层面。车间布局设计是一个综合性难题,需要考虑厂房建设、产品工艺、物料输送、运行成本、环境安全等多方面因素。布局方案的评价指标包括产能、物流距离及效率、设备利用率、平均在制品数量等。

车间布局设计应是一个定性评估与定量分析相结合的过程。早在 20 世纪 70 年代,就诞生了系统布置设计[2](systematic layout planning,SLP),通过分析各工序(作业单元)之间的物流强度,来帮助确定作业单元的布局位置。随着运筹学的发展,基于二次分配模型、混合整数规划模型与图论模型的布局设计模型相继提出。定量化设施布局问题属于 NP(non-deterministic polynomial)问题,各种启发式算法和元启发式算法[3-6]已被广泛用于优化模型求解。

基于仿真的车间布局优化是布局设计的另外一种途径。它是在模拟实际车间生产流程的基础上,以大量仿真运行得到的生产统计数据为依据,以加快物流效率、节约物流成本、降低在制品库存、提高设备利用率等为改善目标,通过试验设计(design of experiment,DoE)、遗传寻优等手段对车间的布局方式进行评价和改善,并对改进后的布局方案进行仿真验证,从而实现对物理车间布局的合理重构。

对于汽车、电子、家电等行业的高节奏、混流装配车间而言,装配线平衡(assembly line balancing,ALB)设计也是车间布局设计阶段的重要内容。装配线平衡问题是指在给定的约束条件下,根据一定的优化目标,将所有装配任务分配到各个工位上的组合优化问题,根据装配线的作业方式不同可以分为单边和双边装配线平衡问题(two-sided assembly line balancing problem,TALBP)。双边装配方式有效缩短了装配线长度、提高了线上辅助设备的利用率、减少了工人移动时间浪费并降低了部分物流成本,但 TALBP 求解更为困难[7-9]。

2.1.2　物流仿真优化

基于 DEDS 理论的车间物流仿真在制造业已得到广泛应用。在车间布局设计阶段,通过物流仿真,对车间运行性能进行定量分析,提前发现问题,为车间资源分配、方案比选等提供数据决策支持,以保证车间规划的科学性、经济性、鲁棒性。在车间运行与持续改善阶段,通过仿真试验与优化,识别生产瓶颈,优化参数评估系统在不同调度策略下的性能,确定合理、高效的作业计划和调度方案,提高车间综合运行效率。车间布局阶段物流仿真优化的基本过程如图 2-2 所示,通常包括初始布局的仿真分析、关键参数试验设计及对比分析、遗传算法＋仿真优化的方案寻优等 3 个阶段。

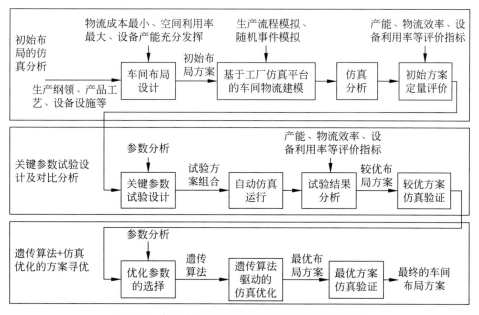

图 2-2　车间布局阶段物流仿真优化的基本过程

国内外关于物流仿真的研究非常多,在各个方面均取得了一些研究成果,主要归纳为仿真工具、仿真方法、仿真应用 3 个方面。目前常用的物流仿真工具软件有西门子公司的 Tecnomatix Plant Simulation、Rockwell 公司的 Arena、FlexSim 公司的 FlexSim、达索公司的 Delmia Quest、Lanner 公司的 Witness、SimioLLC 公司的 Simio、AnyLogic 公司的 AnyLogic 等,商业化水平已十分成熟。华中科技大学研发的 Factory Simulation 软件是为数不多能进行工厂物流性能定量仿真分析的国产自主软件。这些仿真工具各有特色。比如,Plant Simulation 和 Factory Simulation 采用特有的脚本编程语言建模,拥有易用性、灵活性和开放性的特点; Arena 采用流程图的方式,清晰准确地进行仿真逻辑建模;FlexSim 能直接便捷地进行三维可视化建模;Simio 同时支持离散和连续系统,以及基于"智能主体"的大规模应用。物流仿真软件正朝着模型库行业化、建模过程简单化、分析工具智能化等方面发展。

数字孪生工厂软件

仿真优化方法是物流仿真的一个研究重点。试验设计是物流仿真分析最普遍使用的方法,在仿真模型中将少量有限的方案参数化,通过仿真试验与数据分析对这些方案进行比选择优。如果问题的可行解十分庞大,则需要巧妙地利用参数化建模,并将物流仿真与自动寻优算法相结合,实现研究问题的优化分析。目前常用的仿真优化方法主要包括:基于梯度的方法、随机优化方法、响应曲面法、统计方法和启发式方法等,其中每一类又包含多种具体方法[10]。

车间物流仿真主要是通过计算机仿真技术和虚拟现实的方法,对车间生产物流的运送、暂存、加工等主要环节进行仿真建模,导入实际生产物流数据并进行大量模拟运行,输出物流仿真模型的运算结果统计,根据仿真结果,一方面用来验证模型的有效性,另一方面用来指导车间的生产物流规划以及后期的运作管理。在基于虚拟仿真的数字化车间建设框架中,对车间物流仿真的内容和场景进行指导,包括工艺布局规划、生产物流分析、参数优化计算和瓶颈分析优化等内容。建立物流仿真模型,输入生产计划和工艺路线等信息,模拟生产运行,对生产线平衡、物流效率、产能等进行分析。根据分析结果,提出改善意见,并进行仿真验证,为现实车间的改善提供决策支持。

由于不同车间的工艺、设备、物流等差异较大,车间物流仿真模型也极具个性化特征,但利用仿真软件建立物流模型并进行分析优化的基本流程大体相似。主要分为3个步骤:

(1)仿真基础信息收集,包括生产线进行加工/装配的工艺过程信息,各工序、流程所用时间的统计信息等,同时根据生产线运行情况明确各生产工位的工作逻辑,以此确定生产线系统仿真的运行逻辑,并且明确物流仿真优化的目标,包括生产节拍和平衡率等。

(2)使用仿真软件建立生产线物流仿真模型,对现实生产线进行简化和映射,要求能够完整表明生产线的物流运行过程;然后将收集的基础数据导入模型中;最后编写模型运行程序,驱动仿真模型运行和结果统计。

(3)对仿真结果的分析与优化。通过对上一步物流仿真结果进行分析,验证模型的准确性,根据结果来分析车间/产线布局设计缺陷,进行针对性的优化,并给出最终优化方案,对生产线进行改进。常见的物流仿真分析任务包括:①产能验证分析;②瓶颈识别与改善;③投料策略分析与优化;④批量分析与优化;⑤缓冲区分析与优化;⑥生产线平衡分析与优化;⑦物流资源、物流频次的分析与优化;⑧关键资源利用率分析;⑨面向订单的制造资源优化分配。

2.2　混流双边装配线平衡设计

2.2.1　混流双边装配线平衡问题描述

为了满足多品种产品混流生产需求,如何根据各个工序的操作时间和生产线节拍时间来平衡生产线设计,是装配生产线规划阶段的核心任务之一,其目标是提高生产平准化并消除瓶颈。生产线平衡的具体步骤如下:

（1）定义产品族。根据产品相似度来聚类产品，按产品族进行生产。在同一个生产单元中，如果不同产品所需要的加工步骤差异太大，工装夹具的更换和调整就会过于频繁，从而降低生产率。

（2）确定混流节拍。生产节拍时间指生产一个产品所需要花费的时间，即作业速度

$$生产节拍时间 = \frac{每日可用时间}{每日需求量}$$

（3）根据生产预测，平衡生产线能力。对于混流失衡的处理方式主要有减少或消除无效工作、细分或合并工序、增加资源投入、设立零件库存、增加额外生产混流等。

以汽车为代表的流水生产方式经历了由单品种生产到多品种混流生产、由单边生产到双边生产的变化，目前大多为多品种混流双边生产。双边装配线由一系列成对工位组成，如图 2-3 所示。双边表示每个成对工位在生产线的左右两边各有一个独立的工位，可以同时进行装配作业。双边装配线的优点明显，其长度比单边装配线缩短许多，理论上可以缩短至单边装配线的一半，带来装配车间面积的节省，同时使产品的下线时间变短，减少工装夹具等设备投入，通过减少工人的移动时间使得劳动生产率得到提高，有效降低了企业成本。

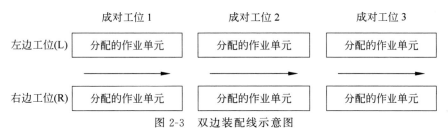

图 2-3　双边装配线示意图

另外，双边装配模式也给装配线平衡设计带来了更大困难，有些任务必须指定在某一边工位进行，比如左边工位的工人不能装配右边的车轮。又由于成对工位中左边和右边工位的装配操作是同时并行进行的，在提高生产效率的同时也带来了前后序相关任务开始时间约束的复杂性。

通常使用优先关系图来描述 TALBP 问题。经典算例的优先关系图如图 2-4(a)所示[11]。图中每个圆圈代表一个任务，圆圈中的数字表示任务的编号，各圆圈之间用带箭头的线连接，表示箭头所连接的两个任务之间的前后序关系。每个圆圈上方的括号中包含两个参数：第 1 个参数表示任务的作业时间，第 2 个参数表示任务的操作方位约束，分为必须在左边工位操作（L）、必须在右边工位操作（R）和两边工位均可操作（E）。图 2-4(b)为该问题在节拍时间为 6 时的一个可行解，可行解中每个任务都必须符合前后序约束和操作方位约束，亦即任务的开始时间必须在其所有前序任务完成之后，任务的操作方位不能违反规定。例如任务 7 必须在任务 4 和任务 5 完成之后才能开始，任务 5 必须分配在右边工位，等等。

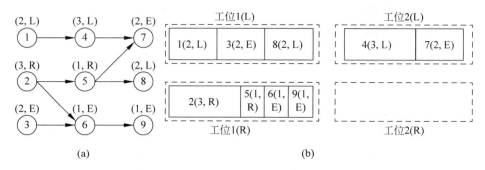

图 2-4　双边装配线平衡的算例

（a）任务优先关系；（b）最佳双边装配方案

2.2.2　混流双边装配线平衡问题建模

为建立混流双边装配线平衡模型，首先定义如下符号：

i,j,k	集合中的随机值
I	任务集合，$I=\{1,2,\cdots,i,\cdots,n\}$
ns	总的工位数量
nm	成对工位数量
J	成对工位集合
w_{nm}	目标函数中 nm 的权重系数
w_{ns}	目标函数中 ns 的权重系数
CT	生产节拍时间
L	要求放在左边的任务类型
R	要求放在右边的任务类型
E	没有方向要求的任务类型
x_{ijl}	如果任务 i 分配到成对工位 j 的 l 方向单边工位则 $x_{ijl}=1$，否则 $x_{ijl}=0$
l,f	成对工位中的单边工位，取值为 1 表示左边工位，2 表示右边工位
(j,l)	成对工位 j 的 l 方向单边工位
$P(i)$	任务 i 的直接前序任务集合
$P_a(i)$	任务 i 的所有优先任务集合
$S(i)$	任务 i 的直接后继任务集合
$S_a(i)$	任务 i 的所有后继任务集合
m	产品品种序号
M	产品品种集合
t_{im}	产品品种为 m 时，任务 i 的作业时间
D_m	产品品种 m 的产量

q_m	产品品种 m 的产量占所有产品总产量的比例
t_{im}^{s}	产品品种 m 任务 i 的作业开始时间
t_{im}^{f}	产品品种 m 任务 i 的作业结束时间
U_{jl}	若成对工位 j 的 l 方向单边工位被使用,则 $U_{jl}=1$,否则 $U_{jl}=0$
F_j	若成对工位 j 被使用则 $F_j=1$,否则 $F_j=0$
G_j	若成对工位 j 只有一边被使用则 $G_j=1$,否则 $G_j=0$
y_{ip}	若同一工位中任务 i 在任务 p 之前被执行则 $y_{ip}=1$,否则 $y_{ip}=0$
W_{jlm}	产品品种 m 能分配到单边工位 (j,l) 的一系列任务集合
$\|W_{jlm}\|$	任务集合 W_{jlm} 中的任务数量
ψ	一个足够大的整数
v_{jlm}	若单边工位 (j,l) 用于模式 m 的装配则 $v_{jlm}=1$,否则 $v_{jlm}=0$
PZ	具有积极区域限制的成对任务集合 $PZ=\{(i,h),\cdots,(p,r)\}$
NZ	具有消极约束限制的成对任务集合 $NZ=\{(i,h),\cdots,(p,r)\}$
PC	具有位置约束的任务集合和相应的指定工位 $PC=\{(r,(g,f)),\cdots,(i,(j,l))\}$
SC	具有同步约束的成对任务集合 $SC=\{(i,h),\cdots,(p,r)\}$

以最小化成对工位数和总工位数为目标,建立混流双边装配线平衡优化模型[8-9] 如下:

$$\min f = nm \cdot w_{nm} + ns \cdot w_{ns} \tag{2-1}$$

基本约束:

$$\sum_{j \in J} \sum_{l \in L(i)} x_{ijl} = 1, \quad \forall i \in I \tag{2-2}$$

$$\sum_{g \in J} \sum_{l \in L(h)} g \cdot x_{hgl} \leqslant \sum_{j \in J} \sum_{l \in L(i)} j \cdot x_{ijl}, \quad \forall i \in I, h \in P(i) \tag{2-3}$$

$$\max\left(\sum_{i=1}^{n} x_{ijl} \cdot t_{im}\right) \leqslant CT, \quad \forall j \in J, l \in L(i), m \in M \tag{2-4}$$

$$t_{im}^{s} \geqslant 0, \quad \forall i \in I, m \in M \tag{2-5}$$

优先关系约束:

$$t_{im}^{s} - t_{hm}^{s} + \psi \cdot \left(1 - \sum_{l \in L(h)} x_{hjl}\right) + \psi \cdot \left(1 - \sum_{l \in L(i)} x_{ijl}\right) \geqslant t_{hm},$$
$$\forall i \in I - P_0, h \in P(i), j \in J, m \in M \tag{2-6}$$

$$t_{pm}^{s} - t_{im}^{s} + \psi \cdot (1 - x_{ijl}) + \psi \cdot (1 - x_{pjl}) + \psi \cdot (1 - y_{ip}) \geqslant t_{im}$$
$$\forall i \in I, m \in M, p \in \{r \mid r \in I - (P_a(i) \cup S_a(i) \cup C(i)), i < r\},$$
$$j \in J, l \in L(i) \cap L(p) \tag{2-7}$$

$$t_{im}^{s} - t_{pm}^{s} + \psi \cdot (1 - x_{ijk}) + \psi \cdot (1 - x_{pjk}) + \psi \cdot y_{ip} \geqslant t_{pm}$$
$$\forall i \in I, m \in M, p \in \{r \mid r \in I - (P_a(i) \cup S_a(i) \cup C(i)), i < r\},$$
$$j \in J, l \in L(i) \cap L(p) \tag{2-8}$$

工位约束：

$$\sum_{i \in I} x_{ijl} - \| W_{jlm} \| \cdot V_{jlm} \leqslant 0, \quad \forall j \in J, l \in L(i), m \in M \qquad (2\text{-}9)$$

$$\sum_{m \in M} V_{jlm} - \| M \| \cdot U_{jl} = 0, \quad \forall j \in J, l = 1,2 \qquad (2\text{-}10)$$

$$\sum_{l \in L} U_{jl} - 2F_j - G_j = 0, \quad \forall j \in J \qquad (2\text{-}11)$$

$$F_j \geqslant F_{j+1}, \quad \forall j \in J \qquad (2\text{-}12)$$

附加约束：

$$x_{ijl} - x_{hjl} = 0, \quad \forall (i,h) \in PZ, j \in J, l \in L(i) \bigcap L(h) \qquad (2\text{-}13)$$

$$x_{ijl} + x_{ijl} \leqslant 1, \quad \forall (i,h) \in NZ, j \in J, l \in L(i) \bigcap L(h) \qquad (2\text{-}14)$$

$$x_{ijl} = 1, \quad \forall (i,(j,l)) \in PC \qquad (2\text{-}15)$$

$$x_{ijf} - x_{hjl} = 0, \quad \forall (i,h) \in SC, j \in J, l \in L(h), f \in L(i), l \neq f \qquad (2\text{-}16)$$

$$t_i^s - t_h^s = 0, \quad \forall (i,h) \in SC \qquad (2\text{-}17)$$

整型变量：

$$x_{ijl} \in \{0,1\}, \quad \forall i \in I, j \in J, l \in L(i) \qquad (2\text{-}18)$$

$$y_{ip} \in \{0,1\}, \quad \forall i \in I, p \in \{r \in I - (P_a(i) \bigcup S_a(i) \bigcup C(i)) \& i < r\} \qquad (2\text{-}19)$$

$$U_{jl} \in \{0,1\}, \quad \forall j \in J, l \in L \qquad (2\text{-}20)$$

$$F_j, G_j \in \{0,1\}, \quad \forall j \in J \qquad (2\text{-}21)$$

$$V_{jlm} \in \{0,1\}, \quad \forall j \in J, m \in M, l = 1,2 \qquad (2\text{-}22)$$

式(2-1)中的优化目标首先是成对工位数最小，即装配线长度最短，其次是左右工位总数最小，所以目标函数由两项组成，第 1 项中 nm 是成对工位数，w_{nm} 是 nm 的权重系数，第 2 项是左右工位的总数 ns，w_{ns} 是 ns 的权重系数。由于现实情况中左右工位总数总是小于 100，因此 w_{nm} 取值 100，w_{ns} 取值为 1。式(2-2)～式(2-5)为问题的基本约束。式(2-2)表示一个任务只能分配到一个工位上。式(2-3)为任务前后顺序约束。式(2-4)为节拍时间约束，要保证任一工位上每个产品的作业时间都不能超过给定的生产节拍。式(2-5)表示每个产品的任意任务的开始作业时间都必须大于或等于 0。式(2-6)～式(2-8)表示任务间的优先关系约束。对于任务 h 及其直接后继任务 i，式(2-6)能保证在任务 h 完工之后才能开始任务 i。对于没有直接后继关系的任务 i 和任务 p，式(2-7)和式(2-8)确保了任一品种的任务 i 和任务 p 的先后关系顺序。式(2-9)～式(2-12)表示工位约束，其中式(2-9)和式(2-10)保证了各工位装配的产品品种数量是相等的。式(2-11)表示如果一个单边工位被启用，则其所在的成对工位必定启用。式(2-12)表示成对工位的序号使用保持持续递增。式(2-13)～式(2-17)表示问题的附加约束。式(2-18)～式(2-22)表示数学模型中整型变量各自的取值范围。

2.2.3　工程实例及效果分析

1. 案例介绍

本案例来自文献[8]。某汽车总装车间混流装配线原设计生产节拍为每小时生产 39 辆成品车,设备开动率为 98%,工位的额定工时为 90s(3600/39×98%)。最近进行了升级改造,产能提升为每小时 44 辆成品车,设备开动率为 96.5%,工位的额定工时为 79s(3600/44×96.8%)。产能提升需要对混流装配线重新进行平衡,使工位的额定工时由 90s 降低为 79s,同时各工位的劳动强度趋于一致。整个混流装配线十分复杂,实际工程中多采取将装配线分为多个工段,对每个工段分别进行平衡的方法来解决装配线平衡问题。下面选取装配线一个工段,即发动机分装线进行平衡优化,该分装线可装配 5 种型号发动机。

首先收集输入数据,转换成算法模型需要的格式,然后明确各种约束,最后设计了优化算法进行求解。

1) 收集输入数据

收集各工位的工艺卡片和工作要素表,合并为产品任务作业时间表,如表 2-1 所示。合并后的任务数共有 280 个。

表 2-1　产品任务作业时间(部分)

序号	任　　务	作业时间/s				
		产品 A	产品 B	产品 C	产品 D	产品 E
1	拿取吊具移动到发动机托盘处	9	9	9	9	9
2	用吊具将发动机吊运至辊道线	20	20	20	20	20
3	调整辊道线托盘支撑	5	5	5	5	5
4	将发动机放置在辊道线托盘上并从发动机上取下吊具	8	8	8	8	8
5	拿取双头螺栓并在发动机上预紧	4	4	4	4	4
6	拿取电枪拧紧双头螺栓	6	6	6	6	6
7	旋转曲轴至变速箱合装定位点	2	2	2	2	2
8	在发动机上安装 2 个弹簧销 EC8	0	6	6	0	0
9	安装 2 个堵盖到发动机上 EC	0	4	4	0	0
10	拿取并安装制动真空取气管及其支撑夹	10	0	0	10	0
11	核对 FAV 卡信息后粘贴 FAV 卡	8	0	0	8	0
12	拿取吊具移动到变速箱托盘上	9	9	9	9	9
13	用吊具将变速箱吊运至辊道线合装	30	30	30	30	30
14	拿取、安装预紧 EC 变速箱上 5 个螺栓并取下吊钩	0	15	15	0	0
15	在自动变速箱上安装导向销	0	6	6	6	0
⋮	⋮	⋮	⋮	⋮	⋮	⋮

2）确定约束

任务优先关系约束：参考工艺卡片和操作时序表，考查实际工艺流程，为每个产品建立任务优先关系，然后合并为一个总的任务优先关系表，作为任务优先关系约束，见表 2-2。

表 2-2　任务优先关系（部分）

任务	操作方位 (L=1,R=2,E=3)	直接后继任务	任务	操作方位 (L=1,R=2,E=3)	直接后继任务
1	1	2	15	1	16
2	1	3	16	1	17
3	1	4	⋮	⋮	⋮
4	1	5,7,10,11	60	2	61,65
5	1	6	61	2	62
6	1	12	62	2	63,64
7	3	12	63	2	65
8	3	12	64	2	65
9	3	12	65	3	66,67
10	1	12	66	2	68
11	1	12	67	2	68
12	1	13	68	2	69
13	1	14	⋮	⋮	⋮
14	1	15			

位置约束：指某些任务因装配作业中需要用到相应的设备而必须分配到指定的工位进行装配。考虑工程实例情况，将位置约束与工位名称联系在一起，消除工位编号变化带来的影响。整理后的位置约束如表 2-3 所示。

表 2-3　位置约束

工 位 名 称	有位置约束固定在该工位的任务
BL01L	1,2,3,4,5,6,7,11,12
BL02L	13,14,15,16,17,18,19,20,21,22,23,24,25
BL03L	26,27,28,29,30,31
BL04L	—
BL05L	41,42,43,44,45,46
BL06L	—
BL06R	—
BL07R	75,76
BL08L	81,82,83,88,89
BL10L	102,103,104,105,106,107
BL11L	109,110,111,112,113,114,115,116,117,118
BL13R	—

续表

工 位 名 称	有位置约束固定在该工位的任务
BL14L	—
BL15R	—
BL16L	185,186,187,188,189,190,191,192,193,194,195,198
BL18L	—
BL19R	244,247
BL20L	250,251,252,253,254,255,256,257,258,259,260,261,265,266,267,268,269,270,271,272,273

积极区域约束：指某些任务在装配过程中因需要使用相同的工具设备而必须统一分配到相同的工位上。如积极区域约束{1,2,3,4}，表示任务 1、任务 2、任务 3 和任务 4 必须分配到相同工位上进行装配。整理后的积极区域约束如下：{1,2,3,4},{5,6},{13,14},{16,17,18},{19,20},{23,24,25},{26,27,28},{58,59,60},{63,64},{75,76},{78,79},{81,82,83},{85,86},…,{269,270,271,272,273}。

3）计算参数

发动机分装线现有 18 个工位，每个工位配 1 名工人，混流装配 5 种类型的发动机。由于线体设计的原因，前 8 个工位是辊道线，只能开启左边工位，后 10 个工位是悬链线，可以左右工位都开启。5 种发动机各自的总工时分别为 962s、1103s、1116s、1180s、1030s，假定每种产品的生成比例为 1:1:1:1:1，则加权平均工时为 1078.2s，工位数量下界按照加权平均工时计算如下：LB=1078.2/79=13.65≈14 个，按照产品 D 的工时 1180s 来计算工位数量下界为：LB=1180/79=14.94≈15 个。

2. 求解算法

下面用多邻域路径重连算法（multi-neighborhood based path relinking，MN-PR）来求解 2.2.2 节的混流双边装配线平衡问题。MN-PR 是一种混合启发式算法，首先会生成多个初始解，称作解集合，集合中的每个初始解都会经过局部搜索分别达到各自的局部最优值。接下来会在集合中随机选取两个解进行路径重连，路径重连过程中将生成多个解，得到的解可能会打破约束条件，如若打破了约束条件，则会通过修正策略进行错误解修复过程，之后会按照一定的规则从生成的多个解中选取一个解进行局部搜索，最后根据更新策略对这个经过局部搜索得到的解和初始解集合进行更新。整个重连过程将不断重复，直到种群中任何一对解都已进行过路径重连运算符的运算。MN-PR 的算法流程详见文献[8]及文献[9]。

3. 优化结果分析

原装配线的各工位工时和饱和度如表 2-4 所示。第 3～7 列为 5 种产品的工位作业时间，第 8 列为平均工时，第 9 列是工位负荷饱和度。

表 2-4　原装配线的各工位工时和饱和度

工位序号	工位名称	产品 A	产品 B	产品 C	产品 D	产品 E	平均工时/s	工位负荷饱和度/%
1	BL01L	74	66	66	74	56	67.2	85.1
2	BL02L	71	70	70	50	73	66.8	84.6
3	BL03L	37	2	5	12	2	11.6	14.7
4	BL04L	56	63	57	52	54	56.4	71.4
5	BL05L	77	77	77	77	77	77.0	97.5
6	BL06L	73	73	73	73	73	73.0	92.4
7	BL06R	53	66	66	74	82	68.2	86.3
8	BL07R	58	48	69	65	53	58.6	74.2
9	BL08L	46	33	49	88	55	54.2	68.6
10	BL10L	75	74	74	74	66	72.6	91.9
11	BL11L	18	72	72	71	71	60.8	77.0
12	BL13R	50	82	82	80	53	69.4	87.8
13	BL14L	25	51	51	37	59	44.6	56.5
14	BL15R	34	67	62	66	39	53.6	67.8
15	BL16L	55	78	76	77	78	72.8	92.2
16	BL18L	61	61	61	70	54	61.4	77.7
17	BL19R	52	69	55	77	34	57.4	72.7
18	BL20L	47	51	51	63	51	52.6	66.6

MN-PR 算法的优化结果如表 2-5 所示。

表 2-5　MN-PR 算法优化后得到的各工位工时和饱和度

工位序号	工位名称	产品 A	产品 B	产品 C	产品 D	产品 E	平均工时/s	工位负荷饱和度/%
1	BL01L	74	66	66	74	56	67.2	85.1
2	BL02L	71	70	70	66	73	70.0	88.6
3	BL03L	50	65	62	76	66	63.8	80.8
4	BL05L	77	77	77	77	77	77.0	97.5
5	BL06L	73	73	73	73	73	73.0	92.4
6	BL06R	53	66	66	74	74	66.6	84.3
7	BL07R	58	68	75	72	56	65.8	83.3
8	BL08L	55	63	62	75	65	64.0	81.0
9	BL10L	75	74	74	74	66	72.6	91.9
10	BL11L	53	72	72	71	71	67.8	85.8
11	BL13R	55	71	71	75	53	65.0	82.3
12	BL15R	52	67	67	76	59	64.2	81.3
13	BL16L	55	78	76	71	65	69.0	87.3
14	BL18L	51	61	75	75	59	64.2	81.3
15	BL19R	52	69	68	77	55	64.2	81.3
16	BL20L	58	63	62	74	62	63.8	80.8

从表 2-4 可以看出,优化前最大工位工时是产品 D 在工位 BL08L 上的工时 88s,此外还有 4 个工位工时超过节拍时间 79s,分别是产品 E 在工位 BL06R 上的工时 82s,产品 B、产品 C、产品 D 在工位 BL13R 上的工时 82s、82s 和 80s,在新的产能和节拍时间下,这些工位成为瓶颈,很容易拖慢整个装配线的节拍,造成产能不足。或者在实际工作中这些工位需要其他工位的工人或者加派人手协助才能在目标节拍内完成作业。

从表 2-5 可以看出,优化后工位个数为 16 个,减少了 2 个,关闭了 BL04L 和 BL14L 两个工位,最大工位工时是工位 BL05L 的 5 个产品的工时,均为 77s,小于目标节拍时间 79s。

优化前后各工位负荷饱和度对比如图 2-5 所示。优化前负荷饱和度最高的为工位 BL05L 的 97.5%,最低的为工位 BL03L 的 14.7%,工位间的平均工时标准差为 14.5,各工位的劳动强度极不均衡。优化后负荷饱和度最高的为工位 BL05L 的 97.5%,最低的为工位 BL03L 和工位 BL20L 的 80.8%,工位间的平均工时标准差为 3.85,各工位负荷均衡度大为提高。

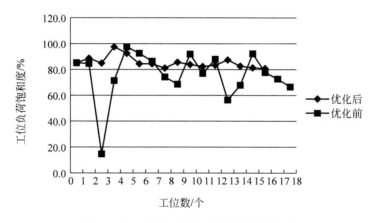

图 2-5　优化前后各工位负荷饱和度对比图

2.3　机加工车间仿真建模与性能分析

2.3.1　机加工车间简介

如图 2-6 所示,某消费电子产品制造企业建成了业界领先的全自动化加工车间[12],完成两类笔记本电脑的金属外壳(镁合金 A 类和铝合金 B 类)加工,主要工艺类型包括铣槽、铣孔、打磨、检测等。两类产品的工序信息如表 2-6 所示。

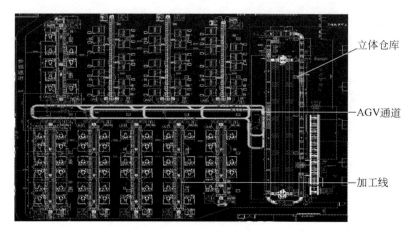

图 2-6　机加工车间的总体布局(一楼部分)

表 2-6　产品工序时间　　　　　　　　　　　　　s

产品类型	工序 1	工序 2	工序 3	工序 4
A	175	72	113	96
B	280	1032	—	—

车间分为上下两楼,包含 1 座数字化立体仓库、7 台 AGV 构成的 AGV 运输系统、19 条自动化机加工生产线(A1-A19)等要素。立体仓库存放原料和成品,与立体仓库连接的是 AGV 运输系统。AGV 道路两边分列着多条生产线。工件原料由 AGV 运输系统从立体仓库运送至线边原料暂存区,在生产线上加工完所有工序后,从线边成品暂存区被运回立体仓库。所有 AGV 路径都是单向单通道轨道,每台 AGV 最多能装载 3 箱工件,每箱包含 20 个相同类型的工件,每台 AGV 一次运输可为不同生产线供料及收料。

机加工生产线的布局如图 2-7 所示。每条生产线包含传送方向相反的两条传送带(分别为上料线和收料线),传送带两边排列着 6～12 台 CNC 设备,传送带中间是上下料机器手,为 CNC 设备上下物料。上下料机器手安装在有轨小车 RGV 上(红色线路为 RGV 道路),可随 RGV 左右移动,一台上下料机器手可服务于 2～5 台 CNC 设备。生产线两端分别布置一台搬运机器手,线头搬运机器手从线边暂存区搬运物料至上料线上,线尾搬运机器手搬运物料分别至清洗机、检测机和收料线上。

工件原料从线边原料暂存区出发,由传送带输送到各顶升处,上下料机械手为 CNC 抓收料,依次完成所有工序加工后,运输回线边成品暂存区。每条生产线基本类似,所有机床均能处理各类工件的所有工序。

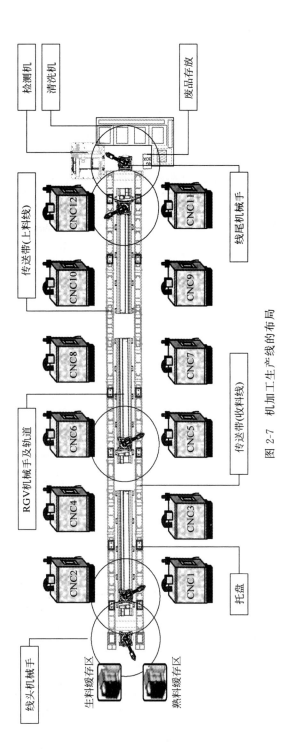

图 2-7　机加工生产线的布局

图2-7彩图

2.3.2 基于 Plant Simulation 的车间仿真建模

1. 仿真基础数据准备

输入正确且完备的仿真参数数据是仿真建模的基础,将仿真基础数据进行标准化处理,并使用参数化建模的思想,使得仿真模型能方便地读写和设置相关参数。表 2-7 为生产线基础数据,表 2-8 为立体仓库基础数据,表 2-9 为 AGV 运输系统基础数据。

表 2-7 生产线基础数据

流　　　程	时　　　间
AGV 接受调度,将周转箱运至产线线头	AGV 速度:直线 40m/min,转弯 20m/min
周转箱移动至线头上料机工位 1	移动时间:3s/箱
周转箱从工位 1 移至工位 2	移动时间:3s/箱
机械手抓取工件,进行两次定位,放入线头放料位内托盘中	整个过程时间:10s
工件在传送带上移动	传送带速度:20m/min
托盘被顶升顶起	顶升顶起时间:3s
机械手抓取工件,放入 CNC 中	整个过程时间:25s
工件加工完成后,机械手将工件取出放回托盘中	整个过程时间:30s
⋮	⋮
机械手将工件从托盘中取出,放入清洗机内	整个过程时间:15s
清洗烘干	20s/件
托盘从输送线移至回流线	移动速度:15m/min
机械手将工件从清洗机取出,放入检测机中	整个过程时间:15s
高精度自动检测机检测	检测时间:15s/件
工件流至回流线线尾收料区	—
机械手将工件从托盘中取出,移至工位 3 的周转箱中	整个过程时间:10s
周转箱从工位 3 移至工位 4,呼叫 AGV 小车收料	—
AGV 小车将周转箱运至立体仓库收货位	—

表 2-8 立体仓库基础数据

物料流	立体仓库(立库)信息	一楼立库数据(描述)	二楼立库数据(描述)
人工组盘区	到达物料信息	铝合金 A(13 寸[*])、镁合金 B(13 寸)	铝合金 A(13 寸)、镁合金 B(13 寸)
	各类物料平均进库箱数(分别进入 F1 和 F2 立库)	120 箱/h(不区分物料)	120 箱/h(不区分物料)
	理货入库先后顺序策略	生产调度确认	生产调度确认

续表

物料流	立体仓库（立库）信息	一楼立库数据（描述）	二楼立库数据（描述）
入库区	物料移动方式说明	滚筒式输送机传送，并通过顶升移载机实现移位	滚筒式输送机传送，并通过顶升移载机实现移位
	物料移动速度或时间	0.2m/s 左右	0.2m/s 左右
	物料装载至堆垛机方式说明	顶升移载到位，堆垛机货叉取料	顶升移载到位，堆垛机货叉取料
	物料装载至堆垛机时间	单深 7s、双深 11s 左右	单深 7s、双深 11s 左右
	入库位置说明	入库位置：两处	入库位置：两处
巷道堆垛机	一个堆垛机一次运输批量能力	1 箱/次	1 箱/次
	巷道宽度	1000mm	1000mm
	巷道长度	35 000mm	13 000mm
	堆垛机运行水平速度	160m/min	160m/min
	堆垛机运行垂直速度	30m/min	30m/min
	堆垛机运行至目标库位取放料时间	平均 30s	平均 30s
	堆垛机数目	1	1
	堆垛机调度策略	由生产调度系统、WMS 系统控制	由生产调度系统、WMS 系统控制
	堆垛机干涉问题说明（两个及以上的堆垛机，一个挡住另外一个的移动道路）	不存在干涉	不存在干涉
寻找库位	物料存储模式	WMS 自动分配	WMS 自动分配
货架	立库总库位数	2756 个库位	504 个库位
	库位存储量	1 箱/库位	1 箱/库位
	货架排数	53 排	18 排
	货架长度	30 530mm	10 405mm
	货架高度	7100mm	4550mm
	每排货架宽度	3360mm	3360mm
	每排货架货位层数	13 层	7 层
	每层货位数	212	72
出库	出库原则	先入后出	先入后出
	各类物料平均出库箱数	120 箱/h（不区分物料）	120 箱/h（不区分物料）
	出库位置说明	出库位置 2 处	出库位置 2 处

*　1 寸＝33.33mm。

表 2-9　AGV 运输系统基础数据

步骤	流　　程	1 楼运输系统	2 楼运输系统
1	AGV 在仓库出货口装料时间	30s/箱（3 箱同步装）	30s/箱（3 箱同步装）
2	AGV 在线上运行速度	直线 0.6m/s，转弯 0.45m/s	直线 0.6m/s，转弯 0.45m/s
3	AGV 在生产线头装卸料时间	30s/箱	30s/箱
4	AGV 到仓库入货口卸料时间	30s/箱（3 箱同步装）	30s/箱（3 箱同步装）
5	AGV 道路网络设计描述	各直道长度 70m，弯道长度 35m	各直道长度 105m，弯道长度 50m
6	AGV 数量（计划）	3 台（1 台备用）	4 台（1 台备用）
7	AGV 批量	3 箱	3 箱

2. 基于 Plant Simulation 的层次化车间对象建模

采用西门子公司 Tecnomatix 套件的 Plant Simulation 软件作为车间物流仿真平台。Plant Simulation 是功能强大的 DEDS 仿真系统，既可以用于生产、物流和工程领域的分析研究，也可以用来优化结构及实现对系统流程的控制。该软件的主要特点包括：建模和仿真的图形化，集成的用户环境，层次结构化建模，面向对象建模和可继承性，程序驱动的建模，模型的可变性和可维护性，灵活的接口与集成支持等。

使用面向对象的仿真建模方法，针对车间的每一个物理元素，在计算机上建立虚拟数字化映射，包括其相关的属性和方法。车间整体模型主要分为生产线子模块、立体仓库子模块、AGV 运输系统子模块，各子模块又由更小的单元模块构成，子模块之间通过连接接口的方式交互，内部相对完整独立。这种层次化的建模方式，使得仿真模型能够灵活配置调整，以适应车间规划时期繁复多变的特点。

3. 车间仿真的运行逻辑

通过 Plant Simulation 软件，将实际车间系统中的生产物流规则和策略转化成仿真运行逻辑，在对象 Method 中编写以驱动可移动实体在仿真系统内部的运转。分析物理车间对象的运行策略，以流程图的方式展现出来。图 2-8(a) 为生产线最小加工单元的运行逻辑，图 2-8(b) 为 AGV 运输系统的运行逻辑。图 2-9 为立体仓库入库和出库运行逻辑。

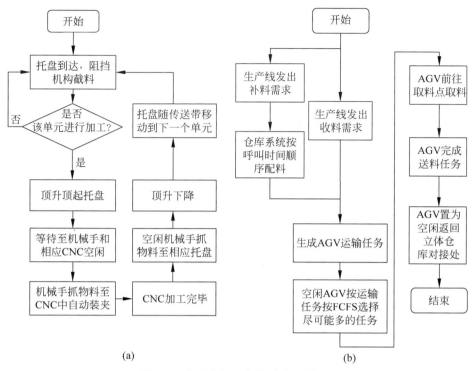

(a)　　　　　　　　　　　　　　(b)

图 2-8 物理车间运行策略流程图(1)

(a) 生产线最小加工单元的运行逻辑；(b) AGV 运输系统的运行逻辑

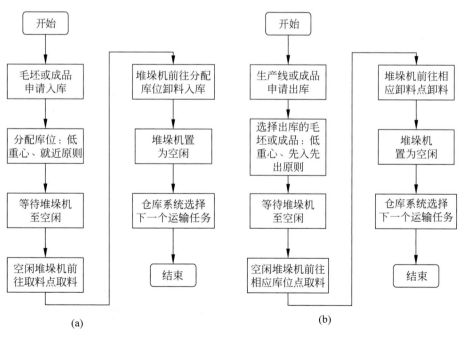

(a)　　　　　　　　　　　　　　(b)

图 2-9 物理车间运行策略流程图(2)

(a) 立体仓库的入库运行逻辑；(b) 立体仓库的出库运行逻辑

2.3.3 机加工生产线的产能仿真分析与改善

由于生产线上有上下料机械手、传送带和复杂的生产线调度策略,生产线的真实产能只能通过仿真分析来获得。生产线仿真分析的主要思路是在物料供给充足、物料回收及时的情况下,运行如图 2-10 所示的机加工生产线仿真模型,对生产线资源和产能进行数据统计分析,充分发挥现有资源潜力,获得最大产能。

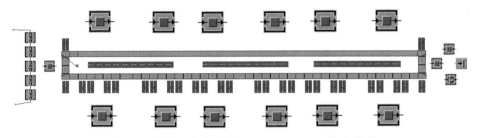

图 2-10 机加工生产线的 Plant Simulation 仿真模型

1. 针对 RGV 搭载上下料机械手的服务策略进行仿真试验研究

以产品 A 在 A1 线上为例(图 2-11),原设计方案(图 2-11(a))中 3 台 RGV 分别为 4 台 CNC 进行上下料操作,改善后(图 2-11(b))3 台 RGV 分别为 4、2、6 台 CNC 服务,生产线节拍时间由 64.04s/件减少为 52.99s/件,设备资源平均利用率从 59.34％增加至 71.7％,产能提升 20.85％。

对于所有种类的产品,在不同设计模式生产线(机台数和机械手布局不同)上进行如上仿真试验,可分析获得机械手服务策略优化方案和各类产品在各条生产线上的产能数据,并对车间生产排程策略做出一定的支持。对于镁合金 A 件,其在生产线上的平均平衡率仅有 62.27％,在生产计划制定过程中需要优先考虑,在 A1、A3 生产线上平衡率最高,能达到 71.7％,应优先安排在 A1、A3 线上生产,尤其不适合在 B3、B5 线上生产,否则会造成较大的资源浪费。而产品 B 的生产线平均平衡率为 88.39％,可以较灵活地适应在各类生产线上加工,其中 A2 线生产时生产线平衡率最高达到 92.72％。

2. 开展生产线组合仿真试验研究

对于多条生产线组合生产同一工件多道机加工序,通过仿真试验与单线分别仿真进行产能对比分析可以发现,对于产品 A,车间一楼生产线模式 2 下的 A2、A9 线和生产线模式 6 下的 A1、A3 线组合后产能有 6.66％的提升,若 A2、A9 与生产线模式 3 下的 A5、A7 线组合将有 6.43％的产量提升;二楼车间生产线模式 1 下的 B10 线和生产线模式 2 对应的 B2、B8、B9、B11 线之一组合,能够获得二线组合下最大产能的提升,近 12.49％。其他的组合方式(包括三线、四线、五线组合)将不会引起产能提升。

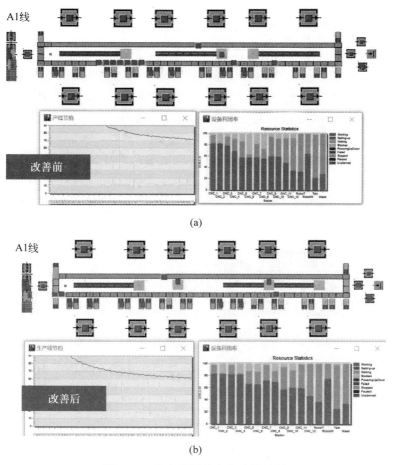

图 2-11　生产线设计方案改善示例

3. 开展生产线上托盘数量多级仿真试验

利用 Plant Simulation 软件中的 Experiment Manager 工具,设计 21 组仿真试验(托盘数量从 10 个到 30 个),分析其对生产线生产节拍的影响(表 2-10),获得最佳托盘数量为 19 个。当托盘数量超过 24 个时,生产线会因托盘数量过多而发生堵塞情况,且产品在生产线上的等待时间会变长。

表 2-10　托盘数量多级仿真试验

托盘数量/个	10	11	12	13	14	15	16
生产线节拍/s	98.293	90.566	83.478	79.558	75.196	72.06	69.23
托盘数量/个	17	18	19	20	21	22	23
生产线节拍/s	65.109	64.719	64.67	64.67	64.67	64.67	64.67
托盘数量/个	24	25	26	27	28	29	30
生产线节拍/s	64.67	9600	10 800	12 342	14 400	17 280	21 600

2.3.4　立体仓库仿真验证

车间采用立体仓库来存储物料,其中一楼库位数为 2756 个,二楼库位数为 504 个。对于立体仓库而言,存储库位数量太多会导致规划空间的浪费和成本的积压,而库位数量太少则车间应对风险能力差,因此规划合理的库位数量非常重要。同时,立体仓库堆垛机的运输能力必须充足,否则无法满足每天的生产线的消耗与产出时毛坯及成品的及时出入库操作,影响车间整体效率。建立如图 2-12 所示的立体仓库仿真模型,通过运行仿真,对库位利用情况及堆垛机使用情况进行分析,并对立体仓库综合能力进行验证。

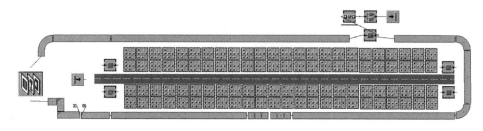

图 2-12　立体仓库 Plant Simulation 仿真模型

在仿真模型中加入一定的随机干扰(运入原料和运走成品时间服从负指数分布),统计并分析仿真运行数据,获得一楼、二楼立体仓库的库位使用情况如图 2-13 所示,表示整个仿真过程中存储毛坯的平均库位数、存储成品的平均库位数和平均空闲库位数,从图中可知一楼库位平均利用率为(1164＋898)/2756＝74.81%,二楼库位平均利用率为(212＋183)/504＝78.37%,能够满足车间生产需求,且有一定的空余来应对外界波动。

同时,统计一、二楼堆垛机的使用情况。堆垛机有空闲、空载行驶去取料、取料、载货送料和卸料 5 种状态,每种状态所占用时间情况如图 2-14 所示。从图中

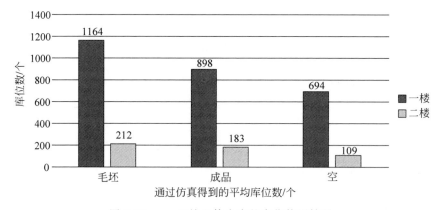

图 2-13　一、二楼立体仓库的库位使用情况

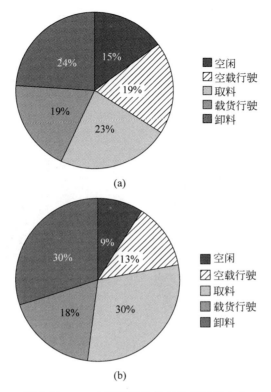

(a)

(b)

图 2-14　一、二楼堆垛机状态分布时间占比

（a）一楼堆垛机；（b）二楼堆垛机

可知，一楼堆垛机的利用率为 85％，二楼堆垛机的利用率为 91％，两者能力均满足出入库需求。

2.3.5　AGV 运输系统仿真分析

对于 AGV 物流运输系统而言，必须保证充足的运输能力，以确保为每条生产线及时送料收料。同时，在保证运输能力的同时应尽量减少运输设备，减少成本投入，达到精益生产的目的。通过仿真试验，如图 2-15 所示，对 AGV 的利用情况以及生产线的供料情况进行分析，并对运输系统的综合能力进行验证。

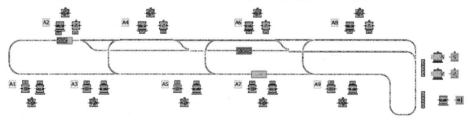

图 2-15　AGV 物流运输系统 Plant Simulation 仿真模型

将 AGV 整个运行过程定义为 4 种状态：待命状态、负载行驶状态、空载行驶状态和装卸料状态。图 2-16 为一、二楼 AGV 的状态分布时间占比。从扇形图来看，一楼 AGV 状态分布大致为：待命状态与负载行驶各占据 30％左右的时间，约有 1/4 的时间为空载行驶状态，剩下 12％左右的时间被装卸料占据；二楼相较于一楼生产线增加 3 条，其待命时间下降 7％，负载行驶状态增加了 15％左右。车间内 AGV 平均利用率为 75％，对生产线配送任务的平均响应时间为 2min。分析结果表明，当前所规划的 AGV 数目可以满足日常生产需求且 AGV 数量不可再减少。

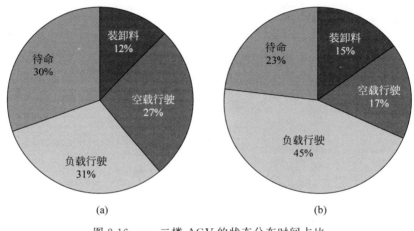

图 2-16　一、二楼 AGV 的状态分布时间占比

(a) 一楼 AGV 状态分布；(b) 二楼 AGV 状态分布

2.4　多跨车间布局设计仿真优化

多跨车间布局(multi-line shop layout)是一种较为常见的车间布局形式[13]。图 2-17 所示的 4 跨共 14 个单元的车间，采用机群式布局模式，同一类型的设备集中布置成一个生产单元，图中矩形方块表示不同的生产单元。这种布局方式的主要特点是：

(1) 车间内生产单元面积需求不等，在车间有效面积内进行布局排列，在同一跨内，所有生产单元的中轴线在同一条直线上，跨宽由该跨所有生产单元中的最大宽度决定。

(2) 对于所加工产品的体形和质量均较大的多跨生产车间，天车是常见的跨内运输工具，而跨间运输则采用平板车、AGV、RGV 等形式。

本节以某发电设备制造企业的线圈生产车间布局调整项目为例[13]，建立车间系统仿真模型，对车间原始布局的生产、物流等指标进行仿真试验，找出影响车间生产能力的瓶颈工序，分析导致车间物流路径不合理的原因，然后进行针对性的优化改善。

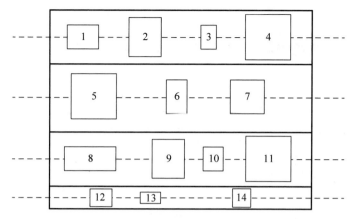

图 2-17　多跨车间布局示意图

2.4.1　多跨车间布局建模与物流仿真分析

1. 实例介绍

公司线圈制造车间的当前布局如图 2-18 所示,共分为 5 跨区域。作业面积约 13 000m^2,主要生产水发定子线圈和汽发定子线圈两大类产品,每类产品又根据型号、尺寸等分为若干子类,同一大类产品在相同设备或工位上进行加工,两大类产品共用的设备主要是真空压力浸漆设备(vacuum pressure immerge,VPI)。跨内的物流运输主要通过天车来完成,而跨间的转运则依赖物流小车。

该线圈车间的建成历史已较为悠久,公司决定对其进行升级改建,优化产品工艺流程,采用全新 VPI 体系工艺。由于投资巨大,在布局调整之前须进行物流仿真分析和优化。

首先分析了当前物流路线,如图 2-18 所示,其中实线表示汽发定子线圈的物流路线,虚线表示水发定子线圈的物流路线。存在如下定性问题:

(1)水发磁极线圈制造环节包含较多的金属加工内容,它嵌在汽发定子及水发定子之间,既拉长了定子线圈的物流周转时间,还因为金属加工产生铜屑,严重影响了定子线圈的质量。

(2)定子线圈上、下工序衔接不好,物流交叉往返较多,不利于流水作业。工件转运采用吊车及推车的方式,物流在生产中占了较大比重。

(3)汽发定子线圈生产场地不够,核电导线部分工序在风电厂房生产,来回转运物流超过 1km。

(4)VPI 定子线圈产量比重大,占年产量的 60% 以上,生产场地严重不足。

通过分析,确定车间布局定量仿真的主要目标为:①评估车间产能达成情况,找到生产瓶颈并给出改善意见;②统计车间物流状况,明确物流原因,梳理物流线路,给出车间物流路径安排建议;③统计车间在制品状况,找出车间拥堵区域,并就

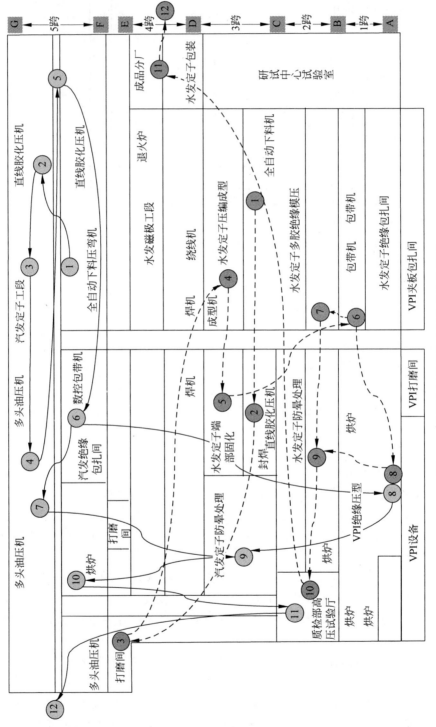

图 2-18 线圈车间的设施布局及局物流路径图

如何降低在制品数目给出优化方向。

在布局仿真模型建立过程中,天车和物流小车调度过程的仿真模拟是技术难点,下面进行详细描述。

2. 天车调度仿真策略

当同一跨区域内工作的天车数目超过 1 台时,就需要进行天车调度。天车调度是保证同一跨内的物流搬运过程顺利进行的关键,需要考虑的因素包括:天车数量、天车运行效率、搬运响应时间、天车碰撞等。通常涉及 3 个基本参数:天车集、工位集、任务集。

天车集:同一跨中所有天车的集合。一般而言,每个天车需要记录的特征信息包括坐标点、状态信息、时间信息等。坐标点表示天车位置;状态信息表示天车此时的工作情况,分为空闲、运动、装卸等,其中运动还需标记方向;时间信息表示天车预计下一状态改变所需的时间、总工作时间等。

工位集:同一跨中所有需要天车服务的工位的集合。通常只需要记录工位的坐标点,有时也会对工位进行优先级区分。

任务集:同一跨中所有需要天车进行搬运的单次任务的集合。单次任务包含的信息一般有任务起点工位、终点工位、发起时间、最大延迟时间等。

下面设计一种带时间窗的启发式天车仿真调度策略。假设天车一次只执行一个搬运任务,天车速度恒定且不会发生故障,其执行过程如下:

(1)检测天车呼叫表中是否有未分配的任务。如果有则检测是否有处于"空闲"状态的天车,没有则等待下一次天车完成任务时触发,有则进行任务分配。

(2)从天车呼叫表中读取呼叫任务。原则上按照呼叫时间顺序执行,当有任务被标记为高优先级时,则优先选择被标记的任务。获得搬运任务起点 (x_1, y_1)、终点 (x_2, y_2) 与当前空闲天车位置 (x_0, y_0) 坐标信息。

(3)任务预分配。将天车呼叫表中第一行呼叫任务预分配给当前空闲天车,绘制该天车执行任务时的位置-时间关系图。天车执行任务时的横坐标位置-时间 $(x-t)$ 关系函数如下所示:

$$x_{z+1} = \begin{cases} x_0 + v_x t, & 0 < t < \dfrac{x_1 - x_0}{v_x} \\[3mm] x_1, & \dfrac{x_1 - x_0}{v_x} < t < \dfrac{x_1 - x_0}{v_x} + t_0 \\[3mm] x_1 + v'_x t, & \dfrac{x_1 - x_0}{v_x} + t_0 < t < \dfrac{x_1 - x_0}{v_x} + t_0 + \dfrac{x_2 - x_1}{v'_x}, \\[3mm] x_2, & \dfrac{x_1 - x_0}{v_x} + t_0 + \dfrac{x_2 - x_1}{v'_x} < t < \dfrac{x_1 - x_0}{v_x} + 2t_0 + \dfrac{x_2 - x_1}{v'_x} \end{cases}$$

$$\tag{2-23}$$

式中,v_x 表示天车取料时的速度,当 $x_1 > x_0$ 时取正值,$x_1 < x_0$ 时取负值;t_0 表示

天车上下料的时间；v'_x 表示天车送料时的速度，当 $x_1 > x_0$ 时取正值，$x_1 < x_0$ 时取负值。默认天车钩子在 y 方向上的移动时间忽略不计。则一次完整的天车搬运任务的位置-时间关系如图 2-19 所示。

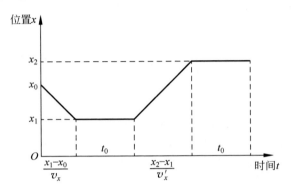

图 2-19　完整的天车搬运任务的位置-时间关系图

（4）冲突检测。将预分配任务的天车执行任务时的时间-位置关系图与其他在执行任务的天车进行冲突检测。检测方式是将预分配天车的时间位置关系函数与其他在执行任务的天车的时间位置关系函数进行对比求解，若产生交点，则证明天车产生冲突，该天车暂时无法执行此任务，否则将该任务分配给当前空闲天车。图 2-20 表示天车任务冲突和无冲突的情况。

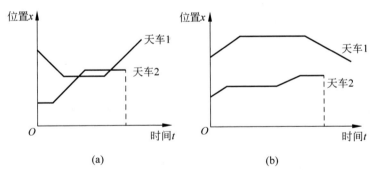

图 2-20　时间窗冲突情况示例

（a）时间窗冲突；（b）时间窗未冲突

（5）若当前任务未能成功分配，则依次检测剩余空闲天车，直至任务分配出去或者所有空闲天车检测完毕。当该任务被分配出去后，检测天车剩余未分配任务，重复进行上述步骤，直至所有任务都已分配完毕或者所有天车均处于工作状态为止。

具体天车的调度流程执行过程见图 2-21。

3. 物流车辆调度仿真策略

1）Floyd 算法

Floyd 算法是美国学者弗洛伊德提出的求解有向图中最短路径的动态规划方法。

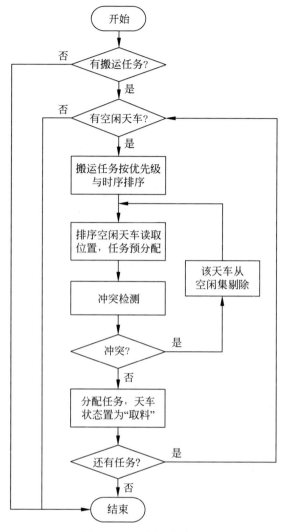

图 2-21　天车调度流程

首先建立平面有向图网络,如图 2-22 所示,以节点表示车间中每个停靠点,有向线段表示两个相邻节点之间的路径,线段上的数值表示相邻节点之间的路径长度,双箭头线段表示这两个节点间的路径为双向路径。

假设共有 N 个节点,建立 N 维初始矩阵 Dis_0,$\text{Dis}[A,B]$ 表示节点 A 到节点 B 的最短距离。$\text{Dis}[A,B]$ 的初始值为有向线段 AB 的长度,若 AB 之间没有有向线段,则 $\text{Dis}[A,B]$ 的值为 ∞。初始矩阵 Dis_0 为

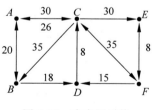

图 2-22　有向图网络

$$\text{Dis}_0 = \begin{bmatrix} 0 & 20 & 30 & \infty & \infty & \infty \\ \infty & 0 & \infty & 18 & \infty & \infty \\ 26 & 35 & 0 & \infty & 30 & 35 \\ \infty & \infty & 8 & 0 & \infty & \infty \\ \infty & \infty & \infty & \infty & 0 & 8 \\ \infty & \infty & 35 & 15 & 8 & 0 \end{bmatrix} \tag{2-24}$$

然后遍历网络中其他节点(设为 k)。如果

$$\text{Dis}[A,B] > \text{Dis}[A,k] + \text{Dis}[k,B] \tag{2-25}$$

则更新矩阵中 $\text{Dis}[A,B]$ 的值,令

$$\text{Dis}[A,B] = \text{Dis}[A,k] + \text{Dis}[k,B] \tag{2-26}$$

同时记录下 $\text{Dis}[A,B]$ 经过点 k。当所有的点遍历完毕后,得到的最终矩阵 Dis 即为有向图网络中任意一对节点的最短距离,同时也记录下了最短距离所需要经历的各个节点。最终矩阵 Dis 的值更新为

$$\text{Dis} = \begin{bmatrix} 0 & 20 & 30 & 38 & 60 & 68 \\ 56 & 0 & 26 & 18 & 65 & 73 \\ 26 & 35 & 0 & 53 & 30 & 35 \\ 38 & 43 & 8 & 0 & 38 & 46 \\ 73 & 65 & 43 & 23 & 0 & 8 \\ 65 & 70 & 35 & 15 & 8 & 0 \end{bmatrix} \tag{2-27}$$

得到距离矩阵 $\text{Dis}[A,B]$ 后,就可以对处于平面有向图网络中任意位置的车辆进行有关其目的地的最短路径选择。

2) 改进 Floyd 算法

在传统 Floyd 算法中,一般路径网络是静态的,即距离矩阵 $\text{Dis}[A,B]$ 的初始值是不会改变的,而在实际生产中,可能会因为临时设备维修、物流小车故障、材料堆积等一系列不确定因素的出现而使该段路径变得暂时不可用,因此在使用传统 Floyd 算法进行车间物流小车路径规划时有可能出现规划的路径不一定能够顺利行驶的情况,从而造成物料搬运任务的延迟甚至无法完成搬运。为此建立了一种改进 Floyd 算法的动态车辆路径规划系统,旨在不断更新车间内路径网络的路况信息,尽可能减少物料搬运过程中的物流小车干涉等过程,使得车间内物流过程更加顺畅与高效。该算法的执行步骤如下:

(1) 与传统 Floyd 算法相同,构建生产车间内平面有向图网络,建立路径网络节点间距离初始矩阵 Dis_0,并通过 Floyd 算法得到最终的 Dis 矩阵。

(2) 当执行搬运任务的物流小车进入某一道路时,该道路若为单向道路,则将该道路对应于初始矩阵 Dis_0 的值置为"∞";若该道路为双向道路,则将该道路对应方向上的道路权值置为"∞",同时更新 Dis 矩阵。

(3) 当物流小车离开当前道路进入下一节点时,将之前 Dis_0 置为"∞"的值重新改回初始值,同时再次更新 Dis 矩阵。

通过这种方式,在为物流小车规划道路时,会主动避开在行进过程中的其他物流小车,尽量避免物流小车干涉而可能导致的问题。同时为增强算法的鲁棒性,防止没有可选路径情况的发生,当物流小车得出的规划路径长度为"∞"时,算法会自动恢复 Dis_0 的初始值,获得当前任务下该物流小车的名义最短路径,按此路径来执行运输任务。

3）物流车辆仿真调度策略

当车间路径网络内任意两点的最短路径问题解决后,还需要解决多台物流车辆执行多项搬运任务的调度问题。结合改进 Floyd 算法,建立一种启发式的物流小车仿真调度策略,旨在保证物流路径尽可能短的情况下,降低物流搬运任务的呼叫响应时间。假设物流小车一次只能执行一个搬运任务,其速度固定,且不会发生故障,其调度执行过程如下:

（1）将所有物流小车的状态分为"负载""空载"与"空闲"状态,处于"负载"状态的小车一定正在执行搬运任务;处于"空载"状态的物流小车也有搬运任务但处于取料过程中;处于"空闲"状态的物流小车没有被分配搬运任务。

（2）当有一项新的搬运任务进入物流小车呼叫表后,检索所有处于"空载"与"空闲"状态的物流小车,依次计算这些物流小车执行该任务需要的最短距离。

（3）当检索出最短路径的小车的状态为"空闲"时,选择该小车执行此物料搬运任务,将该小车的状态置为"空载";当检索出最短路径的小车的状态为"空载"时,重新分配物料搬运任务,假设此时执行任务数为 m 而处于"空载"与"空闲"状态的物流小车数量为 $n(n>m)$,则计算 C_n^m 种任务分配方式的总物流距离,然后选择物流距离最短的路径分配方法,并将对应的小车状态置为"空载",其他小车状态置为"空闲"。

（4）当物流小车执行完搬运任务后,将其状态置为"空闲",并将其行驶至固定存放点。

4. 布局仿真模型建立

收集线圈车间的设备加工模块数据、产品工艺流程、车间道路数据、产品数据等,以车间布局图为基础,基于 Plant Simulation 软件建立车间仿真模型,如图 2-23 所示。图中横竖粗线为车间道路。物流车辆的移动速度为 0.75m/s,物料装卸时间为每次 5min,物流调度过程依据"改进 Floyd 算法"和"物流车辆仿真调策略"。

5. 仿真分析

规划车间的生产纲领为目标年产量水发定子线圈 18 000 支,汽发定子线圈 3000 支。模拟订单的到达时间服从泊松分布,其中水发定子线圈的订单服从 $\lambda=18\,000$ 支/年的泊松分布,汽发定子线圈的订单服从 $\lambda=3000$ 支/年的泊松分布。水发定子线圈种类设置为 7 种,汽发定子线圈种类设置为 5 种,每类产品同种工序所需工装各不相同。将原始车间的布局方案导入仿真模型中,开始仿真试验。根据实际车间运行情况,车间一年生产工作时间为 300 天。仿真时间设置为 5 年

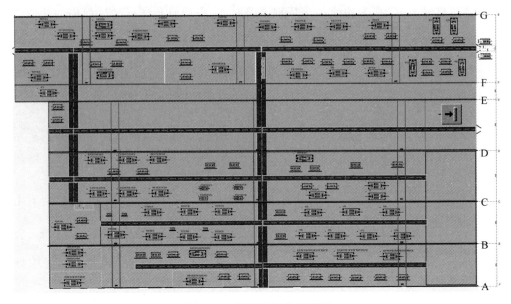

图 2-23　线圈车间仿真模型

(1500 天),仿真预热时间设置为 1 年(300 天),仿真 1 年后车间达到稳定状态,此后收集稳定时的有效数据。

1) 产能瓶颈分析

为定量分析车间的产能,收集仿真过程中成品产出时间点及产品种类、数量,获得成品产出数据统计表。根据统计数据,绘制如图 2-24 所示的水发定子线圈和汽发定子线圈的产出量-时间关系图。

由图 2-24 可以得到原始车间布局生产情况的预测值为

水发定子线圈年产量:56.112 支/天×300 天＝16 833.6 支

汽发定子线圈年产量:3.9823 支/天×300 天＝1194.69 支

由于车间规划产能为年产量水发 18 000 支、汽发 3000 支,现行车间当前条件下无法满足产能需求,因此针对不同工序的生产状况进行进一步分析,寻找车间产能瓶颈。

车间生产瓶颈相对于其他资源,投入等价资源可获得最大的车间产能提升。一般来说,瓶颈设备的设备利用率较高,在制品堆积数量较大,由于车间仿真按照规划目标产量进行投料,但车间现在产能达不到目标产能,势必造成车间物料的堆积,而瓶颈设备处的在制品往往存在着随时间增加的趋势。通过观察仿真动画,以及数据统计暂存区在制品数量和设备利用率两种指标来判断车间瓶颈设备。观察仿真时暂存区的物料堆积情况,发现车间 AB 跨(即第 1 跨)之间 VPI 区域,水发 VPI 烘炉和汽发 VPI 烘炉的待处理线圈堆积严重。

按各工序分类统计平均利用率并与满负荷工作时的理论利用率进行对比,获得数据如表 2-11 所示。该表中,平均利用率是各工序对应的所有设备在可工作时

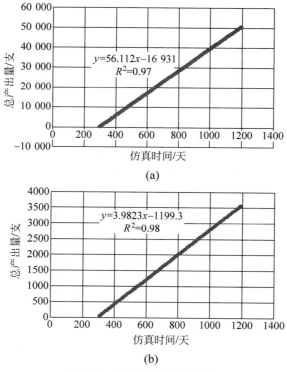

图 2-24　产出量-时间关系图

（a）水发定子线圈；（b）汽发定子线圈

间内实际工作的时间占比；极限利用率是指车间内设备在不断料、无生产故障情况下持续稳定工作时的利用率，取值为 1 表示车间内该工序一日 3 班，每班 8h 持续工作，取值为 0.666 和 0.333 分别表示该工序一日 2 班和 1 班，每班 8h。

表 2-11　车间仿真统计各工序利用率

各　工　序	平均利用率	极限利用率	各　工　序	平均利用率	极限利用率
汽发下料压弯机	0.924	1.000	VPI 设备	0.747	1.000
汽发垫包工作台	0.306	0.666	汽发 VPI 烘炉	0.923	1.000
汽发直线胶化压机	0.360	0.666	水发全自动下料机	0.362	0.666
汽发成型工作台	0.152	0.666	水发压偏工作台	0.343	0.666
汽发端部垫包工作台	0.567	0.666	水发直线胶化压机	0.568	0.666
汽发油压机	0.111	0.333	成型机	0.338	0.666
切头机	0.175	0.333	端部胶化	0.385	0.666
汽发焊机	0.698	1.000	水发打磨	0.562	0.666
真空检漏仪	0.554	0.666	机器人包带机	0.224	0.666
龙门包带机	0.633	0.666	水发防晕工作台	0.078	0.333
汽发防晕工作台	0.023	0.333	水发防晕烘炉	0.521	1.000
汽发防晕烘炉	0.260	0.333	水发 VPI 烘炉	0.936	1.000
质量试验站	0.607	0.666	—	—	—

可以看出,汽发下料压弯机、汽发 VPI 烘炉和水发 VPI 烘炉的平均利用率分别为 0.924、0.923 和 0.936,均接近极限利用率 1.0,同时汽发端部垫包工作台、水发直线胶化压机、龙门包带机的利用率也较高,均接近极限利用率 0.666。这些工序是造成产能不足的原因之一,需要进行针对性地改进。

2）物流分析

针对车间工作人员反馈的物流问题:定子线圈上、下工序衔接不好,物流交叉往返较多,不利于流水作业,工件转运采用吊车及推车的方式,物流在生产中占了较大比重。对生产车间的各工序物流的仿真数据进行整理与汇总。

首先针对不同工序的搬运距离和任务量进行了统计,选取生产单元几何中心为物流点,根据不同生产单元沿物料的运输通道计算搬运距离,表 2-12 是原始布局下各作业区之间的搬运距离与对应次数。

表 2-12　原始布局的物流搬运距离与对应次数

起　始　区	目标作业区	距离汽发/m	年均搬运次数-汽发	距离水发/m	年均搬运次数-水发
下料压扁区	直线胶化区	21	32	31.8	32
直线胶化区	成型封焊区	76.8	32	211.2	600
成型封焊区	水电接头焊接区	108.6	32	30.8	900
水电接头焊接区	绝缘包扎区	93	500	72.3	900
绝缘包扎区	VPI 区	140.7	750	84	643
VPI 区	VPI 烘炉	21	750	5	643
VPI 烘炉	防晕处理区	97.5	750	97.8	643
防晕处理区	防晕烘炉	7	108	25.2	180
防晕烘炉	质量检测区	31.5	108	12	180
质量检测区	成品包装区	91.5	108	136.5	180

根据表 2-12,绘制生产车间不同工序物流搬运路径长度如图 2-25 所示。

根据不同工序的物流运输距离与车间设施布局图,可以分析得到:水发直线胶化区至水发成型封焊时需要经过打磨间,大大加长了物流距离;汽发绝缘包扎位于第 5 跨而其下一工序 VPI 浸渍位于第 1 跨,中间横跨水发工作区域导致物流路径交叉;VPI 烘炉至汽发防晕区路径较长,物流频率极高,且路径产生了回流,使得车间物流容易干涉;水发水电接头焊接区与下工序路径长度不大,但由于该工序属于物流频率最高的工序,因此也产生了较大的物流距离。

3）在制品分析

车间内每个工序前都配备有缓存区来储存待加工的物料,通过统计各个工序缓存区在制品数量,可以了解车间内物料流动堆积情况,在制品也是车间各工序生产平衡性好坏的重要体现。图 2-26 所示为各个工序的设备利用率以及在制品情况的簇状柱形-折线图。

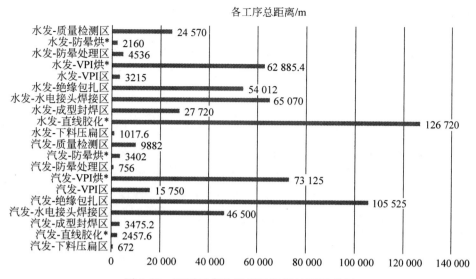

图 2-25　不同工序物流搬运路径长度示意图

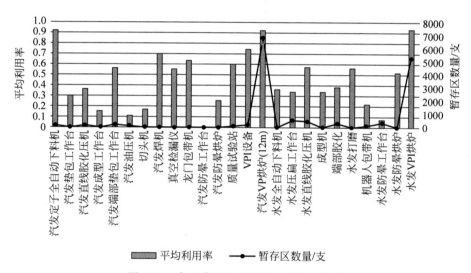

图 2-26　各工序平均利用率和暂存区数量

　　从图 2-26 中可以看出,汽发 VPI 烘炉和水发 VPI 烘炉的利用率比较高且在制品数量都十分多。此外水发压扁处和水发直线胶化压机在仿真结束时刻在制品量分别为 560 支和 490 支。同时汽发全自动下料压扁机及 VPI 浸渍罐的利用率也较高。进一步分析,发现水发直线胶化工序与压扁工序在制品存储峰值高,但一段时间内也能消化,可能会造成部分时间段产能不足。水发和汽发 VPI 烘炉在制品数量随着时间的增长不断堆积,且产能不足,是目前车间的生产瓶颈。考虑到 VPI 烘炉目前已经采取了三班工作制,只有增加设备才能提升产能。同时若要降低其他设备处的在制品库存,缩短产品生产周期,则其他相应设备也需提升产能,或延长班制，或改进工艺，或增加机台。

4）仿真结论与建议

根据以上对线圈生产车间产能瓶颈、物流路线与缓存区在制品情况的分析及问题总结，与车间生产人员沟通交流，结合新的生产工艺和物流问题，对该车间生产系统进行针对性地改进。其方案如下：

（1）水发与汽发 VPI 烘炉，水发直线胶化压机产能不足，分别增加 1 台烘炉设备，满足车间生产需求。

（2）改进包绝缘工艺技术，新引入一台薄膜包带机与机器人包带机。

（3）新增一台汽发成型机，改善手工成型工序，提高该工序效率。

（4）打磨间不再放于辅助跨中，在所有需要打磨的工序区域新增打磨点。

线圈生产车间为多品种小批量生产车间，设备为机群式布置，厂房近似为矩形，产品与辅助工具较大，需要天车调运。因此获得新的改善方向后，将新的车间设施分为 19 个车间生产单元，其布局方案可通过 2.4.2 节的多跨设施布局优化模型求解。

2.4.2　基于遗传算法和神经网络的多跨车间布局仿真优化

1. 多跨车间布局优化模型

针对多跨车间布局问题，建立带物流延迟时间成本的车间单元布局的优化模型[13]。

目标函数：

$$C = \min \sum_{i=1}^{n} \sum_{j=1}^{n} (\lambda_{x_{ij}} x_{ij} + \lambda_{y_{ij}} y_{ij}) + \beta_0 t_0 + Q \tag{2-28}$$

$$t_0 = f(X, Y) \tag{2-29}$$

$$x_{ij} = \min(|x_j - x_{T_P}| + |x_{T_P} - x_i|), \quad p = 1, 2, \cdots, m \tag{2-30}$$

$$y_{ij} = |y_j - y_i| \tag{2-31}$$

$$x_{z+1} = \begin{cases} x_z + \dfrac{l_z}{2} + \dfrac{l_{z+1}}{2} & \text{（同行且道路未干涉）} \\ x_z + \dfrac{l_z}{2} + \dfrac{l_{z+1}}{2} + \Delta T & \text{（同行且道路干涉）} \end{cases} \tag{2-32}$$

$$Q = \begin{cases} M, & k > Y_{\max} \\ 0, & k \leqslant Y_{\max} \end{cases} \tag{2-33}$$

约束条件：

$$x_i + \frac{l_i}{2} < X_N \tag{2-34}$$

$$F_{ik} = \begin{cases} 1 & \text{（生产单元 } i \text{ 在第 } k \text{ 行）} \\ 0 & \text{（生产单元 } i \text{ 不在第 } k \text{ 行）} \end{cases} \tag{2-35}$$

$$k \leqslant Y_{\max} \tag{2-36}$$

$$w_N l_2 \geqslant S_i \tag{2-37}$$

式(2-28)中,C 为车间总运输成本,人·m;x_{ij} 与 y_{ij} 分别为生产单元 i 到生产单元 j 运输的横向与纵向距离,m,其系数 $\lambda_{x_{ij}}$ 与 $\lambda_{y_{ij}}$ 分别为对应的横向与纵向运输所需要的物流人员数;t_0 为当前布局结构下车间一年的总物流延迟时间;β_0 为其权重占比。式(2-29)中,$f(X,Y)$ 为物流延迟时间函数,自变量 X 与 Y 分别表示在当前布局下的各个生产单元的横坐标与纵坐标,映射关系由 BP 神经网络进行训练。式(2-30)为生产单元 i 到生产单元 j 运输的横向距离算式,表示选择距离最近的纵向道路进行运输,其中 x_i 为生产单元 i 的中心点横坐标;x_{T_p} 为车间内纵向道路的横坐标;p 为纵向道路数。式(2-31)为生产单元 i 到生产单元 j 运输的纵向距离算式,其中 y_i 为生产单元 i 的中心点纵坐标。式(2-32)为生产单元中心坐标的算式,式中 x_{z+1} 表示与 x_z 相邻的生产单元的中心坐标;ΔT 的干涉道路宽度;l_z 为生产单元的横向长度,当有道路干涉时,生产单元的中心坐标平移一个对应宽度。式(2-33)为惩罚函数,若一个车间生产单元排序方案的总行数超出了车间最大行数,则在此基础上为目标函数增加一个极大值 M。式(2-34)保证每行的生产单元布置不超过最大行长。式(2-35)记录生产单元 i 是否在行数 k,同时保证生产单元不会被重复安排。式(2-36)保证行数不大于最大行数 $Y_{\max}$。式(2-37)保证每个生产单元安排的区域面积大于所需面积 S_i,其中 w_N 为第 N 行纵向宽度(亦为生产单元 i 被安排的宽度)。

2. 多跨车间布局仿真优化算法

1) 总体算法流程

多跨车间布局仿真优化算法的总体流程如图 2-27 所示。该算法主要分为三个子流程:

(1) 仿真流程。仿真是获取设施布局评价指标的来源,是算法运行的前提与基础。在对线圈生产车间进行现场调研,获得物理车间的生产数据与物流数据后,建立由物流系统与产线系统组成的车间仿真系统模型。一方面,仿真模型可以为 BP 神经网络提供训练样本,通过神经网络建立设施布局方案与物流延迟时间的映射关系;另一方面,通过仿真模型,对遗传算法得到的最优车间布局方案进行验证与分析,评估方案的合理性与可行性,并在此基础上进行修改与调整。

(2) BP 神经网络流程。其主要任务是预测不同设施方案下的车间物流延迟时间。通过仿真流得到若干组设施布局方案与其对应的物流延迟时间的数据集,利用该数据集对 BP 神经网络进行训练,当训练得到神经网络对不同设施布局方案的物流延迟时间预测值误差在可接受范围内时,即可利用 BP 神经网络进行遗传算法流中的适应度值的计算。

(3) 遗传算法流程。这是多跨车间布局仿真优化算法的主体部分。通过设计合理的编码方式来表示生产单元的布局方式,然后以车间内物流运输路径长度以

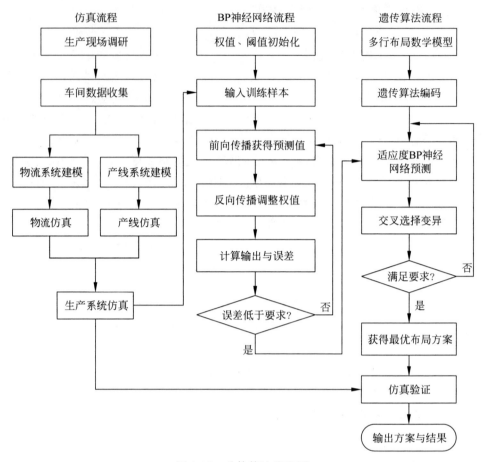

图 2-27　总体算法流程图

及物流延迟时间的加权和作为适应度函数,在不同的车间设施布局方案生成之后,根据建立的物流调度策略可以计算出该布局方案下的车间物流路径长度,根据物流方式的不同获得最终车间物流距离的加权值;同时通过 BP 神经网络流预测该布局方案下的物流延迟时间值。当遗传算法流运行完毕得到最终的布局优化结果后,再将最终的布局方案导入仿真模型中,通过运行仿真模型来验证布局方案的合理性与可行性,并根据实际物理车间的各种因素对算法得到的方案进行微调与优化,从而得到最终的布局优化方案。

2) 遗传算法设计

遗传算法主要包括编码、种群初始化、适应度评价、选择、交叉、变异等操作。

(1) 编码:编码的基本形式为$[1,2,3,\cdots,n;\Delta_1,\Delta_2,\Delta_3,\cdots,\Delta_n]$。其中,数字序列"$1,2,3,\cdots,n$"表示 n 个生产单元在车间中从左至右,从第一行至最后一行的排列顺序;参数序列"$\Delta_1,\Delta_2,\Delta_3,\cdots,\Delta_n$"表示对应序号的生产单元与其左侧生产单元之间的横向距离,若某生产单元左侧无生产单元,即该生产单元在所在行的第一位,则 Δ 表示该单元与其左侧车间墙体的距离。参数在布局中的具体表示形式如图 2-28 所示。该编码的解码函数如下:

$$x_i = x_{i-1} + \frac{l_{i-1}}{2} + \Delta_i + \frac{l_i}{2} \tag{2-38}$$

$$y_i = \begin{cases} y_N, & x_i + \dfrac{l_i}{2} \leqslant X_N \\ y_{N+1}, & x_i + \dfrac{l_i}{2} > X_N \end{cases} \tag{2-39}$$

其中,N 表示行数,初始值为 1,当 $x_i + \dfrac{l_i}{2} > X_N$ 时,该行剩余空间不足以安置生产单元 i,并将其自动换至下一行。

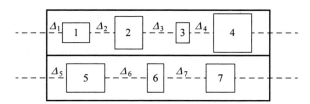

图 2-28　参数表示形式

(2)种群初始化。初始种群为车间原始布局和随机生成布局的结合。

(3)适应性评价与选择。采用经典的轮盘赌选择方法,即按照个体的适应度占所有个体适应度总和的百分比作为选择概率。适应度函数的 3 个组成部分别为总物流长度 s、总物流延迟响应时间 t_0 和惩罚函数 M。其中,总物流长度 s 和惩罚函数 M 的计算公式已经给出,而总物流延迟响应时间 t_0 则通过 BP 神经网络预测给出。

(4)交叉。采用部分映射交叉 PMX 的方法,即在父代上选择两个交叉点,父代两个交叉点间的片段进行交换,交换后的剩余片段若与交换片段有冲突,则对剩余片段冲突部分进行部分映射操作。如父代 1[1,2,|3,4|,5,6]与父代 2[4,1,|6,5|,2,3]进行部分映射交叉,则其产生子代 1[1,2,6,5,3,4]与子代 2[5,1,3,4,2,6]。

(5)变异。采用互换式变异方法,即随机选择父代两个编码点进行交换形成子代。如父代[1,2,3,4,5,6]中第二编码点与第四编码点进行交换产生变异子代[1,4,3,2,5,6]。

3)BP 神经网络的设计

为了在遗传算法中高效计算物流延迟响应时间,通过 BP 神经网络建立了车间设施布局方案与物流延迟响应时间的映射关系,其建立步骤如下:

(1)定义输入变量 input 与输出变量 output。其中,输入变量 input 为车间内所有生产单元的坐标值:

$$\text{input} = \{(x_1, y_1), (x_2, y_2), \cdots, (x_n, y_n)\} \tag{2-40}$$

输入变量 input 的维度为 $2n$,输出变量即为物流延迟响应时间 t。假设两者之间的

映射关系为 f，则

$$output = f(input) = f\{(x_1, y_1), (x_2, y_2), \cdots, (x_n, y_n)\} \quad (2\text{-}41)$$

（2）获取数据集。数据集来源于线圈生产车间仿真模型。仿真模型随机生成了若干组可行的设施布局方案，并通过仿真试验的方式，获得每种布局方案的物流延迟响应时间。

（3）将数据集进行归一化处理，然后将其分为训练集、验证集与测试集。其中，训练集用来对神经网络进行拟合，确定其各个参数；验证集的作用则是对训练得出的模型进行检验评估，同时调整模型参数并选出效果最佳的模型；测试集则是对验证集选出的模型进行代入预测，以衡量模型的性能表现。

（4）利用 Matlab 软件建立 BP 神经网络。网络建立函数为

$$net = newff(P, T, S, TF, BTF, BLF, PF, IPF, OPF, DDF) \quad (2\text{-}42)$$

其中，P 表示输入值矩阵；T 表示输出值矩阵；S 表示神经网络的层数；TF 表示神经网络每一层的传递函数，默认是 tansig；BTF 表示训练函数，默认是 trainlm，即 L-M 优化算法（Levenberg-Marquardt）；BLF 表示权值学习函数，默认是 learngdm，即梯度下降法（Gradient Descent）；PF 表示性能函数，默认是 MSE，即均方差（mean square error）。

（5）参数设置。包括迭代次数 epochs、学习速率 lr 和目标误差 goal。

（6）输出预测结果，计算误差率。

3. 多跨车间布局仿真优化实例

1）仿真样本获取与神经网络训练

利用所建立的线圈车间生产系统仿真模型，随机产生 500 组可行的仿真布局方案，并进行仿真试验。仿真布局方案的生成方式为：将每一数字对应一个生产单元，生成若干组数字为 1～19 的序列，根据前面设计的遗传算法解码方式，令所有的 $\Delta_1 = 0$，则每一个编码序列可对应一个设施布局方案。不断生成新的序列，直至产生 500 组布局方案。布局方案的表示形式为

$$z = \{p_1, p_2, \cdots, p_{19}\}$$

对所有的布局方案进行仿真试验，输出每一种布局方案下的物流延迟响应时间 t，从而获得数据集 $[z, t]$，将该数据集用于训练与测试 BP 神经网络。

根据 70％、15％、15％ 的比例随机将 500 组数据分为训练集、验证集和测试集。设置神经网络的层数为 10，传递函数为 tansig，训练函数为贝叶斯正则化算法，学习函数为 learngdm，即梯度下降法，利用编写好的 Matlab 代码进行训练。统计出 BP 神经网络的预测值与真实值的误差率 r，统计情况见表 2-13。

从表 2-13 中可以看出，对于测试集，超过 93％ 的数据点的误差小于 5％，测试集的平均误差为 2.52％，整个测试集的平均误差为 1.75％。这证明了采用 BP 神经网络对于不同布局方案下车间的物流延迟响应时间的预测基本可信，可用于布局方案的适应度值计算。

表 2-13　BP 神经网络的预测误差率统计

误差率 r	测试集		训练集		总和	
	个数	占比/%	个数	占比/%	个数	占比/%
$r<1\%$	18	24	205	48.2	223	44.6
$1<r<5$	52	69.3	213	50.1	265	53
$r>5$	5	6.7	7	1.6	12	2.4
平均值 $\bar{r}$/%	2.52		1.61		1.75	

2) 仿真优化的结果分析与验证

(1) 布局方案优化求解。利用设计的多跨设施布局优化模型,对公司工艺流程改进后的生产系统进行布局方案设计。主要导入的车间数据包括:①生产单元数据。根据新工艺流程,将车间划分为 19 个生产单元,各生产单元的空间约束和位置约束见表 2-14。其中,"固定"为 TRUE 表示该生产单元由于设备搬运成本高等原因不可变动位置,保留其初始位置。②不同生产单元之间的物流搬运任务量,见表 2-15。③厂房尺寸与布局。由于原始生产车间厂房几乎不会变动,所以沿用原始厂房的尺寸与布局。④各跨尺寸及坐标。以左上角为原点,各跨的尺寸大小及坐标信息见表 2-16。以上所有车间数据导入完毕后,设置种群规模为 20,种群代数为 50,交叉率 0.8,变异率 0.1,利用 Plant Simulation 的 GAWizard 对象内"开始"按钮运行车间布局优化模型,生成详细的 HTML 报告。该报告主要包含本次仿真的优化结果、评估世代的适应度性能图、遗传算法参数设置情况以及每一代的个体适应度分布图。其中,评估世代的适应度性能如图 2-29 所示,算法从第 37代开始出现最佳布局方案,至第 43 代形成完全收敛。最佳布局方案为[5,4,3,6,2,1|,13,14,9,10,11,12|,17,18,15|,16,19,|7,8],其中"|"将车间不同跨隔开,比如,车间第一跨共有 6 个生产单元:M5、M4、M3、M6、M2、M1。

表 2-14　各生产单元的空间约束和位置约束

编号	工序	面积/m²	固定	编号	工序	面积/m²	固定
M1	水发下料压编	396		M11	成品堆放区	414	TRUE
M2	水发直线胶化	308		M12	成品分厂包装区	378	TRUE
M3	水发成型	286		M13	汽发下料压扁	396	
M4	水发端部固化	522		M14	汽发直线胶化	407	
M5	水发内均压	480		M15	汽发端部成型	622	
M6	水发包绝缘	1044		M16	汽发端部固化	1040	
M7	VPI 浸渍	1005	TRUE	M17	汽发焊接	1152	
M8	VPI 压型	840	TRUE	M18	汽发包绝缘	540	
M9	水发防晕	378		M19	汽发防晕	684	
M10	质检试验厅	306					

表 2-15　生产单元之间物流搬运任务量

起点	终点	运输量	起点	终点	运输量
M1	M2	32	M10	M11	288
M2	M20	145	M11	M12	288
M3	M4	900	M13	M14	32
M4	M5	900	M14	M15	32
M5	M6	900	M15	M16	32
M6	M7	643	M16	M17	32
M7	M8	643	M17	M18	500
M8	M9	643	M18	M7	750
M8	M20	750	M19	M10	108
M9	M10	50	—	—	—

表 2-16　车间各跨的尺寸大小及坐标信息

跨	起点 x	起点 y	终点 x	终点 y	宽度
AB	−12	0	150	24	24
BC	0	30	106	48	18
CD	0	48	132	66	18
DE	0	66	132	81	15
EF	0	81	132	96	15
FG	0	0	150	96	96

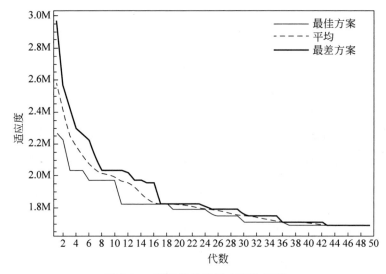

图 2-29　评估世代的适应度性能图

（2）新旧布局方案的仿真对比验证。为保证设施布局优化模型运算结果的可靠性，对算法求得的最佳布局方案进行仿真模型试验，验证布局方案的可行性，同时，与车间相关工作人员进行协调沟通，对新方案进行微调。在此基础上对新方案的产能达成、物流运输、缓存区在制品情况进行仿真统计。新老车间布局方案在车间产能与物流效率上的对比见表 2-17 和表 2-18，缓存区在制品均值与峰值的对比见图 2-30。由以上信息可以看出，经过车间布局优化改善以后，车间内产能总体提升 56％，达到车间产能要求；车间内物流路径总长度缩减 21.59％，物流转运的延迟时间降低了 21.92％，大大节约了物流成本，提升了车间转运效率；关键工序的在制品数目平均降低 25.93％，关键工序的在制品数目最大值平均降低 19.00％，有效降低了车间管理成本，减少了车间内空间与流动资金的占用。验证结果证明了方案的优越性和布局优化模型的有效性。

表 2-17　车间产能对比

产　品	调整前车间	调整后车间	提升百分比/％
水发线圈/匝数	16 833	24 200	43.77
汽发线圈/匝数	1194	3948	230.65

表 2-18　车间物流效率对比

种　类	物　流	调整前车间	调整后车间	下降百分比/％
路径长度/m	天车	391 378	315 741	19.33
	物流小车	178 058	130 742	26.57
	总路径	569 437	446 483	21.59
延迟时间/s	天车	656 291	498 286	24.08
	物流小车	793 465	627 019	20.98
	总延迟	1 441 153	1 125 305	21.92

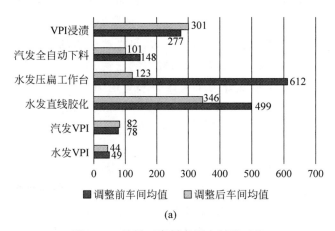

(a)

图 2-30　关键工序缓存区在制品对比

（a）关键工序缓存区在制品均值变化；（b）关键工序缓存区在制品峰值变化

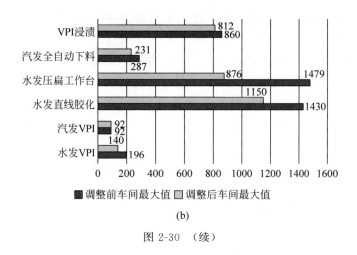

(b)

图 2-30 （续）

2.5 装配线物流集配系统仿真优化设计

2.5.1 物料集配模式简介

物料集配模式是混流装配生产线的一种新型配送模式,它以每一个装配的产品为单元,在零配件原料存放区,将其所需的所有种类零配件按量拣料,集中在一起由料车运往装配线线头,料车沿着装配线随装配主件一起流动,各装配作业根据需要取料。一般来说,对于产品类型多样、装配作业繁多、线边暂存面积制约的装配线,采用集配模式更有优势。

某汽车企业规划设计了一条装配线,装配 3 种车型 BZ3、B73、T88,计划装配节拍为 80s,目标产量比例分别为 45％、24％、31％,3 种车型所有的零配件共有205 种,根据体积分为大件物料的 GV 件和尺寸较小的 PC 件,装配作业被布置在装配线的 25 个装配工位,装配线长 137.5m。现需要设计该装配线相应的物料配送系统。由于装配件种类和装配工位非常多,势必造成内部配送物流的复杂,线边暂存品的大量堆积,同时受到车间面积和成本的制约,故采用基于集配模式的物料配送系统方案,整个装配系统分为集配区、AGV 运输线、装配线。图 2-31 是基于Plant Simulation 建立的物料集配区与装配线的 Plant Simulation 仿真模型。

集配区如图 2-32 所示。按照设计要求,集配区需存放装配 2h、205 种零配件的消耗量,零配件按大小不同分别成包存放在 GV 货架区和 PC 货架区,中间是AGV 通道、拣料通道以及均匀分布的 5 个拣料工位(如图 2-31 上部分)。AGV 拖载 3 个空料车进入集配区,依次达到各拣料工位等待配料,根据排产信息系统获取的空料车对应的车辆信息,各工位拣料人员配载左侧的 GV 件和右侧的 PC 件。配载完毕的 AGV 离开集配区前往装配线线头(如图 2-31 下部分),到达后料车进入线头暂存区,随车身由地轨链拉动依次经过各装配工位完成装配作业物料供应,至

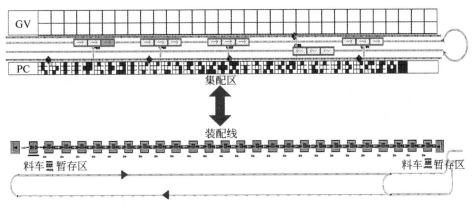

图 2-31　物料集配区与装配线的 Plant Simulation 仿真模型

图 2-32　多品种混流装配车间物料集配区

装配线尾,空料车进入线尾料车暂存区,由 AGV 小车运往集配区进行配料。

2.5.2　集配区储位和拣料工位任务方案的仿真优化

集配区设计的目的是对集配区物料储位分配方案和拣料工位任务分配方案进行优化,使得集配区配料节拍小于装配线节拍(80s)。

GV 件依次摆放在 GV 区的单层货架上,根据成包 GV 件尺寸,划分成两个货格,每个货格能存放 1 包 GV 件;PC 件存放在 PC 区的货架上,根据成包 PC 件尺寸,每个 PC 货架划分成上中下 3 层 9 个 PC 货格,较长的 PC 件包能横跨同一层的多个货格摆放,一个 PC 货格深 2400mm,也能里外摆放多个 PC 件包。图 2-33 为

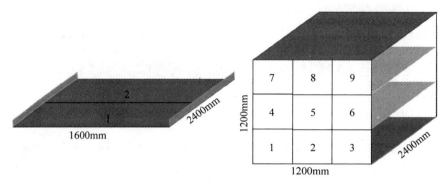

图 2-33　单个 GV 货架(左)与 PC 货架(右)

货架示意图。

对于 31 种 GV 件,每种存放量都是 2 包,纵向并排摆放在一个 GV 货架上,不同种 GV 件横向依次摆放,也就是说,确定 31 种 GV 件摆放顺序即可确定 GV 区储位分配。对于 174 种 PC 件,每种存放量在 1～18 包不等,由于同种 PC 件应尽量存放在一起,故给 174 个 PC 件排一个序列,也可获得对应的 PC 区储位分配方案,另外需要额外考虑 PC 件包的数量和尺寸约束。所以,集配区储位分配问题可以简化成序列优化问题,理论上存在 31!×174! 种储位分配方案,是一个 NP 问题。

下面采用 Plant Simulation 仿真软件内置的遗传算法进行求解,基因编码采取扩展的双染色体顺序编码方式。双染色体分别表示 GV 序列和 PC 序列,由于需要同时考虑拣料工位任务分配的问题,采用基于配件编号的编码方法,以整数作为分隔来实现配件在不同拣料工位拣料的分配,即在配件最大编号后增加 $m-1$(m 为拣料工位数)个连续自然整数。以 GV 序列 31 种 5 工位为例,染色体基本基因为 1～31,增加染色体长度到 31+5-1=35,对于一个可行排序,大于 31 的整数将序列分成 5 段,分别对应每个工位的拣料对象;PC 件同理。

在基因解码过程中,根据 GV 件基因序列,很容易获得 GV 区物料布置以及各拣料工位负责的 GV 货架方案。而对于 PC 件基因序列,解码过程相对特殊。大部分 PC 件尺寸较小,1 个货格就能摆放 1 包,少数需要货架同层的 2 个 PC 货格才能摆放,极少数需要 3 个货格即货架的一层来摆放,由于尺寸约束,在基因解码时会出现空货格。在拣料工位任务分配时,由于工位以货架为单位划分任务,而 PC 件不似 GV 件编号与货架一一对应,故序列中整数分隔符后一位基因编号所对应的 PC 件需在新的 PC 货架上开始摆放。例如,右后安全带锁扣,长 600mm、宽 400mm、高 148mm,存量 18 包,一个 PC 货格能存放 4 包,共需 5 个 PC 货格存放;进气导流箱,长 1200mm、宽 1000mm、高 380mm,存量 2 包,单包需要货架同层的 3 个货格才能摆放下,由于货架宽 2400mm,一层货格就能容纳 2 包。如果将右后安全带锁扣、进气导流箱依次摆放在货架中,PC 货架 1～5 号货格将摆放右后安全带锁扣,6 号货格空,7～9 号货格将摆放进气导流箱,若序列中两配件编号之间存在大于 174 的整数,6～9 号货格空,下一货架的 1～3 号货格将摆放进气导流箱。

　　基因的适应度为配料节拍,由于配料系统的复杂内部关系和装配产品类型的随机性,利用仿真来获得基因的适应度,即根据基因序列解码,动态设置集配区配料仿真模型的物料布置和工位任务划分,运行仿真模型充足时间后,记录仿真时间与配料料车总数的比值即配料节拍(s/料车)作为适应度值。

　　遗传参数设置:种群大小 20,按适应度值决定的概率选择亲代个体,交叉算子为次序交叉 OX,交叉率为 0.8,变异算子为基因元素位置交换,变异率为 0.1,遗传迭代至 20 代时终止。

　　其他仿真模型设置如下:①每类零件的取货位置为相应的存放货格的中间位置,忽略工人配料过程受移动 AGV 的影响。②根据各车型产量比例 45%BZ3、24%B73、31%T88 随机生成配料计划,保证足够的料车进入集配区进行配料,发挥集配区最大的配料能力。③料车移动速度 0.416m/s;工人位移速度 0.9m/s;PC 上层取件 1s/件,PC 中层取件 0.7s/件,PC 下层取件 1s/件,放置到料车 0.5s/件;GV 取件 1.4s/件,放置到料车 0.6s/件。④每种方案仿真 3 次,适应度取平均值,仿真时间设置为 10 天。

　　遗传算法的迭代过程如图 2-34 所示。

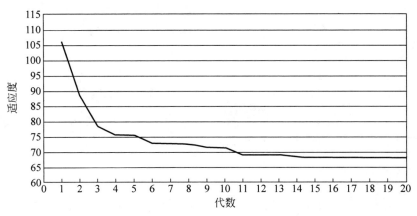

图 2-34　遗传算法迭代过程

　　迭代终止后,获得最优配料节拍为 68.20s,小于装配线设计节拍 80s,集配区配料能力充足。最佳方案如图 2-35 所示,共分为 5 组,对应 5 个拣料工位。每组上面单行表示 GV 件摆放顺序,下面 3 行表示 PC 件在货架上的摆放布局。

2.5.3　物料集配系统其他参数的仿真优化

　　在确定集配区方案后,还需对整个集配系统的参数设置进行分析优化,具体包括 AGV 数量、料车数量、装配线线头及线尾料车暂存区容量 4 个参数,应以最少的成本来满足装配线 80s 生产节拍的要求。

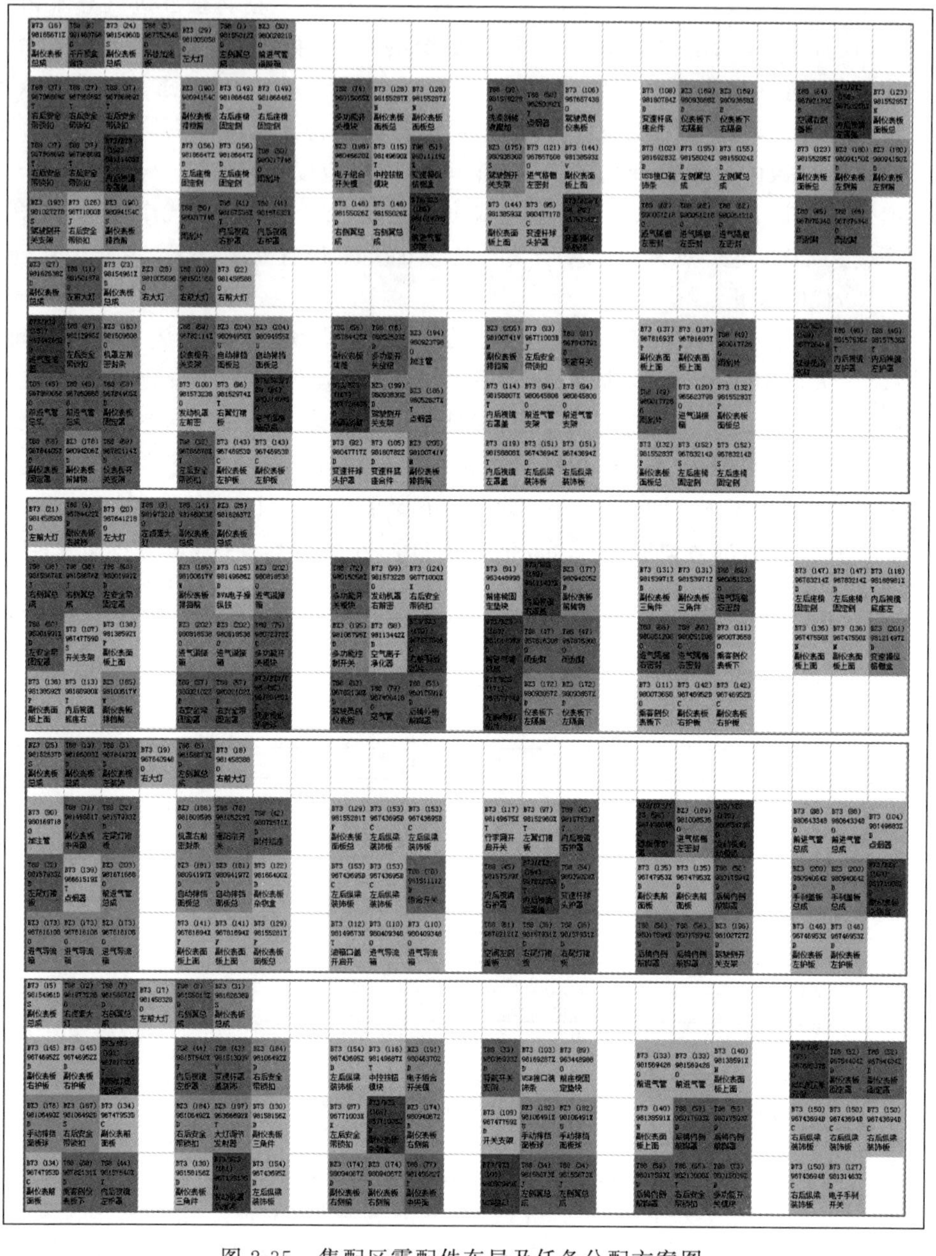

图 2-35　集配区零配件布局及任务分配方案图

采用试验设计 DOE 的方法，利用 Plant Simulation 仿真软件提供的试验管理器工具 Experiment Manager 进行参数优化。设计 AGV 数量参数输入值下级为 6，上级为 15，增量为 1；料车数量参数下级为 30，上级为 60，增量为 5。此外仿真设置装配线节拍稍小于 80s，两暂存区足够大，进行仿真试验获得各试验方案结果如图 2-36 所示。由该图可知，在 AGV 数量相同时，装配线节拍随着料车数量的增

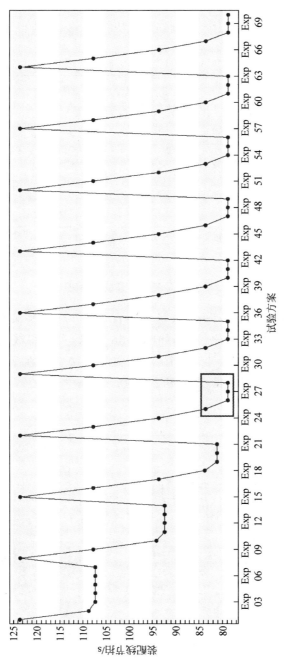

图 2-36 AGV 数量与料车数量试验结果

加呈现下降趋势,当 AGV 数量为 9,料车数从 45 台增至 50 台时,节拍由 83.62s 降至 78.89s,料车最优数量为 45～50。进行第二次仿真试验,在 AGV 数量为 9 台时,进行关于料车数量由 45 依次增加至 50 台的试验,仿真结果如图 2-37 所示,当料车数量为 48 台时,节拍降至 80s 以下 79.35s。因此获得最优 AGV 数量为 9 台,料车数量为 48 台。

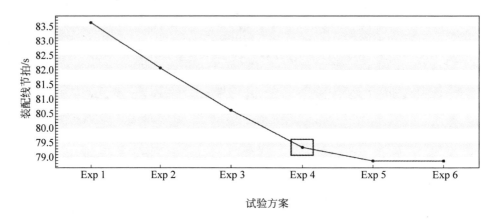

图 2-37　料车数量试验结果

在确定了 AGV 和料车最优数量的情况下,仿真观察装配线的线头、线尾料车暂存区上料车数量变化情况,如图 2-38 所示,可获得线头暂存区容量为 6 个料车,线尾暂存区容量为 1～2 个料车,实际可接受。在最优参数下,集配区各拣料工位的工人利用率情况如图 2-39 所示,都位于 60%～70%,任务均衡、合理。

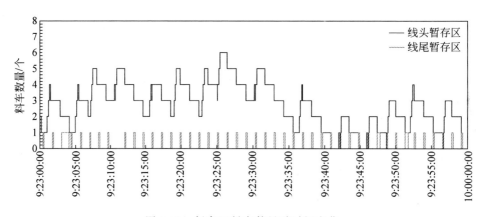

图 2-38　暂存区料车数量随时间变化

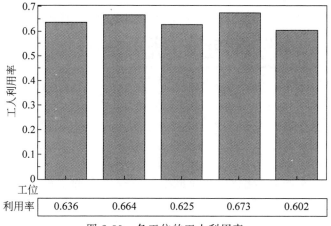

图 2-39 各工位的工人利用率

参考文献

［1］ 杨育. 设施规划［M］. 北京：科学出版社，2010.

［2］ MUTHER B R. Systematic layout planning［M］. Industrial Education Institute，1973.

［3］ KAR YAN TAM. A simulated annealing algorithm for allocating space to manufacturing cells［J］. International Journal of Production Research，1992，30(1)：63-87.

［4］ LIN Q L，LIU H C，WANG D J，et al. Integrating systematic layout planning with fuzzy constraint theory to design and optimize the facility layout for operating theatre in hospitals ［J］. Journal of Intelligent Manufacturing，2015，26(1)：87-95.

［5］ 孙纯坡. 基于遗传算法的 SLP 在工厂设施布局中的应用［D］. 济南：山东大学，2013.

［6］ SINGH S P，SINGH V K. An improved heuristic approach for multi-objective facility layout problem［J］. International Journal of Production Research，2010，48(4)：1171-1194.

［7］ ÖZCAN U，TOKLU B. Multiple-criteria decision-making in two-sided assembly line balancing：a goal programming and a fuzzy goal programming models［J］. Computers & Operations Research，2009，36(6)：1955-1965.

［8］ 杨朝阳. 汽车混流生产车间装配线平衡和物流优化技术研究与应用［D］. 武汉：华中科技大学，2017.

［9］ YANG Z，ZHANG G，ZHU H. Multi-neighborhood based path relinking for two-sided assembly line balancing problem［J］. Journal of Combinatorial Optimization，2016，22(2)：396-415.

［10］ TEKIN E，SABUNCUOGLU I. Simulation optimization：a comprehensive review on theory and applications［J］. IIE Transactions，2004，36(11)：1067-1081.

［11］ KIM K，KIM Y，KIM J. Two-sided assembly line balancing：a genetic algorithm approach ［J］. Production Planning & Control，2000，11(1)：42-53.

［12］ 关辉. 面向智能终端结构件加工的数字孪生车间关键技术研究及应用［D］. 武汉：华中科技大学，2019.

［13］ 卫志栋. 多行车间布局仿真与优化问题的研究与应用实践［D］. 武汉：华中科技大学，2018.

第 3 章

车间生产计划制定与优化

生产作业计划是数字化智能化车间生产管控体系的中枢神经,它指挥并控制着车间生产转换过程的顺利和高效运行。生产计划体系和相关算法一直在不断发展变化,从最早的面向库存的订货点法到现代的 MRP、MRP Ⅱ、JIT、ERP 和 APS 等,都对生产计划制定与优化技术的改进起到了巨大的推动作用。车间生产计划制定问题本质上是一个约束规划问题,即在产品结构、工艺路线、工作时间、资源能力、订单交期等约束下,最优化安排生产顺序并合理分配执行资源,从而实现综合成本最低、延期风险最小、生产负荷均衡等优化目标。不同生产模式、不同产品类型、不同车间和工艺,生产计划优化模型是完全不同的。问题分析、数学建模、算法求解、应用实践(特别是与 APS、MES 等系统结合)是科学制定生产计划的几个基本步骤。本章结合汽车、电子、飞机等行业的典型应用案例,对几类车间生产计划优化问题的模型与算法进行详细探讨,高级计划排程系统的技术与应用将在第 7 章进行介绍。

3.1 引言

制造企业的计划体系都是多层次、多视图的,比如销售与运作计划、主生产计划、物料需求计划、外购(外协)计划、车间作业计划、物料配送计划等,在 ERP 理论体系中对此有详细阐述。即便到车间作业计划层面,生产计划也通常可分为 3 个阶段:

阶段 1:车间主计划阶段。该阶段的任务是根据需求(来自订单需求或者上层计划),考虑库存量和正在执行量,确定一段时期内各类产品的投入量和产出量。

阶段 2:能力评估和产线分配阶段。该阶段的任务是依据主计划结果,进一步分析资源能力、延期风险和成本等因素,确定各项任务在哪条生产线(或关键设备)上完成。

阶段 3:详细作业计划阶段。该阶段的任务是最终确定每个任务的开工时间、生产顺序及所用资源。根据工艺类型和生产特点的不同,还可以进一步分为作业车间计划(job shop planning)、流水车间计划(flow shop planning)、项目型计划(project planning)等类型。

当然,在实际的车间中,上述3个计划阶段未必都同时存在。比如对于汽车加工车间来说,产线分工(冲压-焊接-涂装-总装等)已经非常明确,因此,就只包括阶段1和阶段3的计划。而对于3C电子产品的结构件加工行业来说,由于同类产线众多,必须根据订单规模和交期等因素先进行产线分配,因此阶段2的计划就非常重要。

如图3-1所示,本章针对5类车间计划问题开展研究,它们涵盖了上述的3个阶段。每个计划问题对应的模型、生产计划问题的特点、生产计划制定与优化的目标均在图中有说明,下面分5节进行详细阐述。

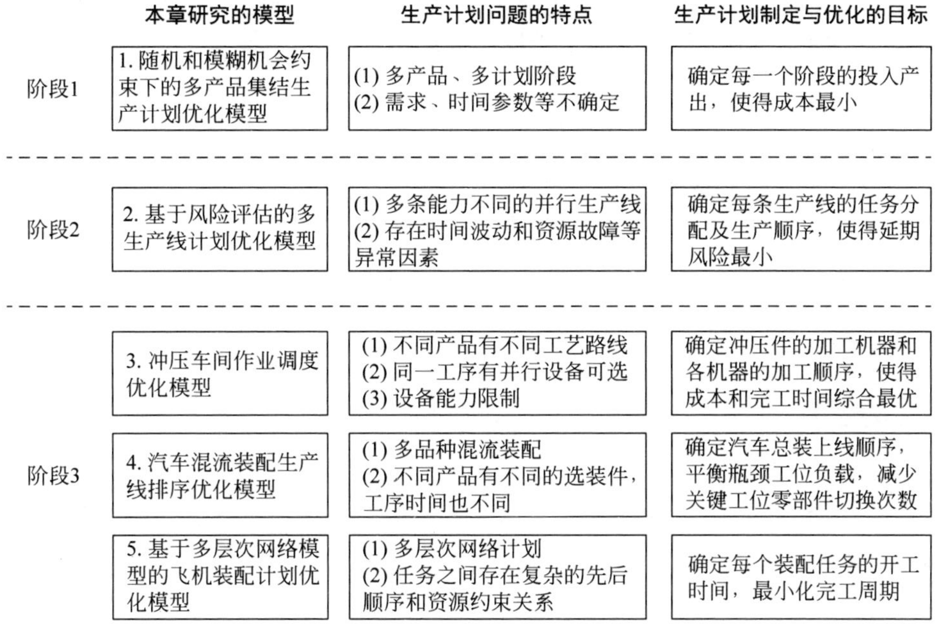

	本章研究的模型	生产计划问题的特点	生产计划制定与优化的目标
阶段1	1.随机和模糊机会约束下的多产品集结生产计划优化模型	(1) 多产品、多计划阶段 (2) 需求、时间参数等不确定	确定每一个阶段的投入产出,使得成本最小
阶段2	2.基于风险评估的多生产线计划优化模型	(1) 多条能力不同的并行生产线 (2) 存在时间波动和资源故障等异常因素	确定每条生产线的任务分配及生产顺序,使得延期风险最小
阶段3	3.冲压车间作业调度优化模型	(1) 不同产品有不同工艺路线 (2) 同一工序有并行设备可选 (3) 设备能力限制	确定冲压件的加工机器和各机器的加工顺序,使得成本和完工时间综合最优
	4.汽车混流装配生产线排序优化模型	(1) 多品种混流装配 (2) 不同产品有不同的选装件,工序时间也不同	确定汽车总装上线顺序,平衡瓶颈工位负载,减少关键工位零部件切换次数
	5.基于多层次网络模型的飞机装配计划优化模型	(1) 多层次网络计划 (2) 任务之间存在复杂的先后顺序和资源约束关系	确定每个装配任务的开工时间,最小化完工周期

图 3-1 本章研究的 5 类车间计划问题

3.2 随机和模糊机会约束下的多产品集结生产计划优化

集结生产计划(aggregate production planning,APP)是针对多产品、多阶段的主生产计划,其目的是在一个中长期的生产计划周期内,确定车间投入、产出和库存水平,以最小的费用来满足不断变化的用户需求。在按库存生产模式以及按预测订单生产模式下,产品主生产计划模型通常可以抽象为APP模型。目前国内外学者分别从确定性优化方法、仿真解析混合算法及随机模糊方法3方面对集结生产计划进行了深入的研究[1-4]。本节考虑每阶段的投入产出量不相等的实际情况,建立了一个确定型扩展模型,并根据生产需求及设备能力约束的随机模糊性提出了改进的优化模型[3,4]。

3.2.1 考虑跨阶段生产的多产品集结生产计划模型

文献[1]考虑产能约束和库存平衡等约束条件,以整个计划周期内的总费用最少为目标,提出了经典的集结生产计划确定型线性规划模型。在该模型中,假设每阶段的投入和产出量是相等的,即没有产品会延期到下一阶段而占用该阶段的生产能力。但在实际中,某些产品的生产周期较长(比如飞机部件),要跨越多个计划阶段才能完成,在估算某阶段的所需设备工作能力时须综合考虑本阶段新投入的加工任务及前一阶段未完成的任务。针对该问题,我们提出了一种将投入量与产出量分开考虑的策略,建立了如下扩展模型:

$$
\begin{cases}
\min \displaystyle\sum_{i=1}^{N}\sum_{t=1}^{T}(\xi_{it}Y_{it}+\psi_{it}I_{it}+\pi_{it}B_{it}) \\[2mm]
\text{s. t. } \displaystyle\sum_{i=1}^{N}w_{ik}\Big\{\sum_{j=1}^{J}\rho_{ijk}(Y_{it}-X_{it})+X_{it}\Big\}\leqslant\eta_{kt}, \quad k=1,2,\cdots,K, \\[2mm]
\qquad\qquad t=1,2,\cdots,T, J=1,2,\cdots,n_i \qquad\qquad\qquad (\text{I}) \\[2mm]
\displaystyle\sum_{t=1}^{t}(Y_{it}-X_{it})\leqslant 0, \quad i=1,2,\cdots,N, t=1,2,\cdots,T \qquad (\text{II}) \\[2mm]
Y_{it}+I_{i(t-1)}-I_{it}+B_{it}-B_{i(t-1)}=d_{it}, \quad i=1,2,\cdots,N, t=1,2,\cdots,T \quad (\text{III}) \\[2mm]
X_{it},Y_{it},I_{it},B_{it}\geqslant 0 \qquad\qquad\qquad\qquad\qquad\qquad\qquad (\text{IV}) \\[2mm]
X_{i0}=Y_{i0}=I_{i0}=B_{i0}=0 \qquad\qquad\qquad\qquad\qquad\qquad (\text{V})
\end{cases}
$$

$$(3\text{-}1)$$

模型式(3-1)中,变量的含义如表 3-1 所示。

表 3-1 变量含义

变 量	含 义
i	产品序号,$i=1,2,\cdots,N$,其中 N 是产品总数
t	阶段序号,$t=1,2,\cdots,T$,其中 T 是阶段总数
k	工作中心序号,$k=1,2,\cdots,K$,其中 K 是工作中心总数
ξ_{it}	阶段 t 内产品 i 的单位生产成本
ψ_{it}	阶段 t 内产品 i 的单位库存成本
π_{it}	阶段 t 内产品 i 的单位缺货成本
ω_{ik}	单位产品 i 在工作中心 k 上所需的时间
ρ_{ijk}	产品 i 需在工作中心 k 上完成的第 j 道工序尚未开始的概率,其中 $0<j\leqslant n_i$,n_i 表示产品 i 总的工序数
η_{kt}	阶段 t 内工作中心 k 的最大生产能力

变　　量	含　　义
d_{it}	阶段 t 内对产品 i 的需求量
X_{it}	阶段 t 内产品 i 的投入量,决策变量
Y_{it}	阶段 t 内产品 i 的产出量,决策变量
I_{it}	阶段 t 内产品 i 的库存量,决策变量
B_{it}	阶段 t 内产品 i 的缺货量,决策变量

模型(3-1)的目标函数是使计划周期 T 内的生产成本 $\sum\limits_{i=1}^{N}\sum\limits_{t=1}^{T}\xi_{it}Y_{it}$、库存成本 $\sum\limits_{i=1}^{N}\sum\limits_{t=1}^{T}\psi_{it}I_{it}$ 和缺货成本 $\sum\limits_{i=1}^{N}\sum\limits_{t=1}^{T}\pi_{it}B_{it}$ 的总和最小。

式(Ⅰ)代表产能约束,即每个阶段所需的总生产时间不大于工作中心的可用能力。定义 Z_{it} 为 t 阶段投入的产品 i 在 t 阶段未完成的数量($Z_{it}\geqslant 0$),则 $Z_{it}=Z_{i(t-1)}+X_{it}-Y_{it}$。$J$ 表示每个阶段未完成的产品在该阶段结束时所处的工序,在阶段 t 内产品 i 所需的工作中心 k 的能力 C_{kt} 包括在阶段 t 内投入并产出的产品所消耗的能力 $C_{kt}^{1}=\sum\limits_{i=1}^{N}\omega_{ik}(X_{it}-Z_{it})$、阶段 $t-1$ 内未完成的产品在阶段 t 内消耗的能力 $C_{kt}^{2}=\sum\limits_{i=1}^{N}\sum\limits_{j=1}^{J}\rho_{ijk}\omega_{ik}Z_{i(t-1)}$ 和阶段 t 内未完成的产品在阶段 t 内消耗的能力 $C_{kt}^{3}=\sum\limits_{i=1}^{N}\left(1-\sum\limits_{j=1}^{J}\rho_{ijk}\right)\omega_{ik}Z_{it}$,故阶段 t 内加工中心 k 上消耗的总生产能力为

$$C_{kt}=C_{kt}^{1}+C_{kt}^{2}+C_{kt}^{3}$$
$$=\sum\limits_{i=1}^{N}w_{ik}\left\{(X_{it}-Z_{it})+\sum\limits_{j=1}^{J}\rho_{ijk}Z_{i(t-1)}+\left(1-\sum\limits_{j=1}^{J}\rho_{ijk}\right)Z_{it}\right\}$$
$$=\sum\limits_{i=1}^{N}w_{ik}\left\{X_{it}+\sum\limits_{j=1}^{J}\rho_{ijk}(Y_{it}-X_{it})\right\}$$

从而能力约束为

$$C_{kt}=\sum\limits_{i=1}^{N}w_{ik}\left\{X_{it}+\sum\limits_{j=1}^{J}\rho_{ijk}(Y_{it}-X_{it})\right\}\leqslant\eta_{kt}$$

ρ_{ijk} 可以通过仿真近似得到。为了计算的方便,假设产品 i 在整个周期内每一时间点未完成的概率均服从均匀分布,且每一阶段结束时,加工中心 k 都处于待机状态,即产品 i 的第 j 道工序在加工中心 k 上或尚未开始或已完成。则有

$$\rho_{ijk}=\frac{\text{产品 } i \text{ 的第 } j \text{ 道工序在加工中心 } k \text{ 上的加工时间}}{\text{完成产品 } i \text{ 的整个加工时间}}$$

式（Ⅱ）是截止阶段 T 的投入产出约束,即到阶段 T 为止,总产出须小于或等于总投入;式（Ⅲ）是生产和库存(缺货)的平衡约束,且 $I_{it} \times B_{it} = 0$ 即库存和缺货不能并存;式（Ⅳ）、式（Ⅴ）给出了初始变量的非负约束和初始条件。

当上述模型的输入量为确定值时,可利用数学软件求得唯一最优解。

3.2.2 多产品集结生产计划的随机模糊优化模型

由于集结生产计划跨越的生产周期一般较长,所涉及的数据不仅繁多,且动态多变,为了使计划模型更符合生产实际情况,须定量描述各种不确定因素。考虑到成本系数、生产能力等可从历史数据中推测出一定的规律,假设 $\tilde{\xi}_{it}$、$\tilde{\psi}_{it}$、$\tilde{\pi}_{it}$、$\tilde{\omega}_{it}$ 和 $\tilde{\eta}_{it}$ 为随机变量,而市场需求 d_{it} 因季节性及产品类型的变化具有模糊性,则用模糊变量表示,随机模糊优化问题的求解需要用到随机规划和模糊规划理论。

机会约束规划是由 Charnes 和 Cooper 提出的第二类随机规划,其显著特点是随机目标和随机约束条件均以一定的置信水平成立。随机机会约束规划模型如下:

$$\begin{cases} \min f_0 \\ \text{s. t. } \Pr\{f(X, \tilde{E}) \leqslant f_0\} \geqslant \beta \\ \Pr\{g_j(X, \tilde{E}) \leqslant 0\} \geqslant \alpha_j, \quad j = 1, 2, \cdots, p \end{cases} \tag{3-2}$$

一般情况下,该模型只能通过随机模拟、神经网络和遗传算法相结合的混合智能算法来近似求解。特殊情况下,可将模型转化为其确定的等价形式,但需满足以下假设条件:

(1) $f(X, \tilde{E})$ 和 $g_j(X, \tilde{E})$ 都是线性函数;

(2) 所有的随机变量都相互独立且服从期望和方差已知的正态分布。

基于以上两个假设,有如下定理:

定理 1[5]:假设随机向量 $E = (\tilde{a}_1, \tilde{a}_2, \cdots, \tilde{a}_n, \tilde{b})$,函数 $f(X, \tilde{E})$ 的形式为 $f(X, \tilde{E}) = \tilde{a}_1 x_1 + \tilde{a}_2 x_2 + \cdots + \tilde{a}_n x_n - \tilde{b}$。若 a_i 和 b 是相互独立的服从正态分布的随机变量,那么 $\Pr\{f(X, \tilde{E}) \leqslant 0\} \geqslant \alpha$ 当且仅当 $\sum\limits_{i=1}^{n} E[a_i] x_i + \varphi^{-1}(\alpha)$

$\sqrt{\sum\limits_{i=1}^{n} V[a_i] x_i^2 + V[b]} \leqslant E[b]$,其中 φ 是标准正态分布函数。

用三角模糊数 D 代表需求量,隶属函数 μ_D 表示为

$$\mu_D = \begin{cases} \mu_D^L(x), & \underline{d} \leqslant x \leqslant d \\ \mu_D^R(x), & d \leqslant x \leqslant \bar{d} \\ 0, & \text{其他} \end{cases} \tag{3-3}$$

其中,d 是模糊数的最可能值,越偏离 d,可能性越小。隶属函数是线性的,μ_D^L:$[\underline{d}, d] \rightarrow [0, 1]$ 是连续且严格单调递增的,μ_D^R:$[d, \bar{d}] \rightarrow [0, 1]$ 是连续且严格单调递减的。

根据模糊数学理论和扩展原理,模糊机会约束规划具有以下定理:

定理 2[6]:设三角模糊数 $\tilde{r}$ 为 $(\underline{r}, r, \bar{r})$,则对任意给定的置信水平 $\gamma (0 \leqslant \gamma \leqslant 1)$,

当且仅当 $\begin{cases} z \geqslant (1-\gamma)\underline{r} + \gamma_r \\ z \leqslant (1-\gamma)\bar{r} + \gamma_r \end{cases}$ 时,有 $\text{Pos}\{\tilde{r} = z\} \geqslant \gamma$ 成立,其中 $\text{Pos}\{\}$ 是可能性测度。

由上面的讨论可知,在假设 $\tilde{\xi}_{it}$、$\tilde{\psi}_{it}$、$\tilde{\pi}_{it}$、$\tilde{\omega}_{it}$ 和 $\tilde{\eta}_{it}$ 为已知分布的随机变量和生产需求 d_{it} 为隶属函数是已知的三角型模糊数的前提下,模型中的随机/模糊机会约束均可转化为各自的确定等价类,即可转化为确定型模型,步骤如下。

步骤 1:建立集结生产计划的随机模糊综合型模型。

假设置信水平分别为 α、β_{kt} 和 $\gamma_{it}(0 < \alpha, \beta_{kt} < 1, 0 < \gamma_{it} \leqslant 1)$,考虑相应的随机因素及模糊需求,将模型式(3-1)转化为如下的随机-模糊模型:

$$\begin{cases} \min f_0 \\ \text{s.t. } \text{Pr}\Big\{ \sum_{i=1}^{N} \sum_{t=1}^{T} (\xi_{it} Y_{it} + \psi_{it} I_{it} + \pi_{it} B_{it}) - f_0 \leqslant 0 \Big\} \geqslant \alpha \\ \text{Pr}\Big\{ \sum_{i=1}^{N} \Big[\sum_{j=1}^{J} \rho_{ijk} (Y_{it} - X_{it}) + X_{it} \Big] - \eta_{kt} \leqslant 0 \Big\} \geqslant \beta_{kt}, \\ \qquad k = 1, 2, \cdots, K, t = 1, 2, \cdots, T, J = 1, 2, \cdots, n_i \\ \sum_{t=1}^{T'} (Y_{it} - X_{it}) \leqslant 0, \quad i = 1, 2, \cdots, N, T' = 1, 2, \cdots, T \\ \text{Pos}(Y_{it} + I_{i(t-1)} - I_{it} + B_{it} - B_{i(t-1)} = d_{it}) \geqslant \gamma_{it}, \quad i = 1, 2, \cdots, N, \\ \qquad t = 1, 2, \cdots, T \\ X_{it}, Y_{it}, I_{it}, B_{it} \geqslant 0 \\ X_{i0} = Y_{i0} = I_{i0} = B_{i0} = 0 \end{cases} \tag{3-4}$$

步骤 2:确定随机因素的分布及模糊参数的隶属函数。

正态分布可以很好地反映独立变量随平均值波动的事实,且市场需求也随着外部环境而变动,故为了简化模型,假设模型式(3-4)中所有的随机变量都服从期望和方差已知的正态分布,需求量是已知隶属函数的三角型模糊数。

步骤 3:结合定理 1 和定理 2,可将不确定规划模型转化为如下确定的等价形式:

$$
\begin{cases}
\min f_0 \\
\text{s. t.} \sum_{i=1}^{N}\sum_{t=1}^{T}(E[\xi_{it}]Y_{it}+E[\psi_{it}]I_{it}+E[\pi_{it}]B_{it})-f_0+ \\
\qquad \phi^{-1}(\alpha)\sqrt{\sum_{i=1}^{N}\sum_{t=1}^{T}(V[\xi_{it}]Y_{it}^2+V[\psi_{it}]I_{it}^2+V[\pi_{it}]B_{it}^2)}\leqslant 0 \\
\sum_{i=1}^{N}E[\omega_{ik}](\sum_{j=1}^{J}\rho_{ijk}(Y_{it}-X_{it})+X_{it})-E[\eta_{kt}]+ \\
\qquad \phi^{-1}(\beta_{kt})\sqrt{\sum_{i=1}^{N}V[\omega_{ik}](\sum_{j=1}^{J}\rho_{ijk}(Y_{it}-X_{it})+X_{it})^2+V[\eta_{kt}]}\leqslant 0 \\
\sum_{t=1}^{T'}(Y_{it}-X_{it})\leqslant 0,\quad i=1,2,\cdots,N,T'=1,2,\cdots,T \\
Y_{it}+I_{i(t-1)}-I_{it}+B_{it}-B_{i(t-1)}\geqslant (1-\gamma_{it})\underline{d_{it}}+\gamma_{it}d_{it} \\
\qquad i=1,2,\cdots,N,t=1,2,\cdots,T \\
Y_{it}+I_{i(t-1)}-I_{it}+B_{it}-B_{i(t-1)}\leqslant (1-\gamma_{it})\overline{d_{it}}+\gamma_{it}d_{it} \\
\qquad i=1,2,\cdots,N,t=1,2,\cdots,T \\
X_{it},Y_{it},I_{it},B_{it}\geqslant 0 \\
X_{i0}=Y_{i0}=I_{i0}=B_{i0}=0
\end{cases}
$$

$$(3\text{-}5)$$

步骤 4：经过确定性转化所得的模型(3-5)是一个规模较大的非线性规划模型，可借用 Lingo 等数学软件求解。

从随机模糊优化的角度分析，对于特定的满意水平来说，模型的最优解是随机模糊优化问题的模糊解，即特定意义上的最优解。因为此最优解依赖于决策者的偏爱和主观性，即置信水平 α、β_{kt} 和 γ_{it} 的取值，置信水平越大，代表决策者的满意度越高。

3.2.3　案例分析

假设某工厂在计划期 1、2、3 内准备生产 P1、P2、P3 等 3 种产品，成本系数、需求矩阵、加工时间、加工路线等基本参数如表 3-2、表 3-3 所示。该工厂有 4 个工作中心，每个加工中心的生产能力为 2400min/周。假定该系统是闭环式的，即在计划期外无额外需求，因此在第 3 阶段末需较高成本以维持剩余库存。此外，假设此案例中允许生产延期，即上一阶段未完成的产品可以累积到下一阶段继续加工。

首先求解确定型扩展模型(3-1)。取成本系数和时间系数为期望值，需求量为三角模糊数的中间值，3 个阶段的总需求量是 1250 个，计算得到总产出量为 1176 个，总成本为 208 125 元。

表 3-2　成本系数　　　　　　　　　　　　　　　　　元

成本	单位生产成本(期望,方差)			单位库存成本(期望,方差)			单位缺货成本(期望,方差)		
阶段	1	2	3	1	2	3	1	2	3
P1	100,100	100,100	100,100	25,6.25	25,6.25	25,6.25	400,1600	400,1600	400,1600
P2	150,225	150,225	150,225	30,9	30,9	150,225	450,2025	450,2025	450,2025
P3	125,156.3	125,156.3	125,156.3	35,12.3	35,12.3	200,400	500,2500	500,2500	500,2500

表 3-3　模糊需求量及加工时间、路线

需求量单位：个，时间单位：min

产品	模糊需求量(三角模糊数)			操作 1	操作 2	操作 3
	阶段 1	阶段 2	阶段 3	工作中心(时间期望,时间方差)		
P1	(125,150,175)	(100,125,150)	(140,160,180)	MC1(5,0.25)	MC4(10,1)	MC3(4,0.16)
P2	(90,100,110)	(125,150,175)	(125,150,175)	MC1(7,0.49)	MC2(7,0.49)	MC3(5,0.25)
P3	(120,125,130)	(160,165,170)	(120,125,130)	MC1(7,0.49)	MC2(6,0.36)	MC3(10,1)

然后求解随机模糊扩展模型(3-2)。假设 $\alpha=0.95$，$\beta_{kt}=0.85$，$\gamma_{it}=0.85$，计算得到总产出量为 1065 个，总期望成本为 308 557 元，对应的最佳生产计划为

$$X_{it}=\begin{bmatrix} 155 & 120 & 158 \\ 102 & 121 & 95 \\ 98 & 110 & 107 \end{bmatrix}, \quad Y_{it}=\begin{bmatrix} 150 & 125 & 157 \\ 100 & 123 & 95 \\ 96 & 108 & 111 \end{bmatrix},$$

$$I_{it}=\begin{bmatrix} 5 & 0 & 1 \\ 2 & 0 & 0 \\ 2 & 4 & 0 \end{bmatrix}, \quad B_{it}=\begin{bmatrix} 0 & 0 & 0 \\ 0 & 27 & 60 \\ 28 & 53 & 12 \end{bmatrix}$$

进一步研究显示：γ 值越大即满足用户需求的可能性水平越高时,总期望成本也会随之升高。表 3-4 给出了用户满意度为 100% 条件下(即用户的需求完全能够满足),置信因子 α、生产能力成本 β 对生产水平及总成本的影响。结果表明：α、β 越大,总成本越高,且生产能力因子 β 对生产成本的影响速率远远大于置信因子 α。在实际生产中,应在尽可能满足生产能力的前提下降低成本,因此可以通过控制生产能力消耗的置信水平来控制总成本,以取得生产成本和生产能力的一个最佳平衡。

表 3-4　置信水平 α、β 不同的结果比较

β	α						
	0.5	0.6	0.7	0.75	0.8	0.85	0.9
0.5	215 218	216 794	218 462	219 389	220 440	221 614	223 158
0.6	234 675	236 423	238 274	239 302	240 467	241 770	243 483
0.7	257 023	258 981	261 053	262 204	263 509	264 967	266 885
0.75	271 438	273 540	275 765	277 002	278 403	279 970	282 031
0.8	287 640	289 916	292 326	293 665	295 183	296 879	299 111
0.85	305 593	308 073	310 700	312 159	313 812	315 660	318 092
0.9	328 991	331 751	334 672	336 295	338 135	340 191	342 896

3.3 基于风险评估的多生产线计划优化

满足交货期是生产计划的基本要求。虽然计划寻优时一定会考虑交货期约束，但由于生产过程中存在多种随机因素，计划的实际执行结果必然存在不满足交货期的风险。本节定义了生产计划的风险评估指标，将生产计划导入预先建立的计划仿真模型，驱动模型按离线仿真机制运行，评估计划的可执行性和风险大小，并设计了混合优化算法，寻找延期风险最小的优化生产计划。

3.3.1 生产计划的风险值定义

包含 n 个任务的生产计划 X 在执行过程中，由于车间存在设备故障、生产时间波动等随机因素 R，任务 i 的实际完工周期 $f_i(X,R)$ 可能大于所要求的交货期 DL_i。定义 $P\{f_i(X,R)>\mathrm{DL}_i\}$ 为任务 i 的风险值。

若将风险指标最小作为生产计划优化的目标，则该目标可表述为

$$\min[P\{f_1(X,R)>\mathrm{DL}_1\},\cdots,P\{f_i(X,R)>\mathrm{DL}_i\},\cdots,P\{f_n(X,R)>\mathrm{DL}_n\}]$$

$$(3\text{-}6)$$

也可设定风险指标的阈值 a_i，寻找使得各个任务的完工周期 FT_i 尽可能短的排产计划[7]，可表示为

$$\begin{cases} \min\{\min\mathrm{FT}_1,\min\mathrm{FT}_2,\cdots,\min\mathrm{FT}_i,\cdots,\min\mathrm{FT}_n\} \\ \mathrm{s.t.}\ \ P\{f_i(X,R)\geqslant\mathrm{FT}_i\}<a_i,\quad 1\leqslant i\leqslant n \end{cases} \quad (3\text{-}7)$$

一般的数学模型难以准确表达复杂且动态的车间生产系统，尤其是式(3-6)和式(3-7)这些含有概率计算的问题求解十分困难。仿真模型可实现对车间元素及元素间交互关系的模拟，并通过提前对车间随机因素进行统计分析，实现对随机过程的规律再现，在车间仿真模型中引入加工时间波动、设备故障等车间随机因素，并导入生产计划，预演车间生产物流过程，实现对目标数据的取样。重复进行 r 次计划仿真试验，分别记录所有任务完成时的仿真时刻，可以快速获得最大完工周期(makespan)数据，并应用统计的方法获得风险值评估，其计算公式可表示为

$$P\{f_i(X,R)>\mathrm{DL}_i\}=\frac{\sum_{j=1}^{r}(f_j(X,R)>\mathrm{DL}_i)}{r},\quad 1\leqslant i\leqslant n \quad (3\text{-}8)$$

3.3.2 生产计划风险评估与优化模型

1. 问题描述

含有 m 条生产线的并行流水车间，每一条生产流水线结构相似，能够加工所有类型产品。每一条生产线上加工产品类型需要切换时，需要停线进行生产准备

工作,包括替换加工程序、刀具、夹具等,一般来说应尽量减少同一生产线上加工产品类型的切换,以提升生产线利用率,保障产品质量的一致性。当对某一种类型产品进行加工时,生产线工序-机台分配、生产线控制调度都是事先调整确定的,生产线按照工件上料顺序完成所有加工作业。

　　n 个生产任务需要在并行流水车间生产,其调度只需要解决每个任务分配在哪条生产线上加工,以及各生产线上加工任务的先后排序这两个根本问题。生产计划风险评估 $A(X)$ 是指对于一个生产计划 $X \in \theta$,求解获得每一个任务 i 的风险,值即该任务完工时间 $f_i(X,R)$ 大于任务交期 DL_i 的概率 $P\{f_i(X,R) > \mathrm{DL}_i\}$ 的集合,可表达为

$$A(X) = [P\{f_1(X,R) > \mathrm{DL}_1\}, \cdots, P\{f_i(X,R) > \mathrm{DL}_i\}, \cdots,$$
$$P\{f_n(X,R) > \mathrm{DL}_n\}] \tag{3-9}$$

而生产计划风险优化则是指从解空间 θ 中寻找出最优 X^*,使得所有任务的综合风险最小。对于每一个任务 i,设计其惩罚函数为

$$g_i(X) = \begin{cases} \mathrm{e}^{\lambda(P\{f_i(X,R) > \mathrm{DL}_i\} - a_i)} - 1, & P\{f_i(X,R) > \mathrm{DL}_i\} > a_i \\ 0, & \text{其他} \end{cases} \tag{3-10}$$

其中,a_i 为任务 i 的风险指标的阈值,λ 为大于 0 的惩罚系数。那么生产计划风险优化的综合目标函数可定义为所有任务的平均惩罚值最小,其表达公式为

$$G(X^*) = \min_{X \in \theta} \frac{1}{n} \sum_{i=1}^{n} g_i(X) \tag{3-11}$$

2. 基于仿真的生产计划风险评估方法

　　采用仿真结合遗传算法的方法对该并行流水线调度问题进行求解,其过程如图 3-2 所示。遗传编码采用扩展的单染色体顺序编码方式[8],以自然整数作为分隔。具体而言,以任务编号(1～n)为染色体基因,在任务最大编号 n 后增加 $m-1$(m 为并行生产线数量)个连续的自然整数,以 6 任务、3 生产线为例,染色体基本基因为 1～6,增加染色体的长度到 $6+3-1=8$,[4,2,7,1,6,5,8,3]表示任务 4、2 在生产线 1 上先后执行,任务 1、6、5 在生产线 2 上按顺序完成,任务 3 在生产线 3 上进行。

　　选择所有任务的最大完工时间作为染色体适应度值,在建立的包含工艺、时间等约束的仿真模型的基础上,根据个体染色体的基因编码规则进行以上解码过程,并据此设置仿真策略,通过仿真的方法获得所有任务的最大完工时间。选择算子为根据个体适应度值以轮盘赌的方式选择亲代个体,交叉算子为次序交叉 OX,变异算子为基因元素两个整数位置交换,根据实际问题规模选择合适的种群数量和最大迭代数,实施遗传迭代,获得最优生产计划。在仿真模型中引入随机因素,模拟智能车间系统设备故障、加工时间波动等典型生产扰动事件,输入所获得的优化生产计划进行多次仿真,统计各个任务完工时间,并基于该生产计划计算各个任务

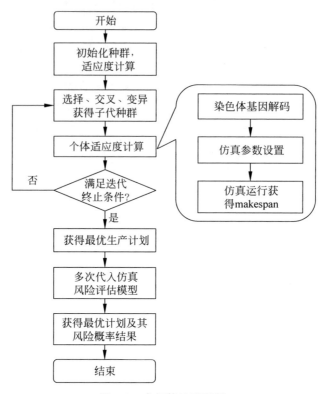

图 3-2 求解算法流程图

的风险值,获得生产计划的风险评估。

3. 基于混合智能算法的生产计划风险优化

传统的精确算法无法求解随机规划模型,只能通过将随机模拟和仿真相结合来进行样本数据的近似抽样,从而获得目标函数的估计值,使用 3.3.2 节仿真结合群体智能优化算法的方法理论上可以求解获得最优调度序列。然而,每一个生产计划(调度序列)都需要进行大量的重复仿真试验来获得样本数据,而序列优化问题是一个 NP 完全问题,可想而知,当加工任务数较多,仿真模型比较复杂时,在最优序列搜寻过程中庞大的仿真次数将耗费很大的计算资源和很长的计算时间。

设计采用混合智能算法进行生产计划的优化,其主要流程如图 3-3 所示。主要思想是通过神经网络来逼近风险优化目标函数。首先根据式(3-11),通过相对较少次数的仿真模拟获得样本数据,x 为调度序列,y 为平均惩罚值,利用样本数据 (x,y) 训练一个神经网络模型来逼近随机型目标函数。通过遗传算法结合神经网络模型的方式求解获得最优生产计划,然后利用随机仿真模型获得该生产计划的风险评估。

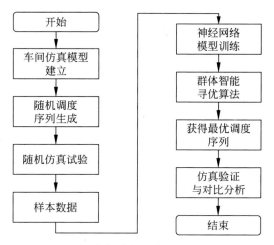

图 3-3　混合智能优化算法的主要流程

3.3.3　实例分析

1. 实例描述

本节以 2.3 节的结构件机加工车间为例,对基于风险评估的多生产线计划优化问题进行实例研究。该车间进行智能终端结构件的精密数控加工,主要包括铣槽、铣孔、打磨、检测等工艺过程。车间一楼的整体布局如图 2-6 所示,图中黄色粗线为 AGV 运输系统路径网络,运输网络右侧纵向横亘在车间的是立体仓库,运输网络两边分别排列着 8 条流水线(A1～A8)。

生产线布局如图 2-7 所示,8 条生产线的结构大致相似,主要加工 A、B、C、D、E 5 种类型产品。现有待处理的 28 个加工任务,根据每个加工任务的重要程度评估获得其风险阈值,如表 3-5 所示,需要安排合理的生产计划。

表 3-5　订单信息

序号	订单号码	产品类型	需求量/箱	交期	风险阈值
J1	SOP201503210001	A	600	2015/4/30	0.4
J2	SOP201503210001	B	200	2015/4/15	0.4
J3	SOP201503210001	D	100	2015/4/5	0.4
J4	SOP201503210001	E	100	2015/4/5	0.4
J5	SOP201503210002	A	420	2015/4/13	0.1
J6	SOP201503210002	B	200	2015/4/13	0.1
J7	SOP201503210002	C	200	2015/4/13	0.1
J8	SOP201503210002	D	100	2015/4/13	0.1
J9	SOP201503210003	A	800	2015/4/30	0.5
J10	SOP201503210003	B	400	2015/4/20	0.5
J11	SOP201503210003	E	700	2015/4/20	0.5

序号	订单号码	产品类型	需求量/箱	交期	风险阈值
J12	SOP201503210004	A	200	2015/4/25	0.5
J13	SOP201503210004	B	800	2015/4/25	0.5
J14	SOP201503210004	C	150	2015/4/11	0.5
J15	SOP201503210004	D	200	2015/4/11	0.5
J16	SOP201503210004	E	600	2015/4/11	0.5
J17	SOP201503210005	A	560	2015/4/26	0.3
J18	SOP201503210005	B	340	2015/4/26	0.3
J19	SOP201503210005	C	300	2015/4/30	0.3
J20	SOP201503210005	D	100	2015/4/26	0.3
J21	SOP201503210005	E	200	2015/4/26	0.3
J22	SOP201503210006	B	650	2015/4/20	0.3
J23	SOP201503210006	C	100	2015/4/10	0.3
J24	SOP201503210006	D	300	2015/4/10	0.3
J25	SOP201503210007	B	900	2015/5/10	0.5
J26	SOP201503210007	C	200	2015/5/5	0.5
J27	SOP201503210007	D	200	2015/4/25	0.5
J28	SOP201503210007	E	600	2015/4/25	0.5

由于各生产线的设计模式(CNC 数量和上下料机械手布局)不同,产品在不同模式生产线上的加工节拍也不相同。同时,由于各产品的工艺数据不相同,不同类型产品在同一条生产线上的加工节拍也不相同。对于 A、B、C、D、E 5 种类型产品在各生产线上的平均节拍如表 3-6 所示,通过生产线规划仿真分析获得。

表 3-6 5 种类型产品在各生产线上的平均节拍 s/箱

平均节拍		产品类型				
		A	B	C	D	E
生产线编号	A1	3540	1880	3500	3400	1600
	A2	2400	1420	2240	2260	1060
	A3	2380	1060	2040	2060	880
	A4	2380	1060	2040	2060	880
	A5	2960	1300	2380	2660	1060
	A6	2960	1300	2380	2660	1060
	A7	3540	1880	3500	3400	1600
	A8	5240	2220	4760	5100	2000

2. 仿真建模

利用树形结构表达车间内各对象以及对象组成部分间的逻辑关系,如图 3-4 所示。根据实际车间的构成,将车间对象主要分为生产线、物流、立体仓库、可移动对象等类型,每种类型内按照层级关系进行进一步细分。

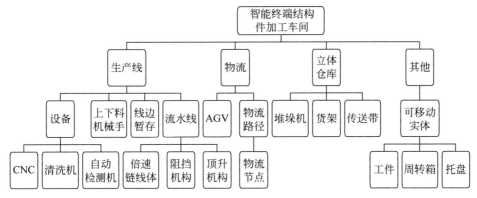

图 3-4　结构件加工车间的对象组成

针对车间的每一个对象,利用 Plant Simulation 仿真平台,建立其虚拟数字化映射,包括其相关的属性和方法。车间整体模型主要分为生产线子模块、立体仓库子模块、AGV 运输系统子模块,各模块之间通过连接接口的方式交互,内部相对完整独立,最终获得车间仿真模型如图 3-5 所示。

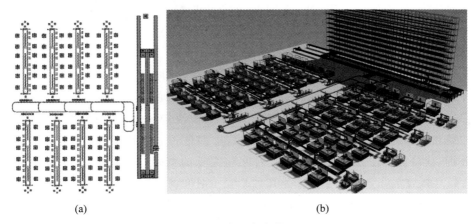

图 3-5　车间仿真模型

(a)平面模型;(b)三维模型

在仿真模型中设置基础运行参数,其中产品的加工时间服从负指数分布,所有生产线上不同类型产品切换时生产线调整时间为 1h,各个整线可用性为 90%,平均维护时间 MTTR 为 2 天。进一步地,在仿真平台中建立计划解析机制,仿真模型依据遗传序列编码进行产品在相应生产线及相应加工顺序的生产安排。

3. 面向最小 makespan 的生产计划优化与风险评估

28 个任务在 8 条生产线上加工,遗传编码为 1~(28+8-1=35)的自然整数的序列。基于遗传算法和仿真模型进行求解,设置遗传迭代次数为 50,种群大小为 10,交叉率为 0.8,变异率为 0.1,遗传迭代至 50 代时终止。种群迭代过程中每代数个体中最小、最大和平均 makespan(最大完工周期)的变化情况如图 3-6 所示。

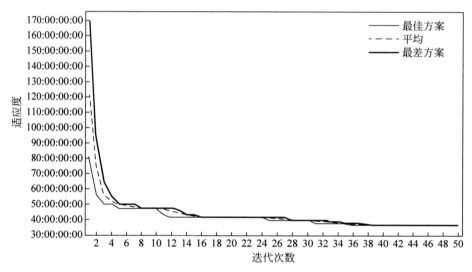

图 3-6　遗传迭代 makespan 变化过程

　　获得最优调度序列为[24、25、<u>34</u>、27、3、13、6、7、<u>30</u>、15、26、12、17、<u>31</u>、20、9、22、<u>35</u>、28、14、23、11、8、<u>29</u>、4、16、5、<u>33</u>、1、18、2、<u>32</u>、10、21、19],对应的最小 makespan 为 36 天 9 小时,对应的最优生产计划甘特图如图 3-7 所示。

　　对以上生产计划进行风险评估,将其导入车间计划仿真模型中,仿真策略是各生产线按照计划所分配的任务以及先后顺序依次执行各加工任务,并引入加工时间波动和资源故障两种常见的车间异常事件,对该计划进行 500 次仿真并进行统计分析,获得各个任务在该计划完工时间前完工的概率,结果如图 3-8 所示,图中 J13:41.6％表示在该计划 J13 任务在计划完工时间前完工的概率为 41.6％。

　　基于 makespan 获得的生产计划未考虑随机因素的影响,会出现类似 J27:0.2％的情况,即某些任务在指定的计划完工时间前基本上不可能完成,需要面向完工风险对其优化。

4. 面向风险的生产计划优化

　　利用基于混合智能算法的生产计划风险优化方法对本问题进行求解,主要步骤如下。

　　步骤 1:随机仿真获得样本数据。

　　以加工任务信息及对应的交货期约束和最大风险概率约束为基础数据,随机生成 1000 组调度序列,并通过模型仿真运行获得每个调度序列对应的平均惩罚值。部分样本数据如表 3-7 所示。

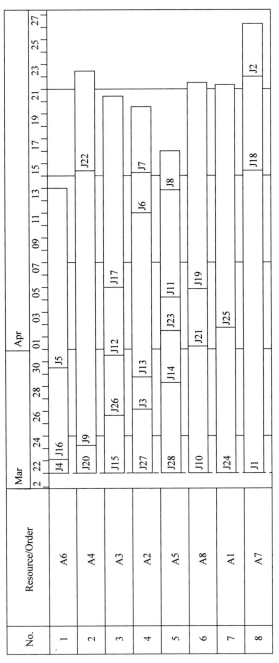

图 3-7　需要进行风险评估的生产计划甘特图

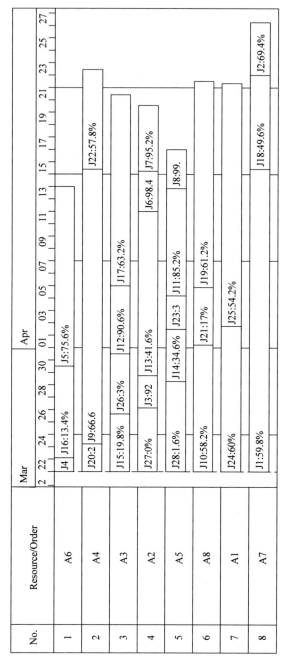

图 3-8 基于仿真的生产计划风险评估结果

表 3-7　样本数据示例

调　度　序　列	平均惩罚值
|5；4；21；35；1；32；12；25；30；2；3；13；16；23；17；27；7；20；26；19；8；28；18；31；24；34；14；11；29；33；15；10；22；9；6|	12.26
|18；24；8；23；26；35；16；19；14；30；29；4；34；13；3；5；17；1；2；10；21；32；9；11；25；7；27；6；28；12；31；33；15；22；20|	9.01
|3；26；18；22；34；29；30；11；10；19；7；20；32；9；2；24；16；15；8；27；23；14；21；13；6；28；4；33；35；12；25；31；1；17；5|	14.19
|30；22；11；20；6；25；14；15；27；13；10；17；21；19；16；9；34；31；4；8；26；3；24；28；12；35；1；23；33；2；32；29；5；18；7|	7.48
|16；20；21；24；22；4；7；23；33；25；2；35；1；14；30；19；11；18；13；12；15；27；26；3；17；28；31；34；5；10；29；32；8；6；9|	7.67

步骤 2：神经网络参数选择及模型训练。

在所获得的 1000 个样本中，随机选取其中 800 个用于神经网络模型训练，剩余的 200 个作为测试集样本。选用循环神经网络中的长短期记忆网络 LSTM，适用于变长输入的调度序列，选择 64 个神经元节点，输出层激活函数为 Relu 函数。优化方法选择 Adam 优化算法，可以有效减少优化值的波动，加快模型训练进度。

在以上固定的神经网络结构下主要开展迭代次数 epoch 和小批量数据大小 minibatch 的超参数优化。设置 epoch 为 500，minibatch 分别为 60、80、100、120、140，观察每次迭代后验证集均方误差（mean square error，MSE）的变化，其中在 minibatch 为 100 时神经网络训练过程中训练集和测试集的 MSE 变化情况如图 3-9 所示，当 epoch 为 136 时，MSE 最小为 4.79。

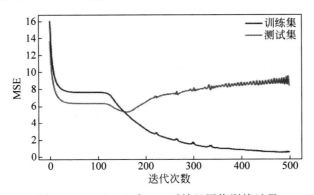

图 3-9　minibatch 为 100 时神经网络训练过程

获得各超参数配置下最优值 MSE，如图 3-10 所示。

利用训练方法 Early Stopping 获得 minibatch 为 100 时的神经网络训练模型，在测试集样本中进行检验，其中 83.5% 的样本的预测值在真实值 ±20% 范围以内，结果如图 3-11 所示，故认为训练所得神经网络模型是可信的。

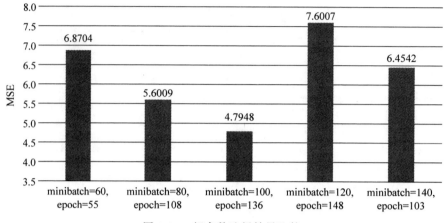

图 3-10　超参数选择结果比较

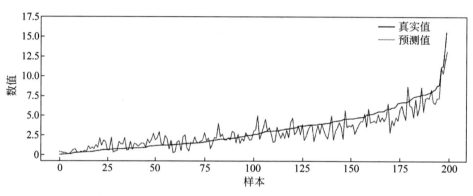

图 3-11　测试样本 LSTM 神经网络预测值与仿真结果比较

步骤 3：仿真结果对比与人工调整。

以步骤 2 获得的神经网络模型为目标函数的表达,利用前述遗传算法,求解获得最优的序列为[8、2、21、30、5、14、12、13、34、4、20、6、7、16、19、18、27、31、23、10、3、11、28、35、24、17、29、26、25、9、32、15、1、33、22],通过随机仿真获得该调度序列各个任务的风险值,与相应的最大风险值进行对比,结果如图 3-12 所示。

从图 3-12 可知,大部分任务均满足风险阈值要求,少部分任务如 J5 等的评估风险值高于最大风险要求。采取任务分批转移的方法并进行仿真试验,将完工概率需求高于 90% 的 J5：420 箱任务分成 J5：210 箱、J29：105 箱和 J30：105 箱等 3 批,J29、J30 分别被安排到生产线 A1、A8 优先加工,仿真运行获得此调度情况下 3 个批次的完工概率分别为 97.4%、95%、99.4%,该任务风险可接受,且其他加工任务所受影响在可接受范围内。故最终调整获得的优化调度序列[29、8、2、21、32、5、14、12、13、36、4、20、6、7、16、19、18、27、33、23、10、3、11、28、37、24、17、31、26、25、9、34、15、1、35、30、22]。

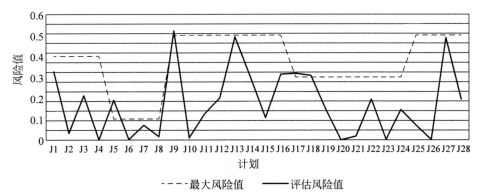

图 3-12　各个任务风险评估与最大风险系数比较

3.4　汽车冲压车间作业调度优化

3.4.1　冲压车间作业调度问题描述

冲压加工是汽车整车生产的起始工艺环节。在冲压车间内,生产人员根据不同车身部件的工艺需求,选择合适的冲压设备对薄钢板进行冲压,得到焊接车间所需要的各种零部件。通常情况下,冲压车间按设备加工能力划分为多条生产线,如图 3-13 所示。冲压车间作业调度任务是将一定数量的产品合理地安排到正常运转的设备上进行生产。

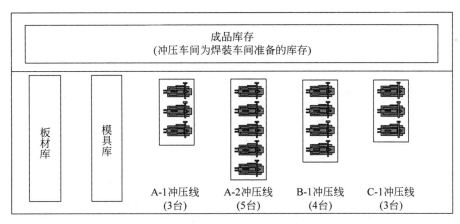

图 3-13　典型冲压车间的布局示例

3.4.2　冲压车间多目标作业调度优化模型

冲压车间的生产调度问题是一类柔性作业车间调度问题(flexible jobshop scheduling problem,FJSP)。在该问题中,有 n 个冲压工件 $J\{J_1,J_2,\cdots,J_n\}$ 需要

加工,可选的加工机器集合为 $M\{M_1, M_2, \cdots, M_m\}$,其中 m 为冲压机器总数,运用可选机器在规定的时间 $T\{T_{J_1}, T_{J_2}, \cdots, T_{J_n}\}$ 内完成所有工件的加工过程,使得加工优化目标最好。简而言之,作业调度的目的是为每道冲压工序选择合适的机器,并确定每台机器上各工序的加工顺序和开工时间,使整个生产调度目标最优。它可以拆分为两个子问题:确定冲压件的加工机器(机器选择子问题)和确定各机器上的加工先后顺序(工序排序子问题)。该优化问题的基本假设和约束条件如下:

(1) 同一台机床在同一时刻只能加工一个冲压件;

(2) 同一冲压件的同一道工序在同一时刻只能被一台机床加工;

(3) 每个冲压件的每道工序一旦开始加工就不能中断;

(4) 不同冲压件的工序之间没有先后约束,同一工件的工序之间有先后约束;

(5) 不同冲压件之间具有相同的优先级;

(6) 所有冲压件在零时刻都可以被加工;

(7) 各种冲压件在各个机床上的加工时间是确定的。

相关符号定义如表 3-8 所示。

表 3-8　符号定义

符　　号	含　　义
n	冲压件总数,$j, k = 1, 2, \cdots, n$
m	冲压车间机器总数,$i, e = 1, 2, \cdots, m$
H_j	冲压件 j 的工序总数
h, l	工序序号,$h, l = 1, 2, \cdots, H_j$
m_{jh}	工件 j 的第 h 道工序的可选加工机器数
O_{jh}	工件 j 的第 h 道工序
x_{ijh}	工件 j 的第 h 道工序在机器 i 上加工
P_{ijh}	工件 j 的第 h 道工序在机器 i 上的加工时间
s_{jh}	工件 j 的第 h 道工序的加工开始时间
c_{jh}	工件 j 的第 h 道工序的加工完成时间
w_{jh}	工件 j 的第 h 道工序的等待时间
W_j	工件 j 的总等待时间,$W_j = \sum\limits_{h=1}^{n} w_{jh}$
r_j	工件 j 的到达时间
t_{jh}	工件 j 从第 $h-1$ 道工序到第 h 道工序设备的运输时间
Z_i	设备 i 可以使用的时刻,即设备当前工件工序加工完工时间
S_i	设备 i 的调整时间
d_j	工件 j 的交货期
c_j	工件的完成时间
$C_{\max}$	最大完工时间
T_0	工件的工序总数
x_{ijh}	如果工序 O_{jh} 选择机器 i 则取 1,否则取 0

冲压车间作业调度问题的两个优化目标分别为最小化冲压生产成本和最小化冲压生产的最大完工时间,详细描述如下。

1. 最小化冲压生产成本

冲压车间的生产成本包括冲压加工成本、冲压加工过程中的库存费用和线边库存费用、延期惩罚费用和运输成本等,各成本的计算方式如下:

1) 冲压加工成本

冲压加工成本包含冲压机床和工人的加工费用。通常,机器的加工费用按照单位时间费率进行计算,根据机器的购买价格、维护费用、功率消耗以及预计使用寿命估算出冲压机床的单位时间费率 mc_i。工人的单位时间费率可根据月工资和月工作时间进行计算,由于不同冲压机床的复杂程度不尽相同,根据不同冲压机床的工人费用,可以得到冲压机床 i 的单位时间人工费率为 pc_i。由此,计算出冲压加工成本 TC_1:

$$TC_1 = \sum_{j=1}^{n} \sum_{h=1}^{H_j} \sum_{i=1}^{m} (mc_i + pc_i) P_{ijh} x_{ijh} \tag{3-12}$$

2) 库存成本

库存成本包括冲压加工过程中产生的库存费用 TC_2 和冲压件在等待加工时产生的线边库存费用 TC_3。假设 β 为年利率,RM_j 为冲压工件 j 的原材料费用。冲压工件 j 在其工序 1 开始加工时,库存时间为:$st_{j1} = s_{j1} - r_j$。由此产生的库存成本为

$$sc_1 = \beta \sum_{j=1}^{n} RM_j (s_{j1} - r_j) \tag{3-13}$$

冲压工件 j 在完成工序 h 时的库存时间为:$st_{jh} = s_{j(h+1)} - s_{jh}$。冲压工件 j 在完成工序 h 时的附加成本为消耗的机器和工人费用,这一阶段的成本为 $RM_j + \sum_{l=1}^{h} (mc_i + pc_i) P_{ijl} x_{ijl}$。由此得到冲压生产过程中的库存成本为

$$TC_2 = \beta \sum_{j=1}^{n} RM_j (s_{j1} - r_j) + \beta \sum_{j=1}^{n} \sum_{h=1}^{H_j} \cdot$$
$$\left\{ \left[RM_j + \sum_{i=1}^{m} \sum_{l=1}^{h} (mc_i + pc_i) P_{ijl} x_{ijl} \right] \times (s_{j(h+1)} - s_{jh}) \right\} \tag{3-14}$$

线边库存费用根据线边库存的单位时间使用费率 α 来计算。冲压工件 j 在工序 1 完成后才产生线边库存,其在第 $h(h=1,2,\cdots,H_j-1)$ 工序加工完成后,线边库存的存放时间为 $s_{j(h+1)} - c_{jh}$。因此,所有冲压工序过程中的线边库存费用为

$$TC_3 = \alpha \sum_{j=1}^{n} \sum_{h=1}^{H_j-1} (s_{j(h+1)} - c_{jh}) \tag{3-15}$$

其中,当冲压工件 j 的完工时间小于交货期 d_j 时,$s_{j(H_j+1)} = d_j$;当冲压工件 j 延

期完成时，$s_{j(H_j+1)} = c_{jH_j}$。

3）延期惩罚费用和运输成本

根据精益生产原则，工件无论是提前完成或者拖期完成都会产生额外的费用。当工件提前完成的时候，会对冲压车间现场产生额外的库存费用；而当工件延期完成的时候，会影响后续车间的生产进程而产生损失。定义 a_j 和 b_j 分别为冲压工件 j 的提前惩罚系数和延期惩罚系数，u_j 和 v_j 分别为工件 j 的提前时间和延期时间。

如果工件完工时间小于交货期，则提前时间 $u_j = \{0, d_j - c_{jH_j}\}$，同样，延期时间为 $v_j = \{0, c_{jH_j} - d_j\}$，由此，提前完成产生的库存费用和拖期产生的惩罚费用为

$$\mathrm{TC}_4 = \sum_{j=1}^{n}(a_j u_j + b_j v_j)$$

工件在不同的机器上进行加工，需要对工件进行移动，假设工件单位时间的运输费用为 Q，则产生运输成本为

$$\mathrm{TC}_5 = \sum_{j=1}^{n}\sum_{h=1}^{H_j} t_{jh} \times Q$$

综合以上冲压生产过程中产生的所有费用，最小化生产成本的目标可以描述为

$$\min f_1 = \mathrm{TC}_1 + \mathrm{TC}_2 + \mathrm{TC}_3 + \mathrm{TC}_4 + \mathrm{TC}_5 \tag{3-16}$$

2. 最小化冲压生产的最大完工时间

冲压工件的最大完工时间决定了生产周期，为了缩短某批次冲压任务的生产周期，须对最大完工时间进行最小化优化。针对冲压工件 j 的第 h 道工序，由于考虑设备的调整时间和运输时间，其加工开始时间为 $s_{jh} = \max\{c_{j(h-1)} + t_{jh}, Z_i + S_i\}$，加工完成时间为 $c_{jh} = s_{jh} + P_{ijh}$。冲压工件 j 的最大完工时间即为完成最后第 H_j 道工序的完工时间，即 $C_j = c_{jH_j}$，冲压生产的最大完工时间为

$$C_{\max} = \max\{C_1, C_2, \cdots, C_j, \cdots, C_n\}$$

由此，最小化最大完工时间的目标可描述为

$$\min f_2 = \max\{c_{1H_1}, c_{2H_2}, \cdots, c_{jH_j}, \cdots, c_{nH_n}\} \tag{3-17}$$

3.4.3 多目标混合人工蜂群求解算法

针对 3.4.2 节的冲压车间多目标作业调度优化模型，引入 Pareto 最优化的思想来求解，采用二维编码方式进行描述，结合遗传算法和蜂群算法的特点，提出了一种多目标混合人工蜂群（multi-objective hybrid artificial bee colony，MHABC）算法[9]。

在基本的人工蜂群算法（artificial bee colony，ABC）中，搜索过程主要由 3 种蜜蜂共同完成：雇佣蜂（又称引领蜂，employed bees）、观察蜂（又称跟随蜂，

onlooker bees)和侦察蜂(scout bees)。其中,雇佣蜂负责去花丛中找寻并开采蜜源;观察蜂负责在舞蹈区等待雇佣蜂携带蜜源信息归来,并对蜜源位置加以甄别和筛选;侦察蜂负责随机探索新的蜜源位置。每个蜜源位置仅有一只雇佣蜂,因此,雇佣蜂的个数与蜜源的个数相等,且雇佣蜂与观察蜂数量一致,进化种群的规模即为群体中雇佣蜂或观察蜂的数量。

改进的 MHABC 算法的基本流程如下。

1. 种群编码

针对冲压车间作业调度优化问题,要同时考虑工序排序和加工机器选择,因此采用一种双层向量的编码方式。工序排序串的长度等于总工序数之和,每个工件的所有工序都由该工件的工件号表示,工件号第几次出现就代表该工件的第几道工序。机器分配串的长度和工序排序串的长度相同,串中的每个数字代表每一道工序的加工机器号。

假设某批次订单包含 4 个冲压件,车间有 3 台机床,各个冲压件的不同工序在冲压机床上的加工时间如表 3-9 所示。该调度问题的任意一组调度方案的编码如图 3-14 所示。图中向量 L_1 表示所有工件的工序排序,数字代表工件号,第一次出现工件 4 时表示其第 1 个工序,最后一次出现工件 4 时表示其第 4 个工序。图中向量 L_2 表示工件工序对机器的选择,不同的数字代表不同的机器。该调度方案的甘特图如图 3-15 所示。

表 3-9　加工时间

工件工序	冲压机床		
	机器 1	机器 2	机器 3
O_{11}	3	∞	5
O_{21}	4	3	7
O_{22}	3	2	∞
O_{31}	7	∞	4
O_{32}	4	5	6
O_{33}	∞	∞	4
O_{41}	5	3	∞
O_{42}	3	4	6
O_{43}	4	5	∞
O_{44}	∞	4	3

图 3-14　调度方案编码示意图

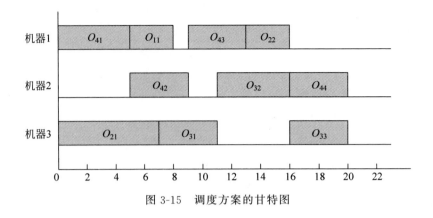

图 3-15　调度方案的甘特图

2. 种群初始化

在混合人工蜂群算法的初始化阶段，为了避免在局部范围进行搜索，采用随机生成的方式进行种群初始化。

初始种群的工序排序：根据每个冲压工件的工序总数产生相同数目的工件代码，依此类推得到与总工序数目相同的工件代码；将所得到的工件代码序列进行随机打乱，即可得到一个初始的食物源；重复操作便可得到初始的种群。

初始种群的机器选择：选择工件序列中的第一个工件，根据机器加工属性得到该工件工序 1 的可选机器集合代码，随机地从该机器集合中选取一个机器代码；依此类推，为后面的各工件工序随机分配相应的机器代码，从而得到所有机器选择部分。

3. 雇佣蜂阶段

使用遗传算法中常用的交叉和变异算子来实现雇佣蜂的邻域搜索，并通过多目标的蜜源计算方式进行最优蜜源的选择。

步骤 1：派出 N 个雇佣蜂，将每一只雇佣蜂派遣到初始种群中的蜜源位置，实现一一对应的关系。

步骤 2：采用遗传算子操作得到初始蜜源的邻域解，通过随机选择邻域策略，为每一个雇佣蜂获取 Ne 个邻域解。根据如下 3 种邻域策略的特点，雇佣蜂生成的邻域解中既有对机器编码的变化，也有对工序排序的改变，因此可以实现每一只雇佣蜂的搜索寻优过程。

邻域策略(a)：本策略是针对机器分配串(向量 L_2)的交叉操作。对于每一个初始蜜源 V，从初始种群中随机选取一个随机蜜源 U，然后产生一个只包含 1 和 2 的随机向量。当该位置为 1 时，将蜜源 V 中 L_2 向量相同位置的变量值进行填充，反之则使用蜜源 U 中 L_2 向量相同位置的变量值进行填充。依此类推，得到新蜜源 V_{new}，如图 3-16 所示。

邻域策略(b)：本策略是针对工序分配串(向量 L_1)的交叉操作。与机器分配

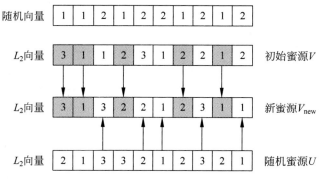

图 3-16　均匀交叉方法产生新蜜源

串的交叉方法有所不同,使用一种改进的基于优先操作的交叉操作方法。对于每一个初始蜜源 V,从初始种群中随机选取一个随机蜜源 U,随机产生一个机器编码子集合,如本例中的子集 $\{1,4\}$。将初始蜜源 V 中 L_1 向量的包含工件号 1 和 4 的所有代号传递给新蜜源 V_{new},并将随机蜜源 U 中 L_1 向量剔除工件代号 1 和 4 之后剩余的工件代号依次填充到新蜜源的空位,由此即可获取完整的新蜜源 V_{new},其交叉示意图如图 3-17 所示。

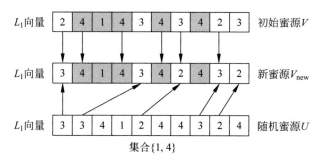

集合 $\{1, 4\}$

图 3-17　基于改进优先操作交叉方法产生新蜜源

邻域策略(c):本策略是针对机器分配串(向量 L_2)的变异操作。对于每一个初始蜜源 V,产生一个随机向量来选择变异位置,为相应的变异位置随机产生机器编码进行替代,从而得到新蜜源 V_{new},其变异示意图如图 3-18 所示。

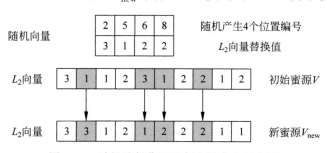

图 3-18　随机选择位置进行变异产生新蜜源

步骤 3：确定每只雇佣蜂邻域解的花蜜总量。

其中，MG 为雇佣蜂的邻域解在非支配排序中的最大的层级；G_r 为邻域解 r 在非支配排序中的层级；Num_x 为在非支配排序中层级 x 上邻域解的个数。

步骤 4：根据每只雇佣蜂邻域解的花蜜总量计算结果，选取花蜜总量最大的所有邻域解构成雇佣蜂进化种群 Pe，并将获取的种群蜜源信息传递给观察蜂。

4．观察蜂阶段

步骤 1：在观察蜂阶段，设置一个固定规模 Na 的存档种群 Pa，用来保存当前已发现的最好解。将雇佣蜂搜索阶段产生的进化种群 Pe 和存档种群 Pa 组成一个联合种群 Pu，并对联合种群进行非支配排序，确定联合种群中每个个体的非支配排序和拥挤度。

非支配排序方法：首先，找出当前种群中的所有 Pareto 最优解，并为其分配非支配排序等级 1；其次，把该层非支配解集从种群中剔除，对剩余的种群中的个体进行 Pareto 支配排序，找到剩余个体中的所有非支配解，并为其分配非支配排序等级 2；依此类推，直到当前种群中的全部个体都被给予相应的等级为止。

拥挤度比较算子：拥挤度描述当前个体周围的个体密度，用 i_d 表示在个体 i 周围包含个体 i 本身但不包含其他个体的最小的长方形，i_d 值越大，表示该个体周围越不拥挤。

步骤 2：采用非支配排序和拥挤度比较算子，从联合种群 Pu 中选出最好解放入存档种群中。如果存档种群中的个体达到最优解或者算法到达预设的迭代次数，算法结束运算，输出 Pareto 解集；否则，进入到下一个步骤。

步骤 3：基于拥挤度比较算子，采用最佳父代选择方法从存档种群中选取 K 个最好解，已知进化种群规模为 N，则需要满足 $2 \cdot C_K^2 \geqslant N \cdot 50\%$。将 K 个最好解作为父代进行随机组合，根据前文给出的种群交叉、变异的方法，获取进化种群 50% 规模的新个体；另外 25% 的个体直接从存档种群中随机选取；剩余的 25% 的个体则有侦察蜂随机产生。

5．侦察蜂阶段

侦察蜂阶段采用随机产生新蜜源的方式来更新蜜源信息，该蜜源信息进入算法的下一代寻优过程中。该方法增加了算法的种群多样性，避免算法陷入局部搜索而无法跳出。

3.4.4　案例分析

本案例来自文献[9]。某汽车企业的冲压车间有一条包含 8 台设备的双向冲压生产线，各个设备的加工能力如表 3-10。在该冲压车间的生产中，某日一个批次冲压计划中包含 10 种冲压工件，所有工件的各工序加工工艺要求、工件批量以及批量调整时间如表 3-11 所示。其中，各个工件的工序在不同冲压设备上的加工时间见表 3-12 其中"∞"表示该机床不能加工当前工序。根据估算,线边库存的单位时间使用费率为 15 元/h,单位时间的运输费用为 800 元/h,银行存款的活期年利率为 0.35%。

表 3-10　双向冲压生产线的设备参数:冲压力　　　　　　　　　　　　t

设　　备	设备 A	设备 B		设备 C			设备 D	
设备加工能力	1200	1000	1000	800	800	630	630	630

表 3-11　冲压工件各工序工艺要求:冲压力　　　　　　　　　　　t

参　　数	工件 1	工件 2	工件 3	工件 4	工件 5	工件 6	工件 7	工件 8	工件 9	工件 10
批量	300	500	1000	600	400	800	300	400	400	600
调整时间/s	1200	600	1500	900	1200	900	900	900	900	600
工序 1	800	1000	1200	800	800	630	800	1200	1000	400
工序 2	800	—	1000	630	630	400	630	800	630	—
工序 3	630	—	800	—	400	—	—	—	—	—
工序 4	—	—	800	—	—	—	—	—	—	—

表 3-12　冲压工件各工序在不同设备上的加工时间　　　　　　　　　　s

工件	工序	设备 A	设备 B	设备 C	设备 D
1	1	3	4	5	∞
	2	4	5	7	∞
	3	5	6	7	9
2	1	5	7	∞	∞
3	1	4	∞	∞	∞
	2	5	7	∞	∞
	3	3	4	6	∞
	4	5	6	8	∞
4	1	4	5	∞	∞
	2	6	7	8	9
5	1	6	8	10	∞
	2	3	5	6	7
	3	5	8	8	9
6	1	4	6	7	8
	2	5	6	8	9
7	1	3	5	7	∞
	2	4	6	6	7
8	1	4	∞	∞	∞
	2	5	7	8	∞
9	1	4	6	∞	∞
	2	5	6	7	7
10	1	6	7	7	8

各个工件的材料费、交货期以及提前/延期惩罚系数如表 3-13 所示。可以看出，加工工件的原材料成本都非常高，加快工件的流转将更有利于减少企业的生产成本。

表 3-13　工件的材料费、交货期以及提前/延期惩罚费用

参　数	工件 1	工件 2	工件 3	工件 4	工件 5	工件 6	工件 7	工件 8	工件 9	工件 10
原材料费/h	400	600	450	800	550	650	1000	1200	800	300
交货期/h	8	8	8	8	8	8	8	8	8	8
提前惩罚/(元/h)	30	30	30	30	30	30	30	30	30	30
延期惩罚/(元/h)	60	65	60	55	50	60	70	50	70	50

工件的运输时间如表 3-14 所示，通常是根据工件的装卸时间和桁车的行进时间来估算的，运输时间相对花费时间较短，而工件的初始装卸时间较长。

表 3-14　工件的运输时间

距　离	1	2	3	4	5	6	7
运输时间/s	400	1200	1500	1800	2100	2400	2700

机器的工时费和工人费如表 3-15 所示。

表 3-15　机器的工时费、工人费　　　　　　　　　　　　元/h

参　数	设备 A	设备 B	设备 C	设备 D
工时费	60	50	45	40
工人费	25	25	25	25

采用 MHABC 算法对该实际问题进行求解，综合考虑工件工序的设备约束和机器加工能力的特点，制定柔性冲压车间的生产计划。MHABC 算法的参数设置如表 3-16 所示。

表 3-16　多目标人工蜂群算法的参数设置

MHABC 参数	数值	MHABC 参数	数值
雇佣蜂数量	50	算法迭代次数	40
存档种群规模	30	雇佣蜂邻域规模	50

利用 MHABC 算法求得 Pareto 最优解如表 3-17 所示，其 Pareto 解集分布情况见图 3-19。可以看出，Pareto 最优解的分布比较均匀，每个目标值都尽可能地趋于最小化。根据 Pareto 最优解示意图，企业可以根据实际生产的需要进行调度方案的选取。最左端的 Pareto 最优解实现了在生产成本最小的情况下，尽可能减少最大完工时间；最右端的 Pareto 最优解则是在满足最大完工时间最小化的情况下，尽量降低生产成本。

表 3-17　MHABC 算法求得的实例问题的 Pareto 最优解

生产成本/元	2211.4	2267.9	2274.4	2313.2	2333.9	2362.3	2363.2	2417.2	2460.4
最大完工时间/s	31 600	28 900	28 600	28 400	28 100	27 700	26 000	25 700	25 400
生产成本/元	2511.0	2543.9	2592.5	2620.2	2630.0	2633.2	2746.5	2822.5	
最大完工时间/s	24 400	23 900	23 800	23 200	23 100	22 800	22 500	21 800	

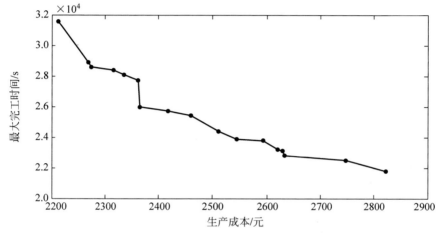

图 3-19　MHABC 算法求得的 Pareto 最优解

　　通常情况下,企业安排的日生产任务需要当日完成。如果所有冲压任务在当日完成作为一个强约束,每天上班时间为 8h,那么最大完工时间则为 28 800s。在保证当日正常完工的情况下,最大完工时间为 28 600s,最小生产成本为 2274.4元。根据调度计划执行冲压生产,可以得到所有冲压工件工序在各个机器上的开工时间和完工时间,冲压工件加工的甘特图如图 3-20 所示。根据甘特图反映的机

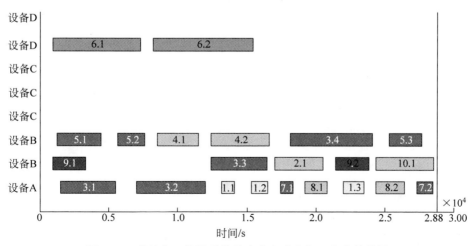

图 3-20　当日完工情况下的最小生产成本加工方案甘特图

器加工情况可以看出,本批冲压件只要求在当日完工情况下,冲压成本最小的加工策略是尽可能少地使用加工机床,本例中只使用 4 台冲压机床即可完成加工。在冲压件生产中,更多地使用效率高的机床,减少加工机器的切换等都将极大地降低生产费用。

3.5 汽车混流装配生产线排序优化

3.5.1 汽车排序优化问题建模

焊装、涂装和总装车间是汽车整车厂的 3 类装配车间,其计划调度问题的本质都是以车身为主体,安排合适的车辆生产序列实现最优化生产,该问题通常称为汽车排序问题(car sequencing problem,CSP)。3 类车间的排序优化目标是完全不同的。通常,对于焊装车间,均衡生产是主要优化目标;对于涂装车间,颜色切换总次数最少是主要优化目标;而总装车间内多车型混流生产,不同车型的工艺流程和零部件需求都不尽相同,总装计划排序问题是更为复杂的多目标优化问题,本节主要研究这类问题。

在汽车混流装配线上,每一批次的生产订单通常都包含多种配置车型,为保证流水线平稳高效运转,必须均衡生产负荷。汽车总装排序优化问题可以描述为:针对由 D 辆待装汽车构成的生产批次,在工艺流程已确定的情况下,通过改变车辆的生产顺序,使得该批次生产过程最为优化。在构建优化模型时,需考虑的 3 个重要因素是:①平衡瓶颈工位的负载;②减少关键工位的零部件切换次数;③保证生产线总体均衡。本节基于上述考虑,建立了多目标汽车总装排序优化模型。首先定义相关符号,如表 3-18 所示。

表 3-18　汽车排序优化模型的相关符号定义

D	生产批中的车辆总数,$i=1,2,\cdots,D$
C	生产线节拍
M	生产批中的车型总量,$m=1,2,3,\cdots,M$
V	选装件总数,$v=1,2,\cdots,V$
a_{mv}	车型 m 使用选装件 v 的标志,$a_{mv}=1$ 表示使用,$a_{mv}=0$ 表示不使用
N	总装线上的瓶颈工位数,$j=1,2,\cdots,N$
K	总装线上的关键工位数,$n=1,2,\cdots,K$
$H_v:N_v$	在连续生产的 N_v 个产品中,至多只能有 H_v 个产品选装部件 v,$v=1,2,\cdots,V$
T_{mj}	车型 m 在关键工位 j 的额定工时
S_{ij}	第 i 位次的车辆在关键工位 j 上的开工时间
E_{ij}	第 i 位次的车辆在关键工位 j 上的完工时间
m_n	产品型号 m 的第 n 道工艺
x_i	生产批中的车辆排序,表示车辆序列中第 i 辆车的车型

汽车总装生产中所涉及的零部件按照对生产的影响可分为 3 类：通用零部件（简称通用件）、关键零部件（简称关键件，对应关键工位）以及选装部件（简称选装件）。对于通用件，由于所有产品均装配同样的零件，其装配过程不会受到生产序列变化的影响。因此总装排序时主要考虑后两种零件：关键件和选装件。建模时要关注的 3 个目标和约束如下。

1. 平衡瓶颈工位负载，减少工位闲置或过载

在汽车总装线中，由于不同车型的装配工艺有所不同，偶尔会出现一些瓶颈工位的装配超时，导致操作工人在下一个节拍中继续完成装配。工位负载平衡的目标就是使得每一个瓶颈工位的工作时间比较均衡，减少闲置或过载。生产批中的第 1 辆车进入瓶颈工位 1 时，开工时间 $S_{11}=0$；当第 i 辆车进入工位 1 时，开工时间为

$$S_{i1}=\begin{cases}0, & T_{1x_i}\leqslant C\\ T_{1x_i}-C, & T_{1x_i}>C\end{cases} \tag{3-18}$$

生产批中的第 $i(i>1)$ 辆车进入工位 $j(j>1)$ 时，需要考虑车辆和操作工人有没有被占用的情况，即判断第 i 辆车在工位 $j-1$ 和第 $i-1$ 辆车在工位 j 是否过载，其开工时间为

$$S_{ij}=\begin{cases}0, & E_{ij-1}\leqslant C, E_{i-1j}\leqslant C\\ E_{i-1j}-C, & E_{ij-1}\leqslant C, E_{i-1j}>C \quad 或者 \quad E_{ij-1}>C,\\ & E_{i-1j}>C, E_{ij-1}<E_{i-1j}\\ E_{ij-1}-C, & E_{ij-1}>C, E_{i-1j}\leqslant C \quad 或者 \quad E_{ij-1}>C,\\ & E_{i-1j}>C, E_{ij-1}>E_{i-1j}\end{cases} \tag{3-19}$$

批次计划中的第 i 辆车完成工位 j 的装配后，完工时间 $E_{ij}=S_{ij}+T_{x,j}$，由此计算得到第 i 次序的车在第 j 工位产生的闲置时间 $\mathrm{idt}_{ij}=\{0,C-E_{ij}\}$，产生的超载时间 $\mathrm{ovt}_{ij}=\{0,E_{ij}-C\}$。因此，瓶颈工位的生产负荷平衡目标为

$$\min f_1=\sum_{i=1}^{D}\sum_{j=1}^{N}(\mathrm{idt}_{ij}+\mathrm{ovt}_{ij}) \tag{3-20}$$

2. 提高相邻装配产品的相似度，减少零部件的切换次数

随着用户需求的多样化，共线生产的产品类型也越来越多，产品类型的频繁变化往往意味着关键工位所要装配的零部件的频繁切换。对于装配线上的关键工位来说，如果所装配的零部件种类变化较少，显然可以大大减少生产人员由于更换工具等所产生的准备时间，并减少出错概率。因此，通过合理排序，提高装配产品相似度，尽量使关键工位所装配的零部件变换最少，从工效学的角度来说也是十分有意义的。

用 P_{in} 表示生产批中第 i 位车辆在关键工位 n 选用的装配工艺。第 i 位车辆

与第 $i+1$ 位车辆的在该工位的工艺不相同时,产品的切换次数加 1,如下:

$$C(P_{in}, P_{i-1,n}) = \begin{cases} 0, & P_{in} = P_{i-1,n} \\ 1, & P_{in} \neq P_{i-1,n} \end{cases} \tag{3-21}$$

因此,关键工位的产品相似度目标可表示如下:

$$\min f_2 = \sum_{n=1}^{K} \sum_{i=1}^{D} C(P_{in}, P_{i-1,n}) \tag{3-22}$$

3. 限制选装件的选装频率,避免超负荷

在汽车总装线上,在装汽车通过以固定速率行进的传送带来移动,传送带两边按工艺顺序分布若干工位。工人须在从汽车进入该工位到移出该工位的这段时间内完成指定装配任务。如果连续选装某部件过多,工人在一段时间内的工作负荷将过重。因此,每种选装件都有一个选装频率的上限,用 $H_v : N_v$ 表示,即在连续生产的 N_v 个产品中,至多只能有 H_v 个产品选装部件 v。比如某种选装件 A 允许的选装频率为 2∶3,表示在生产序列中的任意 3 个连续的产品中,至多只能有 2件产品装配该选项,如果超出这个值,装配工人就可能来不及装配第 3 个产品选装的部件 A,从而导致生产线的停顿。

将批次计划 x_i 转化为二维矩阵的 s_{im} 表示,$s_{im}=1$ 表示车辆序列中第 i 位次的车型为 m。根据以上描述,从生产批中的第 i 辆车开始,连续使用选装件 v 的数量表达为

$$h_v = \sum_{k=i}^{i+N_x} a_{mv} s_{km}, \quad i=1,2,\cdots,D; v=1,2,\cdots,V \tag{3-23}$$

从而,选装件的选装频率约束表示为 $h_v < |H_v|$。

综上,汽车混流装配排序问题模型可用如下两目标、单约束优化模型来表达:

$$\begin{cases} \min f_1 = \sum_{i=1}^{D} \sum_{j=1}^{N} (\mathrm{idt}_{ij} + \mathrm{ovt}_{ij}), \quad i=1,2,\cdots,D; j=1,2,\cdots,n \\ \min f_2 = \sum_{n=1}^{K} \sum_{i=1}^{D} C(P_{in}, P_{i-1,n}) \\ \mathrm{s.t.} \sum_{k=i}^{i+N_x} a_{mv} s_{km} < |H_v| \end{cases} \tag{3-24}$$

3.5.2 求解汽车排序优化问题的离散小世界优化算法

近年来,复杂网络,尤其是介于规则网络和随机网络之间的小世界网络(small world network,SWN)受到研究者的广泛重视。复杂网络中不同个体之间存在某种紧密的关系,个体通过相识关系一步步接近目标,这种现象称为小世界效应。Watts 和 Strogatz[10] 于 1998 年提出了著名的 W-S 小世界网络概念,Kleinberg[11]

对 W-S 模型进行改进,提出了一种二维网格模型。Watts 和 Dodds 等[12]结合社会网络的特点,提出了一种基于多分类标准的层次树网络模型(N-W 模型)。随着小世界网络模型的日臻完善,许多学者开始借鉴小世界网络来构造优化算法。受 Milgram 的信封投递实验的启发,我们提出了一种快速搜索的离散小世界优化算法(discrete small-world optimization algorithm,DSWO)[9,13]。DSWO 算法采用双重网络空间(原始空间和映射空间)来构造算法的解空间,通过采用独特的信封传递方法,使得离散优化问题能够在小世界网络中得到快速的搜索。

DSWO 算法的流程如图 3-21 所示,每一个解称为信封节点,参照信封投递实验的过程,构建了 DSWO 的算法结构。首先在原始空间内随机产生一定数量的信封节点,然后搜索双重空间的长、短邻居关系节点,并将信封传递给好于当前信封节点的关系邻居节点。依次类推,每一个信封节点最终都将接近目的地,从而实现

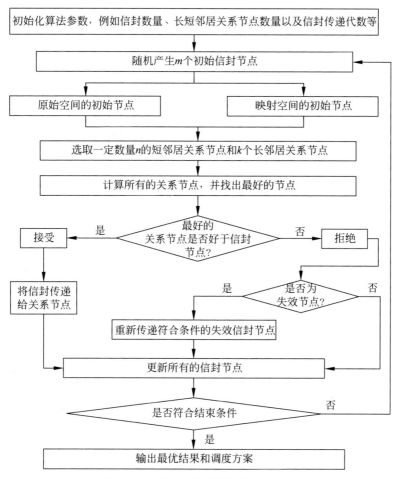

图 3-21　离散小世界优化算法流程图

优化过程。其详细优化步骤如下：

步骤 1：设置参数。包含长、短邻居关系节点数量，传递代数等。

步骤 2：初始化种群。随机产生一些初始解（信封节点）。

步骤 3：查询双重空间的邻居节点。通常，为每一个信封节点选取一定数量的双重空间的长、短邻居关系节点。

步骤 4：计算适应度值。计算信封节点的所有关系节点的目标值。

步骤 5：传递信封。选择所有关系节点中适应度值最高的节点，如果该节点好于信封节点，则将信封传递给该节点。

步骤 6：失效节点的再传递。找出符合条件的"失效节点"，将其与全局最优信封节点进行十字交叉法，选择最好的交叉节点更新"失效节点"。

步骤 7：如果符合终止条件，输出当前发现的最好解，否则跳转到步骤 3。

下面对主要步骤进行详细说明。

1. 编码与初始化

假设 n 表示信封节点的数量，m 表示编码长度，离散排序问题中的每一组解为 $X_i = \{x_{i1}, x_{i2}, \cdots, x_{im}\}$。初始种群是随机产生的，首先随机产生一组变量 $\delta_{ij} \in (0,1)$，然后对所有变量 δ_{ij} 进行升序排列，由此可以得到初始的随机变量的排名 φ_{ij}，构成初始解 $X_i = \{\varphi_{i1}, \varphi_{i2}, \cdots, \varphi_{im}\}$。通过这种算法可以得到一个随机的初始信封持有种群，将信封按照一定的策略进行传递，逐渐向最优目标靠拢。

2. 邻居关系的定义与选取

小世界网络模型定义了个体的长、短邻居关系，DSWO 算法中也正是基于这种邻居关系进行搜索寻优的。首先采用海明距离对长、短邻居关系进行重新定义。对于两个离散序列 $U = \{u_1, u_2, \cdots, u_n\}$，$V = \{v_1, v_2, \cdots, v_n\}$，它们之间的海明距离可以表示为 $Hd = \sum_{i=1}^{n}(u_i \neq v_i)$，任意两个不同离散序列的海明距离范围为 $2 \leqslant Hd \leqslant n$。定义 $Hd = 2$ 的两个序列为短邻居关系，其他的即为长邻居关系，每一个离散序列的短邻居关系个数为 C_n^2。

短邻居关系节点可以通过交换序列中不同位置的两个值来产生，如图 3-22 所示。

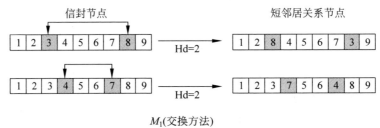

M_1(交换方法)

图 3-22　产生短邻居关系节点的随机交换方法

长邻居关系节点的选择概率取决于与信封节点的海明距离,定义为 $e^{-\alpha d_{uv}}$,其中 α 称为相识概率,d_{uv} 为信封节点 u 与其长关系节点 v 的海明距离。由此,通过轮盘赌方法,可以选择出不同长海明距离的关系节点。图 3-23 设计了 3 种获取长邻居关系节点的方法。

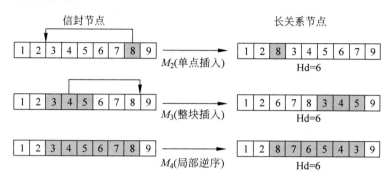

图 3-23　获取长邻居关系节点的 3 种不同移动方法

3. 双重映射空间的构造

建立一种双映射空间,通过信封在欧式空间 V 与映射空间 U 中的同步传递,实现双重空间的全局搜索。为了提升 DSWO 算法的搜索性能,必须保证两种分类标准具有较大的差异性。根据 N-W 小世界网络模型多分类标准的特点,DSWO 算法中双重映射空间的差异性体现在信封节点在两个空间的海明距离比较大。下面设计移位变换方法。

对于序列长度 $M=6$ 的序列 $X=\{2\ 3\ 5\ 1\ 6\ 4\}$,移位变换步骤如下:

(1)将原始空间序列右移 N 位,当 $N=3$ 时,变换得到的序列为 $X_1=\{1\ 6\ 4\ 2\ 3\ 5\}$。

(2)为了加大新序列与初始序列的差异,增加二者之间的海明距离。这里采用对序列进行逆序操作,则得到新的序列为 $X_2=\{5\ 3\ 2\ 4\ 6\ 1\}$。

(3)为序列中的每一个值加一个数字 k,并对序列长度 M 取余,则 $G_i=(X_i+k-1)\%M+1$。当 $k=2$ 时,$X_3=\{1\ 5\ 4\ 6\ 2\ 3\}$。

原始空间的序列经过移位变换后,得到的映射空间信封节点与初始信封节点

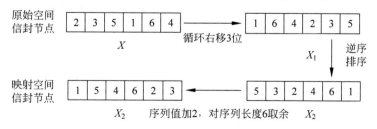

图 3-24　基于移位变换操作的空间转换方法

的海明距离为 Hd＝6，与原始空间序列的差异达到最大，实现了双重映射空间的变换与信封节点的一一对应，而且该方法简易可行。

4. 信封节点的传递

DSWO 算法在迭代过程中，每一代都需要进行信封节点的更新，即信封的传递。对于一个序列长度为 N 的排序问题，短邻居的数目为 C_N^2，长邻居的数目为 $A_N^N - C_N^2 - 1$。

在进行信封传递的时候，对于给定的信封节点 A，通过前面的方法选取一定数量的短邻居节点和长邻居节点。通过比较双重空间搜索的所有邻居节点和信封节点的目标值，将信封传递到目标值更好的节点。除了选取固定数量的邻居节点进行更新外，也可以随机选取邻居节点，只要找到比信封节点更好的节点，就停止邻居的搜索，更新信封节点。

5. 重新传递失效信封节点

在传递信件的过程中，每一个信封节点都是独立地寻找自己的关系节点。所以，如果信封节点在传递过程中出现一些偏差，经过多次传递后信封可能会与目标节点偏离很大，这些难以到达目的地的偏离信封通常被称为失效节点。对于这一类信封，它们需要被重新投递。下面设计一种十字交叉法来实现失效节点的重新投递，其投递过程如图 3-25 所示，以下为其操作步骤：

（1）找出失效节点。将连续 10 代信封传递过程中，没有进行更新的信封节点定义为失效节点。

（2）找出目标值最好的信封节点。

（3）将失效节点与最好节点进行十字交叉实验（$L4(2^3)$），选择一个好于失效节点的信封节点进行替代。

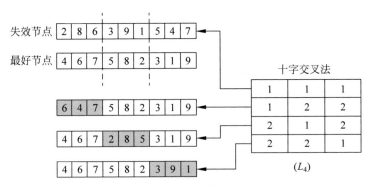

图 3-25　基于十字交叉法的失效信封节点的重新投递

6. DSWO 算法的算例测试结果与分析

为了分析验证 DSWO 算法的求解性能，选取置换流水车间调度问题作为测试案例。通过对 Taillard 标准测试集的计算分析[9]，比较了 DSWO 算法与其他 8 种算法,包括自导向遗传算法(self-guided GA)和标准遗传算法(SGA)、人工细胞遗传算法(ACGA)和特种基因遗传算法(MGGA)、导向演化算法(GMA)、粒子群优化算法(PSO_{spv})、组合粒子群优化算法(CPSO)以及离散差分进化算法(DDE)。

DSWO 算法的参数设置如下:信封节点数量 $N = 50$,相识概率 $\alpha = 0.2$,短邻居关系数量 SNO = 30,长邻居关系数量 LNO = 10,信封传递代数 $G = 100$。所有的 110 个测试集都独立计算了 10 次。

用平均偏差率(average error ratio,AER)衡量算法的性能,表达式如下:

$$AER = \frac{C_{\max}(X) - U}{U} \tag{3-25}$$

其中,X 表示某次计算的完工时间,U 表示 Taillard 集中各个测试子集的当前最优解。

经过对标准测试集的计算,得到如表 3-19 所示的所有 Taillard 测试集在 10 种算法计算下的平均偏差率。在此表中,带下划线并加粗的偏差率是所有算法中的最好结果。不难发现,DSWO 算法在求解平均偏差率上明显好于 SGA、MGGA、ACGA、Self-guided GA、PSO_{spv}、CPSO 和 GMA 算法。同时,在小规模问题的计算上,DSWO 算法优于 DDE 算法,只是在大规模问题上稍逊于 DDE 算法。

表 3-19 所有 Taillard 测试集在 10 种算法计算下的平均偏差率

N	m	SGA	MGGA	ACGA	Self-guided GA	DSWO	PSO_{spv}	DDE	CPSO	GMA
20	5	1.02	0.81	1.08	1.10	**0.02**	1.75	0.46	1.05	1.14
	10	1.73	1.40	1.62	1.90	**0.37**	3.25	0.93	2.42	2.30
	20	1.48	1.06	1.34	1.60	**0.37**	2.82	0.79	1.99	2.01
50	5	0.61	0.44	0.57	0.52	**0.17**	1.14	0.17	0.90	0.47
	10	2.81	2.56	2.79	2.74	**1.97**	3.29	2.26	4.85	3.21
	20	3.98	3.82	3.75	3.94	3.27	7.21	**3.11**	6.40	4.97
100	5	0.47	0.41	0.44	0.38	0.23	0.63	**0.08**	0.74	0.42
	10	1.67	1.50	1.71	1.60	1.18	3.27	**0.94**	2.94	1.96
	20	3.80	**3.15**	3.47	3.51	3.90	8.25	3.24	7.11	4.68
200	10	0.94	0.92	0.94	**0.80**	0.96	2.47	0.55	2.17	1.10
	20	2.73	3.95	2.61	**2.32**	3.95	8.05	2.61	6.89	3.61
	总计	1.93	1.82	1.85	1.85	1.49	4.01	**1.38**	3.40	2.35

3.5.3 实例分析

为了验证多目标离散小世界优化算法求解汽车排序问题的有效性,选取了一个实例进行研究,并将 DSWO 算法与经典的 NSGA Ⅱ 算法进行性能比较。

实例描述如下:某汽车企业制定商务车的生产计划,根据配置不同分为 12 种车型,每个批次包含 40 辆车,该批次的主生产计划如表 3-20 所示。

表 3-20　主生产计划

订单编号	1	2	3	4	5	6	7	8	9	10	11	12
产品型号	a	b	c	d	e	f	g	h	i	j	k	l
数量	2	4	2	4	1	3	5	7	3	4	3	2

上述车型包括 5 个选装项（O[1]，O[2]，O[3]，O[4]，O[5]）和 5 个变化较大且比较关键的零部件（K[1]，K[2]，K[3]，K[4]，K[5]）。产品型号与选装项和关键零部件的对应关系如表 3-21 所示。

表 3-21　产品的选装件和关键件配置表

产品	O[1]	O[2]	O[3]	O[4]	O[5]	K[1]	K[2]	K[3]	K[4]	K[5]
a	1	0	0	1	1	1	1	1	1	1
b	1	1	0	0	0	1	2	2	2	2
c	1	0	1	1	0	1	2	3	2	2
d	0	1	0	0	1	2	2	1	1	3
e	0	0	1	0	0	3	3	2	1	3
f	0	1	0	1	1	4	2	2	2	1
g	0	1	1	0	1	3	3	3	1	2
h	0	1	0	1	0	4	1	2	2	2
i	1	0	0	0	1	1	3	2	1	1
j	0	0	1	1	0	1	2	3	1	1
k	0	0	0	0	1	4	2	2	2	2
l	0	0	0	1	1	3	3	1	1	2

各选装件的使用频率约束如表 3-22 所示。

表 3-22　各选装件的使用频率约束

选装件	O[1]	O[2]	O[3]	O[4]	O[5]
$H_v : N_v$	3 : 4	4 : 7	3 : 5	2 : 3	2 : 3

包含 10 个典型瓶颈工序，表 3-23 给出了 12 种车型在 10 个瓶颈工位的额定工时。

表 3-23　某汽车混流装配车间的 12 种车型瓶颈工位需要的工时　　　　　h

车型	T01	T02	T03	T04	T05	T06	T07	T08	T09	T10
a	105	113	90	105	108	109	101	94	109	104
b	115	107	100	107	110	113	104	97	108	114
c	112	106	103	94	115	95	106	109	113	97
d	107	115	113	105	107	112	103	100	106	107
e	90	112	105	116	113	96	109	103	102	93

续表

车型	T01	T02	T03	T04	T05	T06	T07	T08	T09	T10
f	120	112	105	106	114	117	106	90	112	121
g	97	108	112	99	107	113	95	102	107	97
h	108	99	105	113	104	93	107	110	113	99
i	104	106	93	114	109	110	115	93	112	92
j	101	104	115	117	94	103	112	97	99	105
k	112	104	105	99	115	103	102	93	107	113
l	105	121	116	98	104	101	113	94	107	99

DSWO 和 NSGA Ⅱ 算法的参数设置如表 3-24 所示。

表 3-24　实例问题的算法参数设置

DSWO 参数	数值	NSGA Ⅱ 参数	数值
信封节点数量	50	种群数量	50
存档信封规模	30	存档种群规模	30
信封传递代数	50	迭代次数	50
短邻居个数	20	交叉概率	0.9
长邻居个数	5	变异概率	0.1

利用两种算法分别对该问题进行 10 次运算,记录运算过程中的 Pareto 结果。图 3-26 为 DSWO 和 NSGA Ⅱ 算法所得的 Pareto 最优解的分布情况。可以直观地发现,无论是 Pareto 最优解的数量上还是整体质量上,DSWO 算法的计算结果均比 NSGA Ⅱ 算法求得的结果要好,而且 DSWO 算法得到的 Pareto 最优解分布更加均匀。由此表明,DSWO 算法在求解多目标汽车排序问题具有更好的搜索性能。

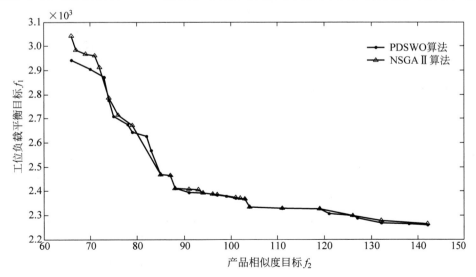

图 3-26　两种算法得到的 Pareto 最优解

由 DSWO 算法和 NSGA Ⅱ算法各自得到的一个 Pareto 最优解如表 3-25 所示。两个解的产品相似度目标相同，但是 DSWO 解比 NSGA Ⅱ解具有更优的工位负载平衡目标。

表 3-25　两种算法各自获得的一个 Pareto 最优解

PDSWO 算法	工位负载平衡目标	产品相似度目标
	2259	142
汽车生产序列	f g h d k j k j f g h b j a i b g h f e j c d h a b i g c d h k l h d i b l h g	
NSGA Ⅱ算法	工位负载平衡目标	产品相似度目标
	2265	142
汽车生产序列	f g h f e k j f g h d i c j k g h b j a i b l h d i b l h k g b j a g c d h d h	

3.6　基于多层次网络模型的装配计划优化

3.6.1　多层次装配计划优化模型

飞机、重型装备等多品种、小批量、结构复杂产品的生产周期通常较长，其装配计划具有明显的多层次性。以飞机大部件装配为例，通常分为架次(ship)、站位、工位(workstation)、装配大纲(assembly order，AO)、工序、工步等任务层次，每层之间都通过产品的装配工艺相关联，上层的一个节点对应下层任务网络图，每个任务网络图又由若干操作单元串并联构成。这种多层次任务网络模型反映了产品的整个装配结构，是编制装配计划并组织生产的依据。基于多层次装配任务网络图，在已知每个底层任务的工作时长后，为了计算某产品的总装配工期，需要从下向上逐层求解，先计算出底层网络在上层任务约束、资源约束、特定点时间约束等情况下所花费的工期，再汇总计算上层网络所花费的工期，依次类推，直到求出产品的总工期。

下面以图 3-27 所示的飞机装配架次-工位-AO 这 3 个层次为例，建立多层次装配计划的优化模型。

该模型的描述如下：工位任务网络图中共有 n 项任务，工位任务 i 记为 $STask_i$，并定义 $STask_0$、$STask_{n+1}$ 为虚拟工位任务，其消耗时间和资源都为 0。工位 $STask_i$ 对应着一个 AO 任务网络，包含 m_i 个 AO，其中任务 j 记 $AOTask_{ij}$，并定义 $AOTask_{i0}$、$AOTask_{i(m_i+1)}$ 为虚拟任务，其消耗时间、资源都为 0。装配中需要消耗或占用的资源以 R_k 表示，$AOTask_{ij}$ 对资源 R_k 的消耗记 r_{ijk}。相关变量说明见表 3-26。

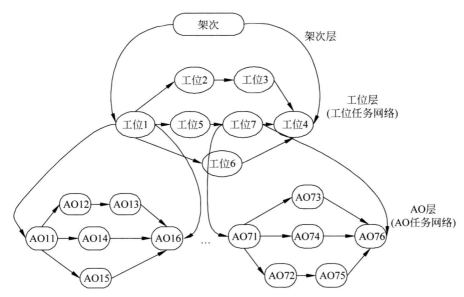

图 3-27 飞机部件装配的 3 级层次

表 3-26 变量说明

变 量	变 量 说 明
$STask_i$	第 i 项工位任务,$i=0,1,2,\cdots,n+1$,其中 $STask_0$、$STask_{n+1}$ 为虚拟任务
SS_i	工位任务 $STask_i$ 的开始时间,其中 SS_0、SS_{n+1} 分别为 $STask_0$、$STask_{n+1}$ 的开始时间
sd_i	执行任务 $STask_i$ 所需要花费的时间
$SP_{i'}$	工位任务 i' 的所有紧前工位任务的集合,$i'=0,1,2,\cdots,n+1$
$Z_{i'}$	工位任务 i' 的准备时间
$AOTask_{ij}$	$STask_i$ 对应的 AO 任务网络中的第 j 项 AO 任务,$j=0,1,2,\cdots,m_i+1$,其中 m_i 表示 $STask_i$ 中 AO 数量,$AOTask_{i0}$、$AOTask_{i(m_i+1)}$ 为虚拟任务
AOS_{ij}	$AOTask_{ij}$ 的开始时间,其中 AOS_{i0}、$AOS_{i(m_i+1)}$ 分别为 $AOTask_{i0}$、$AOTask_{i(m_i+1)}$ 的开始时间
aod_{ij}	执行任务 $AOTask_{ij}$ 所需要花费的时间
$AOP_{ij'}$	任务 $AOTask_{ij'}$ 在 $STask_i$ 对应的 AO 任务网络中所有的紧前 AO 任务的集合
R_k	资源 k 的最大日均供应量
r_{ijk}	任务 $AOTask_{ij}$ 对资源 k 的日消耗量
A_t	t 时刻正在发生的所有 AOS_{ij} 任务的集合

多层次装配计划优化模型的数学表达如下[14,15]:

$$\min T = SS_{n+1} - SS_0$$

$$\text{s. t.} \begin{cases} \text{SS}_i + \text{sd}_i + Z_{i'} \leqslant \text{SS}_{i'}, & \forall i \in \text{SP}_{i'} \\ \text{AOS}_{ij} + \text{aod}_{ij} \leqslant \text{AOS}_{ij'}, & \forall ij \in \text{AOP}_{ij'}, \forall i = 1,2,\cdots,n+1 \\ \text{sd}_i = \text{AOS}_{i(m_j+1)} - \text{AOS}_{i0}, & \forall i = 1,2,\cdots,n+1 \\ \sum_{t \in A_t} r_{ijk} \leqslant R_k, & \forall k \end{cases} \quad (3\text{-}26)$$

目标优化函数是架次总工期最短。4 个约束条件中,约束条件 1 定义了工位任务之间的紧前紧后关系,表示 $i \in \text{SP}_{i'}$ 前提下任务 STask_i 必须在任务 STask'_i 之前执行,sd_i 表示任务 STask_i 对应的 AO 网络的网络总工期;约束条件 2 定义了任务 STask_i 对应的 AO 网络中任务 AOTask_{ij} 的紧前紧后关系,表示在 $\forall ij \in \text{AOP}_{ij'}$ 前提下,任务 AOTask_{ij} 必须在任务 $\text{AOTask}_{ij'}$ 之前执行;约束条件 3 计算任务 STask_i 对应的 AO 网络中各个任务 AOTask_{ij} 总工期,即任务 STask_i 对应的工位工期;约束条件 4 是资源约束,表示在某一时刻正在发生的任务的总消耗资源不能大于资源的最大日均消耗量。

3.6.2 求解多层次装配计划优化模型的混合算法

针对模型(3-26),提出一种混合求解算法,该算法是离散粒子群算法和禁忌搜索的结合。粒子群算法的全局搜索能力较强,而禁忌搜索的局部寻优能力较强,两者结合兼顾了全局寻优和局部寻优,可避免陷入局部最优解。算法的流程如图 3-28所示。

下面针对该算法的 4 个关键步骤:粒子编码与解码、粒子初始化、粒子更新和禁忌搜索进行阐述。

1. 多层次装配任务的粒子编码与解码

编码和解码是粒子与可行解之间的相互转换,采用多级粒子表示装配任务之间的层次关系和紧前紧后约束关系。

1) 多层次装配任务的粒子编码

针对"工位-AO"的两层任务结构,使用顺序链表 $p = \{l_1, l_2, l_3, \cdots, l_n\}$ 表示工位层任务之间的紧前紧后关系,其中 l_i 为工位任务 i 在装配网络中的编号,执行顺序为 $l_1, l_2, l_3, \cdots, l_n$。工位和 AO 两层节点的粒子编码为 $p_m = \{\{m_1, m_2, \cdots, m_{k_{l_1}}\}_{l_1}, \cdots, \{m_1, m_2, \cdots, m_{k_{l_n}}\}_{l_n}\}$,其中 $\{m_1, m_2, \cdots, m_{k_{l_1}}\}$ 是任务 l_1 对应 AO 层网络的粒子编码,也满足紧前紧后关系。如工位粒子编码为 $\{1,2,3\}$,且工位 1 有 3 个 AO,工位 2 有 4 个 AO,工位 3 有 3 个 AO,则粒子编码为 $\{\{2,1,3\}_1, \{4,6,5,7\}_2, \{8,10,9\}_3\}$。

2) 多级装配任务的粒子解码

粒子同时表示了工位和 AO 之间的执行顺序。下面采用串行调度对粒子信息进行解码,解码时参考工位粒子的顺序。设 $S_0 = 0$ 为粒子 p_m 的虚拟任务 0 的开

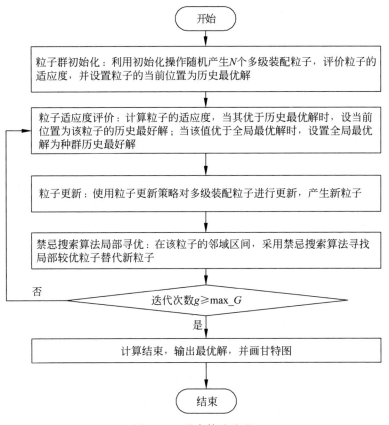

图 3-28　混合算法流程

始时间,其中 $k_{l_1}, k_{l_2}, \cdots, k_{l_n}$ 分别为工位 k 对应的 AO 网络的 AO 任务数量,s_{ij} 表示工位任务 STask_i 对应 AO 网络中 AO 任务 AOTask_{ij} 的开始时间,具体解码操作如下:

步骤 1:$\mathrm{AOS}_{ij} \leftarrow \mathrm{SS}_0$,$i \leftarrow 1$,$j \leftarrow 0$,$j \leftarrow j+1$,转入步骤 2。

步骤 2:$\mathrm{AOS}_{i0} \leftarrow \mathrm{SS}_i$,$j \leftarrow 1$,判定 $i \leqslant n$ 是否成立,如果成立,则转入步骤 3;如果不成立,则转入步骤 7。

步骤 3:判定 $j \leqslant m_j$ 是否成立,如果成立,则转入步骤 4;如果不成立,则转入步骤 6。

步骤 4:$\mathrm{AOS}_{ij} = \max\{\mathrm{AOS}_{ij'} + \mathrm{aod}_{ij}\}$,$\forall ij' \in P_{ij}$ 转入步骤 5。

步骤 5:验证 $\sum\limits_{t_{ij} \in A_{t_{ij}}} r_{ijk} \leqslant R_k$ 是否成立,如果成立,则 $j \leftarrow j+1$,转入步骤 3;如果不成立,$\mathrm{AOS}_{ij} = \mathrm{AOS}_{ij} + 1$,再转入步骤 5。

步骤 6:$\mathrm{SS}_i = \mathrm{AOS}_{i(m+1)} - \mathrm{AOS}_{i0}$,$\mathrm{SS}_{i+1} = \mathrm{SS}_i + Z_{i+1}$,$i \leftarrow i+1$,转入步骤 2;

步骤 7:令 $\mathrm{SS}_{n+1} = \max\{\mathrm{AOS}_{ij}\}$,$\mathrm{SS}_i = \mathrm{AOS}_{i(m+1)} - \mathrm{AOS}_{i0}$,并返回所有任务的开始时间及对应的任务。

2. 装配任务粒子的初始化

为了保证粒子的多样性,采用随机方式产生符合紧前紧后关系的粒子。即不断地随机从可安排的任务集中取出一个任务,所有的紧前任务已经完成的任务组成的集合为可安排任务集。具体流程如下:

步骤 1:将虚拟任务 0 放入相容链表,$j=1$,转入步骤 2。

步骤 2:判断 $j \leqslant n$,如果成立,则转入步骤 3;如果不成立,则转入步骤 4。

步骤 3:检测出所有可安排任务,从中随机取出一个任务安排在位置 j 上,$j=j+1$,转入步骤 2。

步骤 4:粒子的最后的位置为虚拟任务 $n+1$,返回紧前链表。

上述初始化方式分别作用于工位任务 $STask_i$ 和 AO 任务 $AOTask_{ij}$,产生符合粒子编码规则的多级装配任务粒子。

3. 装配任务粒子的更新

根据广义粒子群算法可知,粒子的下一个位置和它的上一个位置、它的历史最优位置、粒子群体的最优粒子相关。下面采用历史最优粒子和群体最优粒子的任务执行顺序来更新原始粒子中部分任务的顺序。如图 3-29 所示,单级粒子的更新具体流程为:

步骤 1:在原粒子上随机产生两个位置,则原粒子被分为 3 段。

步骤 2:从原粒子的 3 段中分别随机选取为原始粒子更新段、历史最优粒子更新段、全局最优粒子更新段,以利用原始粒子、历史最优粒子、全局最优粒子来更新这些粒子段的位置信息。第 1 段粒子选取为原始粒子更新段,第 2 段选取为历史最优粒子更新段,第 3 段选取为全局最优粒子更新段。

步骤 3:原始粒子的粒子更新段直接复制到新的粒子,历史最优粒子的粒子更新段将任务按照在历史最优粒子中的顺序复制到新的粒子对应段,全局最优粒子的粒子更新段将任务按照全局最优粒子中的顺序复制到新的粒子对应段中。

多级粒子的更新关注粒子上层次任务的执行顺序,采用历史最优粒子和群体最优粒子的上层次任务执行顺序来更新原始粒子,更新策略与单极粒子相似,侧重面为上层次任务,此处不再赘述,具体更新流程如图 3-30 所示。

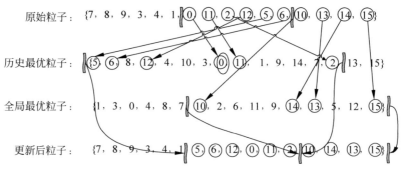

图 3-29　单级粒子的更新策略示意图

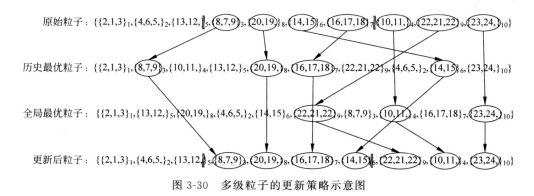

图 3-30　多级粒子的更新策略示意图

多级装配粒子有 3 种粒子更新策略：①对工位任务顺序更新；②对特定工位中 AO 任务顺序更新；③工位任务顺序和 AO 任务顺序共同进行更新。为了保持粒子的多样性，同时采用 3 种交叉策略，并分别以 p_{ct1}、p_{ct2}、p_{ct3} 代表这 3 种交叉策略被选中的概率，其中 $p_{ct1} + p_{ct2} + p_{ct3} = 1$。

4．用于局部寻优的禁忌搜索算法

粒子群算法的全局搜索效率很高，但处理局部优化时有其局限性。采用禁忌搜索算法可提高局部寻优效率。

1）多级装配粒子的邻域

定义粒子的邻域粒子为原始粒子中两个任务的执行顺序进行交换，如图 3-31 所示，原始粒子中任务 9 和任务 5 的执行顺序交换后得到它的一个邻域粒子。因任务间存在紧前紧后约束，有些任务不能交换顺序，定义粒子的可行邻域为所有任何符合紧前紧后关系的领域粒子集合。因为装配任务的多层次特性，存在工位邻域粒子和 AO 邻域粒子，工位邻域粒子如图 3-32 所示，交换工位 1 和工位 2 的执行顺序。

图 3-31　单级粒子的邻域示意图

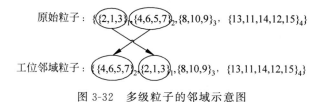

图 3-32　多级粒子的邻域示意图

2）禁忌搜索算法

禁忌搜索算法在可行邻域区间内寻找最优解，禁忌对象为邻域粒子，禁忌长度为粒子长度的 1/10，以利于加速寻找局部最优解。具体的禁忌搜索算法流程如下：

步骤 1：设禁忌算法初始解为原始粒子 $y=p$，$y_{best}=p$，禁忌表为空，初始迭代次数 ts_g$=0$。

步骤 2：判定 ts_g$<$max_TSG，若成立，则令 $g=g+1$，转入步骤 3；若不成立，则转入步骤 6。

步骤 3：从粒子 y 的可行邻域中选取 $0.5n$ 个 AO 邻域粒子和 $0.5n$ 个工位邻域粒子 $p_1, p_2, \cdots, p_n$ 分别作为候选粒子。

步骤 4：取候选粒子中适应度最优且不在禁忌表中的粒子 p_i，令 $y=p_i$。如果 p_i 的适应度优于 y_{best}，则令 $y_{best}=p_i$。

步骤 5：将 p_i 添加到禁忌表中，禁忌长度为粒子长度的 $1/10$，禁忌表中其他粒子的禁忌长度减 1，转入步骤 2。

步骤 6：用局部最优粒子 y_{best} 取代原始粒子 p，进入粒子群算法循环中。

3.6.3 实例分析

下面针对某航空企业的中机身装配项目进行实例验证[14,15]。该项目的装配工位任务网络图如图 3-33 所示(保密原因，经过了一些简化和调整)，共有 16 个实际工位(工位 1 和工位 18 表示虚拟工位)，工位之间存在着装配任务的串并行约束关系，如表 3-27 所示。

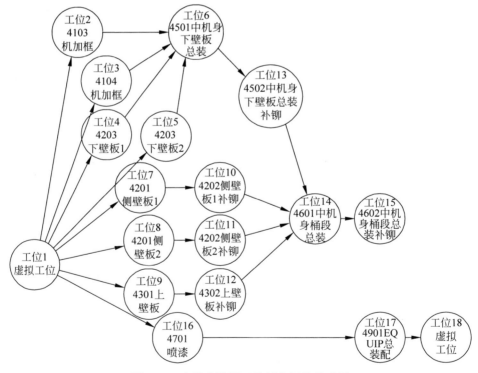

图 3-33 中机身装配工位任务网络示意图

表 3-27　中机身工位约束关系表

工位代号	工位名称	工位准备时间/天	紧前工位	紧后工位
1	虚拟工位	0	—	2,3,4,5,7,8,9,16
2	机加框 1	0.5	1	6
3	机加框 2	0.5	1	6
4	下壁板 1	0.75	1	6
5	下壁板 2	0.5	1	6
6	中机身下壁板总装	0.75	2,3,4,5	13
7	侧壁板 1	0.25	1	10
8	侧壁板 2	0.25	1	11
9	上壁板	0.25	1	12
10	侧壁板 1 补铆	0.25	7	14
11	侧壁板 2 补铆	0.5	8	14
12	上壁板补铆	0.5	9	14
13	中机身下壁板总装补铆	0.5	6	14
14	中机身桶段总装	0.25	10,11,12,13	15
15	中机身桶段总装补铆	0.5	14	17
16	喷漆	0.25	1	17
17	EQUIP 总装配	0.5	15,16	18
18	虚拟工位	0	17	—

　　每个工位中都包含多个 AO 任务,AO 任务之间同样存在着串并行关系,组成 AO 任务网络图。除虚拟 AO 外,其他 AO 任务都需要消耗资源与时间。资源种类包括工装、设备等,下面考虑 R_1、R_2、R_3、R_4 四类基础资源。表 3-27 中工位 14 "中机身桶段总装"内 AO 之间的紧前紧后关系、资源消耗、工期等信息如表 3-28 所示,其他工位的 AO 网络信息由于篇幅原因省略。

表 3-28　中机身桶段总装(工位 14)的 AO 任务网络

序号	AO 名称	AO 任务工期/天	资源消耗				紧前 AO 任务	紧后 AO 任务
			R_1	R_2	R_3	R_4		
1	虚拟 AO	0	0	0	0	0	—	2
2	AO460110	0.5	4	0	0	0	1	3,4,5,6,7,8
3	AO460115	1	2	0	3	7	2	9
4	AO460120	1	5	0	8	0	2	9
5	AO460125	0.5	4	0	6	0	2	9
6	AO460130	0.5	0	0	0	7	2	9
7	AO460135	1	2	0	0	0	2	9
8	AO460140	0.5	7	0	3	6	2	9
9	AO460145	0.5	9	0	4	7	3,4,5,6,7,8	10,11,12,13,14,15

序号	AO 名称	AO 任务工期/天	资源消耗				紧前 AO 任务	紧后 AO 任务
			R_1	R_2	R_3	R_4		
10	AO460150	0.5	6	0	6	0	9	16,17,18,19,20
11	AO460155	1	0	0	4	7	9	16,17,18,19,20
12	AO460160	1	2	0	4	3	9	16,17,18,19,20
13	AO460165	1	5	0	0	3	9	16,17,18,19,20
14	AO460170	0.5	1	0	3	0	9	16,17,18,19,20
15	AO460175	0.5	1	3	0	0	9	16,17,18,19,20
16	AO460180	0.5	10	0	0	3	10,11,12,13,14,15	21
17	AO460185	1	1	0	3	0	10,11,12,13,14,15	22
18	AO460190	0.5	6	0	0	0	10,11,12,13,14,15	23
19	AO460195	0.5	3	0	0	5	10,11,12,13,14,15	23
20	AO460101	1	5	2	8	6	10,11,12,13,14,15	23
21	AO46010105	0.5	3	0	0	4	16	23
22	AO46010110	1	4	0	0	4	17	23
23	AO46010115	0.5	8	0	6	0	18,19,20,21,22	24
24	虚拟 AO	0	0	0	0	0	23	—

采用 3.6.2 节的混合算法对该装配项目计划优化问题求解,规定每日供应的资源 R_1、R_2、R_3、R_4 的数量为[15,5,10,10]。混合算法的运行参数为:种群规模 chromSize＝50,循环次数 loopCount＝100,禁忌搜索算法的迭代次数为 5,邻域的规模为 50。算法的收敛过程如图 3-34 所示。

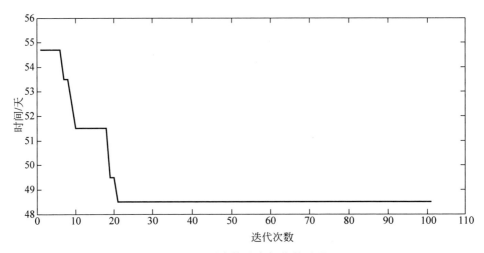

图 3-34　混合算法求解收敛过程

求解得到最优化项目的工位调度方案如表 3-29 所示,中机身项目最优化工期 $T = 48.5$ 天。最后完成的工位为"EQUIP 总装配",该工位的开始时间 $S_{18} = 47.2$ 天,结束时间 $E_{18} = 48.5$ 天。

表 3-29　工位任务调度方案

工位代号	工 位 名 称	工位开始时间/天	工位结束时间/天
1	虚拟工位	0	0
2	4103 机加框	0	10.5
3	4104 机加框	0	10.5
4	4203 下壁板 2	0	11.25
5	4203 下壁板 1	0	7
6	4501 中机身下壁板总装	11.25	21
7	4201 侧壁板 1	0	13.5
8	4201 侧壁板 2	0	11.5
9	4301 上壁板	0	8
10	4202 侧壁板 1 补铆	13.5	23.2
11	4202 侧壁板 2 补铆	11.5	29
12	4302 上壁板补铆	8	20.25
13	4502 中机身下壁板总装补铆	21	28.9
14	4601 中机身桶段总装	19	37.75
15	4602 中机身桶段总装补铆	37.75	47.2
16	4701 喷漆	0	5
17	4901EQUIP 总装配	47.2	48.5
18	虚拟工位	48.5	48.5

对应的工位任务甘特图(图 3-35)直观展示了各个工位任务的开始时间、结束时间及其工位任务之间的时间前后关系。

"中机身下壁板总装补铆"工位的 AO 任务计划安排如表 3-30 所示。第一个 AO 任务开始时间为该工位的开始时间 $T = 21$ 天,最后一个任务的结束时间 $T = 28.9$ 天。图 3-36 为该工位 AO 任务甘特图,表示了各个 AO 的计划安排时间及各个 AO 之间的时间前后关系。

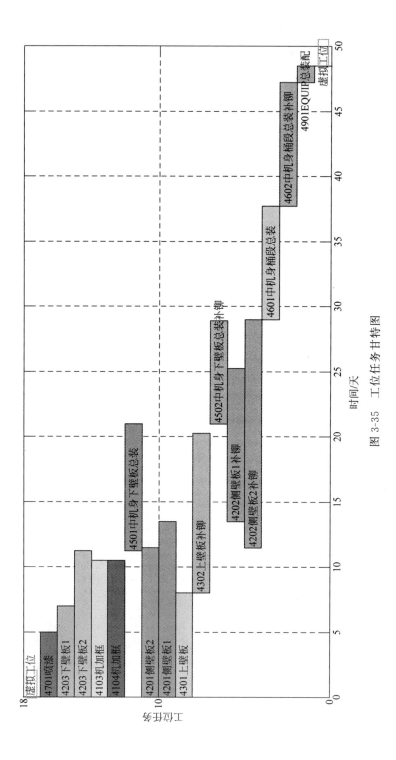

图 3-35　工位任务甘特图

表 3-30　下壁板总装补铆工位计划方案

AO 代号	工位名称	AO 代号	AO 名称	AO 开始时间	AO 结束时间
13	4502 中机身下壁板总装补铆	1	虚拟 AO	21	21
		2	AO45020010	21	21.3
		5	AO45020025	21	21.3
		3	AO45020015	21.3	22
		4	AO45020020	22	22.3
		6	AO45020030	21.3	21.7
		7	AO45020035	22.3	22.6
		24	AO45020036	21.7	22.3
		8	AO45020040	23.6	24.1
		11	AO45020055	22.3	23
		12	AO45020060	23	23.3
		13	AO45020065	23.3	23.9
		9	AO45020045	24.1	24.5
		10	AO45020050	24.5	23.2
		15	AO45020075	23.2	23.7
		26	AO45020066	26.2	26.5
		25	AO45020067	23.2	23.8
		14	AO45020070	23.2	23.6
		16	AO45020080	23.2	23.7
		17	AO45020085	26.5	27.2
		18	AO45020090	26.5	27
		21	AO45020105	27.2	27.8
		20	AO45020100	27.2	27.6
		19	AO45020095	27.2	27.9
		22	AO45020110	27.2	27.8
		23	AO45020115	27.9	28.9
		27	虚拟 AO	28.4	28.4

将混合算法和遗传算法进行了对比测试,结果如图 3-37 所示。可以看出,混合算法求解的稳定性和收敛的速度都比遗传算法好,混合算法在第 21 代时就已经求解到最好结果,之后一直保持最优解的稳定性。遗传算法求解的结果在第 45 代前波动很大,在第 50 代后才求解到最优解。

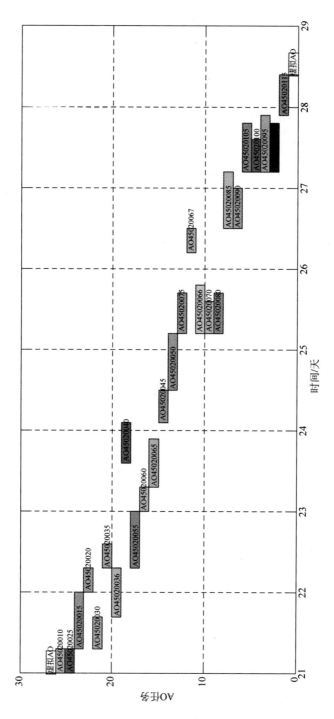

图 3-36　中机身下壁板总装补铆工位的 AO 计划甘特图

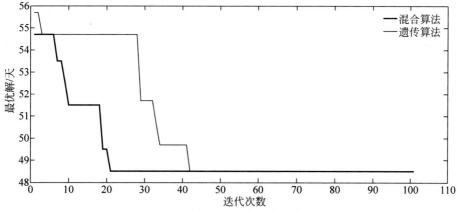

图 3-37　混合算法与遗传算法的比较

参考文献

［1］　BYRNE M D, BAKER M A. Production planning using a hybrid simulation-analytical approach［J］. International Journal of Production Economics, 1999, 59(1/2/3)：305-311.

［2］　KIM B, KIM S. Extended model for a hybrid production planning approach［J］. International Journal of Production Economics, 2001, 73(2)：165-173.

［3］　朱海平, 华菲菲, 邓宇浩. 随机和模糊约束下的扩展型集约生产计划方法［J］. 计算机集成制造系统, 2012, 18(2)：342-348.

［4］　华菲菲. 飞机装配的生产计划优化及执行过程监控［D］. 武汉：华中科技大学, 2012.

［5］　刘保碇, 赵瑞清, 王纲. 不确定规划及应用［M］. 北京：清华大学出版社, 1998.

［6］　董颖, 唐加福, 许宝栋, 等. 集约生产计划的机会约束规划方法［J］. 系统工程学报, 2003, 18(3)：255-261.

［7］　朱海平, 邵新宇. 不确定信息条件下的车间调度策略研究［J］. 计算机集成制造系统, 2006, 12(10)：1637-1642.

［8］　CHENG R, GEN M. Parallel machine scheduling problems using memetic algorithms［J］. Computers and Industrial Engineering, 1997, 33(3/4)：761-764.

［9］　田志鹏. 面向混流生产的冲压调度和汽车排序方法研究与应用［D］. 武汉：华中科技大学, 2016.

［10］　WATTS D J, STROGATZ S H. Collective dynamics of 'small-world' networks［J］. Nature, 1998, 393(6684)：440-442.

［11］　KLEINBERG J M. Navigation in a small world［J］. Nature, 2000, 406(6798)：845.

［12］　WATTS D J, DODDS P S, NEWMAN M E. Identity and search in social networks［J］. Science, 2002, 296(5571)：1302-1305.

［13］　TIAN Z, SHAO X, ZHU H, et al. Small-world Optimization algorithm and its application in a sequencing problem of painted body storage in a car company［J］. Mathematical Problems in Engineering, 2015(PT. 5)：1-10.

［14］　桂达. 飞机多层次装配计划优化方法研究［D］. 武汉：华中科技大学, 2016.

［15］　桂达, 朱海平, 廖嘉伟, 等. 基于混合算法的飞机多层次装配计划优化及应用［J］. 工业工程, 2015, 18(6)：8-18.

第 4 章

数据驱动的设备故障诊断

设备及其配套使用的加工刀具是数字化智能化车间的基本工作单元,其健康状态和服役可靠性对于车间运行效率、生产成本和产品质量都有重要的影响。据不完全统计,因设备故障导致的维修成本和停机损失已占企业总生产成本的 30%～40%[1]。因此,运用各种故障诊断技术,快速、准确地识别设备故障,特别是早期故障,进而采取有效措施来避免设备故障突发,具有非常重要的工程意义。本章首先对设备故障诊断问题进行了概述,然后深入探讨了两类具体的工程问题,一是数据驱动的轴承故障诊断方法,二是数据驱动的铣削刀具磨损状态识别方法。

4.1 设备故障诊断问题概述

4.1.1 设备状态监测与故障诊断

随着数字化智能化车间的生产活动向少人化、柔性化趋势发展,设备能否长时间稳定可靠运行变得至关重要。实时状态监测、故障诊断、主动维护、寿命预测和健康管理等是提升设备运行可靠性的关键措施。传统的"故障前保养＋故障后维修"方式已逐渐被淘汰,数据驱动的设备故障预测和健康管理(prognostics and health management,PHM)方式成为主流,其基本思想是通过部署各类传感器来收集设备运行状态参数,通过信号处理和数据分析,科学评估设备的健康状态并预测变化,在故障发生之前采取主动维护措施。ISO、IEEE、ARINC、OSA 等标准化组织先后制定了一系列技术标准,从不同的角度和层次,规范化描述了状态预测和故障诊断技术。

国内外学者针对设备状态监测和故障诊断问题已开展了大量的研究。Tobon-Mejia 等[2]应用隐马尔可夫模型进行数据驱动的故障诊断。Boskoski 等[3]利用基于信号复合特征和瑞利熵特征建立高斯过程模型,预测轴承剩余寿命。Amar 等[4]使用基于振动谱图的神经网络对轴承进行了故障诊断研究。Samanta 等[5]研究了基于振动能量监测及智能计算的机器状态预测技术,探讨了机器运行状态、损坏程度等指标与机器振动能量的关系。Tamilselvan 等[6]将信念神经网络应用于评定航空发动机的健康状态。West 等[7]采用分层聚类算法进行核电站设备的故障诊断。Kumar 等[8]研究了基于数据驱动和物理故障混合模型的预测技术,对电子产品进行故障诊断和健康寿命预测。Muller 等[9]指出基于状态的维护包括监控、诊断、预测和其他维护操作,而其中包括 3 个主要步骤:数据采集、信号处理和维护决策。Zio 等[10]提出了基于数据驱动的模糊化寿命预测方法,在模型中采用系统动态失效数据成功建立了关于失效模式参考数据库。何正嘉等[11]研究了机械设备早期失效和弱故障预测的理论和技术,进一步探讨了机械故障预测理论的科学性和可靠性问题。高金吉等[12]研究并实现了基于预测技术的机器自愈技术和免疫技术。谭晓栋[13]利用自适应滤波算法对所采集信号的降噪处理,提高了信号的可用性。蔡志强等[14]针对机械装备故障预测问题,提出了一种贝叶斯网络的故障预测模型。

数字化智能化车间内的设备通常是复杂的机电液一体化系统,需要安装的传感检测点较多且采样频率高,一段采集时长后所获得的海量设备数据具备大数据的典型特征。利用大数据和人工智能技术,对这些数据进行深度挖掘,为设备智能故障诊断提供了一种新的方法[15]。智能故障诊断与以往传统的人工诊断方法不同,它以各种算法为核心,以智能硬件为支撑,构建起完整的学习模型。该模型可以自动处理、分析和学习信号数据信息。智能故障诊断的实质就是通过人工智能算法实现故障分类,从而达到实时设备健康状态诊断、故障预测或寿命预测的目的,并进一步实现维修决策等上层功能。

设备故障诊断所涉及的大数据具有不同于其他领域大数据的特征。首先,这些数据中的故障种类和故障特征的映射关系往往无法找到确定的分布,呈现随机性和模糊性。同时,故障发生的延时性、传播性及放射性等不可控因素,也增加了数据的复杂度。其次,尽管数据量很大,但是真正故障样本所占比例极小,在故障诊断时会面临数据匮乏的问题。单纯使用典型的数据驱动智能算法无法有效解决这些问题,需要不断提出在有限条件下挖掘故障模式的改进算法,实现故障诊断的准确性和泛化性的同步提升。

4.1.2　刀具状态监测与寿命预测

据不完全统计,机械加工中 70% 以上的工艺是切削加工。刀具是切削加工中的重要资源,直接影响生产加工的质量和效率。有效合理地利用刀具,能够极大地减少设备故障停机时间,提高生产效率和减少生产成本。近年来,随着企业智能化需求的提高,刀具监测技术也朝着智能化的方向发展。总体来说,刀具状态监测方法可以分为以下 3 种[16]:①基于物理模型的方法;②数据驱动的方法;③基于知识的方法。其中,数据驱动的方法不依赖物理知识,通过历史故障数据,建立测量数据与刀具磨损的关系模型,输入实时测量数据得到刀具的磨损状态。该方法可广泛应用大数据智能算法,成为现在研究的热点。

数据驱动方法的第一步是获得与刀具状态相关的数据。基于机床的监测研究最为广泛,通过监测和采集加工系统的相关物理信息,如切削力信号、机床主轴功率信号、工作台振动信号、声发射信号、电流信号、温度信号等,与刀具的磨损情况建立相关模型,来评估刀具的状态。这类方法的监测技术实现简单,成本低,监测的效果也在不断改善发展,是目前研究的主流。

数据驱动方法的第二步是进行刀具状态识别。将刀具可能的磨损状态划分为几种标准模式,对传感信号进行特征提取和优化之后,通过数学模型建立标准模式下特征向量与对应的刀具状态之间的非线性关系,对加工过程中待监测刀具状态特征进行识别和分类,得到刀具的使用状态或磨损状态。常见的有基于神经网络和深度学习的模型、支持向量机模型、隐马尔可夫模型等[17-19]。

数据驱动方法的第三步对加工刀具的使用情况进行预测,估计出刀具达到该工况下磨损极限还能持续加工的时间,即剩余使用寿命(remaining useful life,RUL)。常见的 RUL 预测方法包括层级时序记忆网络(hierarchical temporal memory,HTM)、隐马尔可夫模型(hidden Markov model,HMM)等。

4.2　数据驱动的轴承故障诊断方法

本节首先介绍一组经典的轴承故障实验数据集,然后分别阐述 3 种数据驱动的轴承故障诊断方法:①半监督的深度学习方法,该方法仅使用少部分有标签的故障样本即可实现轴承故障的快速诊断。②无监督的机器学习方法,无须对故障样本打标签即可实现轴承故障的精确诊断。③从图像识别角度出发,实现轴承故障的精确诊断。

4.2.1　轴承故障实验数据

滚动轴承故障数据集[20]是美国凯斯西储大学(Case Western Reserve University)电气工程实验室在滚动轴承故障模拟实验平台上采集得到的。该组数据集是目前公认的最具研究价值的轴承故障诊断分析数据之一。

图 4-1 所示的是凯斯西储大学的轴承故障实验装置。实验装置的左边是电机,中间是扭矩传感器,右边是测力计和控制电子设备。在靠近和远离电机轴承的位置安装加速度传感器。加速度传感器放置在电机外壳的驱动端和风扇端 12 点钟位置。采用 16 通道 DAT 记录仪收集滚动轴承振动信号,收集的信号汇入 Matlab 软件中进行处理。

被测试轴承为支承电机的深沟球轴承,包含风扇端轴承和驱动端轴承两种。风扇端轴承型号为 6203-2RS JEM SKF,驱动端轴承型号为 6205-2RS JEM SKF。两类轴承的参数如表 4-1 和表 4-2 所示。

图 4-1　凯斯西储大学的轴承故障实验装置

表 4-1　驱动端轴承的结构参数　　　　　　　　　in

内圈直径	外圈直径	厚度	滚珠直径	节圆直径
0.9843	2.0472	0.5906	0.3126	1.5370

注：1in＝25.4mm。

表 4-2　风扇端轴承的结构参数　　　　　　　　　in

内圈直径	外圈直径	厚度	滚珠直径	节圆直径
0.6694	1.5748	0.4725	0.2656	1.1220

　　轴承故障为预设故障,利用电火花加工技术,将滚珠、外圈和内圈分别进行侵蚀,损伤尺寸为 0.007～0.028in。该实验记录电机负载为 0～3hp(1hp＝0.735kW)的振动数据(即电机转速为 1797～1720r/min)。

　　实验中使用加速度传感器收集振动数据,加速度传感器通过磁性底座连接到电机外壳的驱动端和风扇端的 12 点钟位置。驱动端轴承振动状态数据的采集频率有 12kHz 和 48kHz 两种,风扇端轴承振动状态数据的采集频率为 12kHz。使用扭矩传感器/编码器收集速度和负载数据,并手动记录。

　　实验数据包括 4 种轴承状态下采集到的振动信号,分别为正常状态、滚珠故障状态、外圈故障状态以及内圈故障状态。外圈故障状态又根据损伤方向分为 3 点钟位置(位于负载区域)、6 点钟位置(垂直于负载区域)、12 点钟 3 种。每种状态下采集到的信号按照损伤直径与负载的大小进行分类,共 4 种损伤直径,分别为 0.007in、0.014in、0.021in 和 0.028in。

4.2.2　基于栈式剪枝稀疏去噪自编码器的故障诊断方法

　　基于机器学习的故障诊断方法大多采用全监督学习,通过大量有标记的训练样本对其学习器进行学习，建立模型，用于预测未见示例的标记。然而，随着学习样本数量的增加，训练样本的标记工作变得异常繁重，限制了全监督学习在某些场合的应用。半监督学习和无监督学习是突破这一瓶颈的有效途径。本节引入一种半监督的机器学习方法，即基于栈式剪枝稀疏去噪自编码器的故障诊断方法，用于实现轴承故障的精确诊断。

1. 栈式剪枝稀疏去噪自编码器方法原理

自动编码器（autoencoder，AE）是由 Rumelhart 等[21]提出的一种深度学习模型，通过输入数据的编码和解码，达到重构简化输入数据的目的，便以此作为输入数据到特征空间的映射方式。经过不断扩展，典型的自编码模型包括：稀疏自动编码器（SAE）、降噪自动编码器（DAE）、收缩自动编码器（CAE）、栈式降噪自动编码器（SDAE）等。

栈式剪枝稀疏去噪自编码器（stacked pruning sparse denoising autoencoder，sPSDAE）的核心思想是在确保网络中各层之间的最大信息流的前提下，剪掉对后面层帮助不大的层，以使得后面层可以获得前面所有优势层所包含的信息，加速网络的误差下降速度和特征提取性能。sPSDAE 模型是利用基础的去噪自编码器（denoising autoencoder，DAE）作为基础单元，经过未剪枝的全连接网络布局、非优单元剪枝、栈式单元特征融合、群组稀疏性表达和顶层微调过程等主要步骤构建而成。具体如下。

1）未剪枝的全连接网络布局

如图 4-2 所示，基础全连接网络设置是直接将网络中具有特征映射的层连接起来，使 sPSDAE 网络模型中的每个单元都有机会参加到之后的训练过程中，同时将单元自身融合后的特征映射传递到所有后续层。总而言之，每一层的输入都来自前面所有层的输出。

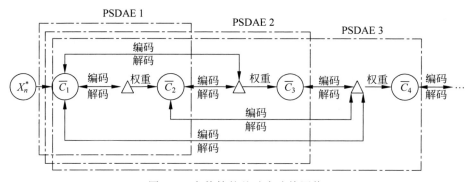

图 4-2　未剪枝的基础全连接网络

2）非优单元剪枝

全连接的网络结构带来的一个问题就是极大地增加了自编码网络的个数，加大了网络的训练时间。为了解决此问题，需要进行非优单元剪枝，即不让重构误差大的单元所对应的输入特征值参与到之后的训练过程,从而降低网络的增长率。

由上述的全连接的自编码网络可知,第 i 个剪枝稀疏去噪自编码(pruning sparse denoising autoencoder,PSDAE)单元包含需要训练的稀疏去噪自编码(sparse denoising autoencoder,SDAE)单元有 i 个,即网络的增长率为 i。在每个 SDAE 训练的过程中,通过循环训练来保证重构误差最小化的方式,以得到中间特征值。栈式去噪自编码器的重构误差函数为

$$L_j^i = \frac{1}{M} \left(\sum_{n=1}^{M} \| X_n^* - \tilde{X}_n^* \| \right) + \beta K(\hat{q} \| q) + \frac{\rho}{2M} \sum_\omega \| \omega \|^2 \qquad (4\text{-}1)$$

$$K(\hat{q} \| q) = q \lg \frac{q}{\hat{q}} + (1-q) \lg \frac{1-q}{1-\hat{q}} \qquad (4\text{-}2)$$

式中,L_j^i 表示第 i 层 PSDAE 单元中第 j 个 DAE 的联合重构误差;M 为样本数量;X_n^* 为该层输入数据;$\tilde{X}_n^*$ 为该层重构数据;β 为稀疏控制系数;q 为稀疏惩罚参数;$\hat{q}$ 为一个神经元输入数据的平均激活权值;ρ 为正则化系数;ω 为该层 DAE 单元激活权值。其中,在第 i 层 PSDAE 单元的训练过程中,得到 i 个中间特征值 $C_j (j=1,2,\cdots,i)$ 和与其对应的重构误差 $L_j^i (j=1,2,\cdots,i)$。

在原有的 DAE 重构误差函数的基础上加入了两个部分。首先,非稀疏惩罚项 $\beta L(q)$ 使隐藏层神经元激活度满足一定的稀疏性;其次,利用 L_2 正则化的方式,对重构误差的范数进行限制,使其不要过大,从而有效降低训练过程中的过拟合现象。

如图 4-3 所示,对 PSDAE 单元进行剪枝操作,使其优化为 PSDAE 单元。首先,将在第 i 个 PSDAE 单元内,除了微调单元外,其他的 SDAE 单元所对应的重构误差进行比较,找出最小重构误差和其所对应的 SDAE 单元。如果存在其他非微调单元的重构误差远大于最小重构误差(20 倍),则认为相较于最小重构误差单元,该单元的输入数据无法有效地将数据压缩为比现有中间特征维度更低的新特征,将禁止该单元的输入数据通过全连接通道的方式参与到之后层的运算,这样的单元称为非优单元。对非优单元进行剪枝操作后,其输入数据所对应的后面所有单元都不会进行训练,由此就形成了由 PSDAE 单元构成的网络模型。在剪枝后形成的 PSDAE 单元中,只对优单元进行训练,不会进行不必要的计算,消减了全连接的网络增长率,降低了网络计算量。

3) 栈式单元特征融合

为了保证每个 PSDAE 单元输出的提取特征的唯一性,使得简化模型训练量和微调任务顺利进行,将 PSDAE 单元中剪枝后剩余的 SDAE 单元输出特征值进行融合以构成一个融合特征值,并使得到的该融合特征值参与到之后层的训练中去。具体地,假设通过之前层的优单元选择后,删减掉一部分单元,第 i 层 PSDAE 单元还剩下 N 个 SDAE 单元。通过训练分别得到 N 个 SDAE 单元的中间特征值 C_i 和重构误差 L_j^i,构造特征矩阵 $\varphi = [C_1, C_2, \cdots, C_N]$ 和 $\sigma = [L_1^i, L_2^i, \cdots, L_N^i]$,利

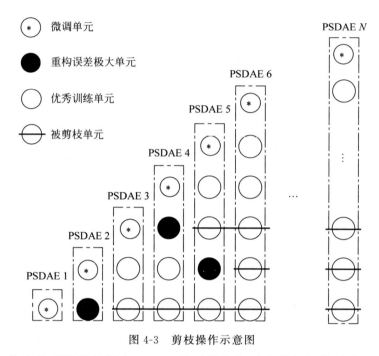

图 4-3　剪枝操作示意图

用式(4-3)将连接到该层的所有 PDAE 单元的信息通道进行权值融合,也就意味着将维度为$(i×N)$的特征矩阵 φ 融合为一个新的 N 维矩阵$\bar{C}_i$,将其称为第 i 个 PSDAE 单元的融合特征。

$$\bar{C}_i = \sum_{j=1}^{N} \frac{\lambda}{i}\left(1 - \frac{L_j^i}{\sum\limits_{j=1}^{i} L_j^i}\right)C_j + \bar{B} \tag{4-3}$$

式中,i 代表第 i 个 PSDAE 单元,该 PSDAE 单元有 N 个 SDAE 训练单元;j 为第 i 层第 j 个 SDAE 训练单元;λ 为阈值偏置量;C_j 为一个中间特征矩阵;$\bar{B}$ 为偏差矩阵。在训练完单个 PSDAE 单元后,需要其与前面的多个单元连接起来以形成多层的栈式结构,将第 i 层 PSDAE 单元训练出的融合特征值 $\bar{C}_i$ 加上之前所有层训练出的融合特征以形成融合特征矩阵:$\varphi[\bar{C}_1, \bar{C}_2, \cdots, \bar{C}_i]$,并代入到下一层单元的训练中去。

4) 群组稀疏性表达

PSDAE 网络采用的剪切全连接的方式,进行信息共享,在减少信息损失的同时,加宽了网络的横向传输,在训练多层之后,由于训练的参数增多,模型过于复杂,容易造成过拟合的情况。所以为了加快学习速率,减轻过拟合的现象,PSDAE 单元采取了以下几个稀疏性策略来改善过拟合情况。在第 i 层的 PSDAE 单元的训练中,包含了 i 个 SDAE 单元的训练。SDAE 单元的稀疏性来源是在每一个 SDAE 单元训练的循环中,通过式(4-4)~式(4-7)随机地在输入层特征 $\bar{C}_i$ 中选择一些单元,并将其暂时丢弃,也就是将其置为零。之后再进行该次循环的 SDAE 训练,得到一次循环结果。在下一次循环中,以同样的方式进行,再随机地隐藏一些神经元,并完成训练,直至循环结束。

$$R_1 = \text{Bernoulli}(p_1) \tag{4-4}$$

$$\bar{C}_i^* = R_1 \cdot \bar{C}_i \tag{4-5}$$

式中, p_1 为 SDAE 单元丢弃概率; $\bar{C}_i$ 为 dropout 前的输入矩阵。

在整个 sPSDAE 单元预训练结束后,需要利用 BPNN 进行权值的整体微调。同样的,在这个过程中,也添加 dropout 单元,进一步减少模型训练过拟合概率。

$$R_2 = \text{Bernoulli}(p_2) \tag{4-6}$$

$$X_i^* = R_2 \cdot X_i \tag{4-7}$$

式中, p_2 为微调总体丢弃概率; X_i 是总体微调通道上第 i 层网络输入; X_i^* 是一次循环中,随机丢弃后的输入数据。通过引入两个部分的稀疏,不仅加快了模型对数据的训练速度,而且稀疏性减少了模型过拟合的程度,使得模型的泛化性有所提高。

5) 顶层微调过程

上述 4 个主要过程是在帮助每个 PSDAE 单元逐层对原始数据完成融合特征提取的操作,称之为预训练过程。之后为了优化网络之间的权值配合,通常需要在预训练的基础上,利用反向传播(back propagation,BP)算法对整个网络进行权值微调,增强各个单元权值之间的联系,并添加分类器进行分类。目前仍采用 Hinton 提出的贪婪逐层训练法进行训练,即先单独训练每一个 PSDAE 单元,得到网络最优权重后,再将这些权重作为 sPSDAE 网络权重的初始值,最后通过 BP 算法整体微调,直至得出整个网络的最优参数。

2．基于栈式剪枝稀疏去噪自编码器的滚动轴承故障诊断流程

基于栈式剪枝稀疏去噪自编码器的滚动轴承故障诊断流程如图 4-4 所示,主要分为以下几个部分:

(1) 提取出不同状态下的旋转机械零件的振动加速度,对应不同状态,作为有标签的原始数据,输入 sPSDAE 模型中。

(2) 设置 sPSDAE 模型参数,如隐藏层数目、学习率、加噪比例、特征融合比例、总体及分散单元 dropout 比例等。

(3) 对 sPSDAE 模型进行逐层融合训练,通过重构误差的减小,得到不同的融合特征量,并找出最小重构误差,以此来实现对非优单元的剪枝操作。之后完成逐层提取特征的工作,对整个网络实现预处理。

(4) 利用顶层随机微调的方式,更新最佳的网络权值,再利用最后一层分类器,对整个网络的特征量进行分类,最后输出预测标签。

3．实例分析

将不同的模型故障诊断准确率与采用 sPSDAE 模型获得的故障诊断准确率进

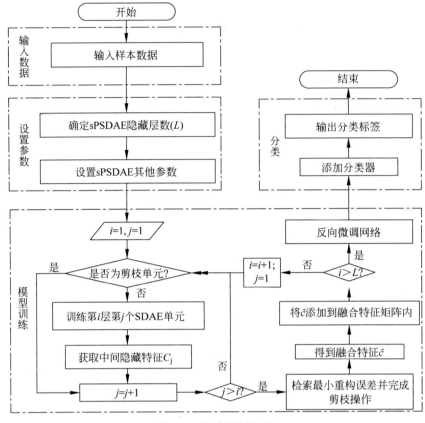

图 4-4　故障诊断流程

行比较,实验结果如表 4-3 所示。可以看出,针对原始的轴承故障数据集的分类实验中,sPSDAE、sDAE、sSAE、BPNN、SVM、CNN 模型的分类诊断准确率的平均值,分别为 99.86%、98.02%、95.19%、81.96%、87.31%、99.6%。其中,sPSDAE 模型的分类准确率最高,CNN 准确率次之,这是因为这两个网络模型拥有比较良好的复杂数据映射功能,可以更好地从原始数据中学习到数据特征,所以两者的分类准确率明显高于其他模型。相较于 sDAE 和 sSAE 这两类自编码器结构,sPSDAE 也呈现出了更好的数据分类识别能力,说明 sPSDAE 的剪枝全连接网络模型及通过多通道信息共享融合的方式,可以提升原有自编码器的性能,增强自适应的特征识别分类准确率。将 sPSDAE 模型与 BPNN 和 SVM 两类浅层机器学习模型进行对比,可以明显地看出浅层模型在 5 次实验中的识别正确率远远低于 sPSDAE,特别在第一次实验中,BPNN 的识别正确率低于了 80%,说明浅层模型在对于大样本数据的特征学习上存在能力不足和不稳定的情况。sPSDAE 网络模型通过逐层下降的预训练和微调过程的结合,构造出的较深层模型很好地解决了浅层网络学习能力不足的问题。

表 4-3　不同模型的轴承故障诊断正确率对比　　　　　　　　　　%

模　　型	实验次数					平均值
	1	2	3	4	5	
sPSDAE	99.8	99.8	100	99.8	99.9	99.86
CNN	99.6	99.4	99.2	100	99.8	99.60
sDAE	98	97.8	98.1	97.7	98.5	98.02
sSAE	95.4	94.89	95.31	95.21	95.12	95.19
BPNN	78.4	81	84.56	83.28	82.54	81.96
SVM	87.56	86.43	87.44	87.87	87.26	87.31

　　总的来说,从 sPSDAE 网络模型与 CNN、自编码器、浅层网络这 3 类模型的识别正确率对比情况来看,sPSDAE 网络模型的平均识别准确率均高于这些模型,说明利用全连接的方式不但可以解决浅层模型学习能力不足的问题,而且较之前提出的深度学习模型,也有一定程度上的性能提升。

4.2.3　基于密度峰快速查找聚类算法的故障诊断方法

　　Alex Rodrigues 等提出了一种基于聚类中心比其邻域具有更高密度,与密度更高的点距离较大的思想的聚类方法[22],并命名为密度峰快速查找(clustering by fast search and find of density peaks,CFSFDP)聚类。该方法是一种无监督学习机器学习算法,无须对样本进行标记,可以实现故障状态的“自动”分类。本节探讨将 CFSFDP 聚类选作轴承故障分类器,以实现轴承故障智能诊断。

1. 基于密度峰快速查找聚类算法的故障诊断方法流程

　　基于 CFSFDP 聚类的故障诊断方法如图 4-5 所示,分为 4 个主要步骤:数据采集和预处理、特征提取、数据集分割和缺陷状态诊断。

　　(1) 从滚动轴承中获取原始振动数据,并对其进行预处理,去除异常值。

　　(2) 从时域、频域和时频域中提取统计特征。

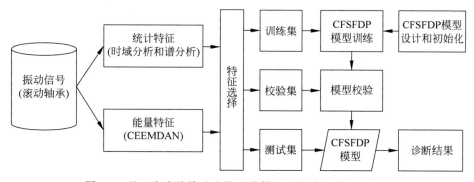

图 4-5　基于密度峰快速查找聚类算法的故障诊断方法流程

（3）利用标准差的两个准则，选择一些有价值的特征，然后将数据集随机分为训练集、测试集和校验集。

（4）启动 CFSFDP 模型，使用训练数据集对其进行训练，从而形成一系列集群中心。然后，将测试集和这些中心输入模型中，并在故障诊断和有效性评估中发挥重要作用。最后，CFSFDP 模型给出描述各状态诊断结果和总体精度的表格。

2. 特征提取和筛选

1）统计特征

通过特征提取，可以从原始信号中挖掘知识，揭示数据的本质。从某种意义上来说，时域和频域特征对于故障诊断是必不可少的，尤其是与时频域特性结合。因此，提取了 12 个时域特征和 11 个频域特征，如表 4-4 所示。表中，$x(t)$ 表示振动信号，n 为一次采样的样本点个数。$s(i)$ 为 $x(t)$ 经频域转换得到的频谱，N 为谱线数，f_i 为第 i 频线的频率值。

表 4-4　统计特征

时域统计特征	频域统计特征
$TF_1 = \dfrac{1}{n}\sum\limits_{t=1}^{n} \lvert x(t)\rvert$	$FF_1 = \dfrac{\sum\limits_{i=1}^{N} s(i)}{N}$
$TF_2 = \sqrt{\dfrac{1}{n}\sum\limits_{t=1}^{n} x(t)^2}$	$FF_2 = \dfrac{\sum\limits_{i=1}^{N}(s(i)-FF_1)^2}{N-1}$
$TF_3 = \max(\lvert x(t)\rvert)$	$FF_3 = \dfrac{\sum\limits_{i=1}^{N}(s(i)-FF_1)^3}{N(\sqrt{FF_2})^3}$
$TF_4 = \left[\dfrac{1}{n}\sum\limits_{t=1}^{n}\sqrt{\lvert x(t)\rvert}\right]^2$	$FF_4 = \dfrac{\sum\limits_{i=1}^{N}(s(i)-FF_1)^4}{N\times FF_2^2}$
$TF_5 = \dfrac{1}{n}\sum\limits_{t=1}^{n}\lvert x(t)\rvert^3$	$FF_5 = \dfrac{\sum\limits_{i=1}^{N} f_i s(i)}{\sum\limits_{i=1}^{N} s(i)}$
$TF_6 = \dfrac{1}{n}\sum\limits_{t=1}^{n} x(t)^4$	$FF_6 = \sqrt{\dfrac{\sum\limits_{i=1}^{N}(f_i-FF_5)^2 s(i)}{N}}$

续表

时域统计特征	频域统计特征
$\mathrm{TF}_7 = \sqrt{\dfrac{1}{n}\sum\limits_{t=1}^{n} x(t)^2} \Bigg/ \dfrac{1}{n}\sum\limits_{t=1}^{n} \lvert x(t) \rvert$	$\mathrm{FF}_7 = \sqrt{\dfrac{\sum\limits_{i=1}^{N} f_i^2 s(i)}{\sqrt{\sum\limits_{i=1}^{N} s(i)}}}$
$\mathrm{TF}_8 = \max(\lvert x(t) \rvert) \Bigg/ \sqrt{\dfrac{1}{n}\sum\limits_{t=1}^{n} x(t)^2}$	$\mathrm{FF}_8 = \sqrt{\dfrac{\sum\limits_{i=1}^{N} f_i^4 s(i)}{\sum\limits_{i=1}^{N} f_i^2 s(i)}}$
$\mathrm{TF}_9 = \max(\lvert x(t) \rvert) \Bigg/ \dfrac{1}{n}\sum\limits_{t=1}^{n} \lvert x(t) \rvert$	$\mathrm{FF}_9 = \dfrac{\sum\limits_{i=1}^{N} f_i^2 s(i)}{\sqrt{\sum\limits_{i=1}^{N} s(i) \sum\limits_{i=1}^{N} f_i^4 s(i)}}$
$\mathrm{TF}_{10} = \max(\lvert x(t) \rvert) \Bigg/ \left[\dfrac{1}{n}\sum\limits_{t=1}^{n} \sqrt{\lvert x(t) \rvert}\right]^2$	$\mathrm{FF}_{10} = \dfrac{\mathrm{FF}_6}{\mathrm{FF}_5}$
$\mathrm{TF}_{11} = \dfrac{1}{n}\sum\limits_{t=1}^{n} x(t)^4 \Bigg/ \left(\sqrt{\dfrac{1}{n}\sum\limits_{t=1}^{n} x(t)^2}\right)^4$	$\mathrm{FF}_{11} = \dfrac{\sum\limits_{i=1}^{N} (f_i - \mathrm{FF}_5)^3 s(i)}{N\mathrm{FF}_6^3}$
$\mathrm{TF}_{12} = \dfrac{1}{n}\sum\limits_{t=1}^{n} \lvert x(t) \rvert^3 \Bigg/ \left(\sqrt{\dfrac{1}{n}\sum\limits_{t=1}^{n} x(t)^2}\right)^4$	

2）本征模态能量特征

基于自适应噪声完备集合经验模态分解（complete ensemble empirical mode decomposition with adaptive noise，CEEMDAN）是经验模态分解算法的最新版本，它可以自适应地将混合有显著噪声的被测信号分解为一组本征模态函数（intrinsic mode functions，IMFs）。这些 IMFs 的频带范围从高到低，每个频带中包含的频率分量都是不同的，并且随着被测信号的变化而变化。当轴承故障不同时，被称为本征模态能量的 IMF 中的能量将相应地改变。因此，利用 CEEMDAN 对振动信号进行分解，然后提取本征模态能量特征（intrinsic energy features，IEFs）作为时频特征。

给定振动信号 $x(t)$，其 IEFs 提取过程如下：

（1）对振动信号 $x(t)$ 添加不同的白噪声 $w_i(t)$，构造合成信号 $x_i(t)$：

$$x_i(t) = x(t) + w_i(t), \quad i = 1, 2, \cdots, I \tag{4-8}$$

（2）确定合成信号 $x_i(t)$ 的所有局部极大值点和极小值点，将所有局部极大值点和局部极小值点用插值曲线连接起来，形成上包络线 $y_u(t)$ 和下包络线 $y_d(t)$，并计算上下包络线的平均值 $m_i(t)$：

$$m_i(t) = \frac{[y_u(t) + y_d(t)]}{2} \tag{4-9}$$

（3）用 $x_i(t)$ 减去平均值 $m_i(t)$，得到一个去除低频成分的新序列 $h_i(t)$。若 $h_i(t)$ 满足 IMF 条件，则 $h_i(t)$ 被看作 $x_i(t)$ 的第 1 个 IMF 分量，记为 $E_1(x_i(t))$；否则，将 $h_i(t)$ 赋值给 $x_i(t)$，并重复步骤（2）。从而，可以得到 J 个合成信号的第 1 个 IMF 分量。

（4）对 J 个 IMF 分量求均值，得到振动信号的第 1 个模态分量 $\mathrm{IMF}_1(t)$：

$$\mathrm{IMF}_1(t) = \frac{1}{J} \sum_{j=1}^{J} E_1(x_j(t)) \tag{4-10}$$

（5）计算第 1 个模态分量之后的余量信号 $r_1(t)$：

$$r_1(t) = x(t) - \mathrm{IMF}_1(t) \tag{4-11}$$

若余量信号 $r_1(t)$ 为单调函数，则分解结束；否则，对余量信号 $r_1(t)$ 添加不同的白噪声 $w_i(t)$，构造新的合成信号 $x_{1i}(t)$：

$$x_{1i}(t) = r_1(t) + \varepsilon_1 E_1(w_i(t)) \tag{4-12}$$

其中，ε_1 为信噪比系数。对合成信号 $x_{1i}(t)$ 进行分解，得到合成信号 $x_{1i}(t)$ 的第 1 个模态分量，即振动信号的第 2 个模态分量 $\mathrm{IMF}_2(t)$：

$$\mathrm{IMF}_2(t) = \frac{1}{K} \sum_{i=1}^{K} E_1(r_1(t) + \varepsilon_1 E_1(w_i(t))) \tag{4-13}$$

同理，可以求出振动信号所有的模态分量和最终的余量信号 $r(t)$，则有

$$x(t) = \sum_{k=1}^{K} \mathrm{IMF}_k(t) + r(t) \tag{4-14}$$

其中，K 为振动信号模态分量的个数。

（6）将最终的余量信号 $r(t)$ 看作振动信号的第 $K+1$ 个模态分量 $\mathrm{IMF}_{K+1}(t)$，则第 k 个模态分量 $\mathrm{IMF}_k(t)$ 的本征模能量特征 IEF_k 可以表示为

$$\mathrm{IEF}_k = \frac{1}{N-1} \sum_{t=1}^{T} [\mathrm{IMF}_k(t)]^2 \tag{4-15}$$

式中，N 为 IMF 分量 $\mathrm{IMF}_k(t)$ 的数据长度。

3）特征筛选

特征筛选是提高故障诊断效率与精度的关键步骤[23]。在故障诊断领域，理想特征应在不同的故障条件下具有明显的统计特征，以满足分类需要。换言之，平均值在不同条件下显著变化的特征更满足要求。此外，为了减少不同状态之间的重叠，该值的变化范围应该尽量小。

在统计领域，方差和标准差经常用来反映数据集的离散程度。根据上述原则，

构建两个基于标准差的选择标准。

标准 Ⅰ：通过将平均 $m_{n,e}$ 作为每个故障状态下的特征值的代表（其中 n 是故障条件的序列号，e 是特征的序列号），具有较高标准偏差 σ_{1e} 的特征被选择。该过程可表示如下：

$$\sigma_{1e} = \sqrt{\sum_{n=1}^{P} \frac{(m_{n,e} - \bar{m})^2}{P}} \tag{4-16}$$

其中，P 是故障状态的数量；$\bar{m}$ 是每种条件下特征平均值的均值。

标准 Ⅱ：为了减少值的重叠并因此促进分类器，有必要计算每个故障状态下的每个特征的标准偏差 $\sigma_{n,e}$。每个故障状态下的标准差的平均值 σ_{2e} 可用作判断某个特征是否有用的标准。显然，较小的标准效果更好。σ_{2e} 由式（4-17）得出：

$$\sigma_{2e} = \frac{1}{P} \sum_{n=1}^{P} \sigma_{n,e} \tag{4-17}$$

为方便起见，决策值（decision value，DV）表示为

$$DV = \frac{\sigma_{1e}}{\sigma_{2e}} \tag{4-18}$$

3．密度峰快速查找聚类算法

在故障诊断过程中，聚类算法是一种常用的故障分类方法。本节提出了一种基于 CFSFDP 聚类算法的智能故障诊断算法。与 KNN 或其他传统的聚类算法不同，初始化 CFSFDP 模型时不需要指定聚类分区的数量。一般认为，CFSFDP 算法的便利性和智能性来源于自动分类机制。下面列出了基于 CFSFDP 聚类算法的故障诊断过程：

（1）通过给出截断参数 t 初始化模型，其中 $t \in (0,1)$。为了获得更好的聚类结果，t 通常接近于 0 而不是 1。

（2）将培训数据集放入模型中。对于每个数据点 i，计算 i 和其他数据点之间的距离 d_{ij}，其中 j 代表数据集中除 i 以外的所有点。值得注意的是，相同两点之间的距离只计算一次，此处采用马氏距离。当数据集的长度为 S 时，d_{ij} 的长度为 $S(S-1)$ 是合理的。截断数可由式（4-19）给出：

$$N_t = R\left(\frac{S(S-1)}{2}t\right) \tag{4-19}$$

然后，将截止距离 δ_c 定义为 d_{ij} 中第 N_t 大的值。

（3）计算数据点 i 的局部密度 ρ_i。高斯核被用来实现密度计算，可以表示为

$$\rho_i = \sum_j e^{-\left(\frac{d_{ij}}{\delta_c}\right)^2} \tag{4-20}$$

实际上，ρ_i 等于到 i 点的距离小于 δ_c 的点的数目。如果一个点被局部密度较低的邻居包围，那么它很可能是一个簇中心。

（4）除了局部密度外，距离 δ_i 是另一个用来评估点 i 作为聚类中心的可能性

的量。δ_i 是通过计算点 i 与任何其他密度较高的点之间的最小距离[21]来测量的：

$$\delta_i = \min_{j:\rho_j > \rho_i} (d_{ij}) \tag{4-21}$$

对于局部密度最高的点，取 $\delta_i = \min\limits_{j}(d_{ij})$。通常，距离较大的点往往是簇中心。

（5）决策图定义为二维图像，X 轴代表点的局部密度，Y 轴代表点的距离。如前所述，远离轴的点更有可能被识别为集群中心。借助于决策图，可以确定数据点中的聚类中心。

（6）根据每个点都属于最近的集群中心类型的原则，可以对训练数据集中的所有点进行分类。值得注意的是，每个集群表示其中心所属的故障状态。在每个簇的边界区域内找到最高的局部密度，即边界密度。在一个簇中，局部密度高于边界密度的点称为簇核（鲁棒分配），而其他点称为簇晕（适合被视为噪声）。

（7）将测试数据集输入到训练模型中，处理待诊断样本点。待诊断样本点的诊断结果是由其与各个聚类中心点的距离决定的。在比较预测条件和实际情况的基础上，得到了评价上述算法有效性的准确度。

4．实例分析

为了验证本方法，采用 4.2.1 节的故障数据进行故障诊断试验。选取驱动端轴承 12 个状态下的数据，每个状态下的数据被切分为 300 个样本，每个样本有 400 个数据点。表 4-5 给出了 12 个状态下数据的具体信息。

表 4-5　轴承数据信息

状　态　类　型	故障尺寸/in	故障标签	样本数
正常	0	C1	300
滚动体故障	0.007	C2	300
滚动体故障	0.014	C3	300
滚动体故障	0.021	C4	300
内圈故障	0.007	C5	300
内圈故障	0.021	C6	300
内圈故障	0.028	C7	300
外圈故障（6 点方向）	0.007	C8	300
外圈故障（6 点方向）	0.014	C9	300
外圈故障（6 点方向）	0.021	C10	300
外圈故障（12 点方向）	0.007	C11	300
外圈故障（12 点方向）	0.021	C12	300

图 4-6 所示的是不同条件下轴承的振动信号。可以看出，不同条件下的振动信号呈现不同的特征。图 4-7 和图 4-8 分别展示了提取的 12 个时域统计特征和 11 个频域统计特征。对于时频域特征，首先对振动信号进行 CEEMDAN 分解。

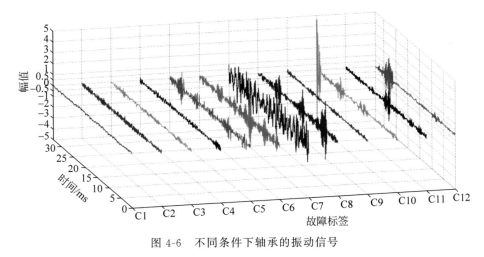

图 4-6　不同条件下轴承的振动信号

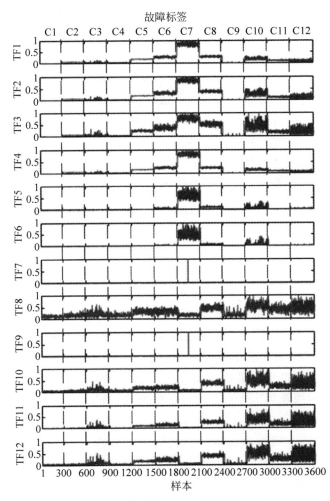

图 4-7　振动信号的时域统计特征

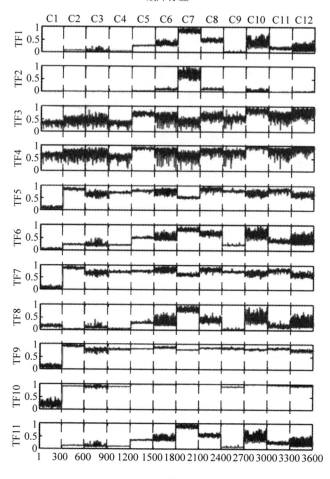

图 4-8　振动信号的频域统计特征

图 4-9 给出了振动信号分解结果以及振动信号的所有样本的本征能量特征。很明显，IMF10 非常小，这是因为 CEEMDAN 中的残余信号如前所述几乎为 0。这也说明了并不是所有的 IEF 都具有良好的性能。

　　基于前文提出的两个标准，对提取的特征进行特征筛选。图 4-10 显示了特征筛选的结果。选取决策值大于 0.6 的特征作为最具代表性的特征。9 个特征被选择，即 FF10、IEF3、TF4、FF2、TF1、FF9、TF5、TF2 及 IEF1。

　　数据集划分后，开展故障诊断。构建 CFSFDP 模型并初始化。在初始化时，需要定义截断参数。为了比较不同截断参数值对诊断精度的影响，对最优截断参数进行了搜索。选择最优模型进行试验，截断参数在 0～1 变化，每次变的步长为 0.01。不同截断参数的精度结果如图 4-11 所示。截断参数的选择以及数据集的

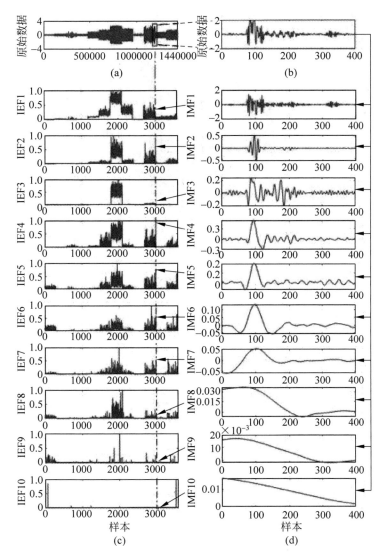

图 4-9　振动信号分解结果和样本的本征能量特征

（a）原始振动信号；（b）振动信号样本点；（c）振动信号的本征能量特征；

（d）样本点的 CEEMDAN 分解结果

拆分都会显著影响聚类结果。由于参数设置和数据分类不同，聚类的精度也会有所不同。最佳截断参数设置为 0.02，对应的校验精度为 0.9870。

图 4-12 展示了利用最优截断参数进行聚类后得到的决策图。可以看出，训练集中有 12 个潜在的集群中心（决策图中的绿点）。它们具有较高的局部密度和较大的距离，符合假设描述的特征。事实上，在这种情况下，12 个点代表 12 个故障条件。因此，它们被视为数据集的 12 个集群中心。表 4-6 详细说明了 CFSFDP 结果的信息。由于故障 C3 和 C4 分类错误，CFSFDP 聚类算法的精度为 98.93%。

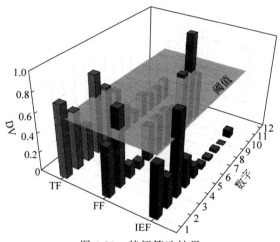

图 4-10　特征筛选结果

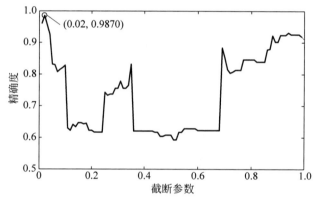

图 4-11　不同截断参数的精度结果

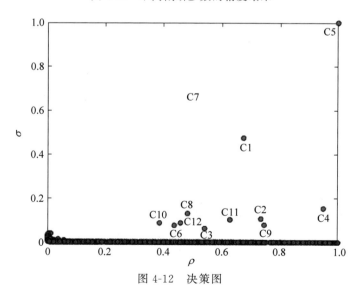

图 4-12　决策图

表 4-6　基于 CFSFDP 的故障诊断结果

簇序号	聚类中心	样本数量	簇核数量	簇晕数量	对应标签
1	867	210	210	0	C5
2	1452	210	210	0	C7
3	14	210	210	0	C1
4	649	249	249	0	C4
5	291	210	210	0	C2
6	1544	210	210	0	C8
7	2283	210	210	0	C11
8	1702	210	210	0	C9
9	2504	210	210	0	C12
10	2017	210	210	0	C10
11	1052	210	210	0	C6
12	582	171	171	0	C3
精度			98.93%		

为了验证本方法的优越性,与多种方法进行了对比,结果如表 4-7 所示。从表中可以看到,本方法的诊断精度高于其他方法,且本方法属于无监督学习方法,在故障诊断问题上更具有优势。

表 4-7　与其他方法对比结果

方　法	学 习 类 型	精度/%
本方法	无监督学习	98.50
ART2 神经网络[24]	有监督学习	95.50
人工神经网络[25]	有监督学习	97.50
PSO-SVM[26]	有监督学习	85.00
迁移学习[27]	无监督学习	92.06
支持向量机[28]	有监督学习	97.90

4.2.4　基于 S 变换和深度卷积神经网络的故障诊断方法

大多数基于机器学习的故障诊断方法是针对结构化数据进行学习。本节将介绍一种新型的故障诊断方法,即基于深度卷积神经网络(deep convolutional neural network,DCNN)的故障诊断方法。该方法是受视觉系统结构启发而提出的一种典型的深度学习模型。与传统神经网络相比,DCNN 通过其独特的权重共享结构,大大降低了网络模型的复杂度,减少了使用时的计算量。此外,它可以处理图像数据,且无须手动提取和选择特征,因此 DCNN 在图像识别领域被广泛应用[29]。本节提出基于 S 变换和 DCNN 的轴承故障诊断方法,实现设备故障的精确诊断。

1. 基于 S 变换和 DCNN 的故障诊断流程

图 4-13 展示了该方法的基本流程。首先,利用布置在轴承周围的振动传感器,获得海量的轴承监测信号。其次,采用时频变换方法将振动信号转换为二维时频图,作为 DCNN 的输入。考虑信号经过短时傅里叶变换和小波变换时,时频图像会受到窗函数和小波基函数的影响,呈现出不同的效果,因此采用 S 变换作为时频变换方法。最后,将轴承的时频图样本输入 DCNN 网络模型中进行训练,经过卷积运算、池化运算和分类运算等步骤最终获得故障诊断的结果。

2. 轴承振动监测信号的 S 变换

振动信号分析是一种常用的轴承健康状态监测手段,通过振动信号的深入分析可以在数据层面实现不同故障模式的分类。时频分析是常用的振动信号分析技术,其中,S 变换是一种典型的时频分析方法[30],是一种基于移动和可扩展的定位高斯窗口的改进短时傅里叶方法[31]。高斯窗函数由时间和频率两个变量组成。

轴承振动信号 $x(t)$ 的 S 变换定义如下:

$$S(\tau, f) = \int_{-\infty}^{+\infty} x(t) g(\tau - t, f) e^{-i2\pi ft} \mathrm{d}t \qquad (4\text{-}22)$$

其中,$g(t,f)$ 是特定的归一化高斯窗函数,表达式为

$$g(t,f) = \frac{|f|}{\sqrt{2\pi}} e^{-\frac{t^2 f^2}{2}} \qquad (4\text{-}23)$$

S 变换逆变换的表达式为

$$x(t) = \int_{-\infty}^{+\infty} \int_{-\infty}^{+\infty} S(\tau, f) e^{-i2\pi ft} \mathrm{d}\tau \mathrm{d}f \qquad (4\text{-}24)$$

S 变换通过时频转换将输入数据分解成复杂的时频特征矩阵,特征矩阵的行表示频率,列表示时间。

3. 深度卷积神经网络的结构

构建的 DCNN 模型如图 4-14 所示。该模型包含了 4 个卷积层、3 个池化层和 1 个全连接层,softmax 被选为分类器,网络模型的具体参数如表 4-8 所示。卷积层和池化层的内核尺寸都为 2×2,步长值也为 2×2。下面分别介绍卷积层、池化层的运算过程。

表 4-8　深度卷积神经网络模型参数

序号	网络层名称	滤波器个数	核尺寸	步长	输出尺度	填充
1	Convolution 1	50	2×2	2×2	128×64	否
2	Max-pooling 1	—	2×2	2×2	64×32	否
3	Convolution 2	40	2×2	2×2	32×16	否
4	Max-pooling 2	—	2×2	2×2	16×8	否
5	Convolution 3	30	2×2	2×2	8×4	否
6	Convolution 4	30	2×2	2×2	4×2	否
7	Max-pooling 3	—	2×2	2×2	2×1	否

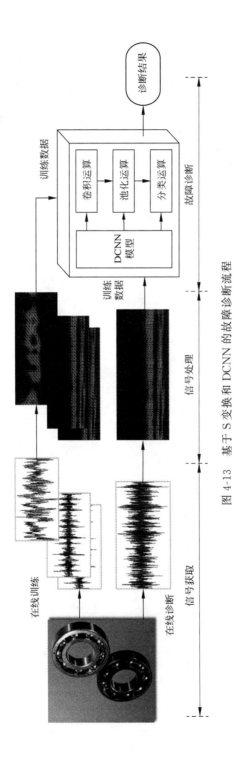

图 4-13　基于 S 变换和 DCNN 的故障诊断流程

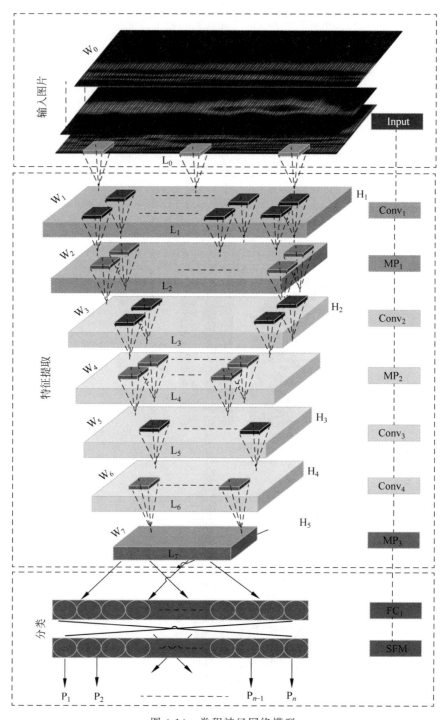

图 4-14　卷积神经网络模型

1）卷积层

卷积层中含有多个滤波器,滤波器通过对卷积运算前一层图像进行处理,然后并加上权重就得到下一层的输入,此过程称为特征映射。在每个滤波器中,神经元直接与输入数据点相连,并将数据点乘以权重。在同一个滤波器中,所有神经元可以共享它们的权重,从而缩短了优化时间,降低了 DCNN 的复杂度。假设卷积层输入是 $X \in R^{A \times B}$,其中 A 和 B 是输入数据的维数,那么卷积层的输出可以表示为[32]

$$C_{cn} = f(X * W_{cn} + b_{cn}) \tag{4-25}$$

其中,C_{cn} 为卷积层的第 C_{cn} 个特征映射;cn 表示滤波器的个数;X 为输入数据矩阵;W_{cn} 为第 cn 个滤波器的权重矩阵;b_{cn} 为第 cn 个偏置;$*$ 表示卷积运算;f 表示激活函数,通常为 ReLU 函数、双曲线正切函数或 Sigmoid 函数。

令 $P = g(x, y)$ 表示一个像素为 $M \times N$ 的图像 P,其中 $g(x, y)$ 表示第 x 行、第 y 列的像素灰度值。并假设卷积层的大小为 $a \times b$,那么图像 P 的卷积运算可以用下式计算:

$$C(s, t) = k(x, y) * g(x, y) = \sum_{x=1}^{a} \sum_{y=1}^{b} k(x, y) g(s + x - 1, t + y - 1)$$

$$\tag{4-26}$$

其中,$k(x, y)$ 为核函数。卷积运算的结果为 $C(s, t)$,其中 $1 \leqslant s \leqslant M - a + 1, 1 \leqslant t \leqslant N - b + 1$。

在卷积层中,卷积运算从前一层图像中提取特征图,图像与卷积核进行卷积运算后,就得到了当前的图像特征层。此时的图像特征层是经过偏差计算和非线性激活函数得到的[30],计算公式如下:

$$x_j^l = f\left(\sum_{i \in M_j} x_i^{l-1} * k_{ij}^l + b_j \right) \tag{4-27}$$

其中,l 是层数;M_j 是输入集合;k_{ij}^l 是卷积核;b_j 是当前层相应的偏差单元;f 代表激活函数。由于 Sigmoid 函数可以非线性地将输入值映射到范围$(0, 1)$中,因此被选为激活函数,其表达式为

$$f(x) = \frac{1}{1 + e^{-x}} \tag{4-28}$$

2）池化层

在下采样层中,特征映射将被采样以减少它们的尺寸和计算复杂度。Pooling 是 DCNN 中常用的下采样方法,它将特征映射层分成许多不重叠的矩形区域,然后得到每个区域的特点。池化操作的方式有多种,如最大池化采样、平均池化采样和随机池化采样。池化操作是局部特征的表达,因此二次采样层不仅可以减少维数,而且可以进行二次特征提取[32]。

3）全连接层和输出层

Softmax 回归是卷积神经网络常用的一种用于分类问题的工具。假设函数的

形式为

$$h_\theta(x) = \frac{1}{1 + e^{-\theta^T x}} \tag{4-29}$$

回归的目标是通过训练 θ 以使成本函数 $J(\theta)$ 最小化：

$$J(\theta) = -\frac{1}{m} \sum_{i=1}^{m} \sum_{j=0}^{l} l\{y^{(i)} = j\} \lg p(y^{(i)} = j \mid x^{(i)}; \theta) \tag{4-30}$$

对于训练集合 $\{(x^{(1)}, y^{(1)}, \cdots, (x^{(m)}, y^{(m)}))\}, y^i \in \{1, 2, \cdots, k\}$。在 Softmax 回归中，将 x 分类为 j 类的概率是

$$p(y^{(i)} = j \mid x^{(i)}; \theta) = \frac{e^{\theta_j^T x^{(i)}}}{\sum_{i=1}^{k} e^{\theta_i^T x^{(i)}}} \tag{4-31}$$

在全连接层中，所有特征映射都由一维矢量表示，该矢量连接着全连接层和输出层。输出层中的每一个单元都计算全连接层中单元的点乘和训练权重，以增加训练偏差，并将结果输入到 Sigmoid 函数中得到输出的结果。最后，对于该类的最大值被分为一组，输出的结果可以表示为

$$o_i = f\left(\sum_{j=1}^{d} x_j^F w_{ij}^o + b_i^o\right) \tag{4-32}$$

其中，o_i 是输出层中第 i 个单元的值；x_j^F 是全连接层的第 j 个单元；w_{ij}^o 是 o_i 和 x_j^F 对应于 o_i 的偏差。

4. 实例分析

为了验证所提出的故障诊断方法的有效性，本节对 4.2.1 节的轴承数据进行分析，并研究了不同的时频变换方法对轴承故障识别准确率的影响。

选取驱动端轴承振动信号，振动信号的采样频率为 12kHz。选择故障位置在内圈、外圈和滚珠的数据，每种故障有 3 种不同的故障程度，故障尺寸分别 0.007in、0.014in、0.021in。再加上轴承健康状态共计 10 种不同的故障模式。每一类共计 2000 个训练样本，样本数据的构成如图 4-15 所示，以 200 为单位向右移动选取样本。这样，10 种健康状态的总样本量为 20 000 个。

当时域的样本数据选取好之后，利用 S 变换将振动信号转换成时频图像，结果如图 4-16 和图 4-17 所示。其中，图 4-16 展示的是不同工况下相同故障程度的时

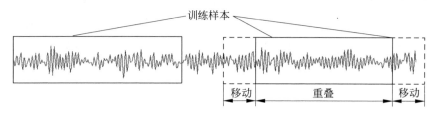

图 4-15　训练样本选取规则

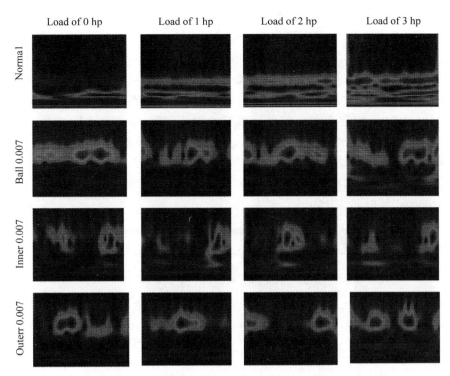

图 4-16　不同工况下相同故障程度的时频图

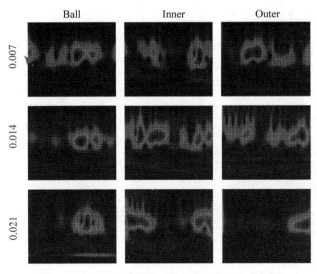

图 4-17　不同故障程度在相同工况下的时频图

频图,图 4-17 展示的是不同故障程度在相同工况下的时频图。从图可以观察出同种故障模式的时频特征较为接近,但是这种规律特征并不明显。

在样本整理好之后,从时频图中通过直接观察只能看出部分故障信息规律。

为了揭示众多样本所蕴含的内部规律,将样本随机打乱输入到图 4-14 所示的深度卷积神经网络模型中,其中训练和测试所用样本的比例为 7∶3。

图 4-18 展示了工况 1 模型的训练和测试过程中准确率与误差率的变化情况,工况 1 在训练结束后得到的混淆矩阵如图 4-19 所示。从训练和验证曲线的变化趋势可知,在训练次数达到 16 次左右时,训练的准确率已经达到 99％以上。还将 3 种工况的样本随机混合在一起进行模型的训练和测试,结果表明 3 种工况混合在一起时训练的平均准确率为 99.95％,测试的平均准确率为 99.94％。

最终的故障诊断结果如表 4-9 所示。可以看出,基于 DCNN 的故障诊断的准确率较高,平均训练的准确率高达 99.97％,测试的平均准确率高达 99.96％,平均每种工况的训练时间为 150s。

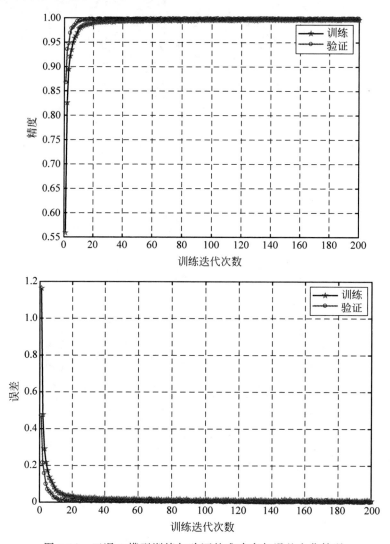

图 4-18　工况 1 模型训练与验证的准确率与误差变化情况

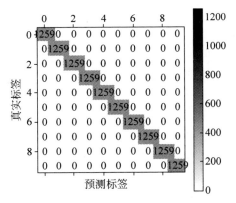

图 4-19   工况 1 训练得到的混淆矩阵

表 4-9   故障诊断结果   %

故障位置	故障类型	工况 1		工况 2		工况 3	
		训练准确率	平均测试准确率	训练准确率	平均测试准确率	训练准确率	平均测试准确率
正常	1	99.96		99.97		99.94	
内圈	2	99.95		99.96		99.97	
	3	99.93		99.96		99.94	
	4	99.96		99.96		99.94	
外圈	5	99.94	99.98	100	99.95	99.94	99.98
	6	99.96		99.97		99.94	
	7	99.97		99.96		99.95	
滚珠	8	99.95		99.95		99.93	
	9	99.99		99.93		99.93	
	10	100		99.98		99.96	

4.3   数据驱动的铣削刀具磨损状态识别方法

4.3.1   铣削刀具磨损概述

1. 刀具磨损机制

在机械加工过程中,刀具与加工工件处于高速摩擦状态,刀具的部分材料必然伴随着切屑被带走,逐渐在前刀面、后刀面形成损耗,也就是刀具的磨损。刀具产生磨损后,在一定程度上会对加工质量造成影响。特别是在要求高精度的铣削加工过程中,刀具的刀刃需要严格限制在一定磨损范围之内,一旦超过磨损范围,成品的质量会大大受到影响。在刀具与工件接触并剧烈摩擦时,工件在剪切带发生剪切形变形成切屑,在这一过程中产生的物理信号有热辐射、切削力、振动及声发射信号,一般在实验中使用相应传感器获取这些能够反映刀具加工过程中磨损状态的信号。

金属材料发生形变时,在主剪切带和次剪切带区域,由于材料的微观结构重新排列而释放应变能,从而产生高频振荡,形成声发射信号。切削力信号主要在剪切带的塑形变形区域发生,切屑与刀具、工件与刀具之间的摩擦都会产生切削力。力传感器的安装非常麻烦且昂贵,有时会采用间接测量方法,由于主轴电机电流与转矩成比例,转矩又与切削力成正比,测量电流(功率)信号虽然不如直接测量力信号精确,但也是常用的可行方法。伴随着切削力,主轴以及工作台会出现低频振荡,形成振动信号,以加速度衡量。

除了磨损过程中加工系统发生的各种物理信号,在直观上,刀具会主要出现以下 3 种磨损形式:

(1)前(刀)面磨损:在加工塑性材料时,若切削速度较高,切削厚度较大,在高温高压作用下,切屑将在刀具前刀面上逐渐磨出一个月牙形凹洼,逐渐扩大形成月牙洼磨损。

(2)后(刀)面磨损:当切削脆性材料或以较小进给量、较低切削速度切削塑性材料时,由于后刀面不是很锋利,容易产生弹性变形,并且因为接触面积比较小,会很快在刀后面毗邻刃口处产生磨损。

(3)边界磨损:加工钢材时,在主切削刃与工件待加工表面,或者副切削刃与工件已加工表面接触处的后刀面上,通常会磨出较深缺口,这种磨损称为边界磨损。

由于后刀面磨损通常与切削面平行,并且在后刀面磨损带的中间部位,磨损比较均匀,在研究刀具磨损时,对后刀面的磨损区域使用显微镜观察测量,以刀具后刀面磨损平均宽度(VB)作为衡量刀具磨损状态的标准。

2. 铣削刀具磨损状态划分

刀具磨损随着加工工况及使用时间逐渐增加,一般表现为 3 个阶段:初期磨损阶段是由于新刀切削加工与工件接触不良导致磨损速度快形成的;初期磨损阶段中刀具与工件的接触稳定性逐渐增加,达到一定程度后进入到中期较为缓慢稳定的磨损阶段;随着磨损进一步增大,刀具与工件接触部分的接触面积进一步增大,使得切削力与切削温度急剧上升,继而进入不可逆转的急剧磨损阶段,最终达到刀具的磨损极限即刀具失效。不同类别的刀具在各个磨损阶段的表现及在全寿命周期持续时间占比不同,与刀具类型、材料、加工工况等因素相关,故而没有对刀具磨损阶段划分的严格标准,通常根据实际生产加工情况经验给定或者根据预实验结果分析进行确定。

4.3.2 铣削刀具磨损实验数据

在实际加工过程中,切削加工一般分粗切削和精切削两步来完成。在粗切削和精切削加工中,通常对加工精度的要求不同,对刀具的磨钝标准也会不同。为了探究刀具状态监测方法的合理性与适用性,案例展示部分选取两组不同加工条件和加工方式的实验方案,分别研究粗切削和精切削两种加工方式下的刀具状态监测问题。粗加工实验方案为铣削粗加工刀具磨损实验,切削对象为不锈钢,实验中刀具的最大磨损量超过 1.0mm,代表对精度要求不高的加工情况;精加工实验方案研究的是铣削精加工,切削对象是镍铬铁合金,实验中刀具的最大磨损量在 0.2mm 左右,代表对加工精度要求较高、刀具磨损严格受限的情况。下面简要介绍这两种实验方案的基本情况。

1. 铣削粗加工实验方案

实验方案为 UC Berkeley 和 NASA 共同开展的铣床刀具磨损实验,以松浦加工中心 MC-510V 作为研究对象,分别在刀具主轴和机床工作台上安装声发射传感器和振动传感器,并且在主轴上安装了电流传感器,测量主轴的直流电信号和交流电信号。实验共采集了 6 种传感器的信号。主轴声发射信号和工作台声发射信号经过放大处理后输入到均方根(root-mean-squared,RMS)中进行信号平滑处理,最后存储在计算机上;主轴振动信号和工作台振动信号放大处理后输入到滤波器中进行滤波处理,再输入 RMS 中进行信号平滑处理,最后输入到计算机存储;主轴的直流电信号和交流电信号直接存储到计算机中。实验装置如图 4-20 所示。

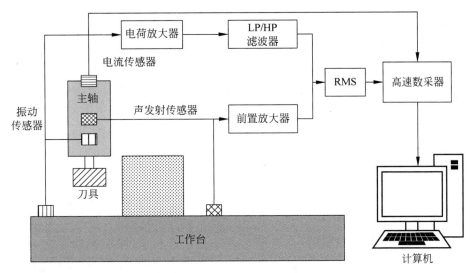

图 4-20　粗加工实验的实验装置

通过高速数据采集板进行实验数据采集,最大数据采集频率为 100kHz。主轴的直流信号和交流信号直接输入到计算机中存储,计算机存储和处理信号用的软件是 LabVIEW;主轴和工作台的噪声信号经过放大器放大后再经过 RMS 平滑处理,然后输入到计算机中存储;主轴和工作台的振动信号经过放大器放大再经过滤波器滤波,进行 RMS 平滑处理。RMS 处理方法如下:

$$\mathrm{RMS} = \sqrt{\frac{1}{\Delta T} \int_0^{\Delta T} f^2(t) \mathrm{d}t} \qquad (4\text{-}33)$$

其中，$\Delta T = 8.00 \mathrm{ms}$；$f(t)$ 为信号函数。

实验过程中选用的加工参数依照实际工业生产中的推荐参数，主轴转速为 826r/min，被切削的工件材料为不锈钢，基本尺寸为 483mm×178mm×51mm，每次加工在相同的实验参数下做两次。表 4-10 给出的实验条件为铣削粗加工实验中选用的其中 4 组，其中 A1 和 A2，B1 和 B2 分别为在相同条件下做的磨损实验。

表 4-10　磨削实验的加工条件

编号	切削深度/mm	进给速率/(mm/r)	加工时间/min	采样次数
A1	0.75	0.25	45	15(2 次空值)
A2	0.75	0.25	19	8(1 次空值)
B1	0.75	0.5	24	10(1 次空值)
B2	0.75	0.5	12	6(1 次空值)

粗加工实验方案中，采样间隔为 2～3min，采样时若出现没有成功获取刀具磨损量数据，需要在研究中省去。每次采样同时得到 6 种传感器的信号数据，一次采样得到 9000 个点，少量传感器信号中也有部分空值，需要在数据预处理过程进行处理。

2. 铣削精加工实验方案

铣削精加工实验方案是 2010 年 PHM Society Data Challenge 数据。实验平台如图 4-21 所示，以高速铣削 CNC 设备 Roders Tech RFM760 上的 6mm 三刃球头铣刀为研究对象，使用该刀具对 HRC52 工件进行斜面铣削加工，与此同时将 Kistler 振动传感器、声发射传感器、力传感器安装于工件夹具上分别测量铣削加工过程中 X 轴、Y 轴、Z 轴方向的切削分力信号、振动信号以及加工过程的声发射

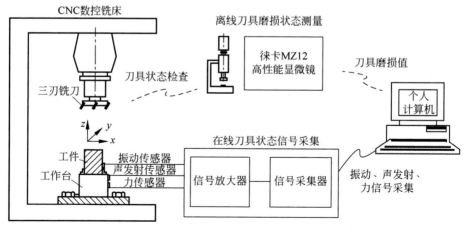

图 4-21　铣削加工实验平台

信号。实验总计采集 7 种传感器信号,采集卡将传感器信号按照规定频率采集并传输到计算机终端进行分析。

实验过程中利用铣削刀具对一块表面预处理过的 HRC52 工件表面铣削加工出一个 60° 的斜平面。实验参数设置如表 4-11 所示。实验过程中每完成一个铣削循环是指刀具在工件表面完成一个切深的加工,从刀具切入工件到完全切出过程,每个铣削循环后使用徕卡 MZ12 高性能显微镜对刀具每个刀刃后刀面磨损量进行测量,直至刀具达到磨损极限 0.165mm,采集整个加工过程的传感监测信号,记录每次铣削循环后刀具后刀面磨损量,完成针对该刀具的实验过程。

表 4-11　铣削加工实验参数

实验参数	参数值	实验参数	参数值
主轴转速	10 400r/min	轴向切深(Z 轴)	0.2mm
进给速度	1555mm/min	信道频率	50kHz
径向切深(Y 轴)	0.125mm		

实验中采集了铣削加工刀具 X、Y、Z 轴方向铣削分力过程信号,X、Y、Z 轴方向振动信号和声发射信号共计 7 种传感器响应信号,刀具从轻微磨损状态到达到磨损极限总计完成 314 次的铣削循环,每个铣削循环加工时间约为 4.5s,每个铣削循环采集到各信号采样点数为 2.25×10^5 个左右。每个铣削循环后对铣刀三个刀刃的磨损值进行测量得到 3 个刀具磨损值。

4.3.3　基于 PSO 优化的 SVM 的刀具磨损状态识别

1. 支持向量机基本原理

支持向量机(support vector machine,SVM)是 Vapnik[33] 在 1995 年提出的一种机器学习方法,广泛应用于模式识别和回归问题,且专门针对样本量小的非线性数据。SVM 建立在统计学习理论基础上,其基本思想是将输入向量映射到高维特征空间中,再寻求一个最优线性超平面,该超平面将数据集最大程度地分割开,再用来将测试数集中的数据点进行分类。

假设可分的数据集为 (x_i, y_i),$i = 1, 2, \cdots, l, x_i \in R^d, y \in (-1, +1)$,$y$ 为分类标签,d 为输入向量的维数,求解该超平面问题可以转化为以下优化问题:

$$\begin{cases} \min\left(\dfrac{1}{2}\parallel \omega \parallel^2 + C\sum_{i=1}^{l}\xi_i\right) \\ \text{s.t. } y_i[(\omega * x_i) + b] \geqslant 1 - \xi_i, \quad i = 1, 2, \cdots, l \end{cases} \tag{4-34}$$

其中,ω 为超平面法向量;b 为常数项;ξ_i 为松弛因子;C 为惩罚因子。

定义 SVM 的分类函数:

$$f(x) = \text{sgn}\left\{\sum_{i=1}^{l}\alpha_i y_i K(x_i, x) + b\right\} \tag{4-35}$$

其中，α_i 为拉格朗日算子，$K(x_i,x)$ 为核函数，用于将输入数据转化到高维特征空间。最常用的核函数径向基函数（radical basis function，RBF）为

$$K(x_i,y) = \exp\left(-\frac{\parallel x_i - x \parallel^2}{2\sigma^2}\right) \tag{4-36}$$

2. 粒子群优化算法基本原理

粒子群优化算法（particle swarm optimization，PSO）是常用的优化算法，其思想来源于模仿动物种群的集群行为。假设在 n 维的空间中搜索，由 m 个粒子组成一个种群，其中第 i 个粒子的位置表示为 $x_k^i = (x_1^i, x_2^i, \cdots, x_n^i)$。每一个粒子的位置都有可能是一个潜在解，将 x_k^i 代入目标函数 $f(x)$ 中可以得到适应度 f_k^i，适应度用来衡量该解的优劣。第 i 个粒子的飞行速度为 $V_k^i = (v_1^i, v_2^i, \cdots, v_n^i)$，到第 i 个粒子时的最优解为 $P_k^i = (p_1^i, p_2^i, \cdots, p_n^i)$，整个粒子群中搜索的最优解为 $P_k^g = (p_1^g, p_2^g, \cdots, p_n^g)$。

采用 PSO 算法进行优化时，先初始化搜索位置 x_i^0 和速度 V_i^0，计算出每个粒子的适应度，得到当前粒子群的最优解。然后，按照速度，更新粒子群；按照设定的迭代次数，不断更新最优解。对粒子速度和位置的更新迭代公式为

$$V_{k+1}^i = w_k V_k^i + c_1 \theta_1 (P_k^i - x_k^i) + c_2 \theta_2 (P_k^g - x_k^i) \tag{4-37}$$

$$x_{k+1}^i = x_k^i + V_{k+1}^i \tag{4-38}$$

其中，w_k 为惯性因子，$w_k > 0$；c_1 和 c_2 为学习因子；θ_1, θ_2 为随机数，$\theta_1, \theta_2 \in [0,1]$；$V_k^i$ 为第 k 次迭代粒子的速度矢量；P_k^i 为 k 次迭代后粒子 i 的最优解；x_k^i 为第 k 次迭代后粒子 i 的位置；P_k^g 为 k 次迭代后粒子群的最优解。

PSO 算法优化模型具有参数少、收敛快、全局搜索能力强的优点，常用来优化 SVM 分类模型中的参数。SVM 模型中需要优化的参数主要为惩罚因子 C 和径向基函数半径 σ，利用 PSO 来优化 SVM 能极大提升 SVM 的分类效果。

3. 基于 PSO 优化的 SVM 的刀具磨损状态识别流程

本节内容来自文献[34]。图 4-22 展示了基于 PSO 优化的 SVM 的刀具磨损状态识别流程，研究过程中以训练数据代表离线过程，测试数据代表在线过程。识别流程分为离线建模过程和在线识别过程，具体过程如下：

（1）对 6 种传感器信号进行预处理，去除数据集中的空值和奇异值，提取时域、频域和时频特征。

（2）对高维的特征参数进行合理选择和优化，利用皮尔逊相关分析进行特征选择，基于生长自组织映射（growing self-organizing map，GSOM）方法将特征参数进行融合，得到最小量化误差（minimum quantization error，MQE）值来衡量监测数据偏离新刀状态下数据的程度，作为刀具磨损状态的健康状态指数，通过描述

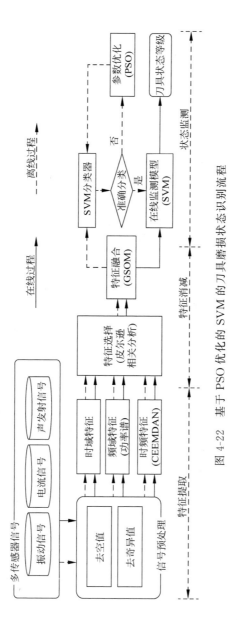

图 4-22 基于 PSO 优化的 SVM 的刀具磨损状态识别流程

MQE 的变化来追踪刀具的磨损信息。

（3）选取 A1 组数据进行预处理、特征提取和特征融合得到 MQE 值，用 MQE 值及其对应的刀具磨损级别来训练 SVM 模型，利用 PSO 算法优化参数，直到分类效果收敛，得到一个训练好的分类模型。

（4）再用对比实验组 A2 作为测试数据输入到训练好的算法模型中，实现刀具磨损状态的在线识别。

4. 实例分析

针对 4.3.2 节的实验数据进行分析，提取 6 种传感器信号的时域、频域和时频特征参数，经过归一化处理后，与测量的 VB 值分别进行皮尔逊相关性分析，得到每个特征值与 VB 的皮尔逊相关系数，筛选出相关系数大于 0.8 的特征值。

图 4-23 展示了粗加工实验中 A1 组的 6 个传感器信号与 VB 进行皮尔逊相关性分析得到的 PCC 值，每种传感器信号的特征参数由相关性强弱排序。其中，MV、MSE、SMR、RMS、MA、SF、KF、CF、MF 分别代表时域特征参数中的均值、均方差、方根幅值、均方根、最大值、偏斜度、峭度、峰值因子；峭度因子；FC、MSF、RMSF、VF、RVF 分别代表振动信号的频域特征参数重心频率、均方频率、均方根频率、频率方差、频率标准差；EF1～EF11 分别表示由 CEEMDAN 方法提取各个 IMF 分量的时频能量特征。该图中绿色表示与 VB 相关性极强的特征参数（PCC 值大于 0.8），红色代表了相关性不高的特征参数。

对于一个 n 维输入数据，可以通过训练得到一个 GSOM 映射，每一个神经元中由一个 n 维权值向量表示，邻近神经元之间存在连接关系。当输入新的数据时，可以比较与训练得到 GSOM 中每个神经元的欧氏距离，来判别新的输入数据与训练数据之间的差别。

在研究刀具磨损状态时，选择使用刀具在新刀状态时的观测数据来训练得到一个 GSOM 模型，然后将在线监测到的数据与 GSOM 中所有神经元做比较，若最小误差超过一定的预设阈值，则表明刀具此时的状态已较大偏离新刀状态，最小误差越大，认为刀具的磨损越严重。对于新刀状态下得到的 GSOM 网络，若输入新的监测数据 X（维数与训练时相同，为 n），计算与 X 距离最近的神经单元（best matching unit，BMU）之间的距离，定义为最小量化误差 MQE：

$$\mathrm{MQE} = \parallel X - \omega_{\mathrm{BMU}} \parallel \tag{4-39}$$

其中，ω_{BMU} 为 BMU 的权值向量。以 MQE 来衡量监测数据偏离新刀状态下数据的程度，作为刀具磨损状态的健康状态指数，通过描述 MQE 的变化来追踪刀具的磨损信息。MQE 值越大，代表刀具磨损越严重，此时可以根据显微镜测量的 VB 值来验证 MQE 作为健康指数的合理性。

在磨削实验中，选择新刀状态时采集的传感器数据，经过特征提取、特征选择后保留 30 个强相关特征，将其归一化后来训练 GSOM 模型，设置 GSOM 网络的分布因子 spreadFactor＝0.9，得到新刀时特征参数与神经元的映射结构，再将后

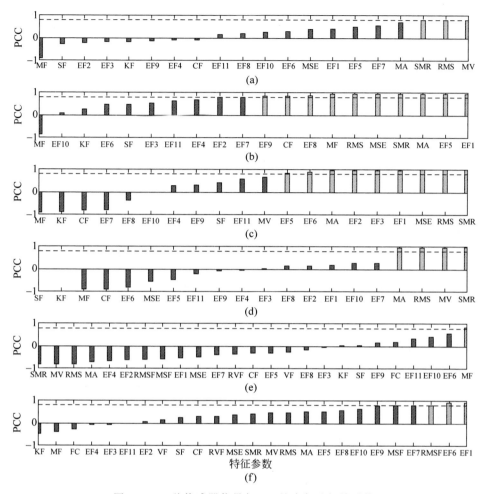

图 4-23　6 种传感器信号与 VB 的皮尔逊相关系数

（a）主轴声发射信号；（b）工作台声发射信号；（c）主轴交流电信号；（d）主轴直流电信号；

（e）主轴振动信号；（f）工作台振动信号

续采集的传感器数据做相同处理后输入到训练好的 GSOM 模型中，可以得到每一次采样对应的 MQE 值（无量纲）。将计算得到的 MQE 值与测量得到的 VB 值做比较，如图 4-24 所示，可以看出 MQE 能基本拟合出 VB 的变化趋势，以 MQE 作为监测刀具磨损状态的健康指数是值得尝试的。

在铣削实验中将实验刀具的磨损状态分为 3 个等级：当 VB＜0.2mm 时，刀具还很锋利，为新刀状态；当 0.2mm≤VB＜0.7mm 时，刀具已经部分磨损，为磨损状态；当 VB≤0.7mm 时，刀具已经严重影响加工，为磨钝状态。在训练 PSO-SVM 模型时，将训练数据集贴上 3 类标签（1，2，3），分别代表健康指数 MQE 的 3 种刀具状态。

在利用 PSO 优化 SVM 模型时，优化选择 RBF 核函数半径 σ 及惩罚因子。选

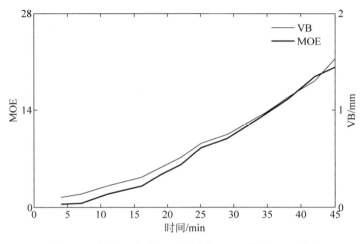

图 4-24　粗加工实验 A1 组提取 MQE 值与 VB 对比

取种群粒子数为 30，最大迭代次数为 200，惯性权值 $w_k = 1$，学习因子 $c_1 = c_2 = 2$，将适应度函数定义为 SVM 分类的准确率。利用 A1 组数据训练完 PSO-SVM 模型后，MQE 能够最大程度地与状态标签对齐。

在线监测刀具状态时，首先利用加工过程中采集的历史数据（离线数据）作为训练数据，得到能够准确识别刀具磨损状态的 PSO-SVM 模型；然后在线监测刀具的传感器数据，对信号数据作对应的预处理、特征提取和特征融合，将得到的融合值作为 PSO-SVM 模型的输入，从而识别出加工过程中刀具处于哪一种状态。

对粗加工实验 A1 组的 13 次采样信号进行状态识别，训练时的识别准确率能够达到 100%。训练完成后，将 A2 组的 8 次采样作为输入，求得 MQE 值后进行分类识别，得到测试结果，发现对在线数据分类的准确率达到了 100%。对另外一组对照实验 B1 和 B2 采用相同的研究思路，利用 B1 组数据训练出一个新的 SVM 分类器，用 B2 组数据测试分类器，得到刀具状态的监测结果，识别准确率也达到了 100%。结果表明：对于加工精度要求不高的粗切削情况，利用皮尔逊相关系数做特征选择，GSOM 做特征融合能够保留传感器信号中有效识别刀具状态的信息，识别效果很不错。

为了比较本节刀具状态在线监测思路和方法的效果，另外选择了其他两种刀具磨损监测中提出的监测方法。BP 神经网络是广泛应用于刀具状态识别研究中的人工神经网络，通过误差反向传播来优化识别模型，在研究中也有不错的效果。自适应神经模糊推理（ANFIS）依据特征参数为输入条件，使用误差的反向传播算法学习和优化推理规则，形成状态识别模型。在应用这两种方法对刀具磨损状态进行识别时，对信号做了类似特征提取、特征选择后，选取了与 VB 具有最高相关性的 4 组特征参数，输入到上述模型中。对比结果如表 4-12 所示。

表 4-12　3 种方法的识别准确率对比　　　　　　　　　　　　%

识别模型	状态识别的准确率			
	A1 组	A2 组	B1 组	B2 组
PSO-SVM	100.00	100.00	100.00	100.00
ANFIS	84.60	85.71	85.71	80.00
BP	84.60	85.71	85.71	80.00

在使用 ANFIS 模型时,对 A1 组数据进行训练,有一次磨损状态的采样被识别为磨钝状态,对 A2 组数据进行测试时,有一组磨钝状态未被识别;在应用 BP 算法进行识别时,效果和 ANFIS 方法基本相同,都出现了错误识别的情况。由此可以看出,经过 GSOM 特征融合处理后的 PSO-SVM 识别模型效果更好,融合多维特征信息的识别效果稳定性更高。

4.3.4　基于 BSO-GMHMM 模型的刀具磨损状态识别

隐马尔可夫模型(hidden markov model,HMM)是进行时序数据处理与建模的重要概率模型,对隐含信息具有较强的学习能力,可以充分模拟出刀具磨损等过程故障的发展模式。同时 HMM 模型参数估计与似然概率计算快速,符合工业实际应用需求。本节选用混合高斯隐马尔可夫模型进行刀具磨损状态识别建模,同时针对隐马尔可夫模型自身求解算法容易陷入局部最优的问题,采用基于天牛须搜索的粒子群优化算法(BSO)对模型初值进行寻优。

1. 混合高斯隐马尔可夫模型基本原理

隐马尔可夫模型描述了一个双随机过程,其中隐藏层状态序列为马尔可夫链,隐藏层每个状态以一定概率生成可见的观测作为观测层,两者共同组成双随机过程。隐马尔可夫过程描述如图 4-25 所示,其中(a)部分表示观测长度为 5 的隐马尔可夫过程,观测层观测结果对外可见;(b)部分所示为有限 3 个隐藏状态之间的转换关系。实际应用中得到的观测变量往往为连续值,故而隐马尔可夫模型各隐藏状态的输出设以一定的概率分布,考虑多数分布都可以用混合高斯函数拟合,故而引入混合高斯模型模拟各状态的输出概率,由此得到高斯混合隐马尔可夫模型(gaussian of mixture hidden markov model,GMHMM)。

2. 基于 BAS 优化的粒子群算法 BSO 算法原理

隐马尔可夫模型的求解结果对模型初值的选取比较敏感,结果易陷入局部最优。为保证模型求解结果的最优化,采用基于天牛须搜索(beetle antennae search,BAS)的粒子群优化算法(particle swarm optimization,PSO),记为 BSO 算法,对高斯混合隐马尔可夫模型求解初值进行寻优,这在一定程度上会牺牲计算效率,但可获取更优化的模型参数求解结果,并在此模型基础上建立刀具磨损状态在线识别方法。

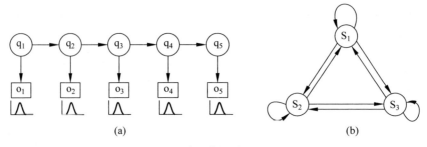

(a)   (b)

图 4-25　隐马尔可夫过程描述

（a）观测长度为 5 的隐马尔可夫过程；（b）3 个隐藏状态之间的转换

  BAS 算法是 2017 年被提出的一种生物启发式智能优化算法[35]。该方法模仿天牛觅食过程中根据左右触角（天牛须）对食物气味响应强度不同而不断搜索并快速得到食物位置的策略，过程中食物气味为适应度函数，左右触角表示在 R^n 解空间不同的可行解位置，搜索前进方向取决于左右触角适应度值，模型描述如下：

  （1）天牛左右触角位于质心两侧，方向相反，如图 4-26 所示。

  （2）天牛任意时刻位置朝向随机，左右触角朝向随机。

  （3）天牛搜索步长与两触角间距的比值为常数，并选择左右须适应度值较高方向前进。

图 4-26　天牛须抽象模型描述

  以 x_{left}^k 表示 k 时刻左触角位置，x_{right}^k 表示 k 时刻右触角位置，x_k 表示 k 时刻质心位置，d_0 表示左右须之间的距离，则从模型描述可得

$$x_{\text{right}}^k - x_{\text{left}}^k = \frac{\text{rands}(n,1)^k}{|\text{rands}(n,1)^k|} \times d_0 = \text{dir}^k \times d_0 \qquad (4\text{-}40)$$

式（4-40）表示任意时刻 k，搜索前进方向随机生成。$k+1$ 时的搜索位置由 k 时刻位置与当前左右须适应度情况决定：

$$x_{k+1} = x_k - \text{stepLength}^k \times \text{dir}^k \times \text{sign}(f^k(x_{\text{left}}) - f^k(x_{\text{right}})) \qquad (4\text{-}41)$$

其中，$\text{stepLength} = c \times d_0$，常数 c 为步长参数；$\text{sign}(f_{\text{left}}^k - f_{\text{right}}^k)$ 为符号函数，当左须适应度 $f^k(x_{\text{left}})$ 大于右须适应度 $f^k(x_{\text{right}})$ 时取负号，反之取正号，使得搜索往适应度值大的方向前进。迭代搜索可以迅速求得模型最优解。

  为避免迭代至最优解出现振荡，通常以变化率 $\varepsilon \in [0,1]$ 在迭代过程中更新步长：

$$\text{stepLength}^{k+1} = \text{stepLength}^k \times \varepsilon \tag{4-42}$$

BAS 优化 PSO 算法称为 BSO 算法,其核心在于对 PSO 算法中粒子运动速度的更新算法,综合 BAS 算法迭代寻优速度快、PSO 算法全局寻优能力强的特点,实现更好的全局寻优算法,得到算法流程与速度更新规则如下:

$$v_i^{k+1} = w_k v_i^k + c_1 R_1^k (P_i^k - x_i^k) + c_2 R_2^k (P_g^k - x_i^k) + c_3 v_{bi}^k \tag{4-43}$$

其中,v_{bi}^k 表示引入天牛须算法后速度更新中的天牛速度更新;c_3 为天牛速度权重因子。

v_{bi}^k 按式(4-44)计算:

$$v_{bi}^k = -\delta^k \times \text{dir}^k \times \text{sign}(f^k(x_{\text{left}}) - f^k(x_{\text{right}})) \tag{4-44}$$

其中,sign 表示符号函数,当 $f^k(x_{\text{left}}) - f^k(x_{\text{right}}) > 0$ 时取正号,反之取负号,等于零时则取 0 值。

3. 基于 BSO-GMHMM 模型的刀具磨损状态识别流程

本节内容来自文献[36]。图 4-27 展示了基于 BSO-GMHMM 模型的刀具磨损状态识别模型,分为离线建模与在线状态识别两个阶段。在离线建模阶段,借助历史或试验数据通过 GMHMM 模型学习刀具磨损退化模式,首先将提取筛选得到的特征量按照刀具磨损阶段划分为 5 个不同训练集,借助 BSO 算法优化模型初值,并在改进的 Baum-Welch 算法支持下训练不同磨损阶段的 GMHMMs 模型,为在线阶段提供退化模式库。在在线状态识别阶段,将实时观测序列输入GMHMMs 模型组成的退化模式库中,并根据各模型下给定观测的出现概率,通过贝叶斯信息准则确定当前状态属于哪个模型,即当前刀具磨损状态处于该磨损阶段。

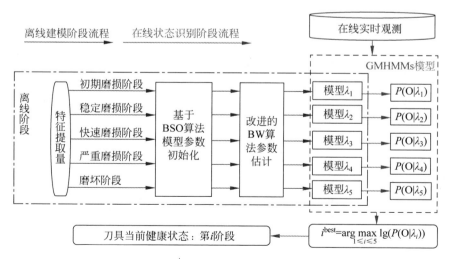

图 4-27　刀具磨损状态识别模型

4．实例分析

针对本节实验数据，按如下步骤进行分析。

1）特征提取与筛选

对 3 种响应信号（Z 轴方向力信号、X 轴方向振动信号和声发射信号）分别从时域、频域和时频域提取 243 个特征量：每种信号中提取 12 个时域特征、5 个频域特征和 64 个时频域特征，其中不乏对故障不敏感特征。特征选择也称为特征子集选择，指从全部特征中选取一个特征子集，在该子集下构造出的智能模型效果更好。一般流程如图 4-28 中(a)所示，其中特征子集搜索过程耗费时间与效率，故而在保证建模效果基础上简化为如图 4-28(b)所示简化流程。进行特征筛选，通过皮尔逊相关系数分析法去除不相关特征，再通过近似冗余概念去除冗余特征，最终得到相对性能良好的建模特征子集。

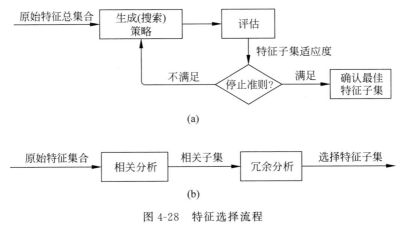

图 4-28　特征选择流程

(a) 特征筛选标准流程；(b) 特征筛选简化流程

对剔除不相关后的特征进行冗余筛选，最终筛选得到的特征子集中每种信号筛选得到的特征值如表 4-13 所示。其中，W_i 表示小波分解第 i 个能量段的能量值，$1 \leqslant i \leqslant 64$。最终从 3 类响应信号中得到 41 个特征量提取值，其中声发射信号因皮尔逊系数相关性太低，该组信号中所提取的特征值未被选用，进行建模分析。

表 4-13　特征筛选结果

响应信号	筛选得到的特征值	数量
Z 轴方向力信号	SMR, W, CF, PF, MF, SF, KF, VF, RVF, W2, W12, W25, W29, W37, W40, W41, W43, W47, W52, W54, W58, W59	22
X 轴方向振动信号	SMR, K, MF, SF, KF, W2, W3, W10, W12, W13, W15, W26, W32, W39, W44, W46, W48, W61, W64	19
声发射信号	无	0

2）刀具磨损阶段划分

刀具磨损过程划分为初期磨损、平稳磨损、快速磨损、严重磨损与磨坏 5 个阶段,刀具磨损状态在线识别的目的就是根据在线实时数据,通过模型对刀具当前所处的磨损阶段进行判定,故 HMMs 建模也是针对不同磨损阶段而言的。不同材质、结构和功能的刀具磨损测量与磨损阶段划分不同,当前还没有对刀具磨损阶段准确划分的标准。建模与分析的第一步是对刀具磨损阶段进行划分,通过提取得到的特征量同时结合实际磨损值进行 K-means 聚类处理,结合聚类结果给出实验所用刀具各磨损阶段的划分结果,如表 4-14 所示。

表 4-14　基于特征聚类的刀具磨损状态划分

磨损阶段	初期磨损	平稳磨损	快速磨损	严重磨损	磨坏
VB/(10^{-3} mm)	0～94.50	94.50～113.00	113.00～134.20	134.20～165.00	＞165.00
对应铣削循环	1～95	96～175	176～240	241～297	298～314

3）磨损阶段在线识别模型建模

为刀具各个磨损阶段分别建立混合高斯隐马尔可夫识别模型,具体步骤如下:

(1) 模型拓扑结构选择。刀具磨损过程属于不可逆过程,在应用隐马尔可夫模型进行刀具磨损退化建模时,模型隐藏每个状态的物理意义表示刀具不同磨损程度,即模型隐藏状态只能保持当前状态或者向磨损程度更严重的状态转移。

(2) 隐马尔可夫模型隐藏状态数计算。以 $BIC = -2L + k\lg(T)$ 计算得到各磨损阶段的隐藏状态数,如表 4-15 所示。

表 4-15　各磨损阶段隐藏状态数

磨损阶段	初期磨损	平稳磨损	快速磨损	严重磨损	磨坏
HMMs 隐藏状态数	10	9	7	5	3

(3) 在线识别观测序列最短长度选择。刀具磨损状态在线识别将在线实时采集到的状态响应信号按照离线建模阶段相同方法提取信号特征,输入离线训练得到的 GMHMMs 模型进行状态识别,GMHMMs 模型输入为观测序列,则其长度设定直接影响模型识别的准确度与在线识别的时效性。一方面,观测序列长度 T 越大时,所给刀具状态信息越多,模型识别的准确度越高。但另一方面,T 过长,算法识别时间较长,影响模型的计算速度。此外,T 越长即在线信息采集间隔时间较长,刀具在线实时状态识别判定时间间隔较长,影响其应用时效性。故而需要在保证模型识别效果的前提下,尽可能缩短 T。本实验中采取试错法进行最佳观测序列长度的确定,得到最佳序列长度 $T=3$。

4）刀具状态识别

高速铣削刀具信号采集实验的数据预处理后,得到 50 组实验数据,每组实验数据包含刀具全寿命周期的 314 次铣削加工循环,从每次加工循环采集到的 Z 轴方向力信号、X 轴方向振动信号与声发射信号中提取筛选后有 41 个特征量。从中随机选取 30 组数据进行状态识别模型训练,另 10 组进行模型训练效果测试,剩余 10 组进行模型应用效果验证。建模结果与分析如下:

(1) BSO 优化初值与经验初值训练效果比较。模型经验初值选取通常为:$\pi_i = \dfrac{1}{N}$(N 为隐藏状态数),$a_{ij} = \dfrac{1}{(N-i)+1}$($1 \leqslant i \leqslant j \leqslant N$),该种经验选择使得模型迭代结果容易陷入局部最优。BSO 搜索虽然在一定程度上牺牲了模型训练时间,但可换取更高准确度的模型训练结果。优化后初值与经验初值训练 GMHMMs 模型的迭代过程如图 4-29 所示,可以明显看出,优化后的初值对应模型训练结果似然概率更高。

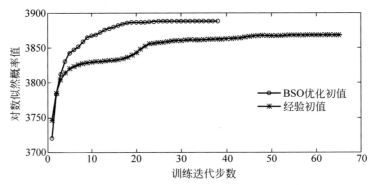

图 4-29　基于 GMHMM 状态识别模型训练效果

(2) 识别效果与准确度。图 4-30 所示的是一组验证数据中每个点的验证效果。可以看见,预测与真实结果误差总出现在每个磨损阶段的交接处,即模型在状态交接处识别效果不佳。表 4-16 所示的是 10 组验证数据中每组随机抽取 100 个点进行验证的验证结果数据,说明该模型识别效果的准确率较高,对 10 组数据中每个采样点数据进行验证得到的识别率为 98.18%,识别效果相对准确。

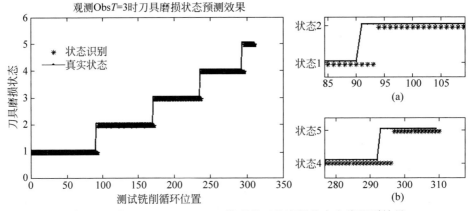

图 4-30　基于 BSO-GMHMM 模型的刀具磨损状态在线识别效果

表 4-16　基于 BSO-GMHMM 模型的刀具磨损状态在线识别准确率

验证组	初期磨损	稳定磨损	快速磨损	严重磨损	磨坏	识别率/%
1	31	29	21	15	4	100
2	37	17	18	23	5	99
3	16	30	24	26	4	99
4	26	25	19	27	3	100
5	28	20	26	19	7	97
6	25	26	22	21	6	98
7	37	23	20	18	2	99
8	27	30	18	21	4	99
9	28	30	21	20	1	100
10	34	29	18	16	3	100
平均识别率						99.1

参考文献

[1]　贾希胜,甘茂治. 以可靠性为中心的维修[J]. 工程机械与维修,2002(11)：116-117.

[2]　TOBON-MEJIA D A, MEDJAHER K, ZERHOUNI N, et al. A Data-Driven Failure Prognostics Method Based on Mixture of Gaussians Hidden Markov Models[J]. IEEE Transactions on Reliability,2012,61(2)：491-503.

[3]　BOSKOSKI P, GASPERIN M, PETELIN D, et al. Bearing fault prognostics using Rényi entropy based features and Gaussian process models[J]. Mechanical Systems and Signal Processing,2015(52/53)：327-337.

[4]　AMAR M, GONDAL I, WILSON C. Vibration spectrum imaging：A novel bearing fault classification approach[J]. IEEE Transactions on Industrial Electronics,2015,62(1)：494-502.

[5]　SAMANTA B, NATARAJ C. Prognostics of Machine Condition Using Energy Based Monitoring Index and Computational Intelligence[J]. Journal of Computing and Information Science in Engineering,2009,9(4)：044502.

[6]　TAMILSELVAN P, WANG P. Failure diagnosis using deep belief learning based health state classification[J]. Reliability Engineering & System Safety,2013,115：124-135.

[7]　WEST G M, MCARTHUR S D J, TOWLE D. Industrial implementation of intelligent system techniques for nuclear power plant condition monitoring[J]. Expert Systems with Applications,2012,39(8)：7432-7440.

[8]　KUMAR S, DOLEV E, PECHT M. Parameter selection for health monitoring of electronic products[J]. Microelectronics Reliability,2010,50(2)：161-168.

[9]　MULLER A, MARQUEZ A C, IUNG B. On the concept of e-maintenance：Review and current research[J]. Reliability Engineering and System Safety,2008,93(8)：1165-1187.

[10]　ZIO E, MAIO F D. A data-driven fuzzy approach for predicting the remaining useful life in dynamic failure scenarios of a nuclear system[J]. Reliability Engineering & System

Safety,2010,95(1):49-57.

[11] 何正嘉,曹宏瑞,訾艳阳,等.机械设备运行可靠性评估的发展与思考[J].机械工程学报, 2014,50(2):171-186.

[12] 高金吉.机器故障诊治与自愈化[M].北京:高等教育出版社,2012.

[13] 谭晓栋.基于HSMM的滚动轴承故障预测技术[D].长沙:国防科学技术大学,2008.

[14] 蔡志强,孙树栋,司书宾,等.基于FMECA的复杂装备故障预测贝叶斯网络建模[J].系统 工程理论与实践,2013,33(1):187-193.

[15] 雷亚国,贾峰,孔德同,等.大数据下机械智能故障诊断的机遇与挑战[J].机械工程学报, 2018,54(5):94-104.

[16] ZHOU Y,XUE W. Review of tool condition monitoring methods in milling processes[J]. International Journal of Advanced Manufacturing Technology,2018,96(4):2509-2523.

[17] CHENG Y W,ZHU H P,WU J,et al. Multisensory data-driven health degradation monitoring of machining tools by generalized multiclass support vector machine[J]. IEEE Access,2019,7:47102-47113.

[18] GHOSH N,RAVI Y B,PATRA A,et al. Estimation of tool wear during CNC milling using neural network-based sensor fusion[J]. Mechanical Systems & Signal Processing, 2007,21(1):466-479.

[19] KONG D D,CHEN Y J,LI N. Hidden semi-Markov model-based method for tool wear estimation in milling process [J]. International Journal of Advanced Manufacturing Technology,2017,92(9/10/11/12):1-11.

[20] Loparo K,Case Western Reserve University Bearing Data Centre Website[EB/OL][2019- 01-13]. http://csegroups. case. edu/bearingdatacenter/pages/download-data-file.

[21] RUMELHART D E,HINTON G E,WILLIAMS R J. Learning representations by back- propagating errors[J]. Nature,1988,323(6088):399-421.

[22] RODRIGUES A,LAIO A. Clustering by fast search and find of density peaks [J]. Science,2014,344(6191):1492-1496.

[23] CHENG Y W,ZHU H P,WU J,et al. Machine health monitoring using adaptive kernel spectral clustering and deep long short-term memory recurrent neural networks[J]. IEEE Transactions on Industrial Informatics,2019,15(2):987-997.

[24] ALIA J B,SAIDIA L,HARRATHA S,et al. Online automatic diagnosis of wind turbine bearings progressive degradations under real experimental conditions based on unsupervised machine learning[J]. Applied Acoustics,2018,132:167-181.

[25] ALI J B,FNAIECH N,SAIDI L,et al. Application of empirical mode decomposition and artificial neural network for automatic bearing fault diagnosis based on vibration signals [J]. Applied Acoustics,2015,89:16-27.

[26] LIU Z,CAO H,CHEN X,et al. Multi-fault classification based on wavelet SVM with PSO algorithm to analyze vibration signals from rolling element bearings[J]. Neurocomputing, 2013,99:399-410.

[27] ZHANG R,TAO H,WU L,et al. Transfer learning with neural networks for bearing fault diagnosis in changing working conditions[J]. IEEE Access,2017,5:14347-14357.

[28] SAIDI L,ALI J B,FNAIECH F. Application of higher order spectral features and support vector machines for bearing faults classification[J]. ISA Transactions,2015,54:193-206.

［29］　张伟.基于卷积神经网络的轴承故障诊断算法研究［D］.哈尔滨：哈尔滨工业大学,2017.

［30］　SIMON C,VENTOSA S,SCHIMMEL M,et al. The S-transform and its inverse：side effects of discretizing and filtering［J］. IEEE Transactions on Signal Processing,2007,55 (10)：4928-4937.

［31］　ZHANG W,LI C,PENG G,et al. A deep convolutional neural network with new training methods for bearing fault diagnosis under noisy environment and different working loads ［J］. Mechanical Systems and Signal Processing,2018,100：439-453.

［32］　LU C,WANG Z,ZHOU B. Intelligent fault diagnosis of rolling bearing using hierarchical convolutional network based health state classification ［J］. Advanced Engineering Informatics,2017,32：139-151.

［33］　VAPNIK V. Statistical Learning Theory［M］. New York：Wiley,1998.

［34］　徐家宽.大数据下的刀具状态识别与寿命预测研究［D］.武汉：华中科技大学,2018.

［35］　ZHU Z Y,ZHANG Z Y,MAN W S,et al. A new beetle antennae search algorithm for multi-objective energy management in microgird［C］//2018 13th IEEE Conference on Industrial Electronics and Applications(ICIEA). Wuhan,2018,1599-1603.

［36］　孙志娟.基于扩展隐马尔可夫模型的刀具磨损识别与寿命预测研究［D］.武汉：华中科技大学,2019.

第 5 章

基于统计理论的生产过程质量控制

过程质量控制是制造车间运行优化的关键问题之一,生产过程一旦失控将大大增加质量风险。生产现场采集的数据一定程度上能反映出过程运行的优劣状态。由于受随机、异常因素的影响,相关过程参数比如产品质量参数、生产设备状态参数等均有可能产生不同程度的波动。质量控制的主要任务之一就是减少和控制异常因素导致的非偶然波动,及时对这些波动进行预警,并采取相应的维修维护手段将过程恢复至正常状态。否则,生产过程将有更高风险产生更多的不合格产品、更严重的系统故障停机、更高昂的制造成本等。统计过程控制(statistical process control,SPC)是统计质量控制(statistical quality control,SQC)的核心方法[1],它利用统计学中的假设检验原理对过程状态进行监控,通过对生产数据的统计分析判断过程处于受控或失控状态,进而指导过程的调整方式和维修计划。

本章首先对统计过程控制相关理论进行了概述,然后深入探讨了控制图的优化设计方法及应用,内容包括两类问题:一是经济最优的变量控制图优化设计;二是经济最优的多工位生产系统属性控制图优化设计。

5.1 统计过程控制概述

生产过程稳定性和所加工产品的质量之间存在内在的联系,一般来说,生产过程稳定、波动小,则发生产品质量问题的概率小,反之则产生质量缺陷的概率大。描述生产过程稳定性的两种状态分别称为过程受控(in control)和过程失控(out of control)。偶因(common cause)和异因(assignable cause)是导致过程波动的原因。"偶因"指人、机、料、法、测、环、能等因素的随机变化,它不可避免,比如合格原料的微小变化,机械的微小振动,刀具的正常磨损,气候、环境的微小变化等。"异因"指应该努力避免的非正常变化,包括使用不合格原料、设备调整不当、新手作业、违背操作规程、刀具过量磨损等。

SPC 的原理是通过监测关键质量特性值(key quality characteristics,KQCs)的变化,推断生产过程是否稳定受控,其基本依据是"小概率事件不会发生"。KQCs 包括产品特性值和过程特性值。产品特性指最终产品本身所具有的特性,比如最终尺寸、粗糙度等;过程特性指过程中所能显现的特性,随着过程结束而消失,包括产品的中间参数、制造过程参数(制程参数)等。通过收集历史样本数据,设定控制界限(control limit,CL),绘制控制图(control chart,CC)并实时监控质量特性值的变化,如果只有偶因,变量值超出控制线是小概率事件,因此如果变量值越界,则表明过程很可能存在异因,控制图发出失控报警,需要及时处理,以避免产生更大、更多的质量问题。

5.1.1　经典 SPC 控制图

1. 休哈特控制图

20 世纪 20 年代提出的休哈特(Shewart)控制图是经典的 SPC 控制图,因简单易用,在制造企业质量控制中得到广泛使用。它可分为变量控制图(计量型)和属性控制图(计数型)两大类。前者针对以数值形式表示、服从正态分布的特性值进行控制,包括均值-极差图($\bar{X}$-R 图)、均值-标准差图($\bar{X}$-R_s 图)等类型;后者针对不合格品数(率)、缺陷数(率)等服从二项式或泊松分布的计件、计点值进行控制,包括不合格品数图(np 图)、不合格品率图(p 图)、缺陷数图(c 图)、单位缺陷数图(u 图)等类型。

休哈特控制图的主要参数包括:

(1) 控制界限 l:含上控制限 UCL 和下控制限 LCL。当控制点超出[LCL,UCL]区间时,控制图报警,表明过程已失控。用[LSL,USL]表示质量规格区间,如果控制点超出该区间,则说明已发生质量缺陷,一般满足 LSL<LCL<UCL<USL(否则说明过程能力不足),因此,过程失控并不一定意味着发生了质量异常,而只是说明质量风险已加大,需要及时采取预防措施。

(2) 样本容量 n:即样本大小。样本组成应符合合理子组要求,即"样本组内差异主要由偶因造成,样本组间差异主要由异因造成"。样本容量也可以是一个变化值。

(3) 采样间隔 h:两次采样之间的时间间隔,可以是一个固定值,也可以是变值。

由于偶然因素的存在,控制图必然会漏发或虚发警报。当控制限增大或减少时,漏发概率相应增加或减少,虚发概率相应减少或增加。当样本容量 n 增加时,可同时减小漏发和虚发概率。n 和 h 一般也和采样成本有直接关系。

对于变量控制图,假定所监控的质量特性值服从正态分布 $N(\mu,\sigma^2)$,一般采用 3σ 控制限,即 $UCL=\mu+\dfrac{3\sigma}{\sqrt{n}}$,$LCL=\mu-\dfrac{3\sigma}{\sqrt{n}}$,在实际应用时一般取样本容量 $n=5$。

休哈特控制图对过程的小偏移不敏感,需要经历较长时间才能检出失控。于是累积和(CUSUM)控制图、指数加权移动平均(EWMA)控制图等新型控制图被相继提出。CUSUM 图的基本原理是考虑历史数据分析变量的变化趋势,其控制变量是统计量相对其过程平均值偏差的累积和;EWMA 图与 CUSUM 图的基本原理类似,也加入了对历史数据的分析,但是给了历史数据不同的权重,距离当前时间越近则该权重越大,当给予所有历史数据相等权重时,即为 CUSUM 图,因此可认为 CUSUM 图是 EWMA 图的特例。

2. 控制图的统计特性和经济特性

控制图的统计特性指两类错误概率及平均运行链长。控制图产生的Ⅰ类错误称为误报或虚报错误,发生概率记为 α;Ⅱ类错误称为漏报错误,发生概率记为 β, β 的取值与过程偏移程度有关,偏移值越大则 β 较小,如果过程只发生了很轻微的偏移,则 β 可能较大。如果只调整控制界限,α 变小则 β 变大,难以两全其美。容易证明,经典休哈特变量控制图的两类错误率分别为

$$\alpha = 2\Phi(-l), \quad \beta = \Phi(l - \delta\sqrt{n}) - \Phi(-l - \delta\sqrt{n})$$

其中,$\Phi(\cdot)$ 为标准正态概率分布函数。如果是其他类型控制图,错误率 α、β 一般需要通过马尔可夫链等方法来近似求解。

平均运行链长(average run length,ARL)和平均报警时间(average time to signal,ATS)也是控制图重要的统计性能指标。ARL 包括:

(1) ARL0:平均受控链长,即受控状态下,控制图从起始受控状态到发生第一次误报经历的采样次数;

(2) ARL1:平均失控链长,即从过程发生失控到控制图检出该失控之间所经历的采样次数。

在固定采样间隔的情况下,ATS0＝$h * $ARL0,ATS1＝$h * $ARL1。ARL 和两类错误率的关系是:ARL0＝$1/\alpha$,ARL1＝$1/(1-\beta)$。

显然,上述统计特性是评价控制图优劣的重要指标,α 和 β 越小、ARL0 和 ATS0 越大、ARL1 和 ATS1 越小,则说明控制图越优秀。

经济特性是评价控制图优劣的另一类指标。与控制图相关的成本通常包括:数据采样与检测成本、质量损失成本、误报处理成本、失控恢复成本(即维护成本)等,采用不同的控制图类型和控制图参数,会导致不同的总成本。并且,经济最优和统计最优往往也是相互冲突的。例如,为了降低误报和漏报概率,可能需要加大样本容量并缩短采样间隔,这意味着成本的增加。

可以证明,经典的休哈特控制图既非经济最优也非统计最优,因此,国内外大量关于 SPC 的研究都集中在针对特定的生产过程,如何设计出经济和统计综合更优的控制图模型。一般的思路是以经济指标为优化目标、以统计指标为约束条件,建立优化模型,对控制图及维修策略的相关参数进行优化设计,这些参数通常包括控制界限、样本大小、采样间隔、计划维修周期、延迟采样周期等。

3. 过程能力指数与 6σ

大批量生产情况下,假设产品的质量特性服从正态分布 $N(\mu, \sigma^2)$,在用 SPC 控制图确认过程处于统计受控状态后,可进一步计算过程的实际加工能力,即过程

能力(process capability),并判断过程能力是否能够满足顾客(设计)要求。

如图 5-1 所示,假设顾客的要求体现为规格限(USL,LSL),规格中心为 M。

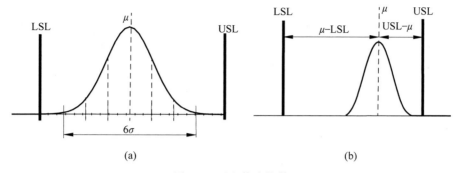

图 5-1　过程能力指数

(1) 如果规则中心 M 和过程中心 μ 完全重合,如图 5-1(a)所示,采用 Cp 指数来描述过程能力:

$$\mathrm{Cp} = \frac{\mathrm{USL} - \mathrm{LSL}}{6\sigma} \tag{5-1}$$

(2) 如果规则中心 M 和过程中心 μ 不重合,如图 5-1(b)所示,过程中心 μ 将规格限(USL,LSL)分为两个区间:(LSL,μ)和(μ,USL)。它们与 3σ 的比值反映过程在左端或右端满足顾客要求的程度,采用 Cpk 指数来描述过程能力:

$$\mathrm{Cpk} = \min\left(\frac{\mathrm{USL} - \mu}{3\sigma}, \frac{\mu - \mathrm{LSL}}{3\sigma}\right) \tag{5-2}$$

式(5-1)是式(5-2)的特例。显然,过程能力指数 Cpk 越大,即 σ 越小,说明产品加工质量值越集中、波动小,但对设备、原料、操作人员要求也越高,加工成本也越大。关于 Cpk 的评价见表 5-1。

表 5-1　Cpk 的等级及评价

过程能力 指数	Cpk >1.67	1.33<Cpk ≤1.67	1<Cpk ≤1.33	0.67<Cpk ≤1	Cpk≤0.67
等级	特级	1 级	2 级	3 级	4 级
评价	过程能力过高	过程能力充足	过程能力尚可	过程能力不足	过程能力太低

由上可引出 6σ(6 西格玛)的原理。假设某质量特性值的规格为 10 ± 0.01,即 $M=10$,USL$=0.01$,LSL$=-0.01$。

(1) 如果生产过程完全受控,即过程均值无偏,$\mu=10$。如果取 $\sigma=$USL$/2=0.005$(称为 2σ),则 Cpk$=0.67$,相当于过程能力为 4 级,通过正态分布函数容易算出,此时将有 4.6% 的产品不合格,质量状态比较糟糕;如果取 $\sigma=$USL$/3$,则 Cpk$=1$,此时仍有 0.27% 的产品不合格;如果取 $\sigma=$USL$/6$(称为 6σ),此时 Cpk$=2$,则只有 2×10^{-9} 的产品不合格。

（2）如果生产过程发生一定的波动，假定过程产生 1.5σ 的偏移。此时，如果取 σ＝USL/3（即 3σ），则将有 6.7％ 的产品不合格，质量比较糟糕；如果取 σ＝USL/6（即 6σ），则将只有 3.4×10⁻⁶ 的产品不合格，质量状况是非常满意的。

过程的偏移是无法避免的，如果只采用 3σ 控制方式，质量风险很大，只有实现 6σ，才能实现接近零缺陷的生产，这就是 6σ（6 西格玛）理论的由来。SPC 方法贯穿于 DMAIC（define-measure-analyze-improve-control，定义-测量-分析-改进-控制）流程，是实现 6σ 质量理论的重要支撑技术。

5.1.2　自相关过程与残差控制图

经典 SPC 基于观测数据的"正态、独立、同分布"假设，实际情况下，对于连续生产或实现自动数据采集的过程，相邻数据之间往往存在自相关现象，"独立"假设不再成立。自相关性产生的主要原因是因采样间隔过短而产生的时间惯性。钢铁、电子、化工、制药等连续生产行业的过程参数普遍存在自相关现象。对于自相关过程，采用传统的控制图进行监控，将会产生大量误报漏报。

通常用 AR(1) 模型（一阶自回归模型）来描述自相关过程：

$$X_t - \mu = \phi(X_{t-1} - \mu) + \varepsilon_t$$

式中，X_t 为过程的观测值序列，满足正态同分布特征：$X_t \sim N(\mu, \sigma_x^2)$；$\mu$ 为过程均值；ε_t 具有独立同分布且 $\varepsilon_t \sim N(0, \sigma_\varepsilon^2)$；$\phi$ 为自相关系数（$-1 < \phi < 1$），且 $\sigma_\varepsilon = \sigma_x \sqrt{1 - \phi^2}$，AR(1) 模型中只有一阶自回归，即当前值只与上一时刻值相关，自相关系数 ϕ 代表相关程度，$\phi = 0$ 说明不相关，$\phi > 0$ 说明正相关，$\phi < 0$ 说明负相关。

残差控制图（residuals chart）是运用时间序列模型的残差来控制过程质量。残差 $R_t = X_t - \hat{\mu} - \hat{\phi}(X_{t-1} - \hat{\mu})$。对于 AR(1) 模型，通过回归分析，估计出 μ 和 ϕ 的取值。残差的相关性可忽略不计，残差控制图的上下限通过单值控制图来设定：

$$\text{UCL/LCL} = \bar{R} \pm 2.66 \times \frac{\sum_{t=1}^{k} |R_{t+1} - R_t|}{k-1} \tag{5-3}$$

例如，质量特性 $X_t \sim N(0,1)$，且 X_t 自相关：$X_t = 0.5X_{t-1} + \varepsilon_t$，残差 $\varepsilon_t \sim N(0, 0.75)$。$X_t$ 的控制图如图 5-2 所示，图 5-2(a) 是普通控制图，图 5-2(b) 是残差控制图，可以明显看出，普通控制图产生大量误报，而残差控制图则判断正确。

5.1.3　多变量 SPC 控制图

现实的产品质量特性和生产过程非常复杂，产品质量特性参数集 Y 和生产控制参数集 X 包含的变量可达几十甚至几百，Y 和 X 之间通常存在一定的联系，不能割裂分析，自动化采集手段的普及应用使得大量获得 X、Y 的实时值成为可能。通过对 X、Y 的监控，能更加准确地分析生产过程的稳定性，该过程称为多变量统

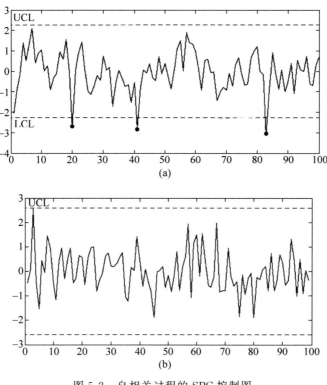

图 5-2　自相关过程的 SPC 控制图

（a）普通控制图；（b）残差控制图

计过程控制（multivariate statistical process control，MSPC），它是应用多元统计理论，实现过程控制与诊断的重要手段。

多变量之间通常存在相关性，如果将多变量问题分解为多个单变量问题进行分析，往往不准确，导致无法发现生产过程的异常。通过 MSPC 控制图，可以针对众多变量进行集成监控，既简化了控制过程，又提高了监控的准确性。

Hotelling[2] 提出的 χ^2 和 T^2 控制图是常见的 MSPC 控制图。设同时监控的 p 维随机向量 x 服从联合正态分布 $N_p(\mu, \Sigma)$，μ 和 Σ 分别为均值向量和协方差矩阵，样本容量 $n>1$，共有 m 个样本，α 是误报概率。

（1）如果 μ 和 Σ 均已知，采用 χ^2 控制图。样本 i 的 χ^2 控制变量 $\chi_i^2 = n(\bar{x}_i - \mu)'\Sigma^{-1}(\bar{x}_i - \mu) \sim \chi_{p,1-\alpha}^2$，控制图上限是 $\chi_{p,1-\alpha}^2$，下限是 0。

（2）如果 μ 和 Σ 未知，采用 T^2 控制图。先求得：$\bar{\bar{x}} = \sum\limits_{i=1}^{m} \bar{x}_i / m$ 和 $S = \sum\limits_{i=1}^{m} S_i / m$，$S_i = \dfrac{1}{n-1} \sum\limits_{i=1}^{n} (x_i - \bar{x}_i)(x_i - \bar{x}_i)'$ 为样本 i 的协方差，构建 T^2 控制变量：$T_i^2 = n(\bar{x}_i - \bar{\bar{x}})'S^{-1}(\bar{x}_i - \bar{\bar{x}})$，则 $\dfrac{(mn-m-p+1)}{p(m-1)(n-1)}T_i^2 \sim F_{1-\alpha,p,mn-m-p+1}$（即

服从 F 分布),控制图的上限是 $\dfrac{p(m-1)(n-1)}{(mn-m-p+1)}F_{1-\alpha,p,mn-m-p+1}$,下限为 0。

当控制变量数量 p 很大时,共线性普遍存在,直接对高维多变量系统进行分析,误差很大。主成分分析(principal component analysis,PCA)和偏最小二乘回归(partial least squares regression,PLS)是常见的两种降维手段,可实现将高维空间映射成低维空间,并消除共线性。如果只针对生产控制参数集 X,一般采用 PCA 方法[3]。如果同时针对生产控制参数集 X 和产品质量特征参数集 Y,可采用 PLS 方法[4]。

多变量控制图用一个统计量表征多个变量,当控制图发出失控信号时,无法辨识出具体是哪个变量发生了过程偏移,此时还需要结合单变量控制图对失控信号的来源进行分析。

5.1.4　非参数控制图

传统的休哈特控制图假设控制变量服从正态分布,然而这并不总是符合实际情况,产品的质量参数有可能服从某个范围内的均匀分布,或者是指数分布等,甚至无法用已知的分布形式去拟合。针对这种情况,可考虑利用非参数检验方法,设计相关的非参数控制图。

非参数控制图也称为无分布控制图,其正式定义建立在受控运行链长的基础之上。如果控制图的受控运行链长分布对所有连续分布是一样的,那么该控制图被称作无分布或是非参数控制图。这类控制图不用在控制图设计阶段对参数分布进行估计,具有更好的鲁棒性。当控制变量的分布情况未知或是非正态时,可考虑利用非参数检验方法,设计相关的非参数控制图来检测过程异常。与传统控制图跟踪变量分布的形状或位置参数不同,非参数控制图一般考虑使用顺序统计量,如中位数、差值符号、次序秩等[5,6]。

5.1.5　多工序选控图

多工序构成的生产线是常见的生产方式,传统的单工序 SPC 是基于生产线上"各工序统计独立"和"上道工序的产品总是合格"这两个假设建立的,实际并非如此,生产线上下工序是相关的,上道工序对下道工序的影响简称"上影"。质量大师张公绪[7]认为,在生产过程中每道工序都存在两种质量,即总质量和分质量。如图 5-3 所示,分质量反映了该工序的工作质量即工序本身的固有质量,它与上影无关。因此,针对总质量利用全控图进行分析,针对分质量利用选控图(cause-selecting control chart)进行分析,两者相辅相成,缺一不可。

全控图是一般的 SPC 控制图,它直接对总质量进行分析,可以判断是否存在欲控异因和非控异因。非控异因是上影产生的,欲控异因是本工序产生的,通过选控图判断本工序是否存在欲控异因。本工序质量指标为 $y \sim N(\mu, \sigma^2)$,上工序质

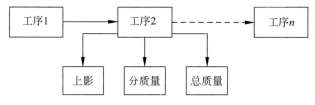

图 5-3　多工序生产线质量模型

量指标为 x ,则一般有：$\mu = F(x)$,$\sigma = G(x)$,在大样本条件下,选控值 $y_{cs} = \dfrac{y - \mu}{\sigma}$ 近似服从 $N(0,1)$,变换后消除了上影影响,可以实现选控。

　　对于一条有多道工序的生产线来说,要想诊断其生产过程必须将其分解成若干个基本单元,然后针对每个单元采用三图诊断系统进行诊断。上道工序和本道工序的总质量分别采用一般 SPC 图进行诊断,而对于本道工序上的分质量采用选控图进行诊断,这就是三图诊断原理。由于每张控制图都有两种状态,即失控状态和受控状态,因此对于三图就有 8 种状态,如表 5-2 所示,简称三八表。

表 5-2　用于多工序质量诊断的三八表

状态	上工序全控图	下工序全控图	下工序选控图	诊　　　断
Ⅰ	异常	异常	异常	分质量异常(存在欲控异因),上影异常(存在非控异因)
Ⅱ	异常	异常	正常	分质量正常(无欲控异因),上影异常(存在非控异因)
Ⅲ	异常	正常	异常	分质量异常(存在欲控异因),上影异常(存在非控异因),两者方向相反相互抵消
Ⅳ	异常	正常	正常	分质量正常(无欲控异因),上影异常(存在非控异因),两者方向相反相互抵消
Ⅴ	正常	异常	异常	分质量异常(存在欲控异因),上影正常(无非控异因)
Ⅵ	正常	异常	正常	分质量正常(无欲控异因),上影正常(无非控异因),两者方向相同而叠加,总质量异常
Ⅶ	正常	正常	异常	分质量异常(存在欲控异因),上影正常(无非控异因),两者方向相反相互抵消
Ⅷ	正常	正常	正常	分质量、上影和总质量均正常

5.2　经济最优的变量控制图优化设计

5.2.1　过程的单一失控机制与混合失效机制

　　利用 SPC 手段对生产过程进行监控与维护的一般流程如图 5-4 所示。首先建立控制图,监控关键质量特性值的变化,经过一段时间后,该质量特性值发生偏移

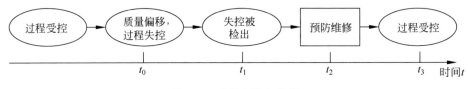

图 5-4 过程失控与恢复

(t_0 时刻),表明过程已失控,再经过一段时间后,控制图检出失控状态(t_1 时刻),发出警报,提醒人们进行维修操作,经过预防维修后(t_2 时刻),过程恢复到受控状态(t_3 时刻)。

上述生产过程的状态变异过程称为单一失控机制,它只关注质量特性的偏移,而不考虑设备的故障失效。实际工程应用中符合单一失控机制的情况也非常多,如螺栓拧紧力矩大小产生偏移,印刷电路板层间相对位置产生波动,手机铝镁合金外壳尺寸有偏差等。

另一类更复杂的变异过程称为"过程失控＋设备故障"的混合失效机制。过程质量均值在非随机因素的影响下(如设备的性能劣化)发生偏移,导致过程运行在失控状态,质量均值的偏移不可直接观测到,需通过控制图进行监控预警。除质量均值偏移外,生产系统仍然存在突然失效的风险,如设备突发故障、被加工或装配产品的报废、系统运行的崩溃等,造成过程停止生产,此类失效状态直接可见,却是统计过程控制手段无法进行监控和预警的。并且,无论过程处于受控还是失控状态,突然失效均有可能发生。质量偏移和系统失效在不同的场景中可以互为因果关系,如质量偏移量过大造成产品累计出现较大缺陷并导致停机,设备可靠性逐渐降低导致性能劣化使得过程质量产生偏移。无论何种情况,均可以合理地给出这样一种假设:设备在过程处于失控状态下时其产生失效的风险要高于受控状态下的失效风险。该假设是混合失效机制下控制图优化设计的基本前提。

混合失效机制下状态变化与维修策略之间的关系如图 5-5 所示。异因波动导致质量偏移,表明过程从受控状态转为失控状态,可通过预防维修手段对系统予以恢复。在过程处于受控状态和失控状态下,设备均有可能失效导致停机,需通过故障维修手段对系统予以恢复。另外,通常还可能同时采用计划维修策略,即到达固定时刻,不管系统是否失控/失效,都按计划停机维修。从系统运行角度来看,单一失控机制和混合失效机制的本质区别在于:前者认为质量偏移仅导致生产系统在较高成本下继续运行;后者认为质量偏移还会提高失效故障风险,而失效故障将造成生产系统停止运行。

下面针对单一失控机制与混合失效机制,以经济性为优化目标(即单位时间的总期望成本最低),考虑多种维修策略的影响,分别研究 4 类控制图的优化设计问题:

问题 1:单一失控模式下,过程偏移大小随时间变化,采用均值控制图对生产过程进行监控,并通过预防维修和计划维修两种方式对系统状态进行恢复。

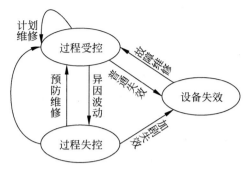

图 5-5 混合失效机制下状态变化与维修策略之间的关系

问题 2：单一失控模式下，过程偏移大小是随机变量，采用 EWMA 控制图对生产过程进行监控，并通过预防维修方式对系统状态进行恢复。

问题 3：混合失效模式下，基于延迟监控策略，采用均值控制图对生产过程进行监控，同时集成预防维修和计划维修两种方式对系统状态进行恢复。

问题 4：混合失效模式下，针对多维质量特性，采用多变量 EWMA 控制图对生产过程进行监控，并利用预防维修方式对系统状态进行恢复。

5.2.2 时变质量偏移下的均值控制图优化

在大量的均值控制图优化模型中，都假设当过程失控时，所监控的质量特性均值发生恒定值偏移，然而，实际情况下质量偏移值往往是变化的，比如刀具磨损、设备持续劣化等造成的过程失控，可以区分为时变型偏移量和随机型偏移量两类，本节和下节分别对这两类情况进行研究[8,9]。

1. 时变质量均值偏移的假设

本节的优化模型基于下述 3 个假设：

（1）只考虑过程失控，不考虑设备失效，只考虑单个质量特性值的偏移。质量偏移的发生时间 t 服从威布尔分布，概率密度函数 $f(t) = \frac{\beta}{\eta}\left(\frac{t}{\eta}\right)^{\beta-1}\mathrm{e}^{-\left(\frac{t}{\eta}\right)^{\beta}}$。这样，当过程在 $t \leqslant ih$ 时受控、而在 $ih < t < (i+1)h$ 时间内失控时，时间 t 服从以 $\frac{f(t)}{1-F(ih)}$ 为概率密度函数的截尾分布。

（2）失控状态下质量特性值 x 的偏移函数为 $\delta(t)$。受控状态下，质量特性值 x 服从正态分布 $N(\mu_0, \sigma^2)$，过程失控导致均值偏移为 $\mu_1 = \mu_0 + \delta\frac{\sigma}{\sqrt{n}}$，均值偏移量 δ 是一个随时间变化的函数，它可以是线性函数 $\delta(t) = at$，二次函数 $\delta(t) = at^2$，或指数函数 $\delta(t) = a(1-\mathrm{e}^{bt})$。

（3）受控状态下，过程单位时间的质量损失为常数 C_I，失控状态下，单位时间

的质量损失 C_O 是偏移量 δ 的函数,而 δ 又是时间的函数,记为 $C_O(t)$ 。

2. 过程监控与维修的 3 种场景

针对持续运行的生产过程,通过均值控制图对其关键质量特性值 x 进行实时监控,同时设定固定的计划维修周期 $T=(k+1)h$,即经历 $k+1$ 次采样后进行计划维修。一旦出现控制图报警,就立即停止生产过程并进行检查,若警报属实,则通过预防维修将过程恢复如新,并开始新的计划维修周期。到达 T 时刻后,如果控制图一直未报警,就强制停止生产过程并进行计划维修,将过程恢复如新。如图 5-6 所示,该问题可分解为 3 种工作场景:

场景 1:在 T 时刻之前,过程已失控并被控制图检出,通过预防维修将过程恢复如新。

场景 2:在 T 时刻,过程已失控,但控制图漏检,通过计划维修将过程恢复如新。

场景 3:在 T 时刻,过程从未失控,通过计划维修将过程恢复如新。

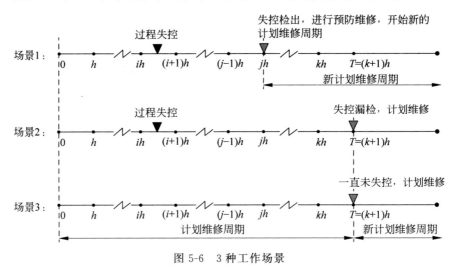

图 5-6 3 种工作场景

下面分别计算 3 种场景下的期望运行周期时长和期望成本。

1) 场景 1

假定过程在 $ih<t<(i+1)h$ 时间段内发生均值偏移,且在其后的 jh 时刻控制图检出失控状态,并立即进行预防维修将系统修复如新,周期结束。控制图在第 m 次采样过程中未能检测出失控信号的概率为

$$\theta(\tau)=\Phi(l-\delta(mh-t)\sqrt{n})-\Phi(-l-\delta(mh-t)\sqrt{n}) \tag{5-4}$$

$0\leqslant i\leqslant k-1,i+1\leqslant j\leqslant k$ 下的发生概率为

$$P_1(i+1,j)=\int_{ih}^{(i+1)h}g_1(i,j,t)\mathrm{d}t \tag{5-5}$$

其中, $g_1(i,j,t)=\dfrac{f(t)}{1-F(ih)}[1-\theta(jh-t)]\cdot\displaystyle\prod_{m=i+1}^{j-1}\theta(mh-t)$

控制图的第一类错误 $\alpha = 2\Phi(-l)$，过程在 $ih < t < (i+1)h$ 时间段内发生均值偏移，在此之前控制图误发警报的次数为 $i\alpha$。因此过程期望时长为

$$\mathrm{ET}_1(i+1, j) = jh + i\alpha T_\mathrm{Y} + T_\mathrm{R} \tag{5-6}$$

其中，T_Y、T_R 分别为误报处理时长和预防性维护时长。

过程在 $ih < t < (i+1)h$ 时间内的 t 时刻发生均值偏移，故受控状态下运行成本为

$$C_\mathrm{I} = \int_{ih}^{(i+1)h} t g_1(i, t)\mathrm{d}t / P_1(i+1, j), \quad 0 \leqslant i \leqslant k-1$$

在随后的 (t, jh) 时间内，过程处于失控状态运行，在 τ 时刻的单位时间运行成本为 $C_\mathrm{O}(\tau - t)$，故失控状态下运行成本为

$$\int_{ih}^{(i+1)h} g_1(i, t) \int_t^{jh} (\tau - t) C_\mathrm{O}(\tau - t)\mathrm{d}\tau\mathrm{d}t / P_1(i+1, j), \quad t \leqslant \tau \leqslant jh$$

控制图在每次采样过程中的成本包括固定成本 C_F 和可变成本 $C_\mathrm{V} \cdot n$。因此，过程期望运行成本包括采样成本、受控运行成本、失控运行成本、误报处理成本 C_Y 和预防维修成本 C_R：

$$\mathrm{EC}_1(i+1, j) = (C_\mathrm{F} + C_\mathrm{V} n)j + \int_{ih}^{(i+1)h} t g_1(i, t) C_\mathrm{I}\mathrm{d}t / P_1(i+1, j) +$$

$$\int_{ih}^{(i+1)h} g_1(i, t) \int_t^{jh} (\tau - t) C_\mathrm{O}(\tau - t)\mathrm{d}\tau\mathrm{d}t / P_1(i+1, j) + i\alpha C_\mathrm{Y} + C_\mathrm{R} \tag{5-7}$$

综上，场景 1 的总期望成本和期望时长分别为

$$P_1 \cdot \mathrm{EC}_1 = \sum_{i=0}^{k-1} \sum_{j=i+1}^{k} P_1(i+1, j) \cdot \mathrm{EC}_1(i+1, j)$$

$$= \sum_{i=0}^{k-1} \sum_{j=i+1}^{k} \left\{ \int_{ih}^{(i+1)h} g_1(i, j, t)\mathrm{d}t \left((C_\mathrm{F} + C_\mathrm{V} n)j + \right. \right.$$

$$C_\mathrm{I} \int_{ih}^{(i+1)h} t g_1(i, t)\mathrm{d}t / P_1(i+1, j) + \int_{ih}^{(i+1)h} g_1(i, t) \int_t^{jh} (\tau - t) \cdot$$

$$\left. \left. C_\mathrm{O}(\tau - t)\mathrm{d}\tau\mathrm{d}t / P_1(i+1, j) + i\alpha C_\mathrm{Y} + C_\mathrm{R} \right) \right\} \tag{5-8}$$

$$P_1 \cdot \mathrm{ET}_1 = \sum_{i=0}^{k-1} \sum_{j=i+1}^{k} P_1(i+1, j) \cdot \mathrm{ET}_1(i+1, j)$$

$$= \sum_{i=0}^{k-1} \sum_{j=i+1}^{k} \left\{ \int_{ih}^{(i+1)h} g_1(i, j, t)\mathrm{d}t \cdot (jh + i\alpha T_\mathrm{Y} + T_\mathrm{R}) \right\} \tag{5-9}$$

2) 场景 2

过程在 $ih < t < (i+1)h$ 时间段内发生均值偏移，然而控制图一直到 kh 时刻也没有检出失控，即从第 $i+1$ 次采样到第 k 次采样，控制图均漏发失控警报。过程会在 $T = (k+1)h$ 时刻停机检查后进行计划维修，将系统修复如新，周期结束。因此过程在 $ih < t < (i+1)h$ 时间段内发生均值偏移、控制图从第 $i+1$ 次采样至

第 k 次采样均没有检出失控的概率为

$$P_2(i+1,k+1) = \int_{ih}^{(i+1)h} g_2(i,t)dt, g_2(i,t)$$

$$= \frac{f(t)}{1-F(ih)} \cdot \prod_{m=i+1}^{k} \theta(mh-t) \tag{5-10}$$

过程期望时长为

$$ET_2(i,k+1) = (k+1)h + i\alpha T_Y + T_P, \quad 0 \leqslant i \leqslant k-1 \tag{5-11}$$

过程期望成本为

$$EC_2(i,k+1) = (C_F + C_V n)k + \int_{ih}^{(i+1)h} C_I \cdot t \cdot g_2(i,t)dt/P(i,k+1) +$$

$$\int_{ih}^{(i+1)h} g_2(i,t) \int_{t}^{(k+1)h} (\tau-t)C_O(\tau-t)d\tau dt/P(i,k+1) +$$

$$i\alpha C_Y + C_P \tag{5-12}$$

综上，场景 2 的总期望成本和期望时长分别为

$$P_2 \cdot EC_2 = \sum_{i=0}^{k} P_2(i+1,k+1) \cdot EC_2(i+1,k+1)$$

$$= \sum_{i=0}^{k} \left\{ \int_{ih}^{(i+1)h} g_2(i,t)dt \cdot \left((C_F + C_V n)k + C_I \int_{ih}^{(i+1)h} tg_2(i,t)dt/P_2 \cdot \right. \right.$$

$$(i,k+1) + \int_{ih}^{(i+1)h} g_2(i,t) \int_{t}^{(k+1)h} (\tau-t)C_O(\tau-t)d\tau dt/P_2 \cdot$$

$$\left. \left. (i,k+1) + i\alpha C_Y + C_P \right) \right\} \tag{5-13}$$

$$P_2 \cdot ET_2 = \sum_{j=i+1}^{k} P_2(i+1,k+1) \cdot ET_2(i+1,k+1)$$

$$= \sum_{j=i+1}^{k} \left\{ \int_{ih}^{(i+1)h} g_2(i,t)dt((k+1)h + i\alpha T_Y + T_P) \right\} \tag{5-14}$$

3）场景 3

过程在 $0 \leqslant t \leqslant (k+1)h$ 时间段内一直受控的发生概率为

$$P_3(k+2,k+1) = 1 - \int_{0}^{(k+1)h} f(t)dt \tag{5-15}$$

过程期望时长为

$$ET_3(k+2,k+1) = (k+1)h + k\alpha T_Y + T_P \tag{5-16}$$

过程期望成本为

$$EC_3(k+2,k+1) = (C_F + C_V n)k + C_I(k+1)h + k\alpha C_Y + C_P \tag{5-17}$$

综上，场景 3 的总期望成本和期望时长分别为

$$P_3 \cdot EC_3 = P_3(k+2,k+1) \cdot EC_3(k+2,k+1) = \left(1 - \int_{0}^{(k+1)h} f(t)dt \right) \cdot$$

$$((C_F + C_V n)k + C_I(k+1)h + k\alpha C_Y + C_P) \tag{5-18}$$

$$P_3 \cdot \mathrm{ET}_3 = P_3(k+2,k+1) \cdot \mathrm{ET}_3(k+2,k+1) = \left(1 - \int_0^{(k+1)h} f(t)\mathrm{d}t\right) \cdot$$
$$((k+1)h + k\alpha T_{\mathrm{Y}} + T_{\mathrm{P}}) \tag{5-19}$$

综合考虑 3 种场景，过程单位时间的期望运行成本为

$$E(CT) = \frac{\sum\limits_{i=1}^{3} P_i \cdot \mathrm{EC}_i}{\sum\limits_{i=1}^{3} P_i \cdot \mathrm{ET}_i} \tag{5-20}$$

控制图优化模型的目标为寻找合适的决策变量组合 (l,h,n,k)，使得目标函数 $E(CT)$ 最小。其中 $l,h > 0$，n,k 为大于等于 1 的正整数。

本优化模型称为模型 1，为了进行对比分析，也考虑另外两种独立模型的应用，分别是不考虑计划维修的 SPC 优化模型（模型 2）和只进行计划维修的优化模型（模型 3）。模型 2 在无限时间周期内，仅由 SPC 控制图的真实警报触发预防维修从而将系统恢复如新，而不设置固定的时间阈值进行计划维修，该模型的优化参数包括 n,l,h。模型 3 对过程不采取控制图监控，仅在过程运行一定时间 T 后，无论其真实运行状态如何，都采用计划维修手段将过程恢复如新，该模型的优化参数是 T。

3. 算例研究

采用禁忌搜索算法对上述优化模型进行求解，模型的相关成本参数及维修参数设置见表 5-3。过程受控运行过程中，将采集到的过程质量均值进行标准化处理，服从均值为 0、方差为 1 的标准正态分布，并采用均值控制图对过程进行监控。

表 5-3 模型参数设置

参数	C_{I}	γ	C_{F}	C_{V}	C_{Y}	C_{P}	C_{R}	T_{Y}	T_{P}	T_{R}
取值	30	100	10	3	200	500	1000	0.5	1	1

设置 3 种不同的质量均值偏移量变化函数：

(1) 偏移量随失控时长呈线性增长，$\delta(t) = 0.05t$；

(2) 偏移量随失控时长呈二次型增长，$\delta(t) = 0.002t^2$；

(3) 偏移量随失控时长呈指数型增长，$\delta(\tau) = 2(1 - \mathrm{e}^{-0.15t})$。

针对过程偏移发生时间的威布尔分布函数，分别设置 3 组形状参数和 3 组尺度参数：

(1) 形状参数分别设为 $\beta = 1$、$\beta = 1.7$、$\beta = 2.7$；

(2) 尺度参数分别设为 $\eta = 100$、$\eta = 200$、$\eta = 500$。

共设计 12 组实验（实验 1～实验 4 对应线性偏移量，实验 5～实验 8 对应二次型偏移量，实验 9～实验 12 对应指数型偏移量），分别优化模型 1、模型 2 和模型 3 的参数，并计算单位时间期望成本，结果见表 5-4。可以看出，在给定参数变化范围内，模型 1 具有最好的经济性能。

表 5-4 计算结果

序号	分布参数		优化模型	决策参数				目标值
	η	β		l	h	n	k	$E(CT)$
1	100	1	模型 1	3.05	3.78	1	9	55.08
			模型 2	1.06	2.28	6	—	81.00
			模型 3	—	—	—	$T=8.91$	93.54
2	200	1	模型 1	2.83	5.97	1	9	50.77
			模型 2	1.03	3.00	6	—	69.12
			模型 3	—	—	—	$T=10.62$	85.43
3	100	1.7	模型 1	2.64	5.72	2	5	50.13
			模型 2	1.01	2.98	5	—	81.36
			模型 3	—	—	—	$T=12.26$	75.36
4	500	2.7	模型 1	2.35	7.30	1	8	39.21
			模型 2	1.09	3.43	4	—	58.96
			模型 3	—	—	—	$T=37.62$	45.77
5	100	1	模型 1	2.19	8.91	3	3	51.38
			模型 2	1.05	2.91	5	—	77.55
			模型 3	—	—	—	$T=10.44$	85.54
6	500	1	模型 1	2.04	6.06	3	8	47.21
			模型 2	1.00	3.43	6	—	63.11
			模型 3	—	—	—	$T=15.83$	69.01
7	200	1.7	模型 1	2.73	3.82	2	5	53.47
			模型 2	1.38	1.49	5	—	76.35
			模型 3	—	—	—	$T=17.06$	62.59
8	500	2.7	模型 1	2.93	8.29	1	10	38.18
			模型 2	1.03	3.63	5	—	58.82
			模型 3	—	—	—	$T=36.19$	45.97
9	200	1	模型 1	2.0614	9.00	3	3	47.32
			模型 2	1.02	3.11	5	—	52.39
			模型 3	—	—	—	$T=12.15$	99.28
10	100	1.7	模型 1	1.96	5.53	4	5	52.72
			模型 2	1.03	3.40	5	—	65.08
			模型 3	—	—	—	$T=13.57$	85.36
11	500	1.7	模型 1	1.73	6.22	2	9	37.33
			模型 2	1.06	3.32	5	—	46.10
			模型 3	—	—	—	$T=23.02$	59.96
12	200	2.7	模型 1	3.10	5.00	2	13	40.42
			模型 2	1.03	3.00	5	—	53.33
			模型 3	—	—	—	$T=25.44$	55.73

5.2.3　随机质量偏移下的 EWMA 控制图优化

1. EWMA 控制图原理

均值控制图对于较小的质量偏移检测不够敏感。而 EWMA 控制图上的点包含了所有前面子组的信息,能够较为敏感地检测出过程均值的较小偏移。EWMA 控制图的统计量为

$$z_i = r\bar{x}_i + (1-r)z_{i-1}$$

其控制限分别为

$$\mathrm{UCL} = \mu_0 + L\sigma\sqrt{\frac{r}{(2-r)n}}, \quad \mathrm{LCL} = \mu_0 - L\sigma\sqrt{\frac{r}{(2-r)n}}$$

其中,L 为 EWMA 控制图控制限,平滑参数 $0 < r \leqslant 1$ 且为常数。

采用马尔可夫链方法,EWMA 控制的平均运行链长 ARL 计算过程如下[12]。

1) 区间划分

将 EWMA 控制图的受控区域 (LCL, UCL) 平均划分为 k 个子区间,k 为奇数。每个子区间宽度为

$$d = \frac{\mathrm{UCL} - \mathrm{LCL}}{k} = \frac{2L\sigma}{k}\sqrt{\frac{r}{(2-r)n}}$$

2) 马尔可夫状态描述

将统计量序列视作一个包含 $k+1$ 个离散状态的马尔可夫链,其中有 1 个吸收状态(对应过程失控)和 k 个转移状态(对应过程受控)。当过程失控,Z_i 落于控制限外时,控制图统计量处于吸收态;当过程受控,Z_i 落于控制限内时,控制图统计量处于暂态。

令 S_i 表示该马尔可夫链的状态的第 i 个状态,则第 i 个子区间的中心点可以表示为

$$S_i = \mathrm{LCL} + (i-0.5)d, \quad i = 1, 2, \cdots, k$$

统计量 Z_i 在 i 时刻处于 j 状态,则可表示为

$$S_i - 0.5d < Z_i \leqslant S_i + 0.5d, \quad j = -k, -k+1, \cdots, k$$

3) 转移概率计算

该马尔可夫链的一步转移概率矩阵为

$$P = \begin{bmatrix} \boldsymbol{R} & (\boldsymbol{I} - \boldsymbol{R})\mathbf{1} \\ \boldsymbol{0}^{\mathrm{T}} & 1 \end{bmatrix}$$

其中,$\boldsymbol{I}$ 为 k 阶单位矩阵;$\mathbf{1}$ 为所有元素均为 1 的 $k \times 1$ 列向量;$\boldsymbol{0}$ 为所有元素均为 0 的 $k \times 1$ 列向量;$\boldsymbol{R}$ 为 k 阶转移概率矩阵,即从状态 S_i 一步转移到状态 S_j 的概率 P_{ij}。P_{ij} 可以表示为

$$P_{ij} = \mathrm{Pr}(z_j = S_j \mid z_i = S_i)$$

其中,$z_i = r\bar{x}_j + (1-r)z_{j-1}, z_{j-1} = z_i$。因此

$$P_{ij} = \Pr(S_j - 0.5d \leqslant z_j \leqslant S_j + 0.5d)$$
$$= \Pr(S_j - 0.5d \leqslant r\bar{x}_j + (1-r)z_i \leqslant S_j + 0.5d)$$
$$= \Pr\left(\frac{S_j - 0.5d - (1-r)S_i}{r} \leqslant \bar{x}_j \leqslant \frac{S_j + 0.5d - (1-r)S_i}{r}\right)$$

而随机变量 $\bar{x}_j$ 服从 $N\left(\mu, \dfrac{\sigma^2}{n}\right)$，将其进行标准化转换后有

$$\bar{x}'_j = \frac{\bar{x}_j - \mu_1}{\sigma/\sqrt{n}} \sim N(0,1)$$

其中，$\mu_1 = \delta\sigma$。则上式 P_{ij} 可转化为标准正态概率分布函数在两个点上的差：

$$P_{ij} = \Phi\left(\frac{\sqrt{n}}{\sigma}\left(\frac{1}{r}(\mathrm{LCL} + jd - (1-r)(\mathrm{LCL} + (i-0.5)d))\right) - \mu\right) -$$
$$\Phi\left(\frac{\sqrt{n}}{\sigma}\left(\frac{1}{r}(\mathrm{LCL} + (j-1)d - (1-r)(\mathrm{LCL} + (i-0.5)d))\right) - \mu\right)$$

$$(5\text{-}21)$$

其中，$\Phi(\cdot)$ 为标准正态概率分布函数。

4）平均运行链长计算

过程初始时处于受控状态，统计量落于 $(-0.5d, 0.5d)$ 内，对应马尔可夫链初始状态为

$$\vec{s} = (0, \cdots, 0, 1, 0, \cdots, 0)'_{1 \times k}$$

其中，$s(1, (k+1)/2) = 1$。因此，平均运行链长可计算为

$$\mathrm{ARL} = \sum_{i=1}^{\infty} i \Pr\{RL = i\} = \vec{s}'^{(I-P)^{-1}} \mathbf{1} \qquad (5\text{-}22)$$

当 $\delta = 0$ 时，可计算出受控下控制图平均运行链长 ARL_0。当 $\delta \neq 0$ 时，可计算出失控下控制图平均运行链长 ARL_1。

2. 随机偏移下的质量损失函数

质量特性 x 在受控状态下服从正态分布 $N(\mu_0, \sigma^2)$。一旦过程失控，均值发生偏移，由 μ_0 变为 μ_1，假设标准差 σ 保持不变，均值偏移量 $\delta = (\mu_1 - \mu_0)/\sigma$。本节假设过程均值偏移量 δ 服从某一随机分布[6,7]，如瑞利分布、均匀分布、正态分布等。δ 对 EWMA 控制图设计过程中的优化参数 L、r、n、h 取值影响很大，在控制图优化设计时需要综合考虑 δ 所有的取值情况。假设 δ 服从密度函数为 $f(\delta)$ 的连续型截尾随机分布，其参数可以根据先验知识预先给定，或者通过极大似然估计方法得到。

依据产品超出规格界限（上规格限 USL 和下规格限 LSL）的概率来计算产品质量损失。产品规格界限（公差）是在设计阶段给定的，当 $\delta > 0$ 时，产品质量特性超出规格上限 USL（即正超差）的概率增大；当 $\delta < 0$ 时，则出现负超差的概率增

大。一般情况下,产品质量特性正、负超差的质量处置成本是不同的。例如轴加工,如果超过上规格限,则通过返工还可确保其合格,损失较小;如果超出规格下限,则可能报废,损失较大。孔则相反。

定义 C_L^+、C_L^- 分别为发生一次正、负超差质量问题的损失,$p^+(\delta)$、$p^-(\delta)$分别为过程偏移出现情况下,产生正、负超差质量问题的概率。

过程均值出现偏移 δ 时,产品质量特性 $x \sim N(\mu_0 \mid \delta\sigma, \sigma^2)$。质量特性超出规格上限的概率为

$$p^+(\delta) = \Pr(x > \mathrm{USL}) = \Pr\left(\frac{x - (\mu_0 + \delta\sigma)}{\sigma} > \frac{\mathrm{USL} - (\mu_0 + \delta\sigma)}{\sigma}\right)$$

$$= \Phi\left(\frac{\mu_0 + \delta\sigma - \mathrm{USL}}{\sigma}\right) \tag{5-23}$$

同理,质量特性超出规格下限的概率为

$$p^-(\delta) = \Pr(x < \mathrm{LSL}) = \Phi\left(\frac{\mathrm{LSL} - \mu_0 - \delta\sigma}{\sigma}\right) \tag{5-24}$$

3. EWMA 控制图优化模型

将所监控的过程从本次受控状态开始时刻到下一次恢复到受控状态时刻的间隔视为一个周期,按照更新报酬理论,只需要考虑一个周期即可进行全局分析。周期包括 3 个阶段:过程质量受控阶段、失控未检出阶段和过程质量失控恢复阶段,即采取预防维修将过程质量恢复至全新状态。下面分析过程质量偏移量为 δ 时,3 个阶段的平均时长以及成本构成。

1) 过程质量受控阶段

过程质量受控阶段的平均时长 MTTO 和所监控过程的失效机制有关。假设过程失控时间服从失效率为 λ 的指数分布,因此有 $\mathrm{MTTO} = 1/\lambda$,可认为 MTTO是已知量。该阶段过程质量受控,但控制图也有可能产生虚发警报。假设误报处理需要耗费经济成本,这里停机时间可以忽略不计。因此受控阶段平均误报次数为 $\mathrm{MTTO}/(h\,\mathrm{ARL}_0(L, r))$,误报处理成本为

$$C_{\mathrm{FA}} = \frac{C_Y \cdot \mathrm{MTTO}}{h \cdot \mathrm{ARL}_0} \tag{5-25}$$

每组的采样成本是样本容量的线性函数,则该阶段平均采样成本为

$$C_{\mathrm{SI}} = (C_F + C_V n)\frac{\mathrm{MTTO}}{h} \tag{5-26}$$

过程单位时间产量为 g,则该阶段平均质量损失为

$$C_{\mathrm{LI}} = g \cdot \mathrm{MTTO} \cdot (C_L^+ p^+(0) + C_L^- p^-(0)) \tag{5-27}$$

综上,受控阶段平均成本为

$$C_{\mathrm{I}} = \frac{C_Y \cdot \mathrm{MTTO}}{h \cdot \mathrm{ARL}_0} + (C_F + C_V n)\frac{\mathrm{MTTO}}{h} + g \cdot \mathrm{MTTO}(C_L^+ p^+(0) + C_L^- p^-(0))$$

$$\tag{5-28}$$

2）失控未检出阶段

过程失控点位于两个采样时刻之间，假设其发生时间在该采样间隔内服从均匀分布。过程失控后，经过 ATS_1 时间才检出失控状态并进行恢复。因此该失控未检出阶段平均时长为

$$\text{ATS}_1 = h \cdot \text{ARL}_1 - 0.5h \tag{5-29}$$

该阶段平均成本包括采样成本和质量损失两部分，即

$$C_O = C_{SO} + C_{LO} = (C_F + C_V n)\text{ARL}_1 + g \cdot \text{ATS}_1(C_L^+ p^+(\delta) + C_L^- p^-(\delta)) \tag{5-30}$$

3）失控恢复阶段

该阶段平均时长为 MTTR(mean time to restore)，和恢复机制有关，可认为已知。该阶段采取的预防维修平均成本 C_R 也可认为已知，通常包括失控原因识别成本、停工损失成本、失控恢复成本等，这里不再做细分。

模型在一个周期内的单位时间成本计算方法如下：

$$\bar{C}(\delta, L, r, n, h) = \frac{C_{FA} + C_{SI} + C_{LI} + C_{SO} + C_{LO} + C_R}{\text{MTTO} + \text{ATS}_1(\delta, L, r, n, h) + \text{MTTR}} \tag{5-31}$$

可知 $\bar{C}$ 是 δ 的函数，如果 δ 服从概率密度为 $f(\delta)$ 的连续型截尾随机分布，取值范围为 $(-\Delta, \Delta)$，则可求出单位时间的期望成本 $E(CT)$。以最小化 $E(CT)$ 为目标，建立如下 EWMA 控制图优化模型：

$$\min E(CT) = E_\delta(\bar{C}(\delta, L, r, n, h)) = \int_{-\Delta}^{\Delta} \bar{C}(\delta, L, r, n, h) \frac{f(\delta)}{F(\Delta) - F(-\Delta)} \mathrm{d}\delta$$

$$\text{s. t.}\begin{cases} \text{ATS}_0 \geqslant \tau \\ \dfrac{n}{h} \leqslant R \\ \text{决策变量}: L, r, n, h \end{cases} \tag{5-32}$$

该模型的优化目标是通过对决策变量 L、r、n、h 的选择，使得 $E(CT)$ 最小。约束 1 表示受控状态下发生警报的平均时间间隔 ATS_0 不得短于 τ，其目的是避免发生过于频繁的误报。约束 2 表示单位时间的实际检测产品数量不大于最大检测率 R。受检测资源的限制，单位时间内最多可检测 R 个产品。由于采样间隔 h 为两次采样之间的时长，该时长内采样数量即样本容量为 n，因此有 $\dfrac{n}{h} \leqslant R$。

采用非参数方法求取 $E(CT)$ 的近似值，首先利用 EWMA 控制图对过程进行监控，运行一段时间后，收集到若干失控的产品实例，通过分析，得到 δ 的 m 个样本值：$\delta_1, \delta_2, \cdots, \delta_m$，从而 $E(CT) \approx \dfrac{1}{m}\sum_{i=1}^{m} C(\delta_i, L, r, n, h)$。

4．案例分析

某制造企业生产一种规格的轴承，该轴承直径为 D，技术规格为 $(80 \pm 0.008)\text{mm}$，

产量为 $g = 600$ 件/h，允许的最小 ARS_0 取值 $\tau = 30h$，可以接受的最大检测率 $R = 6$ 件/h。过程受控下 $D \sim N(80, 0.002^2)$。平均受控时长 $\text{MTTO} = 12h$，平均失控恢复时间 $\text{MTTR} = 0.5h$。通过历史数据收集到 15 次失控样本，其过程偏移量 δ_i 如表 5-5 所示。

表 5-5　过程失控样本的均值偏移量

序号	δ_i	序号	δ_i	序号	δ_i
1	-0.531	6	0.212	11	-0.376
2	0.580	7	1.749	12	0.539
3	0.433	8	-0.998	13	-0.475
4	0.562	9	0.405	14	1.196
5	-1.591	10	0.381	15	-0.436

已知成本参数 C_Y、C_F、C_V、C_L^+、C_L^-、C_R 分别为 100、10、5、200、400、100（单位均为元/h）。利用表 5-5 中过程质量偏移量样本数据来优化设计 EWMA 控制图。

为验证该模型优势，另外给出 4 种控制图模型和本节的控制图模型进行对比分析。

控制图 1：即本节提出的过程质量均值偏移随机下的 EWMA 控制图。针对 15 个均值偏移量，优化设计 EWMA 控制图参数 L、r、n、h。

控制图 2：经典的休哈特均值控制图。取 $L = 3.0$，$n = 5$，并认为实际过程质量偏移量 $|\delta|$ 的均值 $\mu_\delta = 0.698$，且不考虑正负偏移的差异。在此前提条件下，对采样间隔 h 进行优化。

控制图 3：考虑过程质量均值偏移随机情况下的改进休哈特均值控制图。针对 15 个均值偏移量，优化设计均值控制图中的参数 L、n、h，而 $r \equiv 1$。

经典的 EWMA 控制图不考虑过程质量均值的随机偏移，并推荐 $r = 0.1 \sim 0.2$，因此可取过程偏移 $|\delta|$ 的均值 $\mu_\delta = 0.698$，并设计如下两种控制图：

控制图 4：经典的 EWMA 控制图。$r = 0.1$，L、n、h 可优化。

控制图 5：经典的 EWMA 控制图。$r = 0.2$，L、n、h 可优化。

对于控制图 1，采用遗传算法进行求解。经过迭代计算得出优化参数组合为：$L = 1.80$、$r = 0.57$、$n = 4$、$h = 1.87$，模型目标值为 $E(CT) = 64.48$ 元/h。

对控制图 2～5 采取相应求解方法，计算结果如表 5-6 所示。

表 5-6　控制图 1～5 计算结果对比

序号	L	r	n	h	$E(CT)$
控制图 1	1.80	0.57	4	1.87	64.48
控制图 2	3.00	1.00	5	2.03	83.63
控制图 3	2.39	1.00	6	2.00	70.44
控制图 4	1.40	0.10	2	1.53	81.64
控制图 5	1.6	0.20	2	1.53	75.73

可以看出,过程均值偏移随机下,EWMA 控制图优化模型具有最佳经济性能,与其他控制图相比,单位时间的期望成本减少了 8.5%～23%。

5.2.4 混合失效下基于延迟监控策略的均值控制图优化

1. 混合失效假设

如 5.2.1 节所介绍,生产过程可能存在"过程失控＋设备故障"的混合失效情况,本节考虑混合失效机制下单变量控制图的优化策略。假定过程失控时间服从以 $f(t)$ 为概率密度函数的随机分布(比如参数为 η、β 的威布尔分布)。除了过程质量均值产生偏移外,生产系统中设备也会发生失效故障,这两者相互独立。设备故障在过程受控和失控状态下均有可能发生,但失效率有所不同。虽然过程质量偏移并非导致设备故障的原因,但当控制图检测出过程质量的确发生偏移后,有理由推测,此时的生产设备相比在过程受控下具有更高失效的可能性。假设设备发生故障也是一个随机事件,故障发生时间服从威布尔分布,随着生产的进行,设备失效率逐渐增长,在发生质量偏移的 t 时刻,认为设备的失效率发生阶跃性的增大,$\lambda_1 > \lambda_0$。具体而言,假设在过程受控下,设备故障发生时间的威布尔概率密度为

$$g_0(x) = \frac{\beta_0}{\eta_0}\left(\frac{x}{\eta_0}\right)^{\beta_0-1} \mathrm{e}^{-\left(\frac{x}{\eta_0}\right)^{\beta_0}} \tag{5-33}$$

在过程失控下,设备故障产生时间的威布尔概率密度为

$$g_1(y) = \frac{\beta_1}{\eta_1}\left(\frac{y}{\eta_1}\right)^{\beta_1-1} \mathrm{e}^{-\left(\frac{y}{\eta_1}\right)^{\beta_1}} \tag{5-34}$$

其中,β_0、β_1 为形状参数;η_0、η_1 为尺寸参数;β_0、β_1、η_0、η_1、x、$y > 0$。$G_0(x)$、$G_1(y)$ 分别为过程受控和失控状态下产生设备失效的累积概率函数。

2. 基于延迟监控策略的控制图优化模型

威布尔分布的失效率随时间单调递增,对于成熟稳定的生产系统而言,过程质量偏移和设备故障在生产早期阶段发生的概率相对较低,过于频繁的全过程监控有可能不具备经济性,特别对于监控成本高、检测手段复杂、自动化采样程度低、需要人工完成的情况,全过程、高密集监控策略的必要性值得商榷。因此,出于经济性考虑,下面提出一种延迟监控的采样策略[8,11]。在此采样策略下,对过程实施监控的起点被推迟至某一特定的时间点 T_D。

延迟监控策略一方面减少了采样频率,消除了生产前期稳定状态下不必要的第一类错误,无疑对控制图设计的经济性有所贡献;另一方面,采用这种策略时,过程质量偏移可能已经发生,但由于监控尚未开始,使得过程在无监控手段、无预防维护措施下运行,给生产过程增添了一定的风险。因此,需要对是否采取延迟监控策略进行决策,以及如果采用、应该延迟多久再启动监控等进行优化。

综合考虑延迟监控和多种维修策略,将生产过程所有可能出现的组合分为 3 类共 10 种场景 S_1, S_2, $\cdots$, S_{10},如图 5-7 所示,其中 T 表示计划维修周期, T_D 表示监控开始时间。

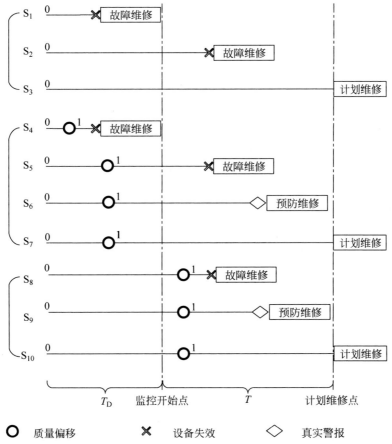

图 5-7　采用延迟监控策略的场景划分(0 表示受控,1 表示失控)

第 1 类情况:维修时刻前过程质量未发生偏移。

场景 S_1:设备在延迟监测起点 T_D 之前发生失效故障。

场景 S_2:设备在监控期 (T_D, T_D+T) 内发生失效故障。一旦故障发生,即刻对设备进行故障维修。

场景 S_3:过程质量偏移和设备失效故障在监控周期内均未发生,生产系统平稳运行至计划维修时刻。

第 2 类情况:过程质量在监控起点 T_D 之前均已发生偏移,过程处于失控状态。

场景 S_4:设备在过程质量偏移发生后不久便失效,且此故障在监控起点 T_D 之前发生。

场景 S_5：设备在过程质量偏移发生后产生，且在监控周期 (T_D, T_D+T) 内发生，在此监控周期内，生产过程一直处于失控状态而控制图未能及时检出过程的偏移状态。

场景 S_6：监控开始之后，控制图成功检测出了过程的质量偏移，发出警报信号，预防维修措施得以进行，设备故障没有发生。

场景 S_7：设备在监控周期内始终没有发生，生产过程一直处于失控状态且未被检测出，直至监控周期结束后对生产系统进行计划性维修，才能将过程质量恢复至受控状态。

第 3 类情况：过程质量偏移在监控期 (T_D, T_D+T) 内发生。

场景 S_8：过程进入监控期就处于失控状态，在控制图检出失控信号之前设备便已经发生故障，因而故障维修即刻被采用以恢复生产系统状态。

场景 S_9：控制图成功检出过程质量偏移状态，发出警报信号，预防维修手段被采用。

场景 S_{10}：控制图在监控期内始终未能检测出失控状态，且设备在此期间没有发生失效，监控周期结束后对生产系统进行计划维修将过程恢复至受控状态。

上述故障维修、预防维修和计划维修分别对应于设备故障、真实的失控信号和给定的监控周期终点，且认为所有维修方式均使生产系统包括设备和过程质量恢复至全新受控状态。

图 5-7 中，每种场景的周期时间由以下 3 部分构成：①过程受控状态下的运行时间；②过程失控状态下的运行时间；③维修时间，包括故障维修、预防性维修、计划性维修等类型。因为监控采样过程和警报信号检测是随着生产同步进行的，可不考虑采样时间和警报信号检测时间。故场景 S_i 的期望时间可表示为

$$E(T \mid S_i) = T_{Ii} + T_{Oi} + (\omega T_C + \gamma T_R + \rho T_P)$$

依此可以分别推导出场景 S_1 至场景 S_{10} 中，过程受控运行时间 T_{Ii} 和失控运行时间 T_{Oi}，结果如表 5-7 所示。

表 5-7　各场景期望受控运行时间和失控运行时间

场景	受控运行时间 T_{Ii}	失控运行时间 T_{Oi}
S_1	$\int_0^{T_D} \dfrac{x g_0(x) h_1(x)}{P(S_1)} \mathrm{d}x$	0
S_2	$\int_{T_D}^{T_D+T} \dfrac{x g_0(x) h_2(x)}{P(S_2)} \mathrm{d}x$	0
S_3	$T_D + T$	0
S_4	$\int_0^{T_D} \dfrac{t f(t) h_4(t)}{P(S_4)} \mathrm{d}t$	$\int_0^{T_D} y g_1(y) \dfrac{\int_0^y f(t)\mathrm{d}t \int_t^\infty g_0(x)\mathrm{d}x}{\overline{G_1}(t) P(S_4)} \mathrm{d}y - \int_0^{T_D} \dfrac{t f(t) h_4(t)}{P(S_4)} \mathrm{d}t$

续表

场景	受控运行时间 $T_{\mathrm{I}i}$	失控运行时间 $T_{\mathrm{O}i}$
S_5	$\displaystyle\int_0^{T_{\mathrm{D}}}\frac{tf(t)h_5(t)}{P(S_5)}\mathrm{d}t$	$\displaystyle\int_{T_{\mathrm{D}}}^{T_{\mathrm{D}}+T}yg_1(y)\frac{\displaystyle\int_0^{T_{\mathrm{D}}}f(t)\mathrm{d}t\int_t^{\infty}g_0(x)\mathrm{d}x\,\overline{P_0}(T_{\mathrm{D}},y)}{\overline{G_1}(t)P(S_5)}\mathrm{d}y-$ $\displaystyle\int_0^{T_{\mathrm{D}}}\frac{tf(t)h_5(t)}{P(S_5)}\mathrm{d}t$
S_6	$\displaystyle\int_0^{T_{\mathrm{D}}}\frac{tf(t)h_6(t)}{P(S_6)}\mathrm{d}t$	$\displaystyle\sum_{i=1}^{k}\left(\sum_{j=1}^{k-i+1}h\theta^{j-1}\int_{ih}^{(i+1)h}\frac{f(t)h_{61}(t)}{P(S_6)}\mathrm{d}t\right)\frac{P(S_{61})}{P(S_6)}+(T_{\mathrm{D}}-$ $T_{\mathrm{I}6}+h\cdot\mathrm{ARL}_1)\dfrac{P(S_{62})}{P(S_6)}$
S_7	$\displaystyle\int_0^{T_{\mathrm{D}}}\frac{tf(t)h_7(t)}{P(S_7)}\mathrm{d}t$	$T_{\mathrm{D}}+T-\displaystyle\int_0^{T_{\mathrm{D}}}\frac{tf(t)h_7(t)}{P(S_7)}\mathrm{d}t$
S_8	$\displaystyle\int_{T_{\mathrm{D}}}^{T_{\mathrm{D}}+T}\frac{tf(t)h_8(t)}{P(S_8)}\mathrm{d}t$	$\displaystyle\int_{T_{\mathrm{D}}}^{T_{\mathrm{D}}+T}yg_1(y)\frac{\displaystyle\int_{T_{\mathrm{D}}}^{y}f(t)\mathrm{d}t\int_t^{\infty}g_0(x)\mathrm{d}x\,\overline{P_0}(t,y)}{\overline{G_1}(t)P(S_8)}\mathrm{d}y-$ $\displaystyle\int_{T_{\mathrm{D}}}^{T_{\mathrm{D}}+T}\frac{tf(t)h_8(t)}{P(S_8)}\mathrm{d}t$
S_9	$\displaystyle\int_{T_{\mathrm{D}}}^{T_{\mathrm{D}}+T}\frac{tf(t)h_9(t)}{P(S_9)}\mathrm{d}t$	$\displaystyle\sum_{i=1}^{k}\left(\sum_{j=1}^{k-i+1}h\theta^{j-1}\int_{T_{\mathrm{D}}+ih}^{T_{\mathrm{D}}+(i+1)h}\frac{f(t)h_{91}(t)}{P(S_9)}\mathrm{d}t\right)\frac{P(S_{91})}{P(S_9)}+$ $h\cdot\mathrm{ARL}_1\dfrac{P(S_{92})}{P(S_9)}$
S_{10}	$\displaystyle\int_{T_{\mathrm{D}}}^{T_{\mathrm{D}}+T}\frac{tf(t)h_{10}(t)}{P(S_{10})}\mathrm{d}t$	$T_{\mathrm{D}}+T-\displaystyle\int_{T_{\mathrm{D}}}^{T_{\mathrm{D}}+T}\frac{tf(t)h_{10}(t)}{P(S_{10})}\mathrm{d}t$

根据过程受控运行时间 $T_{\mathrm{I}i}$ 和失控运行时间 $T_{\mathrm{O}i}$ 可以计算出各场景下的期望成本。每种场景的成本由以下 5 部分构成：

（1）过程在受控状态下的运行成本 C_{I}。

（2）过程在失控状态下的运行成本 C_{O}。

（3）采样成本，包括固定成本 C_{F} 和可变成本 C_{V}。

（4）报警信号检测成本 C_{S}，无论警报信号真或假。

（5）维修成本，包括故障维修成本 C_{C}、预防维修成本 C_{R}、计划维修成本 C_{P}。

各场景的期望成本可用一个通用的函数表达

$$E(C\mid S_i)=C_{\mathrm{I}}T_{\mathrm{I}i}+C_{\mathrm{O}}T_{\mathrm{O}i}+(C_{\mathrm{F}}+C_{\mathrm{V}}n)\frac{T_{\mathrm{M}i}}{h}+C_{\mathrm{S}}(\pi_i+\upsilon)+$$

$$(\omega C_{\mathrm{C}}+\gamma C_{\mathrm{R}}+\rho C_{\mathrm{P}})$$

其中，$T_{\mathrm{M}i}$ 表示在场景 S_i 中，过程处于有监控下的运行时间；C_{S} 表示每次检测警报信号真伪所需的成本。

进一步可计算出每个场景的出现概率 $P(S_i)$，详细过程参见文献[6,9]。

基于更新理论计算平均运行成本函数 $E(CT)$，期望成本等于所有场景周期成本与周期时间的比值：

$$E(CT) = \frac{E(周期成本)}{E(周期时间)} = \frac{\sum\limits_{i=1}^{10} P(S_i)E(C \mid S_i)}{\sum\limits_{i=1}^{10} P(S_i)E(T \mid S_i)} \tag{5-35}$$

以平均运行成本 $E(CT)$ 最小为目标建立数学模型，以延迟监控时间 T_D、监控持续时间即计划维修时间 T、采样间隔 h、控制限 l 和样本大小 n 为优化参数，最终可实现控制图优化设计。

3. 实验设计及结果分析

下面通过算例对延迟监控模型和全过程监控模型进行求解并比较经济性。假设过程在受控状态下运行时，过程质量参数服从标准正态分布，3 种维修方式耗时为 $T_C = T_P = T_R = 1$，分布函数的参数 $\eta = 52.3$，$\eta_0 = 138.9$，$\eta_1 = 85.7$，$\beta = 1.7$，$\beta_0 = \beta_1 = 1.4$。其他的 8 个参数，包括成本参数和过程质量偏移量均有两种水平，采用部分因子实验设计方法，利用 $L16$ 正交阵列得到 16 组参数组合，如表 5-8 所示，共进行 16 次实验。

表 5-8　算例的参数值

序号	C_I	C_O	C_F	C_V	C_S	C_R	C_C	δ
1	50	300	30	5	100	1000	4000	1
2	50	300	30	10	100	2000	8000	2
3	50	300	60	5	200	1000	8000	2
4	50	300	60	10	200	2000	4000	1
5	50	600	30	5	200	2000	4000	2
6	50	600	30	10	200	1000	8000	1
7	50	600	60	5	100	2000	8000	1
8	50	600	60	10	100	1000	4000	2
9	100	300	30	5	200	1000	8000	1
10	100	300	30	10	200	1000	4000	2
11	100	300	60	5	100	2000	4000	2
12	100	300	60	10	100	1000	8000	1
13	100	600	30	5	100	1000	8000	2
14	100	600	30	10	100	2000	4000	1
15	100	600	60	5	200	1000	4000	1
16	100	600	60	10	200	2000	8000	2

表 5-9 给出了计算结果,展示了延迟监控 SPC 模型和全程监控 SPC 模型的优化参数及最小期望运行成本值,最后一列展示了前者相对于后者的成本降低百分比。在所有的 16 组实验中,均表明前者运行成本更低,最少降低了 1.89%,最高降低了 7.68%,平均降低 4.08%。因此得出,基于延时监测的 SPC 模型相较于全过程监控 SPC 模型具有更为优越的经济性能。

表 5-9　两种模型优化结果对比

序号	延时监控集成模型						全过程监控集成模型					降低 /%
	优化参数					目标值	优化参数				目标值	
	T_D	T	h	l	n	$E(CT)$	T	h	l	n	$E'(CT)$	
1	12.30	106.60	5.10	1.61	7	117.11	65.89	3.82	1.44	4	126.54	7.45
2	12.04	42.14	6.02	2.40	5	151.89	66.80	5.17	1.90	2	157.61	3.63
3	11.76	95.08	5.88	2.59	5	137.68	41.67	5.21	1.67	3	146.94	6.30
4	13.40	93.77	6.70	1.89	8	146.00	38.00	7.60	1.60	5	152.10	5.01
5	8.09	56.63	5.05	2.98	5	149.48	37.57	2.21	2.99	5	155.26	3.72
6	10.69	89.06	3.56	1.86	5	165.66	51.00	3.64	1.50	6	175.94	5.85
7	11.90	27.76	3.97	2.00	10	176.66	35.86	5.12	1.55	8	183.07	3.50
8	9.14	41.15	5.57	2.92	6	145.68	65.46	5.30	2.11	3	150.80	5.06
9	18.18	30.30	6.06	1.77	9	200.91	32.37	10.79	1.62	9	205.78	1.89
10	15.51	60.93	2.90	2.43	3	165.85	55.39	5.94	2.52	4	170.85	3.51
11	12.19	97.48	6.09	2.81	6	179.39	105.02	6.18	2.23	4	186.04	3.58
12	13.42	62.64	5.47	1.40	6	191.30	42.68	10.67	1.45	7	196.71	2.75
13	13.08	62.15	3.27	2.63	6	193.97	65.04	2.32	2.38	3	198.63	2.34
14	7.80	38.98	3.90	1.69	6	206.12	33.33	5.17	1.50	5	212.65	3.07
15	9.00	103.53	5.50	1.57	7	190.43	68.82	5.29	1.72	9	206.27	7.68
16	9.67	48.37	5.84	2.50	4	222.65	43.36	3.94	2.13	3	226.94	1.89

5.2.5　混合失效下的多变量 EWMA 控制图优化

1. MEWMA 控制图基本理论

在一些工程实际问题中,需要同时对两个及以上的质量特性进行检测监控,如反应罐里气体的压强和温度、机械设备上轴承的内径和外径、发动机缸盖上螺栓的拧紧扭矩和角度、电子产品焊接点的高度和面积等。此时需采用多变量统计过程(MSPC)分析方法和技术,判断质量特性均值是否发生偏移。对于微小质量偏移量的情况,可将单变量 EWMA 控制图扩展至多变量情况。多变量指数加权移动平均控制图（MEWMA 控制图）同时考虑了当前样本数据和历史样本数据，对多维质量特性参数的微小偏移具有良好的检测能力。

在多变量统计过程控制中，假设质量特性参数相互独立，且服从以 $f(\vec{x})=\dfrac{1}{(2\pi)^{p/2}|\Sigma|^{1/2}}\mathrm{e}^{-\frac{1}{2}(\vec{x}-\vec{\mu})'\Sigma-1(\vec{x}-\vec{\mu})}$ 为概率密度函数的多元正态分布，其中 $\vec{x}$ 为 p 维向量，$\vec{\mu}$ 为均值向量，Σ 为协方差矩阵。经标准化处理后，设 $\vec{\mu}$ 为 p 维零向量，Σ 为 p 阶单位矩阵。在第 i 个观测时间点进行 n 次采样，得随机变量的样本均值 $\bar{x}_i$，样本均值向量的期望为 $E(\bar{x})=\vec{\mu}$，协方差矩阵为 $\Sigma_{\bar{x}}=\dfrac{1}{n}\Sigma$。对 $\bar{x}_t$ 进行指数加权移动平均变化后的所得向量 $\vec{w}_i$ 为

$$\vec{w}_i=r(\bar{x}_i-\vec{\mu})+(1-r)\vec{w}_{i-1} \tag{5-36}$$

其中，$0<r\leqslant1$ 为控制图平滑参数，$\vec{w}_0=\vec{\mu}$。从而第 i 时刻 MEWMA 控制图的绘点量为

$$q_i=\vec{w}_i'\Sigma_w^{-1}\vec{w}_i \tag{5-37}$$

其中，$\Sigma_w=\dfrac{r}{(2-r)n}\Sigma$。$\Sigma$ 在过程受控、失控状态均保持不变，为 p 维单位向量，因此统计量 $q_i=b\parallel\vec{w}_i\parallel^2$，其中 $b=\dfrac{(2-r)n}{r}$。当 q_i 超出控制限 L 时认为过程失控。L 可在控制图给出误报及漏报概率下进行优化，即过程受控/失控状态下的平均运行链长 ARL 会对 L 的设定进行约束。

与 EWMA 控制图类似，也可利用马尔可夫链方法求 MEWMA 控制图的平均运行链长 ARL[8,11]。

1）过程受控下的平均运行链长 ARL0

将控制图的统计量 q 视作在半径为 UCL 的 p 维超球体上随机分布，将超球体 $S(\mathrm{UCL})$ 划分为 $m+1$ 个厚度为 $g=2\mathrm{UCL}/(2m+1)$ 的同心超球层。任意第 j 个球层的内径为 $(j-0.5)g$，外径为 $(j+0.5)g$，$j=1,2,\cdots,m$；半径最小的超球层的外径为 $0.5g$，内径为 0。假设连续型随机变量 q 为离散空间中含有 $m+1$ 个状态的马尔可夫链。球层 0 到球层 $m-1$ 为马尔可夫过程转移态，对应过程受控状态；球层 m 的半径为 UCL，对应马尔可夫过程的吸收态，即过程失控状态。随机变量 q 从状态 i 转移到状态 j 的转移概率仅依赖于超球层 i 和超球层 j 的半径大小。

对于 $i=1,2,\cdots,m,j\neq0$，经过多次变化处理后，得到随机变量 q 在 t 时刻从状态 i 转移到状态 j 的转移概率为

$$p(i,j)=\Psi\left(\frac{n(j+0.5)^2g^2}{r^2},p,c_i\right)-\Psi\left(\frac{n(j-0.5)^2g^2}{r^2},p,c_i\right) \tag{5-38}$$

即服从以自由度为 p、非中心参数为 $c_i=n\left(\dfrac{(1-r)ig}{r}\right)^2$ 的非中心卡方分布，

$\Psi(\cdot)$ 为非中心卡方分布累计分布函数。

相应地,对于 $j=0$ 时,随机变量的转移概率为

$$p(i,0)=\Pr\left(\chi^2(p,c_i)<\frac{n(0.5)^2g^2}{r^2}\right)=\Psi\left(\frac{n(0.5)^2g^2}{r^2},p,c_i\right) \quad (5\text{-}39)$$

控制图的平均运行链长可以用马尔可夫链抵达吸收态的平均时间表示。因而有

$$\mathrm{ARL}=\vec{s}'(\boldsymbol{I}-\boldsymbol{P})^{-1}\mathbf{1} \quad (5\text{-}40)$$

其中,$\vec{s}$ 为 $(m+1)$ 维列向量,对于马尔可夫过程的初始状态为 $\vec{s}'=(1,0,0,\cdots,0)$;$\boldsymbol{I}$ 为 $(m+1)$ 阶单位矩阵;$\boldsymbol{P}$ 为 $(m+1)\times(m+1)$ 阶转移概率矩阵,含 $((m+1)\times(m+1))^2$ 个元素;$\mathbf{1}$ 为所有元素均为 1 的 $(m+1)$ 维列向量。

2) 过程失控下的平均运行链长 ARL1

过程在受控情况下过程均值向量为 $\vec{\mu}_0$,协方差为 Σ。过程失控时,质量特性均值向量由 $\vec{\mu}_0$ 偏移至为 $\vec{\mu}_1$,协方差矩阵 Σ 不变。过程偏移量表示为非中心参数

$$\delta=\mathrm{ncp}=((\vec{\mu}_1-\vec{\mu}_0)'\Sigma^{-1}(\vec{\mu}_1-\vec{\mu}_0))^{1/2}$$

故样本偏移量为

$$\delta_{\bar{x}}=\mathrm{ncp}_{\bar{x}}=((\vec{\mu}_1-\vec{\mu}_0)'\Sigma_{\bar{x}}^{-1}(\vec{\mu}_1-\vec{\mu}_0))^{1/2}=\sqrt{n}\delta$$

在过程失控下的平均运行链长计算中,多变量 EWMA 控制图的统计量 $\vec{w}_t$ 被分为两部分:一部分为一个一维随机变量 w_{t1},其均值为 $\mu_1=\mu_0+\delta\sigma$;方差为 σ^2;另一部分为一个 $(p-1)$ 维的随机向量 $\vec{w}_{t2}$。因而随机变量的变化过程可以被视作两个马尔可夫过程。控制图绘点量可以表示为

$$q_t=\|\bar{w}_t\|=(w_{t1}^2+\vec{w}_{t2}'\vec{w}_{t2})^{1/2}$$

一维变量 w_{t1} 对应的马尔可夫链将其受控空间 $(-\mathrm{UCL},\mathrm{UCL})$ 划分为 $2m_1+1$ 个状态,故各状态对应的变量空间为 $g_1=\dfrac{2\mathrm{UCL}}{2m_1+1}$,当 w_{t1} 处于状态 i 时,有

$$w_{t1}=c_{i\_h}=-\mathrm{UCL}+(i-0.5)g_1$$

因此,对于 $i=1,2,\cdots,2m_1+1$,$j=1,2,\cdots,2m_1+1$,w_{t1} 从状态 i 到状态 j 的转移概率可以表示为

$$h(i,j)=\Phi\left(\frac{(-\mathrm{UCL}+(j-1)g_1-(1-r)c_{i\_h})}{r/\sqrt{n}}-\delta\right)-$$
$$\Phi\left(\frac{(-\mathrm{UCL}+jg_1-(1-r)c_{i\_h})}{r/\sqrt{n}}-\delta\right) \quad (5\text{-}41)$$

其中,$c_{i\_h}=-\mathrm{UCL}+(i-0.5)g_1$。

$\|\vec{w}_{t2}\|$ 的转移概率计算过程类似受控过程马尔可夫链的转移概率计算,只是非中心卡方分布的自由度由 p 维减至 $p-1$ 维。对于 $i=0,1,2,\cdots,m_2$、$j=1,2,\cdots,m_2$,$\|\vec{w}_{t2}\|$ 的转移概率为

$$v(i,j) = \Psi\left(\frac{n(j+1)^2 g_2^2}{r^2}, p-1, c_{i\_v}\right) - \Psi\left(\frac{n(j-1)^2 g_2^2}{r^2}, p-1, c_{i\_v}\right)$$

$$(5\text{-}42)$$

其中，$g_2 = \dfrac{2\text{UCL}}{(2m_2+1)}$，$c_{i\_v} = n\left(\dfrac{(1-r)ig_2}{r}\right)^2$。

对于 $j=0$，$\|\vec{w}_{t2}\|$ 的转移概率为

$$v(i,0) = \Pr\left(\chi^2(p-1, c_{i\_v}) < \frac{n(0.5)^2 g_2^2}{r^2}\right) = \Psi\left(\frac{n(0.5)^2 g_2^2}{r^2}, p-1, c_{i\_v}\right)$$

$$(5\text{-}43)$$

注意，当且仅当 w_{t1} 和 $\|\vec{w}_{t2}\|$ 同时从某一对非吸收态到另一对非吸收态时，这一联合马尔可夫过程的转移概率矩阵 P 中的元素才可以表示为：$p[(i_x, i_y), (j_x, j_y)] = h(i_x, j_x) \times v(i_y, j_y)$，否则，$w_{t1}$ 和 $\|\vec{w}_{t2}\|$ 只要有任意一个转移至相应马尔可夫链的吸收态，即过程失控，则将不会再转移至非吸收状态，即过程受控。此时，联合马尔可夫过程的状态转移概率为

$$p[(i_x, i_y), (j_x, j_y)] = 0$$

因此，过程失控下的平均运行链长可以表示为

$$\text{ARL} = \vec{s}'(I-P)^{-1}\mathbf{1} \qquad (5\text{-}44)$$

其中，转移概率矩阵 P 为 $(2m_1+1)(m_2+1)$ 阶矩阵，含有 $(2m_1+1)(m_2+1)^2$ 个元素；$\vec{s}$ 为 $(2m_1+1)(m_2+1)$ 维列向量，第 $m_1 \times (m_2+1)$ 个元素为 1，对应马尔可夫过程的初始状态，其他均为 0；I 为 $(2m_1+1)(m_2+1)$ 阶单位矩阵；$\mathbf{1}$ 为 $(2m_1+1) \times (m_2+1)$ 维所有元素均为 1 的列向量。

2. 优化模型

在 MEWMA 控制图模型中，过程均值偏移产生时间服从两参数威布尔分布 $f(t)$，偏移量为 δ，样本偏移量为 $\sqrt{n}\delta$；均值偏移不会导致过程停机，但会造成失控运行成本增加。可假设失控状态运行成本是与偏移量相关的指数型函数，假设为 $C_O = (1-\mathrm{e}^{-\rho\delta})c + C_I$。控制图经 ARL_1 次采样漏报后检出过程偏移，随即采取预防维修。除均值偏移外，系统在受控和失控状态下均存在随机故障导致生产终止，其概率密度分别为 $g_0(x)$ 和 $g_1(y)$，一旦产生需即刻进行故障维修。基于此，可将多变量控制图模型划分为 3 种场景：

场景 S_1：过程受控下产生随机故障，采取故障维修；

场景 S_2：过程失控后未经检出便产生随机故障，采取故障维修；

场景 S_3：过程失控后经 ARL_1 次采样检出偏移，采取预防维修。

基于均值控制图设计思路与混合失效机制，建立联合 MEWMA 控制图和两种维修方式集合控制问题的数学优化模型，各场景出现概率、周期长度及周期成本分析如表 5-10 所示。

表 5-10　MEWMA 控制图各场景概率、周期长度及周期成本

场景概率	S_1	$P(S_1) = \int_0^\infty g_0(x) \int_x^\infty f(t)\,\mathrm{d}t\,\mathrm{d}x$
	S_2	$P(S_2) = \int_0^\infty f(t)\overline{G_0}(t) \int_t^\infty g_1(y) \beta^{k(t,y)} \sqrt{G_1}(t)\,\mathrm{d}y\,\mathrm{d}t$
	S_3	$P(S_3) = \int_0^\infty f(t)\overline{G_0}(t) \int_t^\infty g_1(y)(1-\beta)\beta^{k(t,y)-1} \sqrt{G_1}(t)\,\mathrm{d}y\,\mathrm{d}t$
周期长度	S_1	$E(T \mid S_1) = T_0(S_1) + T_R$,其中 $T_0(S_1) = \int_0^\infty x g_0(x) \int_x^\infty f(t)\,\mathrm{d}t\,\mathrm{d}x$
	S_2	$E(T \mid S_2) = T_0(S_2) + T_1(S_2) + T_R$ 其中 $T_0(S_2) = \dfrac{\int_0^\infty t f(t)\overline{G_0}(t) \int_t^\infty g_1(y) \beta^{k(t,y)} \sqrt{G_1}(t)\,\mathrm{d}y\,\mathrm{d}t}{P(S_2)}$, $T_1(S_2) = \dfrac{\int_0^\infty y g_1(y) \int_0^y f(t)\overline{G_0}(t)\beta^{k(t,y)} \sqrt{G_1}(t)\,\mathrm{d}t\,\mathrm{d}y}{P(S_2)} - T_0(S_2)$
	S_3	$E(T \mid S_3) = T_0(S_3) + T_1(S_3) + T_P$,其中 $T_1(S_3) = h\,\mathrm{ARL}_1$, $T_0(S_3) = \dfrac{\int_0^\infty t f(t)\overline{G_0}(t) \int_t^\infty g_1(y)(1-\beta)\beta^{k(t,y)-1} \sqrt{G_1}(t)\,\mathrm{d}y\,\mathrm{d}t}{P(S_3)}$
周期成本	S_1	$E(C \mid S_1) = C_0 T_0(S_1) + (C_f + C_v n)\dfrac{T_0(S_1)}{h} + C_C \dfrac{T_0(S_1)}{h\,\mathrm{ARL}_0} + C_R$
	S_2	$E(C \mid S_2) = C_0 T_0(S_2) + C_1(\delta) T_1(S_2) + (C_f + C_v n)\dfrac{T_0(S_2) + T_1(S_2)}{h} +$ $C_C \dfrac{T_0(S_2)}{h\,\mathrm{ARL}_0} + C_R$
	S_3	$E(C \mid S_3) = C_0 T_0(S_3) + C_1(\delta) T_1(S_3) + (C_f + C_v n)\dfrac{T_0(S_3) + T_1(S_3)}{h} +$ $C_C \dfrac{T_0(S_3)}{h\,\mathrm{ARL}_0} + C_P$

控制图以最小成本为经济型优化目标、以受控及失控状态平均运行链长为统计型约束,其决策变量为样本观测大小 n、控制图采样间隔 h、控制图平滑系数 r 及控制限参数 L,即有

$$\min E(CT) = \frac{\sum_{i=1}^{3} P(S_i) E(C \mid S_i)}{\sum_{i=1}^{3} P(S_i) E(T \mid S_i)}$$

$$\text{s. t.} \begin{cases} ARL_0 > ARL_0' \\ ARL_1 < ARL_1' \\ n \in N^+ \\ h, L > 0 \\ 0 < r < 1 \end{cases} \tag{5-45}$$

3. 算例与分析

为了分析此包含 3 种场景的混合失效下的 MEWMA 控制图模型,设计算例进行分析实验。某种型号的手机精密结构件材料为镁铝合金,在高速钻工中心上的某道工艺过程为在铝镁合金中框上钻出两个不同直径的同心孔,其尺寸分别为 d_1、d_2。这两项质量特性参数对后续装配工艺有较大影响,需要对其尺寸参数进行联合检测分析。采用两参数的 MEWMA 控制图对其进行监控。

直径规格为 $d_1 = (11.50 \pm 0.01)$ mm,$d_2 = (7.50 \pm 0.01)$ mm。已知某批次产品两直径数据的协方差矩阵为 $\Sigma = \begin{bmatrix} 0.002\,961 & 0.000\,577 \\ 0.000\,577 & 0.001\,626 \end{bmatrix}$。假设每一维尺寸均发生 1 倍偏移时,可通过非中心参数计算方法求出多变量 EWMA 控制图中统计量的偏移。因而有

$$\delta^2 = \left[\sqrt{0.002\,961}, \sqrt{0.001\,626}\right] \begin{bmatrix} 0.002\,961 & 0.000\,577 \\ 0.000\,577 & 0.001\,626 \end{bmatrix}^{-1} \begin{bmatrix} \sqrt{0.002\,961} \\ \sqrt{0.001\,626} \end{bmatrix}$$

所以多变量 EWMA 控制图统计量偏移为 $\delta = 1.26$。

模型其他相关参数设置如表 5-11 所示。

表 5-11 模型参数设置

参数	λ	θ	λ_0	θ_0	λ_1	θ_1	T_R	T_P
设置	0.0012	1.7	0.001	1.4	0.002	1.4	2	1.5
参数	C_R	C_P	C_C	C_I	C_f	C_v	c	ρ
设置	4000	800	100	200	18	12	200	1.25

为优化该混合失效下的 MEWMA 控制图,采用遗传算法进行求解。控制图链长约束条件及控制图参数范围设置为 $ARL_0' = 200$,$ARL_1' = 5$,$1 \leqslant n \leqslant 30$,$1 \leqslant h \leqslant 40$,$0 < r < 1$,$1 \leqslant L \leqslant 20$。对模型进行优化计算后,模型计算结果及相关变量结果如表 5-12 所示。

可以看出,平均运行成本随着过程偏移量先增加再逐渐降低。这是因为在过程偏移量较小的情况下,过程虽然失控,但其失控运行成本较小,因此在偏移量为 0.5 的情况下,其平均成本低于偏移量为 1 的情况。随着偏移量从 1 开始逐渐增加,虽然失控运行成本增高,但是控制图对于较大偏移量检测灵敏度提高,从而过程在失控状态下运行时间缩短,因此过程平均运行成本反而降低。

表 5-12　基于经济-统计型设计的 MEWMA 控制图优化结果

δ	n	h	r	L	ARL_0	ARL_1	$E(Cost)$
0.5	8	7.28	0.99	10.65	205.54	3.03	268.74
1	6	6.24	0.75	10.65	208.12	2.37	271.17
1.25	4	3.83	0.51	10.59	212.58	2.38	266.37
1.5	4	2.91	0.46	10.88	250.39	2.01	265.14
2	3	3.81	0.65	10.74	221.05	1.62	258.89
2.5	2	3.28	0.86	10.61	202.85	1.54	255.12
3	2	2.90	0.92	11.62	335.18	1.30	252.95

5.3　经济最优的多工位生产系统属性控制图优化设计

5.3.1　问题描述

现代制造企业通过细化工艺分工来提高生产效率,复杂产品的制造过程一般通过多工位生产系统(multi-stage manufacturing system,MMS)来完成。MMS 的基本特征是:多工位以串并联的方式组合成生产线,工件按既定工艺顺序依次通过每个工位(包括操作工位和检验工位),在设备、工装、工具、人的支持下完成加工、装配或检验工序。在批量生产环境下,如果前面工位的质量问题未能及时发现,将造成较大的后续损失。每个工位的产品都进行全检可避免这个问题,但会导致较大的检测成本。因此,需要优化检测策略,并精心设计质量控制图,从而实现最大的经济性。

如图 5-8 所示的多工位生产系统[13,14],不合格品率为 f_1 的原材料经过 W 个加工或装配工位后,输出不合格品率为 f_{W+1} 的成品。由于设备和操作环境的原因,每个工位都可能处于受控或失控状态,在受控状态下的加工不合格品率较低,在失控状态下的加工不合格品率则较高。为了保证产品质量并降低质量损失,对每个工位都通过属性控制图进行统计质量控制,属性控制图的 3 个参数分别为:采样间隔 m_i、样本大小 n_i 和控制图上限 c_i。SPC 的具体步骤如图 5-9 所示,工位 $i(i=1,2,\cdots,W)$ 连续生产,每生产 $m_i(m_i \geqslant 1)$ 个产品后抽取一个产品进行检测,将检测完 n_i 次视为一个检测周期,检测周期结束后,通过 np 控制图进行监控:统计所发现的不合格品数 df_i,如果 $df_i > c_i$,则认为该工位失控并报警,须停机进行处理,否则继续生产。对于工位 i 输出的在制品,在剔除所发现的不合格品后,其余在制品(不合格品率为 f_{i+1})流转到 $i+1$ 工位,并继续生产和抽检过程,直至成品完成。

对多工位生产系统进行经济性分析,总期望成本取决于每一个工位对应属性

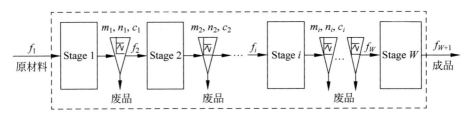

图 5-8　多工位生产系统示意图

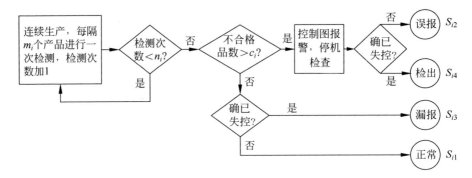

图 5-9　工位 i 的生产与质检过程

控制图的 3 个参数：采样间隔 m_i、样本大小 n_i 和控制图上限 c_i。因此多工位生产系统控制图的优化设计问题可描述为对 $3W$ 个参数进行优化设计，使得总期望成本最小。

5.3.2　各工位的稳态概率计算

对于工位 i 来说，其生产与质检过程如图 5-9 所示，在每个检测周期结束后的时刻，工位 i 的可能状态有如下 4 种：

（1）正常 S_{i1}：工位 i 没有发生失控，且控制图没有报警；

（2）误报 S_{i2}：工位 i 没有发生失控，但控制图发生了报警；

（3）漏报 S_{i3}：工位 i 发生了失控，但控制图没有报警；

（4）检出 S_{i4}：工位 i 发生了失控，且控制图发生了报警。

状态变迁过程如图 5-10 所示，p_{ijk} 表示工位 i 从 j 状态变迁到 k 状态的概率。在漏报状态 S_{i3} 下，下一个检测周期内过程依然失控，因此 $p_{i31}=p_{i32}=0$；而在检出状态 S_{i4} 下，将进行维修维护操作使过程恢复到受控状态。在过程从受控到失控的时长服从指数分布的前提下，状态转移概率及检出/未检出的不合格品数可以通过计算得到。具体而言，在过程从受控到失控的时长服从指数分布 $\mathrm{Exp}(\lambda_i)$ 的前提下，图 5-10 的状态变迁过程为马尔可夫过程，利用相关理论，计算出稳态概率 $\pi_i=\{\mathrm{sp}_{i1},\mathrm{sp}_{i2},\mathrm{sp}_{i3},\mathrm{sp}_{i4}\}$。

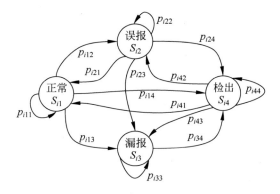

图 5-10 工位 i 在检测周期结束后的状态变迁图

假设工位 i 在采样周期 $[1,m_i n_i]$ 内一直受控,在受控状态下的不合格品率为 p_{i0},则采样周期结束后控制图没有报警,即所发现的不合格数 $0 \leqslant \mathrm{d}f_i \leqslant c_i$ 的概率为

$$A = \sum_{k=0}^{c_i} C_{n_i}^k p_{i0}^k (1 - p_{i0})^{(n_i - k)} \tag{5-46}$$

若工位 i 在采样周期 $[1,m_i n_i]$ 内生产了 s $(0 \leqslant s \leqslant m_i n_i)$ 个产品后发生失控,在失控状态下的不合格品率为 p_{i1},则该周期结束后控制图未能检出失控状态的概率为($\lfloor \ \rfloor$ 表示向下取整)

$$B(s) = \sum_{r=0}^{\min\{\lfloor \frac{s}{m_i} \rfloor, c_i\}} \left(C_{\lfloor \frac{s}{m_i} \rfloor}^r p_{i0}^r (1 - p_{i0})^{(\lfloor \frac{s}{m_i} \rfloor - r)} \cdot \sum_{q=0}^{\min\{c_i - r, n_i - \lfloor \frac{s}{m_i} \rfloor\}} \cdot \right.$$
$$\left. C_{n_i - \lfloor \frac{s}{m_i} \rfloor}^q p_{i1}^q (1 - p_{i1})^{(n_i - \lfloor \frac{s}{m_i} \rfloor - q)} \right) \tag{5-47}$$

此时,工位 i 生产出的不合格品总数的期望值(含抽检出和未抽检出的)为

$$C = \frac{\sum_{s=1}^{m_i n_i} \{(e^{-\lambda_i(s-1)} - e^{-\lambda_i s})[(s-1)p_{i0} + (m_i n_i - s + 1)p_{i1}]\}}{1 - e^{-\lambda_i m_i n_i}} \tag{5-48}$$

被抽检出来的不合格品总数的期望值为

$$D = \frac{\sum_{s=1}^{m_i n_i} \left\{ (e^{-\lambda_i(s-1)} - e^{-\lambda_i s}) \left[\left\lfloor \frac{s-1}{m_i} \right\rfloor p_{i0} + \left(n_i - \left\lfloor \frac{s-1}{m_i} \right\rfloor \right) p_{i1} \right] \right\}}{1 - e^{-\lambda_i m_i n_i}} \tag{5-49}$$

工位 i 的状态转移概率 p_{ijk}、检出的不合格品数期望值 $\mathrm{d}f_{ijk}$、未检出的不合格品数期望值 $\mathrm{d}l_{ijk}$ 如表 5-13 所示。

表 5-13　工位 i 状态转移概率及检出/未检出的不合格品数期望值[13]

状态转移	p_{ijk}	$\mathrm{d}f_{ijk}$	$\mathrm{d}l_{ijk}$
$S_{i1} \rightarrow S_{i1}$	$p_{i11} = \mathrm{e}^{-\lambda_i m_i n_i} A$	$n_i p_{i0}$	$(m_i-1)n_i p_{i0}$
$S_{i1} \rightarrow S_{i2}$	$p_{i12} = \mathrm{e}^{-\lambda_i m_i n_i}(1-A)$	$n_i p_{i0}$	$(m_i-1)n_i p_{i0}$
$S_{i1} \rightarrow S_{i3}$	$p_{i13} = \sum_{s=1}^{m_i n_i}\{(\mathrm{e}^{-\lambda_i(s-1)} - \mathrm{e}^{-\lambda_i s})B(s)\}$	D	$C-D$
$S_{i1} \rightarrow S_{i4}$	$p_{i14} = \sum_{s=1}^{m_i n_i}\{(\mathrm{e}^{-\lambda_i(s-1)} - \mathrm{e}^{-\lambda_i s})[1-B(s)]\}$	D	$C-D$
$S_{i2} \rightarrow S_{i1}$	$p_{i21} = \mathrm{e}^{-\lambda_i m_i n_i} A$	$n_i p_{i0}$	$(m_i-1)n_i p_{i0}$
$S_{i2} \rightarrow S_{i2}$	$p_{i22} = \mathrm{e}^{-\lambda_i m_i n_i}(1-A)$	$n_i p_{i0}$	$(m_i-1)n_i p_{i0}$
$S_{i2} \rightarrow S_{i3}$	$p_{i23} = \sum_{s=1}^{m_i n_i}\{(\mathrm{e}^{-\lambda_i(s-1)} - \mathrm{e}^{-\lambda_i s})B(s)\}$	D	$C-D$
$S_{i2} \rightarrow S_{i4}$	$p_{i24} = \sum_{s=1}^{m_i n_i}\{(\mathrm{e}^{-\lambda_i(s-1)} - \mathrm{e}^{-\lambda_i s})[1-B(s)]\}$	D	$C-D$
$S_{i3} \rightarrow S_{i3}$	$p_{i33} = \sum_{k=0}^{c_i} C_{n_i}^{k} p_{i1}^{k}(1-p_{i1})^{(n_i-k)}$	$n_i p_{i1}$	$(m_i-1)n_i p_{i1}$
$S_{i3} \rightarrow S_{i4}$	$p_{i34} = 1 - \sum_{k=0}^{c_i} C_{n_i}^{k} p_{i1}^{k}(1-p_{i1})^{(n_i-k)}$	$n_i p_{i1}$	$(m_i-1)n_i p_{i1}$
$S_{i4} \rightarrow S_{i1}$	$p_{i41} = \mathrm{e}^{-\lambda_i m_i n_i} A$	$n_i p_{i0}$	$(m_i-1)n_i p_{i0}$
$S_{i4} \rightarrow S_{i2}$	$p_{i42} = \mathrm{e}^{-\lambda_i m_i n_i}(1-A)$	$n_i p_{i0}$	$(m_i-1)n_i p_{i0}$
$S_{i4} \rightarrow S_{i3}$	$p_{i43} = \sum_{s=1}^{m_i n_i}\{(\mathrm{e}^{-\lambda_i(s-1)} - \mathrm{e}^{-\lambda_i s})B(s)\}$	D	$C-D$
$S_{i4} \rightarrow S_{i4}$	$p_{i44} = \sum_{s=1}^{m_i n_i}\{(\mathrm{e}^{-\lambda_i(s-1)} - \mathrm{e}^{-\lambda_i s})[1-B(s)]\}$	D	$C-D$

工位 i 的稳态概率 $\pi_i = \{\pi_{i1}, \pi_{i2}, \pi_{i3}, \pi_{i4}\}$ 由式(5-50)算出：

$$
\begin{bmatrix}
p_{i11}-1 & p_{i21} & p_{i31} & p_{i41} \\
p_{i12} & p_{i22}-1 & p_{i32} & p_{i42} \\
p_{i13} & p_{i23} & p_{i33}-1 & p_{i43} \\
p_{i14} & p_{i24} & p_{i34} & p_{i44}-1 \\
1 & 1 & 1 & 1
\end{bmatrix}
\begin{bmatrix}
\pi_{i1} \\ \pi_{i2} \\ \pi_{i3} \\ \pi_{i4}
\end{bmatrix}
=
\begin{bmatrix}
0 \\ 0 \\ 0 \\ 0 \\ 1
\end{bmatrix}
\tag{5-50}
$$

5.3.3　成本计算与优化模型

工位 i 在一个采样周期内共生产了 $m_i n_i$ 个产品，不同状态转移情形下对应的生产成本 $\mathrm{PC}_{ijk}(i=1,2,\cdots,W, j=1,2,3,4, k=1,2,3,4)$ 为工位 i 在一个采样周

期内由状态 S_{ij} 迁移到状态 S_{ik} 产生的制造、检验、报废、维修成本之和,表 5-14 给出了 PC_{ijk} 的计算公式。

表 5-14　不同状态转移情况下采样周期内的生产成本

状态转移	采样周期内的生产成本 $\mathbf{PC}_{ijk}$
$S_{i1} \rightarrow S_{i1}$	$m_i n_i \cdot \mathrm{MC}_i + n_i \cdot \mathrm{IC}_i + n_i p_{i0} \cdot \mathrm{SC}_i$
$S_{i1} \rightarrow S_{i2}$	$m_i n_i \cdot \mathrm{MC}_i + n_i \cdot \mathrm{IC}_i + n_i p_{i0} \cdot \mathrm{SC}_i + \mathrm{FAC}_i$
$S_{i1} \rightarrow S_{i3}$	$m_i n_i \cdot \mathrm{MC}_i + n_i \cdot \mathrm{IC}_i + D \cdot \mathrm{SC}_i$
$S_{i1} \rightarrow S_{i4}$	$m_i n_i \cdot \mathrm{MC}_i + n_i \cdot \mathrm{IC}_i + D \cdot \mathrm{SC}_i + \mathrm{RC}_i$
$S_{i2} \rightarrow S_{i1}$	$m_i n_i \cdot \mathrm{MC}_i + n_i \cdot \mathrm{IC}_i + n_i p_{i0} \cdot \mathrm{SC}_i$
$S_{i2} \rightarrow S_{i2}$	$m_i n_i \cdot \mathrm{MC}_i + n_i \cdot \mathrm{IC}_i + n_i p_{i0} \cdot \mathrm{SC}_i + \mathrm{FAC}_i$
$S_{i2} \rightarrow S_{i3}$	$m_i n_i \cdot \mathrm{MC}_i + n_i \cdot \mathrm{IC}_i + D \cdot \mathrm{SC}_i$
$S_{i2} \rightarrow S_{i4}$	$m_i n_i \cdot \mathrm{MC}_i + n_i \cdot \mathrm{IC}_i + D \cdot \mathrm{SC}_i + \mathrm{RC}_i$
$S_{i3} \rightarrow S_{i3}$	$m_i n_i \cdot \mathrm{MC}_i + n_i \cdot \mathrm{IC}_i + n_i p_{i1} \cdot \mathrm{SC}_i$
$S_{i3} \rightarrow S_{i4}$	$m_i n_i \cdot \mathrm{MC}_i + n_i \cdot \mathrm{IC}_i + n_i p_{i1} \cdot \mathrm{SC}_i + \mathrm{RC}_i$
$S_{i4} \rightarrow S_{i1}$	$m_i n_i \cdot \mathrm{MC}_i + n_i \cdot \mathrm{IC}_i + n_i p_{i0} \cdot \mathrm{SC}_i$
$S_{i4} \rightarrow S_{i2}$	$m_i n_i \cdot \mathrm{MC}_i + n_i \cdot \mathrm{IC}_i + n_i p_{i0} \cdot \mathrm{SC}_i + \mathrm{FAC}_i$
$S_{i4} \rightarrow S_{i3}$	$m_i n_i \cdot \mathrm{MC}_i + n_i \cdot \mathrm{IC}_i + D \cdot \mathrm{SC}_i$
$S_{i4} \rightarrow S_{i4}$	$m_i n_i \cdot \mathrm{MC}_i + n_i \cdot \mathrm{IC}_i + D \cdot \mathrm{SC}_i + \mathrm{RC}_i$

关于 PC_{ijk} 的计算过程说明如下:

(1) 单件在制品的检测成本 IC_i 小于制造成本 MC_i,即 $\mathrm{IC}_i < \mathrm{MC}_i$;

(2) 单件在制品的报废成本 SC_i 为机会损失(=销售价格)与废品处理成本之和;

(3) 误报处理成本 FAC_i 等于因误报造成的停机损失与误报检测排除成本之和;

(4) 维护成本 RC_i 等于因停机损失与维修支出之和,满足 $\mathrm{RC}_i > \mathrm{FAC}_i \gg \mathrm{SC}_i$。

单件产品的期望生产成本 EPC_i 是 m_i、n_i、c_i、f_i 的函数,其计算公式为

$$\mathrm{EPC}_i(m_i, n_i, c_i, f_i) = \frac{\sum_{j=1}^{4} \left(\mathrm{sp}_{ij} \cdot \sum_{k=1}^{4} (p_{ijk} \cdot \mathrm{PC}_{ijk}) \right)}{m_i n_i}, \quad i = 1, 2, \cdots, W$$

(5-51)

式中,f_i 是工位 i 所接收的产品不合格率。工位 i 输出到工位 $i+1$ 产品的不合格品率为

$$f_{i+1} = \sum_{j=1}^{4}\left(\text{sp}_{ij} \cdot \sum_{k=1}^{4} \frac{p_{ijk} \cdot \mathrm{d}l_{ijk}}{m_i n_i - \mathrm{d}f_{ijk}}\right), \quad i=1,2,\cdots,W \tag{5-52}$$

给定 m_i、n_i、$c_i(i=1,2,\cdots,W)$ 和原材料的不合格品率 f_1，由上述公式可递推求出 $\text{EPC}_1(m_1,n_1,c_1,f_1)$，$\cdots$，$\text{EPC}_W(m_W,n_W,c_W,f_W)$ 以及 f_{W+1}。

串联多工位生产线系统的单件产品总期望生产成本为

$$\text{EPC}(m_1,\cdots,m_W,n_1,\cdots,n_W,c_1,\cdots,c_W,f_1) = \sum_{i=1}^{W} \text{EPC}_i(m_i,n_i,c_i,f_i)$$
$$\tag{5-53}$$

系统输出单件不合格品造成的期望后续损失为

$$\text{ESC}(m_1,\cdots,m_W,n_1,\cdots,n_W,c_1,\cdots,c_W,f_1) = f_{W+1} \cdot \text{SLC} \tag{5-54}$$

系统的总期望可变成本为

$$\text{EVC} = \text{EPC} + \text{ESC} \tag{5-55}$$

以最小化单位产品的总期望可变成本 EVC 为优化目标，建立如下优化模型[13,14]：

$$\begin{cases} \min\text{EVC}_{\text{MMS}}(m_1,\cdots,m_W,n_1,\cdots,n_W,c_1,\cdots,c_W,f_1) \\ \text{s. t.} \quad m_i,n_i, \quad c_i \in \text{Integer} \\ \qquad m_i,n_i \geqslant 1 \\ \qquad 0 \leqslant c_i \leqslant n_i \\ \qquad \text{MPBFA}_i = \dfrac{m_i n_i}{\text{sp}_{i2}} \geqslant \min\text{EFT}_i, \quad i=1,2,\cdots,W \\ \text{decision variables：} m_i,n_i,c_i \end{cases} \tag{5-56}$$

在控制图优化时，考虑频繁的误报对生产稳定运行有较大不利影响，通常都对误报周期或平均受控链长设定约束要求，模型(5-56)中第 4 个约束即规定工位 i 平均误报间隔(mean product between false alarm，MPBFA)不低于 $\min\text{EFT}_i$(以生产的产品来计算)。

5.3.4　启发式规则和禁忌搜索相结合的求解算法

优化模型是一个复杂的组合优化问题，决策变量数量为 $3W$，解空间巨大，如果不考虑问题特点而直接采用遗传算法或粒子群算法进行求解，则收敛速度很慢，难以求得较优解。针对本问题的特点，设计了启发式规则和禁忌搜索相结合的求解算法，启发式规则用于初始解的构造和不满足约束的解的改造，禁忌搜索方法则用于邻域搜索。禁忌搜索是一种元启发式搜索技术，为了避免邻域搜索陷入局部最优，禁忌搜索算法用一个禁忌列表记录已经到达过的局部最优点，在下一次搜索中，利用禁忌列表中的信息不再搜索或有选择地搜索这些点，以此来跳出局部最优点。

算法的流程如图 5-11 所示,主要包括 4 步。

步骤 1:采用启发式方法产生初始解。

步骤 1.1:从工位 1 开始,随机生成采样间隔 m_i(介于 $1\sim m_{max}$ 的整数),m_{max} 的取值根据问题性质而定,一般取为 $15\sim20$;然后随机生成样本容量 n_i,为介于 $n_{min}\sim n_{max}$ 的整数,n_{min} 不宜太小,可取为 30,n_{max} 的取值和 m_i 相关,比如工位平

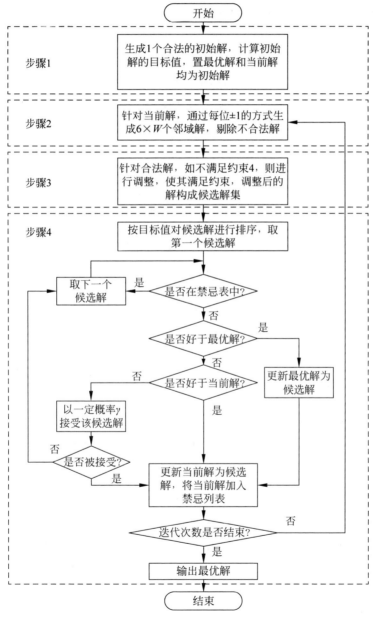

图 5-11　算法流程

均失控间隔时间为 1000，则可取 $n_{\max} = \lfloor 1000/m_i \rfloor$，最后从 $[n_{\min}, n_{\max}]$ 中随机生成 n_i。

步骤 1.2：确定控制界限 c_i 的取值上下限 $c_{\min}$ 和 $c_{\max}$。$c_{\max}$ 取为 $\lfloor 2n_i \cdot \alpha_i \rfloor$，$c_i$ 取值从 1 开始，根据式(5-48)计算出 sp_{i2}，进而计算 $\dfrac{m_i n_i}{\mathrm{sp}_{i2}}$，如果不满足模型式(5-56) 的约束 4，则 c_i 加 1，重新计算，直至 $\dfrac{m_i n_i}{\mathrm{sp}_{i2}} \geqslant \min\mathrm{EFT}_i$ 满足，此时的 c_i 即为 $c_{\min}$。如果 c_i 取到 $c_{\max}$ 也无法满足约束，则初始解无效，转步骤 1.1 重新生成。

步骤 1.3：从 $[c_{\min}, c_{\max}]$ 中随机生成 c_i。

步骤 1.4：如果所有工位的控制图参数均已得到，则得到合法的初始解，计算初始解的目标值，置最优解和当前解均为初始解。否则转步骤 1.1 生成下一工位的 m_i、n_i、c_i。

步骤 2：生成邻域解集。本问题的邻域空间比较简单，即为 m_i、n_i、c_i 每位加减 1，执行该操作后，某些解的位可能超过取值上下限，须剔除该邻域解。

步骤 3：调整邻域解，使其满足模型式(5-56)的约束 4。邻域解可能不满足模型式(5-56)的约束 4，需采用启发式方法进行调整，调整策略如下：针对不满足约束 4 的工位 i，如果 $n_i > n_{\min}$，则取 $n_i = n_i - 1$，得到新解并重新评估约束；如果 $n_i = n_{\min}$ 且 $c_i < c_{\max}$，则取 $c_i = c_i + 1$，得到新解并重新评估约束，否则视该邻域解非法，并剔除。最后剩余的邻域解构成候选解集。

步骤 4：针对候选解集进行禁忌搜索。

步骤 4.1：按目标值从小到大对当前解的候选解进行排序，取第一个解进行判断。

步骤 4.2：如果该解在禁忌表中，则继续取下一个重新执行步骤 4.2；否则执行步骤 4.3。

步骤 4.3：如果该解好于最优解，则更新最优解，转步骤 4.6。

步骤 4.4：如果该解好于当前解，则更新当前解，转步骤 4.6。

步骤 4.5：以一定概率 γ 接受该候选解（取 $\gamma = 0.4$），如未选中，则取候选解集中的下一个进行判断，并转步骤 4.2，否则执行步骤 4.6。

步骤 4.6：更新当前解为候选解，将当前解加入禁忌列表。

步骤 4.7：判断迭代次数是否达到，如是，输出最优解，结束，否则转步骤 2。

通过步骤 1～步骤 4，可以得到 1 个最优解。为了进一步避免陷于局部最优，可以多次重复执行本算法，并取其中的最好结果作为本问题的最优解。

5.3.5　应用案例分析

1. 实例描述

某手机代工厂为多家手机品牌商生产塑料外壳组件，年产量约为 1000 万个。

手机塑料外壳组件的基本生产工艺流程包括外壳注塑成型、外壳加工(修剪、打磨、钻孔)、外壳表面处理(喷涂、丝印)、外壳组件组装(热压螺母、组装)共 4 个主要工位,形成一个 MMS。该系统的输入是塑性原料(原材料的合格率为 100%),系统的输出是手机外壳组件。已知相关数据如表 5-15 所示。

表 5-15　数据表

参　　数	工位 1	工位 2	工位 3	工位 4
$MPTOC_i$	1800	1000	3000	1600
θ_{i0}	0.04	0.03	0.02	0.04
θ_{i1}	0.10	0.12	0.08	0.10
$MfgC_i$/元	15	9	8	12
$InspectC_i$/元	3	2	1	2
$ScrapC_i$/元	100	100	100	100
$FalseAC_i$/元	900	900	900	900
$RepairC_i$/元	2000	2000	2000	2000
$SuccLossC$/元	—	—	—	115

2. 优化结果

设定 $minEFT_i = 4000, i = 1, 2, 3, 4$,采用图 5-11 的算法进行求解,共产生 1000 个合法的初始解,每个初始解各迭代 80 代,最终求得 1000 个局部较优解,在普通个人计算机上计算时间为 1~2h。大约 50 代后,可以收敛到局部最优解。1000 个解的分布情况见图 5-12,最优解为 69.26,最差解为 79.12,平均为 70.72。

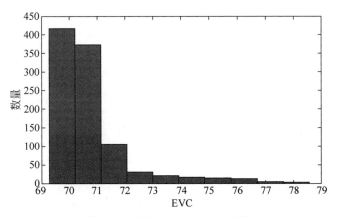

图 5-12　解(1000 个)的分布图

尽管初始解为随机生成,但通过禁忌搜索后,都能得到较为优秀的解,有 36% 的解的目标值在 70 以内,这些较优解的决策变量取值较为分散,但目标值差别不大。如表 5-16 所示,在获得的最优解中,4 个工位都大部分时间工作在状态 1 (0.67, 0.73, 0.87, 0.77),处于误报状态的概率较小(0.07, 0.03, 0.02, 0.03),工位

3 采取全检策略,工位 1、2、4 则采取抽检策略,采样间隔分别为 7、3、4,工位 4 结束后,输出的成品中有 3.8% 的不合格品率,将造成 4.36 元的单位后续损失。

表 5-16 最优解的相关数据

参　　数	工位 1	工位 2	工位 3	工位 4
m_i, n_i, c_i	7,44,3	3,45,6	1,233,27	4,32,3
稳态概率 sp_{i1}	0.67	0.73	0.87	0.77
稳态概率 sp_{i2}	0.07	0.03	0.02	0.03
稳态概率 sp_{i3}	0.12	0.12	0.04	0.13
稳态概率 sp_{i4}	0.14	0.11	0.07	0.07
$MPBFA_i$	4135	4006	13017	4224
单位产品期望生产成本 EPC_i/元	17.28	14.49	18.12	15.00
单位产品后续损失 ESC_{MMS}/元	4.36			
输出不合格品率 f_{i+1}	0.045	0.061	0.000	0.038

3. 对比分析

工厂目前的质检策略是在工位 1～3 后都不进行检测,而在工位 4 之后进行全检,检测成本设为 $InspectC' = \sum_{i=1}^{4} InspectC_i / 2 = 4$ 元。全检后剔除所有不合格品,不合格品报废成本 $ScrapC' = 100$ 元,并针对 4 个工位采取定时成组计划维护策略,维护周期为 PlanMT,单次维护成本(含机会成本和维修成本)为 PlanMC。由于成组维护的成本相对较低,可认为: $PlanMC < \sum_{i=1}^{4} RepairC_i$,本例取 $PlanMC = 0.75 \cdot \sum_{i=1}^{4} RepairC_i = 6000$ 元。在该策略下,单位期望可变总成本 EC 包括制造成本、检测成本、维护成本和报废成本,计算公式如下:

$$EC = \sum_{w=1}^{4} MfgC_i + InspectC + \frac{PlanMC}{PlanMT} + f_5 \cdot ScrapC \qquad (5-57)$$

其中:

$$f_i = \begin{cases} \dfrac{\sum_{s=1}^{PlanMT} (e^{-\rho_i(s-1)} - e^{-\rho_i s})[(s-1)\alpha_i + (PlanMT - s + 1)\beta_i]}{PlanMT} + \\ e^{-\rho_i \cdot PlanMT} \cdot \alpha_i, \qquad\qquad\qquad\qquad i \neq 1 \\ 0, \qquad\qquad\qquad\qquad\qquad\qquad\qquad i = 1 \end{cases} \qquad (5-58)$$

EC 的取值与维护周期 PlanMT 的取值相关,将 PlanMT 分别取值 900～1300 进行计算,当 PlanMT=1162 时,EC 取最小值 72.620 元。比较改进的质检策略和原来的质检策略，可以看出，单位产品期望可变总成本从 72.62 元降为 69.26 元，减少 3.36 元，考虑公司年产手机外壳 1000 万个，总成本节约是非常可观的。

参考文献

[1]　埃文斯. 质量管理与质量控制[M]. 焦叔斌, 译. 北京：中国人民大学出版社, 2010.

[2]　HOTELLING H. Multivariate quality control-illustrated by the air testing of sample bombsights[M]//Techniques of Statistical Analysis. EISENHART C, HASTAY MW, WALLIS WA, eds. New York：McGraw-Hill, 1947：111-185.

[3]　RUNGER G C, AIT F B, MONTGOMEY D C. Controlling multiple stream processes with principal components[J]. International Journal of Production Research, 1996, 34(11)：2991-2999.

[4]　KOURTI T, NOMIKOS P, MACGREGOR J F. Analysis, monitoring and fault diagnosis of batch processes using multiblock and multiway PLS[J]. Journal of Process Control, 1995, 5(4)：277-285.

[5]　AMIN R W, REYNOLODS M R, SAAD B. Nonparametric quality control charts based on the sign statistic[J]. Communications in Statistics-Theory and Methods, 1995, 24(6)：1597-1623.

[6]　BAKIR S T. Distribution-Free Quality Control Charts Based on Signed-Rank-Like Statistics [J]. Communications in Statistics-Theory and Methods, 2006, 35(4)：743-757.

[7]　张公绪. 新编质量管理学[M]. 2 版. 北京：高等教育出版社, 2003.

[8]　尹惠. 统计过程控制与维修决策集成优化模型研究[D]. 武汉：华中科技大学, 2017.

[9]　朱海平, 尹惠, 邓宇浩, 等. 过程均值偏移随机的 EWMA 控制图优化设计[J]. 计算机集成制造系统, 2014, 20(11)：2820-2825.

[10]　LUCAS J M, SACCUCCI M S. Exponentially weighted moving average control schemes：properties and enhancements[J]. Technometrics, 1990, 32(1)：1-29.

[11]　YIN H, ZHANG G, ZHU H, DENG Y, HE F. An integrated model of statistical process control and maintenance based on the delayed monitoring[J]. Reliability Engineering and System Safety, 2015(133)：323-333.

[12]　RUNGER G C, PRABHU S S. A Markov chain model for the multivariate exponentially weighted moving averages control chart[J]. Journal of the American Statistical Association, 1996, 91(436)：1701-1706.

[13]　ZHU H, ZHANG C, DENG Y. Optimisation design of attribute control charts for multi-station manufacturing system subjected to quality shifts[J]. International Journal of Production Research, 2016, 54(6)：1804-1821.

[14]　邓宇浩. 基于统计质量控制的生产设备视情维修方法研究[D]. 武汉：华中科技大学, 2019.

第6章

车间数据采集技术及应用

如第 1 章所述,车间是制造企业内信息最为密集的场所,与生产过程、资源状态、制造工艺、产品档案和环境状态相关的数据都在这里产生或汇集,这些数据是 ERP、MES、APS 等上层应用系统进行生产管控和指挥调度决策的重要依据,但是,全面且高质量地采集车间制造过程数据是一件既费时又费力的工作。本章首先分析车间制造过程数据的类型及特征,其次对车间物联网的架构和关键技术进行探讨,最后结合典型应用场景,对几类常见的车间数据采集应用进行阐述。

6.1 车间制造过程数据的类型及特征

6.1.1 制造过程数据的类型

近年来,以条形码、RFID、传感器、设备集成为代表的信息采集技术和以互联网、物联网为代表的网络技术在制造车间得到普及应用,制造过程数据的获取途径也更为多样化和便捷化。

制造过程数据可以按照不同的方式进行分类。

1. 按照数据的来源途径进行分类

按照数据的来源途径,分为以下 3 类:

(1) 车间管理软件系统的数据。它来自 PLM、MES、ERP、CAPP、WMS、SCM、QMS 等。这些数据存放在关系数据库中,结构化程度高,数据量不是很大,也非实时,但数据之间的关系非常复杂。

(2) 底层设备控制系统的数据。它来自数控系统、生产线控制系统、机器人控制系统、设备控制 PLC、AGV 调度系统、立体仓库控制系统、质检设备系统(如视觉检测、力矩检测、三坐标机、激光跟踪仪等)、RFID 中间件等。上述控制系统有可能开放接口,也可能封闭,其通信接口形式、通信协议、数据格式等千差万别。这类数据的维度很多,数据量也较大。

(3) 外加传感器的数据。传感器的类型和数量众多,比如加装在设备/产品/工具上的传感器,其目的是监测设备/产品/工具的实时状态信息(振动、温度、磨损量、尺寸偏移量、能耗等);又如加装在移动物体上的识别跟踪装置,用于监测移动物体(工具、物流设施、在制品、人)的位置信息;再如生产环境传感器,用于监测温度、湿度、灰尘、电磁等;还有用于实时视频和图像获取的监控设施等。这类数据是典型的时序数据,由于采集频率较高,数据规模通常非常大,但价值密度异常低。

2. 按照数据的业务范畴进行分类

按照数据的业务范畴,分为人员、机器、物料、规范、过程等类型。

(1) 人员数据,包括操作工人的基本信息、资质、工作时段、质量档案、移动位置等。

(2) 机器数据,包括数控加工设备、工装、刀具、检测设备、生产线等的实时状态数据。

(3) 物料数据,包括毛坯、在制品、零配件、总装件等物料的标识信息和位置信息,以及产品质量档案。

(4) 规范数据,包括设计图纸、工艺卡片、作业指导书、数控程序、BOM 等。

(5) 过程数据,包括订单与计划数据、生产过程数据(加工/装配的执行记录)、动作数据(工人的操作/移动动作)、物流过程数据(物流车辆位置及状态、出入库和配送记录等)、检测过程数据(检测要求及结果)、管理过程数据(更改记录、异常处理记录等)、环境数据(能耗、温湿度/灰尘、监控视频等)等。

3. 按照数据的介质形式进行分类

按照数据的介质形式,分为以下 3 类:

(1) 在某处已经存在的电子数据,比如存在于数控系统、PLC、存储器和数据库中的数据,通过数据集成接口即可访问这些数据。

(2) 以纸质形式存在的数据,比如工艺图纸、报工单、检测表、流程单据等。为了便于访问和使用这些数据,首先需要引入信息系统来实现它们的电子化管理,即俗称的"无纸化"。

(3) 暂不存在、需要通过额外途径来采集的数据,比如机床振动数据、刀具磨损数据、车辆和人员的位置数据、环境数据等。这些数据需要通过外加传感器才能获取。为什么要采集这些数据,以及在哪些位置布置哪些传感器来采集,要进行非常专业性的判断,可能需要经历很多次尝试和试验后才能找到最佳方案。

4. 按照数据的表现形式进行分类

除了上面介绍的 3 种分类方法,还可以按照数据的表现形式将数据分为结构化与非结构化数据。在制造车间中,大部分有用的数据都是结构化数据,只有少量应用,比如视觉检测,才可能产生并用到非结构化数据。

6.1.2 制造过程数据的特征

制造过程数据属于工业大数据范畴,除了通常的 4V(数据量大、种类多、价值密度低、处理速度要求快)特性外,这些数据往往还具有以下鲜明特征:

（1）关联性强：比如生产类数据和设备类数据就是紧密关联的。因此，对一部分割裂的制造过程数据进行分析通常没有多大意义，比如单纯的设备能耗曲线，意义不大。但是，如果知道在每个时间点，该设备在加工哪个产品的哪道工序，当时工艺参数怎样，这样的能耗数据分析意义就大了。

（2）多维（多元）：在进行工艺或质量分析时，涉及的变量通常很多，变量之间存在相关性，需要用到多维（多元）分析方法。

（3）时空变化：首先是时变过程，设备状态变迁、刀具磨损、物料位置变化都是随机过程，另外，制造工厂各类异常事件的发生也是随机的；其次是空间变化，比如物料是移动的。

（4）混杂：各种噪声、异常事件、数据缺失和采集精度等都会影响数据的质量，特别是传感器数据。如果所采集数据的质量太差，就没有多大的保存和分析价值。

（5）业务依存度高：不同的制造数据应用需要用到不同的数学分析模型（机理模型），比如质量变异模型、设备/刀具失效模型等，这些模型有其特定适用场合，在构建数据应用平台时，应非常重视模型库、方法库的构建及其可扩充性。

（6）数据的获取困难：电信、能源等领域的工业大数据通常都是现成的，可以聚焦于大数据的分析及应用，但是制造过程数据往往都不是现成的，或者数据非常分散（多源），或者数据没有（需要另行采集），或者数据质量很差，因此数据的采集、融合和接入是数据应用过程中至关重要的环节。

（7）许多应用对实时性、安全性和可靠性要求较高：除了对历史数据的离线分析外，一些工业应用场景需要实现数据的实时在线分析，比如工艺参数学习与自适应控制、质量/故障预警等，因此对工业大数据的处理速度和效率也提出了较高的要求。同时，如果数据处理的结果要用于实时过程控制或重要的决策，则往往对数据的安全性和分析结果的可靠性要求很高。比如数据驱动的故障诊断，无论是误报率还是漏报率，一旦数值较高就无应用价值。

6.2 车间物联网的架构及关键技术

物联网（internet of things，IoT）是通过有线、无线等网络载体，让所有能行使独立功能的普通物体实现互联互通的网络。物联网在包括工业、农业、交通等在内的各行各业都有非常广阔的应用前景。在制造领域，物联网的应用形式主要有两种：一是聚焦在车间内部，实现人、机、料、法、测、环、能等各个生产环节的主动感知和互联互通；二是在车间以外，实现设计、制造、供应链、客户和服务的协同，比如产品的远程运维服务等。

本节主要探讨制造物联网的第一种应用形式，即车间物联网。车间物联网可视为工业互联网（industrial internet of things，IIoT）的一个子集，它是支持车间制造过程数据采集的基础设施和网络平台。

车间
物联网

6.2.1　车间物联网的总体架构

参照物联网的通用架构,下面给出车间物联网的总体架构,如图 6-1 所示。

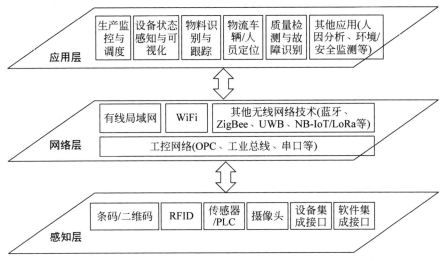

图 6-1　车间物联网的总体架构

车间物联网总体架构分为 3 个层次,感知层、网络层和应用层。

(1)感知层:该层主要实现制造过程数据的获取。常见的数据采集手段包括条码/二维码识别、RFID 识别、传感器/PLC、摄像头、设备集成接口、软件集成接口等。

(2)网络层:该层主要实现制造过程数据的传输。设备或生产线内部的数据传输一般通过工控网络,常见类型包括 OPC 通信,或者 ModBus、ProfiNet、DeviceNet、Ethernet/IP、ProfiBus、CAN、EtherCAT、ControlNet、INTERBUS、CC-Link 等工业总线,或者 RS485/RS232 等串口通信,设备与上层应用之间的数据传输则通过有线(局域网)和无线(Wi-Fi、蓝牙、ZigBee、NB-IoT/LoRa 等)两种形式,有线方式的数据传输容量大、可靠性高、实时性较好,无线方式则更加灵活方便。

(3)应用层:常见的车间物联网应用包括生产监控与调度、设备状态感知与可视化、物料识别与跟踪、物流车辆/人员定位、质量检测与故障识别、人因和动作分析、环境和安全监测等,大部分应用都是嵌入到 MES 等生产管控软件中,少量应用也可以独立运行(比如物流车辆跟踪)。

图 6-2 是某机加工车间的物联网架构案例。由于安全保密原因,该车间没有应用无线网络。车间内的主要设备包括数控加工中心、机器人、物流仓储设施、检测设备等,通过设备集成接口和 OPC 技术,这些设备的状态数据连同来自传感器的数据(采集机床力、振动和温度数据)以及来自 RFID 的物体标识数据一起通过车间物联网络进入 MES 系统,并最终实现数据可视化展示、生产管控支持和数据分析应用。

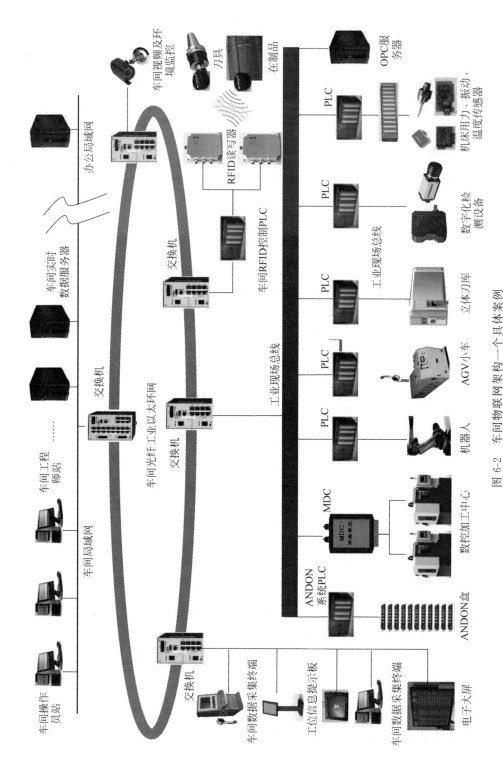

图 6-2 车间物联网架构—一个具体案例

6.2.2　车间物联网的关键技术

为构建图 6-1 和图 6-2 所示的车间物联网并实现制造过程数据采集与可视化，需要用到一系列关键技术，下面对其中的部分关键技术进行说明。

1. 自动识别技术

物体的身份标识与自动识别是实现"机器与物体对话"的基础。在柔性自动化生产环境下，机器或系统需要在没有人介入的情况下，自动识别出在制零件，从而确定正确的生产路径、主动切换刀具和工艺参数或进行装配防错。需要让机器自动识别的物体通常包括在制品、零配件、刀辅具等。条码（包括二维码）、RFID、机器视觉是最常见的 3 种识别方式。

条码（特别是二维码）是经典的物体标识技术，物体的 ID 号转化而成的条码可以被激光扫描器自动识别出来。激光扫描器可以是手持式，也可以安装在固定的识别位置。普通的条码介质形式是纸质标签，容易污染或损坏，如今已可以在金属、塑料、硅胶、非金属等多种材料上进行激光二维码标刻，其可靠性大大增强。

RFID 技术由于识别距离较远，且标签可存储较多信息，在制造车间的应用越来越普及。RFID 识别系统由 RFID 读写器、RFID 标签、天线和中间件构成，可以工作在低频、高频、超高频等不同频段。RFID 标签也可以是有源或无源形式。

RFID

机器视觉是人工智能技术在制造领域的典型应用，通过机器视觉技术，既可以简单地识别出物体类型，也可以进一步实现高精度的尺寸测量，或者表面质量检测。

上述 3 种方式的优缺点如表 6-1。

表 6-1　自动识别方式的比较

识别方式	主要应用场景	优　　点	缺　　点
条码	各类在制品、零配件和刀具的识别	廉价，适用范围广	识别距离太近且角度不能太偏
RFID	生产线上在制品的识别，刀具的识别	识别距离较远，可靠性高，RFID 标签容量大且便于存储和增添信息	基础设施投入较大
机器视觉	机器人搬运、上下料、视觉检测等	对于差异较大物体的识别过程简单可靠，可兼带测量和检测功能	基础设施投入大，相同外观的物体不能区分，只能识别物体类型而不是物体 ID

下面以基于 RFID 的刀具跟踪为例阐述自动识别技术在车间的应用。

刀具是机加工车间重要的制造资源，年消耗量巨大，占用成本很高，为了实现刀具的精细化管控，进而提升刀具的使用效率，首先需要对刀具的使用历史进行全程跟踪。目前已有比较成熟的基于 RFID 的刀具管理方案，该方案由 RFID 基础设施(包括读写器和标签)和刀具管理系统构成。如图 6-3 所示,在刀柄上钻一个小孔,嵌入 RFID 电子标签,该芯片记录了刀具的身份和重要状态参数信息,在数控机床和对刀仪上都部署有高频固定 RFID 读写装置,当刀具安装到数控机床或对刀仪上时,RFID 读写器对刀具的参数和寿命信息进行采集和传递,具体如下:

(1)对刀仪自动识别刀具,将刀具测量参数写入刀具 RFID 芯片,并传递到机床或上位机上进行操作;

(2)通过安装在机床上的 RFID 读写设备,实时采集刀具的加工时间或换刀次数,实现刀具寿命的实时跟踪。

上述 RFID 装置和刀具管理系统配合起来使用,可实现刀具全生命周期过程信息的记录、跟踪、分析以及决策支持(换刀、修磨等)。

图 6-3　用于刀具管理的 RFID 装置

2. 设备集成技术

设备集成一直是车间物联网建设的重点和难点,特别是在异构、遗留设备比较多的车间环境内,设备的厂家/型号不同,接口各异,有些开放,有些封闭,因此必须根据设备类型的差异,分别采取不同的技术路线进行设备集成开发,工作量很大。下面列出了一些常见的集成技术。

1)串口集成技术

部分设备提供了开放的串口通信,能定期主动地将重要数据通过串口发送出来,串口的类型有 RS232、RS485、USB 等,根据数据流方向可将串口通信分为单工、半双工和全双工 3 种方式。串口集成的实现过程包括串口连接与数据接入、数据解析、数据传输等环节。为便于数据远程传送,可通过"串口转 Wi-Fi 设备"将串口数据无线传输给上层应用系统,具体实现过程如图 6-4 所示。

以螺纹拧紧机设备集成为例。螺纹拧紧机是一种自动化的螺栓拧紧设备,在各类装配车间广泛使用,在拧紧过程中,拧紧力矩和角度是重要的质量参数。需要采集的数据通常包括产品编号、螺栓编号、拧紧力矩、拧紧角度、拧紧次数、拧紧时间等。某型螺纹拧紧机在拧紧一次后,通过串口传出的数据格式如下:{000056,

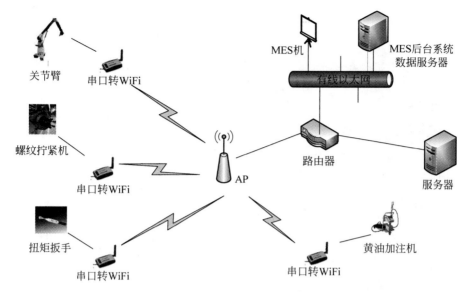

图 6-4　通过串口转 Wi-Fi 方式采集设备数据

000096,01,005,02,04/01/2011,17-38-50,P,0003.76,P,0,00101,P,0,7.10,1.74,2,20.00,0.00,110,90,100,No BCode,29},这组字符串数据包含了若干数据项,每个数据项都有特定的含义,如序号、档位、日期、时间、力矩、角度、目标值、上限值、下限值、标识符等。每个数据项之间用逗号隔开,并且每个数据项所占用的存储空间长度都是特定的。该数据传入数据采集服务器后,服务端程序对字符串数据进行解析,得到拧紧时间、力矩、角度等重要信息。最终解析后的数据通过图 6-5 所示界面进行展示。

2) OPC 技术

用于过程控制的 OLE(OLE for process control,OPC)是目前最主流的设备集成技术标准[1]。OPC 是 1995 年在 OPC 基金会倡导下,由艾默生、微软等公司牵头开发的一个在全球自动化行业处于领先地位的接口标准。它以 COM/DCOM 连接技术作为支撑,为制造设备与车间控制软件之间的数据交换带来了标准的通信接口。OLE/COM 是一种客户/服务器模式,具有语言无关性、代码重用性、易于集成性等优点。OPC 规范了接口函数,不管现场设备以何种形式存在,客户都以统一的方式去访问,从而保证软件对客户的透明性,使得用户完全从底层的开发中脱离出来。OPC 标准包括 5 类规范:OPC DA(OPC 数据访问)规范、OPC AE(OPC 报警和事件)规范、OPC HDA(OPC 历史数据访问)规范、OPC BS(OPC 批量过程)规范、OPC XML-DA 规范。

目前,大量的设备都支持 OPC 标准,这使得设备的集成变得简单快捷。利用 OPC 技术采集设备数据的过程如下:

(1) 列出支持 OPC 的现场设备。

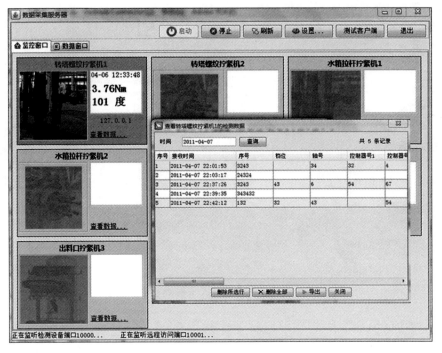

图 6-5　螺纹拧紧机设备的数据集成与可视化展示界面

（2）建立 OPC 服务器。OPC 服务器一般由 5 个部分构成：现场设备驱动程序、OPC 对象和接口、数据缓冲区、服务器界面与设置、OPC 服务器接口。OPC 服务器通过现场设备驱动程序从设备的 PLC 寄存器中读取数据并放入数据缓冲区。

（3）开发 OPC 客户端程序。该程序位于上层应用系统中，它向 OPC 服务器发送请求，获取数据并支持上层应用。

以汽车总装线的设备集成为例。汽车总装线通常包括上百台的设备，这些设备一般都支持 OPC 标准，通过安装配置 OPC 服务器，连接所有设备并采集相关数据，然后通过组态软件进行可视化展示。设备集成与可视化的效果如图 6-6 所示。

传统 OPC 标准也存在一些缺点，比如依赖微软的 DCOM 技术等。OPC UA（OPC unified architecture）是下一代的 OPC 标准[1,2]，它通过提供一个完整、安全和可靠的跨平台的架构，获取实时和历史数据和时间。OPC UA 是传统 OPC 工业标准的补充和升级，提供一些重要的特性，如平台独立性、扩展性、高可靠性和连接互联网的能力。OPC UA 不再依靠 DCOM，而是基于面向服务的架构（SOA），使用更简便。

3）MTConnect 技术

MTConnect 技术是美国制造技术协会推出的设备接口规范[3,4]，用于实现不同装置、设备和系统之间的互联和交互操作。MTConnect 的实施目标分为 3 个阶段：当前阶段为机床的互联，第二阶段是集成工件、夹具等信息并支持对机床启停

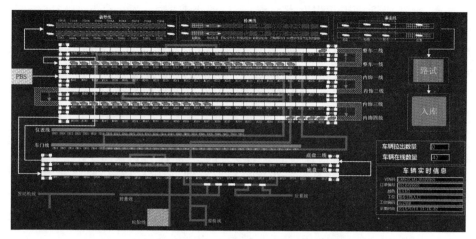

图 6-6　基于 OPC 的汽车装配线设备集成与数据可视化

操作的远程控制;第三阶段的目标是机床等设备的"即插即用"。目前,已有一些应用是通过 MTConnect 技术连接数控机床并采集机床状态数据[4]。MTConnect 的未来应用场景包括[3]:设备监测(利用率、OEE)、预测性维护、动态作业路由/调度、黑灯制造、工艺分析、数字主线等。

4)软件集成方式

一些设备自带数据管理软件系统,比如由生产线集成供应商提供的生产线管理系统、三坐标检测设备自带的检测软件、立体仓库的 WMS 系统、AGV 系统的调度系统等。这些软件已经采集并管理了与设备状态相关的数据,因此,在与这些设备集成时,实际上就是进行软件集成工作。软件集成的方式多种多样,通常包括中间数据库表、数据文件、Socket 通信、Web Service 等。软件集成的难点主要是数据格式的规范化。

5)外加传感器方式

近些年来,工业大数据应用逐渐渗透到制造车间内。工业大数据应用是问题驱动的,基本思路是:首先描述和定义问题,比如工艺过程的质量改善,其次确定要建立什么模型、需要哪些数据,再次确定数据的采集方案,并开展试验,采集数据并进行分析,经过几轮迭代后,最后形成有价值的数据采集与分析应用方案。在制造车间的大数据应用过程中,通常可以发现,仅仅对来自设备控制系统的数据进行分析是远远不够的,得不出什么有价值的结果。在这种情况下,建立传感器布置方案,通过传感器来采集分析过程所需要的数据成为必然选择。传感器布置方案的确定是一项非常困难的工作,与待解决的问题密切相关,在哪些位置布置哪些类别、哪些数量的传感器,一般需要经过专业分析和多次试验。下面结合一个案例简单介绍一下基于传感器的数据采集方案。

胀管工艺是空调冷凝管加工过程中的重要环节。胀管机用机械胀扩方式将铜管扩张,使得铜管和翅片实现过盈配合,以此增强换热能力。胀管过程中,由于受力不均衡,会造成管口扩开程度不一致,扩口偏小或偏大,甚至会开裂。目前,胀管工艺的一次性合格率偏低,部分产品低于80%,有较大的质量改善空间。经过前期的分析,确定以扩孔器及胀头的受力、下降高度、铜管扩口的平面度等为主要检测指标,采用压力和位移传感器进行数据采集,通过机器视觉技术对铜管、胀头的尺寸进行监测。在获取上述数据之后,再考虑通过大数据方法,分析胀管质量与关键过程参数之间的关系,为过程控制奠定基础。

如图 6-7 所示,数据采集模块由胀管机 PLC 单元、视觉传感单元、位移传感单元和压力传感单元组成。胀管机 PLC 单元自动采集胀管机设备 PLC 系统中的设备及产品加工参数,为工艺参数优化提供数据标签,如胀杆位置、螺母高度、上下限长度、气缸固定块高度、扩口时间、动力座水平度和工件长度;视觉传感模块实现胀管前后管口尺寸和管口状态识别,位移传感单元采集动力座下降速度和下降距离等加工参数,压力传感单元用于采集单根冷凝管所受压力。

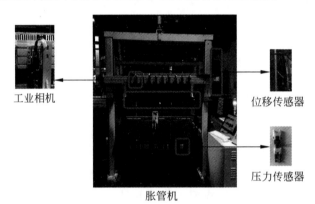

图 6-7　传感器部署

上述视觉、压力、位移传感器部署数量和识别精度如表 6-2 所示。

表 6-2　传感器部署信息

传感器类型	部署套数	识别精度	备　注
位移传感器	2	±0.01mm	测量动力座两端下降距离
压力传感器	12	±0.2N	感知胀管过程 U 形管所受压力
视觉传感器	10	±0.05mm	测量胀前胀后尺寸和胀后故障特征

3. 网络技术

制造车间的物联网络主要有两层:一是底层的工控网络;二是上层的 Intranet 网络。工控网络是按照现场总线标准建立的开放的通信系统,用于现场设备的控制和数据交换。现场总线的标准非常多,比较常见的包括 ModBus、ProfiNet、DeviceNet、Ethernet/IP、ProfiBus、CAN、EtherCAT、ControlNet、INTERBUS、CC-Link 等。目前,生产线/制造单元/设备之间的通信一般都采用工控网络来实现。Intranet 网络是上层的办公网络，各类管控软件都运行在其上。车间的数据传递通常有两种形式：一是有线网络形式，即有线局域网；二是无线网络，常用的无线网络形式包括 Wi-Fi、蓝牙、ZigBee、NB-IoT、LoRa 等。

出于对数据安全性、可靠性、实时性和传输速率等方面的考虑，在车间上层应用中，企业一般都还是愿意采取有线局域网的方式，部分对移动性要求较高的应用，比如质量检测、物流车辆调度等，也可以采用 Wi-Fi 网络。近些年来，也有学者将 ZigBee、NB-IoT、LoRa 等新一代无线技术用到制造车间中，实现设备状态数据采集、能耗数据采集、移动物体定位跟踪、环境监测等。但在车间范围内，上述无线网络技术和 Wi-Fi 相比，优势不明显，因此应用前景并不太看好。

5G 技术，即第五代移动通信技术，也被看好在制造车间有较好的应用前景。5G 技术具有更高的速率、更宽的带宽、更高的可靠性以及更低的延时，未来能够满足数字化智能化车间的一些特定应用场景需求。

4. 定位技术

位置服务(location service)是物联网重要的应用场景[5]，GPS 是常见的室外定位技术。同样，在车间内部也有许多物体存在定位需求，比如物料小车、在制品和零配件、刀辅具、人员等，它们经常处于移动状态，掌握其相对准确的位置，有助于实现物体跟踪、资源调度、绩效统计等功能。由于车间是一个比较封闭的场所，GPS 信号弱，一般要采用室内定位技术来进行物体的定位跟踪。

建立定位系统时首先要明确定位方式和定位算法。常见的定位方式包括无线传感器网络(wireless sensor metwork，WSN)、RFID、UWB 等。定位算法一般分为测距定位算法和非测距定位算法。测距定位算法是指定位时需要计算出两节点之间的距离信息来进行定位，其定位精度相对较高；非测距定位算法不需要计算出节点间的具体距离数值，只需要知道节点的大致位置或者所属的区域，定位精度较低。在测距定位算法中，主要有基于到达时间(time of arrival，TOA)定位、基于接收信号强度指示(received signal strength indication，RSSI)定位、基于到达角度(angel of arrival，AOA)定位和基于到达时间差(time difference of arrival，TDOA)定位算法。非测距定位算法并不依赖于节点距离和角度，而是利用节点间的连通和跳数来估计节点的位置。典型的非测距定位算法有 Centroid，DV-HOP，APIT，MDS-MAP 等。

图 6-8 是一个车间内物流车辆的定位示意图，通过 RFID 技术实现，其定位算法采取 RSSI 方法。RSSI 的原理是通过算出发送端与接收端的信号强度差，利用信号传输模型将其换算成发送端与接收端的距离。信号传输模型如下：

$$PL(d) = PL(d_0) + 10n \lg \left(\frac{d}{d_0} \right) + \varepsilon \tag{6-1}$$

其中，$PL(d)$ 为未知节点获得的信号强度值；d 为待求的未知节点和信标节点之间的距离值；n 为路径损耗指数，由环境决定；d_0 为参考节点与信标节点之间的距

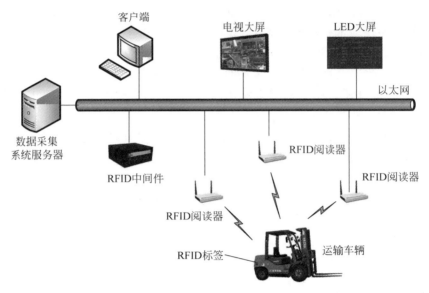

图 6-8　基于 RFID 的车间运输车辆定位与跟踪示意图

离值；$PL(d_0)$ 为参考距离 d_0 处的信号强度；ε 表示误差项。上式实现距离与 RSSI 值的转换，然后采用三边测量法，根据待测点到 3 个接收节点的距离算出待测点的位置。

　　将 RFID 标签固定在运输车辆上，采用 2.4GHz 的有源标签，由内置纽扣电池供电。标签通过内置天线以一定频率（如 1 次/s）发射固定功率的射频信号，具体功率根据发射距离而定，而发射距离则必须大于两个阅读器之间的距离，以确保标签至少能被 3 个阅读器识读。RFID 阅读器同样采用 2.4GHz 的工作频率，为保证定位精度，每个阅读器的距离可设置为 30m。阅读器收到 RFID 标签发送的射频信号，计算出 RSSI 值，并将 RSSI 值发送给 RFID 定位模块，该模块利用式（6-1）和三边测量法，计算出目标对象的位置。

　　5. 边缘计算技术

　　随着车间自动化程度的不断提升，生产现场不同类型的设备产生的数据量级也越来越大，将这些数据直接发送至中央控制服务端做进一步分析处理时，很容易导致严重的网络拥塞、降低生产现场数据反馈及调度处理的及时性，进而影响整体生产业务。针对此问题，通过在车间现场分布化部署边缘计算采集控制终端与应用软件，快速打通工业数据在本地的感知、分析、决策、处理执行闭环，从而提高信息处理的效率，是一种技术发展趋势。边缘计算的技术特点包括：①实现信息实时反馈；②通过边缘计算现场处理，防止不必要的数据扩散到外部，减少通信与数据处理成本；③通过边缘计算对信息进行预处理，帮助现场人员看到数据并做出高效判断。

　　如图 6-9 所示，边缘计算应用程序运行在嵌入式/独立式控制器、边缘感知终

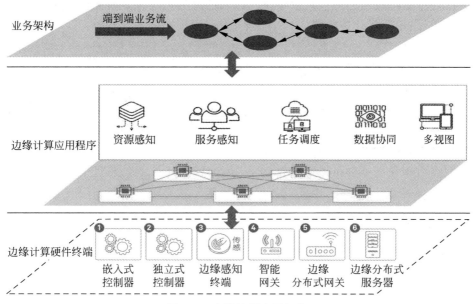

图 6-9　边缘计算应用架构

端、智能网关、边缘分布式网关、边缘分布式服务器等主流边缘计算采集控制终端中,实现生产现场的资源感知、服务感知、任务调度、数据协同以及多视图数据交互,打通端到端的业务流。该应用软件通过采集数据的波形解析、统计解析、多变量解析等方法,实现监控、分析、处理及决策,并通过网关通信与上层管理系统进行数据交互。

一方面,边缘计算应用程序能够针对生产现场连续发生的实时数据,在最佳时机进行实时诊断分析及处理。处理机制包括:①将数据汇总为具有设备或装置运行周期等含义的单位后发送;②加工(缩放等)数据,使边缘计算应用程序易于处理;③将诊断分析及处理结果反馈至生产现场。另一方面,边缘计算应用程序通过通信协议与上层 MES 等系统进行数据交互,协作管理与控制,提高车间整体数据分析、处理、决策能力。

基于边缘计算的分布化实时控制在车间生产执行、设备管理、环境监控、质量检测、物流执行等业务环节中都能进行实际应用,利用边缘计算的数据处理优势,根据现场实时数据在边缘层形成"感知、分析、决策、执行"的实时闭环控制。

以基于边缘计算的设备实时状态识别与分析为例,生产现场设备数控系统在反馈设备故障状态时,经常出现无效故障状态与冗余信息,在传统设备集成数据采集模式下,设备会反馈大量垃圾数据给上层业务系统,导致业务系统频繁进行设备故障报警,使功能失去指导意义。在基于边缘计算的分布化实时控制模式中,可以在边缘计算应用程序中运行故障模式识别规则,过滤垃圾数据,识别真实故障信息,然后再上传给上游业务系统,减少垃圾数据存储以及提高信息准确率。同时,该边缘计算应用程序还可以将故障模式识别信息与上层人工智能机器学习应用进行数据交互,不断优化故障模式识别规则,提高识别准确率。

6.3 车间数据采集的若干应用场景

6.3.1 数控机床状态数据采集

1. 场景描述

数控机床是机械加工车间最重要的制造设备,其健康状态对车间生产效率和产品质量有关键性的影响,因此,实现数控机床的状态数据采集与可视化监控是大多数制造企业的典型应用场景。进一步,基于对所采集数据的分析,实现健康状态评估和预测性维护也是目前国内外的广泛研究热点。

数控机床的状态数据主要有以下 3 个来源:

(1) 数控系统。数控系统中记录了大量状态数据,比如开机时间、关机时间、报警状态、报警号、报警信息、设备状态、程序号、加工时间、产量、进给量、进给倍率、主轴转速、主轴倍率、主轴负载、各轴负载、当前刀具号等。数控系统的类型非常多,常见的包括西门子 840D/810D 系列、FANUC 系统、Heidenhain 系统、MAZAK 640、三菱 M70 系列、华中数控等,其数据采集方式各有差异。

(2) 外接智能电表,主要采集机床的总体能耗信息。

(3) 外加传感器,主要采集机床特定位置的振动、温度、位移变化等数据,这些数据在数控系统中不存在。

2. 技术实现

下面以某机床公司的大型双龙门铣床为例,介绍数据采集的实现过程[6]。该机床采用西门子 840D 数控系统,数据采集示意图如图 6-10 所示。

1) 基于 OPC 协议的数控系统数据采集

西门子 840D 数控系统是一种开放式的数控系统,具有 OPC 服务器接口,可以通过 OPC 技术实现数控系统内部数据的采集。数据采集软件建立 OPC 客户端,通过标准的 OPC 接口访问 OPC 服务器,完成数据交互。西门子 840D 数控系统包含 3 大类数控(NC)变量,分别为静态变量、动态变量及 PLC 变量。这 3 种变量均可通过 OPC 规范的接口函数,以统一的方式进行访问。3 大类数据变量共计 12 000 多个,通过对变量文件的分析及筛选,最终确定主轴转速、进给量、刀具坐标、各主轴电流等对设备状态监控及状态评估较为重要的数据,共计 200 个左右变量。

NC 变量存储于数据块中,数据块将不同的区域分配给 NC 变量。各个区域分配的变量详细情况如表 6-3 所示。有 3 种变量:由一行构成的 NC 变量;由多行构成的 NC 变量;由多行多列构成的 NC 变量。

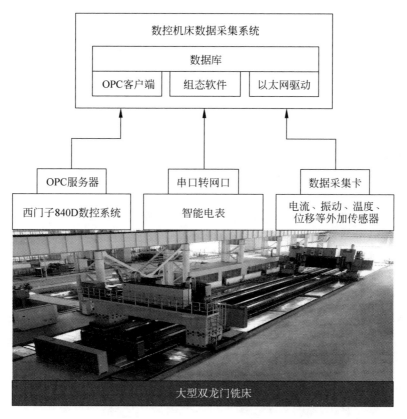

图 6-10　大型双龙门铣床的数据采集示意图

表 6-3　NC 区域分配

区　　域	NC 变量
NC(N)	含有适用于整个数控系统的所有变量,例如系统数据(Y)、保护区(PA)、G 功能组(YNCFL)等
BAG（B）	含有适用于运行方式组的所有变量,例如状态数据(S)
通道(C)	含有适用于各个通道的所有变量,例如系统数据(Y)、保护区(PA)、全局状态数据(S)等
刀具(T)	含有适用于机床上刀具的所有变量,例如刀具补偿数据(TO)、通用刀具数据(TD)、刀具监控数据(TS)等。每个刀具区域 T 分配给一个通道
轴(A)	包含了适用于每根进给轴或主轴的机床数据和设定数据
进给驱动/主驱动（V/H）	包含了适用于每个驱动的机床数据或作为服务参数的机床数据

访问 NC 变量时，须在地址中对相关信息进行说明。对于单行 NC 变量，在地址中提供区域、数据块和 NC 变量名称；对于多行变量，提供区域和区块号、数据块、NC 变量名称以及行号。以下列出了一些变量的读取示例：

操作模式：/Bag/State/opMode；

程序状态：/Channel/State/AcProg；

主轴转速：/Nck/Spindle/actSpeed[u1,7]；

主轴负载：/Nck/Spindle/driveLoad[u1,7]；

轴向进给实际值：/Channel/MachineAxis/actFeedRate[u1,3]。

以轴向进给实际值为例进行说明：C[.]为区域，actFeedRate 为变量名，u1 为通道号，3 为行号。

数据采集软件安装了组态软件和 OPC 客户端驱动，OPC 客户端驱动通过变量文件实现从数控机床 OPC 服务器中读取变量数据，组态软件将所读取的数据实时存入数据服务器中进行管理，从而实现 840D 数控系统内部数据的整体采集过程。

2）基于智能电表的机床能耗数据采集

如图 6-11 所示，智能电表是机床能耗数据的采集终端，安装在机床电柜里，通过 RS485 总线终端，智能电表外接互感器可获取机床的电压、频率、功率、电流等各项能耗参数。通过 RS485 串口转网口通信模块进行协议转换，实现能耗数据的无线传输。组态软件安装以太网驱动，使用 TCP/IP 协议来实现和通信模块的连接，并监听端口，读取对应电表的实时能耗数据，然后通过批量数据库连接功能将数据存入数据库中。

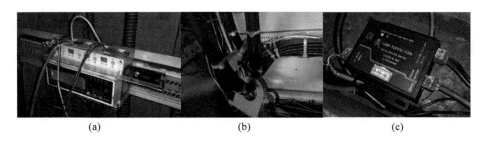

(a)   (b)   (c)

图 6-11　能耗数据采集终端

（a）智能电表；（b）互感器；（c）串口转网口

3）基于传感器的机床工作状态数据采集

大型双龙门铣床的工作环境比较复杂，数控系统中只汇集了一部分状态数据。为准确评估铣床运行的健康状态和影响加工质量的因素，需要进一步对其负载、振动、温度和油膜厚度等数据进行监控，上述数据通过外加传感器来采集，传感器选择和安装位置见表 6-4。

表 6-4　传感器选型和安装位置

序号	名　称	安装数量	安装位置	走 线 路 径
1	电流传感器	3	主轴电机三相动力线	从主轴电机动力线到状态监测设备
2	振动传感器	1	主轴前端	沿主轴冷却油管走线,过 Z 轴、Y 轴拖链,进电柜
3	环境温度传感器	1	立柱外侧	沿 X 轴静压油管走线,进电柜
4	横梁体温度传感器	3	横梁体	从横梁体左右两端出线,进电柜
5	Z 轴丝杠轴承座温度传感器	1	Z 轴丝杠	从溜板上端出线,过 Y 轴拖链,进电柜
6	主轴前端温度传感器	1	主轴前端	沿主轴冷却油管走线,过 Z 轴、Y 轴拖链,进电柜
7	位移传感器	6	X 轴静压导轨	沿 X 轴静压油管走线,进电柜

3．应用效果

基于上述数据采集技术的实现,开发了机床状态监控系统,实现了数据接入、数据存储、数据可视化展示、数据分析等功能。对各数控机床当前的主轴、进给轴、当前操作模式、能耗、机床特定位置的状态(振动、温度)等进行实时监控。

如图 6-12 所示,总体状态监控页面每隔 1～5s 刷新数据,实时监控所有设备状态,包含主轴信息、生产信息、设备信息、能耗信息等详情,特别是各个主轴的转速、负载、电流,进给轴的负载、速度、电流,机床的电流、能耗等情况等。

如图 6-13 所示,通过传感器接入的机床特定位置的振动、温度、位移等数据也在监控界面中进行显示,一旦数值超标,将自动报警。

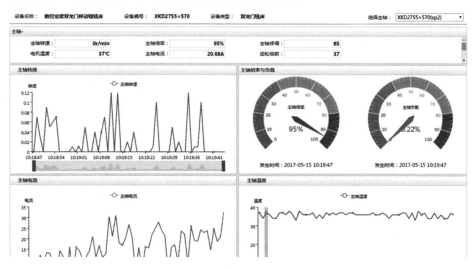

图 6-12　机床状态监控主界面

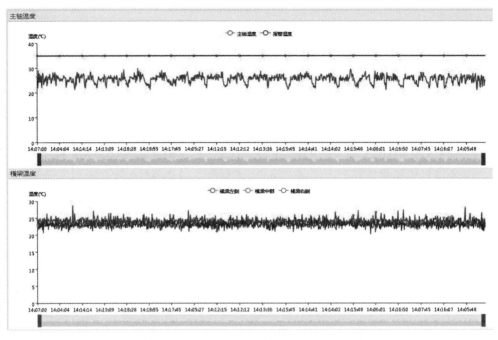

图 6-13   机床特定位置的状态参数监控界面

6.3.2   基于 RFID 的在制品跟踪

1．场景描述

汽车发动机混流装配线可同时组装多种型号的发动机。如图 6-14 所示，一条完整的装配线由缸体分装线、缸盖分装线、活塞连杆分装线及合装线组成，共有多达上百个工位。各装配线铺设有辊轮，由 PLC 控制，发动机放置在有特定支架的托盘上，托盘通过线体的辊轮带动传输，发动机的整个装配过程都在托盘上进行。

当承载发动机的托盘在生产线上流转时，由于发动机型号不同，生产线控制系统需要让托盘在不同的工位停留，并且根据 BOM 结构的要求装配不同的零部件。因此，如何自动识别发动机的订单和型号成为生产跟踪和装配防错的关键。RFID 技术（含 RFID 读写器和标签）是常用的解决技术[7]。

2．技术实现

如图 6-15 所示，在装配线的每一个工位安装固定的 RFID 读写器，并在发动机托盘底下装上 RFID 标签，当托盘到达某工位光电传感器处时，光电传感器检测到发动机托盘到达，通知 RFID 读写器读取 RFID 标签，获取发动机 ID 等信息，各工位的 PC 终端根据该 ID 调用并显示相应的装配工艺指导文档。待该工序完成报工后，托盘离开光电传感器处，光电传感器即可检测到发动机离开，通知 RFID 读写器往 RFID 标签中写入新的信息。

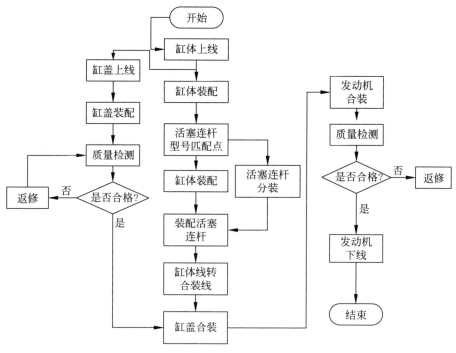

图 6-14　汽车发动机装配流程示意图

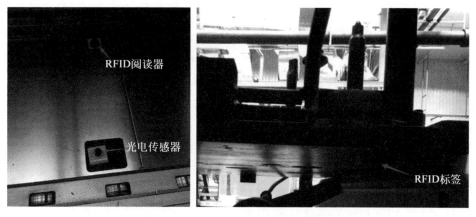

图 6-15　RFID 读写器和标签的安装

  RFID 标签存储的内容如表 6-5 所示,含托盘信息、产品信息和加工信息。其中,托盘信息包括托盘号、托盘区域号和标签数据初始化状态,托盘信息在产品上线前已提前写入并初始化;产品信息包括订单号、发动机 ID 号、产品型号、缸体型号、缸盖型号和活塞连杆型号,产品信息在缸体上线工位写入,实现托盘和发动机的信息关联;加工信息包括总合格状态、最后加工工位、各工位加工状态和合格状态等,加工信息在每个工位逐步写入。

表 6-5　RFID 标签存储内容

内容分组	存 储 内 容	字节长	释　　义
托盘信息	托盘号	2	每个 RFID 标签对应一个托盘,示例:0001
	托盘区域号	1	1—缸体分装线,2—缸盖分装线,3—活连分装线,4—合装线
	标签数据初始化状态	1	0—未初始化,1—已初始化。产品上线设为1,下线设为 0
产品信息	订单号	9	一个生产订单对应一个订单号,示例:EE0100098
	发动机 ID 号	8	每台发动机都刻有唯一的 ID 号,与工单号一一对应,示例:E4039415
	产品型号	13	示例:JND412D167-42
	缸体型号	13	与产品型号一致,示例:JND412D167-42
	缸盖型号	13	与产品型号一致,示例:JND412D167-42
	活塞连杆型号	13	与产品型号一致,示例:JND412D167-42
加工信息	总合格状态	1	1—未加工,2—合格,3—不合格
	最后加工工位	5	示例:OP010
	OP010 工位加工状态	1	1—未加工,2—已加工,3—下线返修
	OP010 工位合格状态	1	1—未加工,2—合格,3—不合格
	OP020 工位加工状态	1	—
	OP020 工位合格状态	1	—
	OP030 工位加工状态	1	—
	OP030 工位合格状态	1	—
	……	1	后续工位同上

在各个工位,RFID 标签的内容都要更新,由 RFID 读写器完成,具体过程如下:

(1) 缸体上线工位。该工位是在制品跟踪的开始,需完成产品信息的绑定和写入。当缸体托盘到达时,首先初始化托盘 RFID 标签数据:清除原来的产品信息,初始化加工信息,保留托盘信息。缸体上线后,通过扫描条码,获取缸体的机加工 ID 号。MES 系统根据生产订单分配发动机 ID 号,并与机加工 ID 号绑定,然后将发动机产品信息和加工信息写入 RFID 标签。

(2) 其他装配工位。根据产品型号展示装配工艺指导文档和采集发动机组装的零件信息,并验证零件型号是否匹配。当线体 PLC 检测到有托盘到达时,RFID 读写器读取托盘标签数据,MES 终端显示产品信息,并展示相应产品型号的工艺指导文档。工人装配前先扫描零件条码,MES 检测零件型号与产品型号是否匹配。若不匹配,则提示需更换零件,工人无法完成报工操作;若匹配,则允许完成报工,并更新 RFID 标签内的加工信息,将当前工位改为"已加工"状态,将当前工位的合格状态改为"合格",将最后加工工位改为当前工位。

（3）质检工位。质检工位的质检设备将检测结果上传给车间数据采集系统，系统发送相应的写入指令给 RFID 读写器，对 RFID 标签的数据进行更新。除了更新最后加工工位外，若发动机质量检测合格，将当前工位合格状态和总合格状态设为“合格”，并将当前工位状态设为“已加工”，在制品流入下一道工序；若检测不合格，则当前工位合格状态和总合格状态设为“不合格”，并将当前工位状态设为“下线返修”，线体 PLC 控制回转台将不合格在制品下线返修，返修完成后重新上线，再次进行质量检测，直到在制品检测合格。

3. 应用效果

RFID 应用环境搭建好后，MES 系统可对发动机在制品进行跟踪，具体包括对订单生产情况的跟踪、工单生产进度的跟踪、发动机装配的关键件数据采集与追溯等。

1）订单生产情况跟踪

通过检测各在制品在各工位的到达和离开信号，数据采集系统可以统计各订单生产情况。订单包括若干个工单，每个工单对应一台发动机产品。如图 6-16 所示，系统可统计每个订单的开工工单个数、完工工单个数、冻结工单个数、报废工单个数等。系统也可以记录各订单的开工时间、结束时间等整体信息。

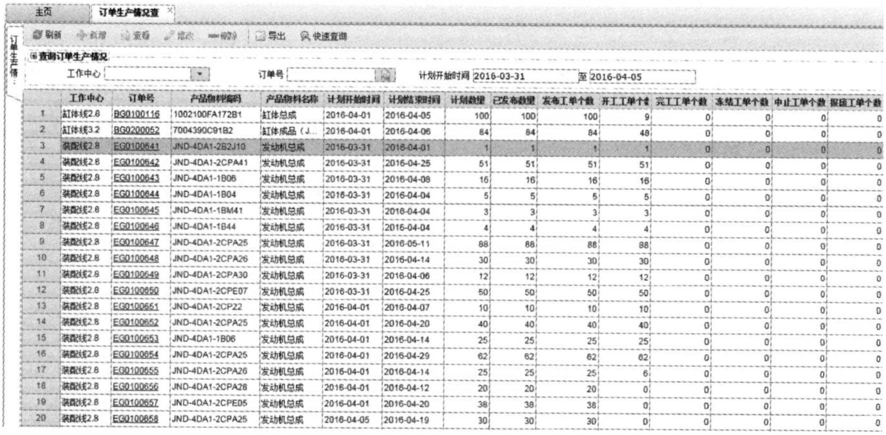

	工作中心	订单号	产品物料编码	产品物料名称	计划开始时间	计划结束时间	计划数量	已发布数量	发布工单个数	开工工单个数	完工工单个数	冻结工单个数	中止工单个数	报废工单个数
1	缸体线2.8	BG0100116	1002100FA172B1	缸体总成	2016-04-01	2016-04-05	100	100	100	9	0	0	0	0
2	缸体线3.2	BG0200052	7004390C91B2	缸体成品（J…	2016-04-01	2016-04-06	84	84	84	48	0	0	0	0
3	装配线2.8	EG0100641	JND-4DA1-2B2J10	发动机总成	2016-03-31	2016-04-01	1	1	1	1	0	0	0	0
4	装配线2.8	EG0100642	JND-4DA1-2CPA41	发动机总成	2016-03-31	2016-04-25	51	51	51	51	0	0	0	0
5	装配线2.8	EG0100643	JND-4DA1-1B06	发动机总成	2016-03-31	2016-04-08	16	16	16	16	0	0	0	0
6	装配线2.8	EG0100644	JND-4DA1-1B04	发动机总成	2016-03-31	2016-04-04	5	5	5	5	0	0	0	0
7	装配线2.8	EG0100645	JND-4DA1-1BM41	发动机总成	2016-03-31	2016-04-04	3	3	3	3	0	0	0	0
8	装配线2.8	EG0100646	JND-4DA1-1B44	发动机总成	2016-03-31	2016-04-04	4	4	4	4	0	0	0	0
9	装配线2.8	EG0100647	JND-4DA1-2CPA25	发动机总成	2016-03-31	2016-05-11	88	88	88	88	0	0	0	0
10	装配线2.8	EG0100648	JND-4DA1-2CPA26	发动机总成	2016-03-31	2016-04-14	30	30	30	30	0	0	0	0
11	装配线2.8	EG0100649	JND-4DA1-2CPA30	发动机总成	2016-03-31	2016-04-06	12	12	12	12	0	0	0	0
12	装配线2.8	EG0100650	JND-4DA1-2CPE07	发动机总成	2016-03-31	2016-04-25	50	50	50	50	0	0	0	0
13	装配线2.8	EG0100651	JND-4DA1-2CP22	发动机总成	2016-04-01	2016-04-07	10	10	10	10	0	0	0	0
14	装配线2.8	EG0100652	JND-4DA1-2CPA25	发动机总成	2016-04-01	2016-04-20	40	40	40	40	0	0	0	0
15	装配线2.8	EG0100653	JND-4DA1-1B06	发动机总成	2016-04-01	2016-04-14	25	25	25	25	0	0	0	0
16	装配线2.8	EG0100654	JND-4DA1-2CPA25	发动机总成	2016-04-01	2016-04-29	62	62	62	62	0	0	0	0
17	装配线2.8	EG0100655	JND-4DA1-2CPA26	发动机总成	2016-04-01	2016-04-14	25	25	25	6	0	0	0	0
18	装配线2.8	EG0100656	JND-4DA1-2CPA28	发动机总成	2016-04-01	2016-04-12	20	20	20	0	0	0	0	0
19	装配线2.8	EG0100657	JND-4DA1-2CPE05	发动机总成	2016-04-01	2016-04-20	38	38	38	0	0	0	0	0
20	装配线2.8	EG0100658	JND-4DA1-2CPA25	发动机总成	2016-04-05	2016-04-19	30	30	30	0	0	0	0	0

图 6-16　订单生产情况统计

2）工单生产进度跟踪

一个订单可分解为若干个工单，系统也可以跟踪每个工单的具体生产进度，如图 6-17 所示，可以查询到各工单目前所在工位、生产状态、生产进度等信息。其中，尾号为“0030”的工单共有 197 道工序，目前完成 97 道，当前工位为“A7270”，目前处于开工状态。系统也记录了每个工单经过各工序的完工时间、合格状态等信息。

3）关键件采集与追溯

对于发动机装配的关键零部件，工人在装配之前必须先使用扫码枪扫描关键

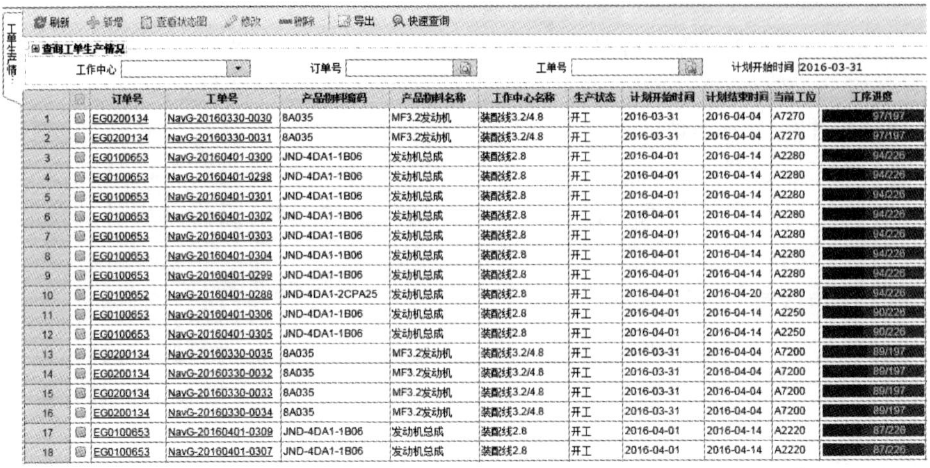

	订单号	工单号	产品物料编码	产品物料名称	工作中心名称	生产状态	计划开始时间	计划结束时间	当前工位	工序进度
1	EG0200134	NavG-20160330-0030	8A035	MF3.2发动机	装配线3.2/4.8	开工	2016-03-31	2016-04-04	A7270	97/197
2	EG0200134	NavG-20160330-0031	8A035	MF3.2发动机	装配线3.2/4.8	开工	2016-03-31	2016-04-04	A7270	97/197
3	EG0100653	NavG-20160401-0300	JND-4DA1-1B06	发动机总成	装配线2.8	开工	2016-04-01	2016-04-14	A2280	94/226
4	EG0100653	NavG-20160401-0298	JND-4DA1-1B06	发动机总成	装配线2.8	开工	2016-04-01	2016-04-14	A2280	94/226
5	EG0100653	NavG-20160401-0301	JND-4DA1-1B06	发动机总成	装配线2.8	开工	2016-04-01	2016-04-14	A2280	94/226
6	EG0100653	NavG-20160401-0302	JND-4DA1-1B06	发动机总成	装配线2.8	开工	2016-04-01	2016-04-14	A2280	94/226
7	EG0100653	NavG-20160401-0303	JND-4DA1-1B06	发动机总成	装配线2.8	开工	2016-04-01	2016-04-14	A2280	94/226
8	EG0100653	NavG-20160401-0304	JND-4DA1-1B06	发动机总成	装配线2.8	开工	2016-04-01	2016-04-14	A2280	94/226
9	EG0100653	NavG-20160401-0299	JND-4DA1-1B06	发动机总成	装配线2.8	开工	2016-04-01	2016-04-14	A2280	94/226
10	EG0100652	NavG-20160401-0288	JND-4DA1-2CPA25	发动机总成	装配线2.8	开工	2016-04-01	2016-04-20	A2280	94/226
11	EG0100653	NavG-20160401-0306	JND-4DA1-1B06	发动机总成	装配线2.8	开工	2016-04-01	2016-04-14	A2250	90/226
12	EG0100653	NavG-20160401-0305	JND-4DA1-1B06	发动机总成	装配线2.8	开工	2016-04-01	2016-04-14	A2250	90/226
13	EG0200134	NavG-20160330-0035	8A035	MF3.2发动机	装配线3.2/4.8	开工	2016-03-31	2016-04-04	A7200	89/197
14	EG0200134	NavG-20160330-0032	8A035	MF3.2发动机	装配线3.2/4.8	开工	2016-03-31	2016-04-04	A7200	89/197
15	EG0200134	NavG-20160330-0033	8A035	MF3.2发动机	装配线3.2/4.8	开工	2016-03-31	2016-04-04	A7200	89/197
16	EG0200134	NavG-20160330-0034	8A035	MF3.2发动机	装配线3.2/4.8	开工	2016-03-31	2016-04-04	A7200	89/197
17	EG0100653	NavG-20160401-0309	JND-4DA1-1B06	发动机总成	装配线2.8	开工	2016-04-01	2016-04-14	A2220	87/226
18	EG0100653	NavG-20160401-0307	JND-4DA1-1B06	发动机总成	装配线2.8	开工	2016-04-01	2016-04-14	A2220	87/226

图 6-17　工单生产进度跟踪

件条码,并由数据采集系统将其与发动机进行型号匹配,只有型号匹配的关键件才能进行装配。系统通过读取 RFID 标签内的产品信息可获取发动机 ID 和型号,并与装配的关键件进行验证和绑定。图 6-18 是已采集的关键件信息,包括关键件条码、物料编码、物料名称,以及绑定的发动机 ID 号(批次号)、工单号、产品编码、产品名称等信息。通过关键件与发动机绑定,可实现质量追溯。一旦某台发动机出现质量问题,它所装配的关键件都可查询,并进一步找到责任供应商和问题批次。

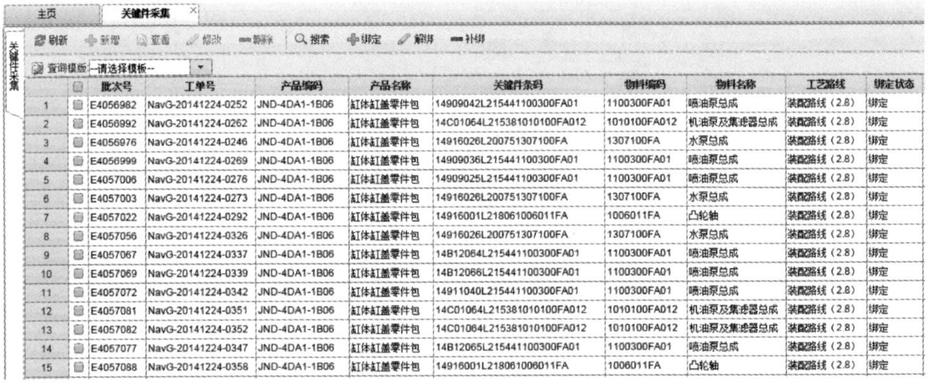

	批次号	工单号	产品编码	产品名称	关键件条码	物料编码	物料名称	工艺路线	绑定状态
1	E4056982	NavG-20141224-0252	JND-4DA1-1B06	缸体缸盖零件包	14909042L215441100300FA01	1100300FA01	喷油泵总成	装配路线(2.8)	绑定
2	E4056992	NavG-20141224-0262	JND-4DA1-1B06	缸体缸盖零件包	14C01064L215381010100FA012	1010100FA012	机油泵及集滤器总成	装配路线(2.8)	绑定
3	E4056976	NavG-20141224-0246	JND-4DA1-1B06	缸体缸盖零件包	14916026L200751307100FA	1307100FA	水泵总成	装配路线(2.8)	绑定
4	E4056999	NavG-20141224-0269	JND-4DA1-1B06	缸体缸盖零件包	14909036L215441100300FA01	1100300FA01	喷油泵总成	装配路线(2.8)	绑定
5	E4057006	NavG-20141224-0276	JND-4DA1-1B06	缸体缸盖零件包	14909025L215441100300FA01	1100300FA01	喷油泵总成	装配路线(2.8)	绑定
6	E4057003	NavG-20141224-0273	JND-4DA1-1B06	缸体缸盖零件包	14916026L200751307100FA	1307100FA	水泵总成	装配路线(2.8)	绑定
7	E4057022	NavG-20141224-0292	JND-4DA1-1B06	缸体缸盖零件包	14916001L218061006011FA	1006011FA	凸轮轴	装配路线(2.8)	绑定
8	E4057056	NavG-20141224-0326	JND-4DA1-1B06	缸体缸盖零件包	14916026L200751307100FA	1307100FA	水泵总成	装配路线(2.8)	绑定
9	E4057067	NavG-20141224-0337	JND-4DA1-1B06	缸体缸盖零件包	14B12064L215441100300FA01	1100300FA01	喷油泵总成	装配路线(2.8)	绑定
10	E4057069	NavG-20141224-0339	JND-4DA1-1B06	缸体缸盖零件包	14B12066L215441100300FA01	1100300FA01	喷油泵总成	装配路线(2.8)	绑定
11	E4057072	NavG-20141224-0342	JND-4DA1-1B06	缸体缸盖零件包	14911040L215441100300FA01	1100300FA01	喷油泵总成	装配路线(2.8)	绑定
12	E4057081	NavG-20141224-0351	JND-4DA1-1B06	缸体缸盖零件包	14C01064L215381010100FA012	1010100FA012	机油泵及集滤器总成	装配路线(2.8)	绑定
13	E4057082	NavG-20141224-0352	JND-4DA1-1B06	缸体缸盖零件包	14C01064L215381010100FA012	1010100FA012	机油泵及集滤器总成	装配路线(2.8)	绑定
14	E4057077	NavG-20141224-0347	JND-4DA1-1B06	缸体缸盖零件包	14B12065L215441100300FA01	1100300FA01	喷油泵总成	装配路线(2.8)	绑定
15	E4057088	NavG-20141224-0358	JND-4DA1-1B06	缸体缸盖零件包	14916001L218061006011FA	1006011FA	凸轮轴	装配路线(2.8)	绑定

图 6-18　关键件采集

6.3.3　基于 OPC 的装配生产线数据采集

1. 场景描述

汽车发动机装配车间的设备包括装配线线体和各种生产设备。能从装配线线体直接采集的数据主要为线体各工位的阻挡和放行信号,这些信号也可以看作是发动机在制品的到达和离开信号,可用于在制品跟踪。而生产设备种类较多,有各种拧紧机、拧松机、翻转机、移载机、涂胶机、气门拍打机等,这些设备除了能间接提供发动机在制品的到达和离开信号,还有设备自身的运行状态参数和加工数据。设备运行状态包括运行(自动/手动)、停机(正常停机/急停)、报警、故障、维护等,采集这些数据可对生产设备进行实时状态监控;加工数据包括加工开始时间、加工结束时间、加工合格状态等,这些数据可用于优化生产节拍和流程控制。

　　制造设备运行参数数据的采集对实时性要求较高,企业可开发专门的设备运行参数自动采集模块采集设备信号数据,也可开发特定软件与设备通信并获取数据,但由于企业的生产设备多种多样,各设备生产厂家的设备通信协议不一样,而且很多不对外公开,企业开发成本高,工作量大。相对而言,基于 OPC 标准的数据采集技术效率更高,成本更低,特别是 OPC XML 技术。OPC XML-DA 规范是第一个 OPC XML 接口规范,定义了所支持的数据类型、数据结构、调用方法,并对底层传输协议、错误处理、发现机制、互操作性等进行了规定,它与 OPC DA 支持相同的数据类型。OPC XML-DA 规范根据 SOAP 协议将生产信息进行 XML 描述,并封装成 Web 服务,再通过 HTTP 协议在局域网或广域网上传输,将生产信息或控制信息传递给 OPC XML-DA 客户端或服务器上。这样可实现 OPC 数据在异构网络和不同操作平台上的共享,有效解决底层生产控制系统和上层信息系统的信息集成问题。因此本节采用 OPC XML 技术采集制造设备运行参数数据。

2. 技术实现

　　图 6-19 是基于 OPC XML 的汽车发动机装配线数据采集方案硬件构成图,主要由 OPC DA 服务器、OPC XML 服务器、OPC XML 客户端构成,各硬件通过以太网分层连接。

　　1) OPC DA 服务器

　　OPC DA 服务器与线体设备是一对一的关系,每台设备都需安装 OPC DA 服务器。生产设备一般由工控机和 PLC 设备两部分组成,OPC DA 服务器安装在工控机上;而装配线线体根据线体工位数量不同,可以统一由一台工控机控制,也可以由多台工控机分区控制,每台工控机都需安装 OPC DA 服务器。OPC DA 服务器采集到数据后,将数据推送给 OPC XML 服务器。

　　2) OPC XML 服务器

　　OPC XML 服务器安装于各线体的上线点或下线点终端上,与 OPC DA 服务器在同一环网内。OPC XML 服务器由 OPC DA 客户端、数据管理模块、数据库和 Web 服务接口构成。OPC DA 客户端负责从 OPC DA 服务器获取数据;数据管理模块负责对数据进行转换、保存、解析、封装等;数据库用于缓存现场数据;Web 服务接口负责向 OPC XML 客户端提供 Web 服务。

　　3) OPC XML 客户端

　　OPC XML 客户端即数据采集系统服务器,可通过 HTTP 的方式向 OPC XML 服务器提出获取数据的请求,并将接收的数据存入后台数据库进行集中管理。

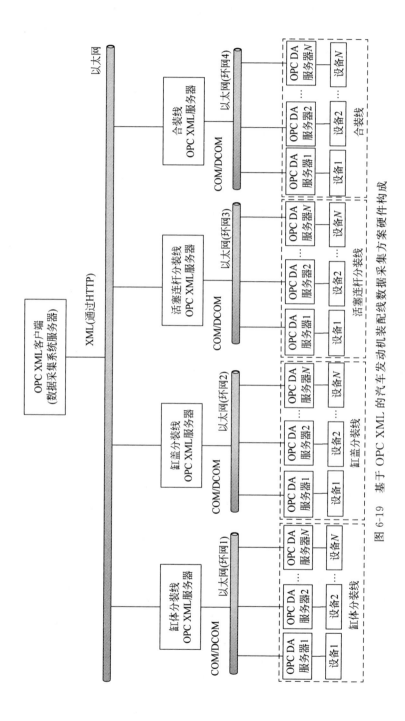

图 6-19 基于 OPC XML 的汽车发动机装配线数据采集方案硬件构成

基于 OPC XML 的汽车发动机装配线数据采集流程如图 6-20 所示。PLC 设备采集相关数据,并将数据存入指定寄存器;OPC DA 服务器通过现场设备驱动程序从寄存器中读取数据并放入数据缓冲区;当 OPC XML 客户端向 OPC XML 服务器请求获取数据时,OPC XML 服务器的数据管理模块解析请求数据,并传递给 OPC DA 客户端;OPC DA 客户端再向 OPC DA 服务器请求获取数据;OPC DA 服务器接收到请求后返回相关数据;OPC XML 服务器接收到返回数据后再返回给 OPC XML 客户端;OPC XML 客户端收到返回数据后存入数据库,供其他应用模块使用。其中,各客户端对服务器的访问采用异步方式,单独为每个服务器的访问分配一个线程,这样可以同时连接多个服务器,减少等待时间。

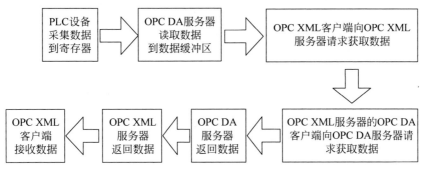

图 6-20　OPC-XML 数据采集流程

3. 应用效果

基于 OPC-XML 的生产线数据采集技术在国内某领先的汽车发动机制造企业得到应用,该企业的 3.2L/4.8L 柴油发动机装配线生产设备分布如图 6-21 所示,各线体的生产设备众多,分布区域广,图中各序号与生产设备的对应关系见表 6-6。

表 6-6　序号与生产设备对应表

序号	生产设备
1	A6020(3.2ZOP020)自动螺栓拧松机
2	A6080(3.2ZOP080)曲轴盖自动拧紧及轴向间隙检测机
3	A6110(3.2ZOP110)缸体翻转喷油机
4	A6140(3.2ZOP140)90°翻转机
5	A6150(3.2ZOP150)3.2 连杆盖螺栓拧紧机
6	A6160(3.2ZOP160)4.8 连杆盖螺栓拧紧机
7	A6260(3.2ZOP260)4.8 涂胶机器人
8	A6310(3.2ZOP310)油底壳拧紧机
9	P6010 连杆盖拆松机
10	P6020 连杆瓦装配机
11	P6060 活塞环装配机(3.2)

序 号	生 产 设 备
12	P6070 活塞环装配机(4.8)
13	C6020(3.2OPH020)气门油封压装机
14	C6050(3.2OPH050)气门锁夹压装机
15	C6060(3.2OPH060)锁片压装气密检测机
16	C6070(3.2OPH100)气门拍打试漏机(3.2)
17	C6080(3.2OPH090)气门拍打试漏机(4.8)
18	C6130(3.2OPH130)凸轮轴盖螺栓拧紧及轴向间隙测量机
19	A6340(3.2ZOP340)移载翻转机
20	A7090(3.2ZOP440)4.8 齿轮室盖螺栓拧紧机
21	A7110(3.2ZOP460)3.2/4.8 曲轴皮带轮螺栓拧紧机
22	A7120(3.2ZOP470)活塞凸出高度测量机
23	A7140(3.2ZOP490)涂胶机
24	A7180(3.2ZOP510)3.2 缸盖螺栓拧紧机
25	A7190(3.2ZOP520)4.8 缸盖螺栓拧紧机
26	A7210(3.2ZOP550)机器人涂胶及照相检测机
27	A7230(3.2ZOP570)3.2 飞轮室螺栓拧紧机
28	A7260(3.2ZOP590)4.8 飞轮室螺栓拧紧机
29	A7300(3.2ZOP640)4.8 喷油器螺栓拧紧机
30	A7370(3.2ZOP700)油路试漏机(4.8)
31	A7380(3.2ZOP710)油路试漏机(3.2)
32	A7420(3.2ZOP750)机油加注机
33	A7470(3.2ZOP800)冷试台架 1(3.2)
34	A7480(3.2ZOP810)冷试台架 2(4.8)
35	A7590(3.2ZOP920)水路试漏机

要实现生产设备的状态监控,首先需为生产线每台设备安装 OPC DA 服务器。工厂采用的 OPC DA 服务器为 Kepware KEPServerEX V5。由于 OPC DA 服务器可同时采集多台设备的数据,为节省成本,距离较近的几台生产设备可共用一个服务器。其中,内装线安装了 3 个服务器,缸盖分装线安装了 1 个,外装线安装了 4 个。活塞连杆分装线的生产设备由内装线的服务器采集。

OPC XML 应用环境搭建好后,数据采集系统作为 OPC XML 客户端,将 OPC XML 服务器采集的设备状态数据存入后台数据库,并在页面上进行状态显示,同时可将各设备的运行状态展示到车间的 LED 大屏上,也可以将设备的统计数据显示到电视大屏上,方便用户进行实时监控。图 6-22 为数据采集系统设备状态数据报表展示页面,车间所有采集到的设备状态数据都在该页面进行集中显示和查询。该页面可显示生产设备、采集项、采集值、采集时间等内容,其中采集值为"true"表示对应(设备状态)已发生,采集值为"false"表示对应采集项未发生。

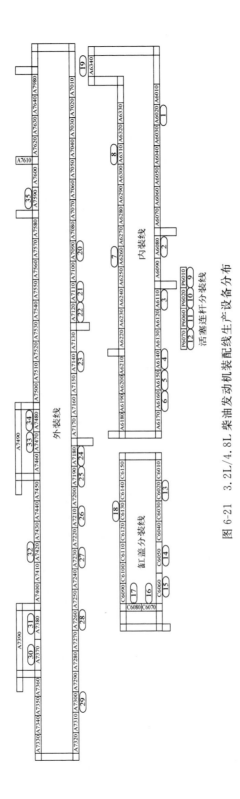

图 6-21　3.2L/4.8L 柴油发动机装配线生产设备分布

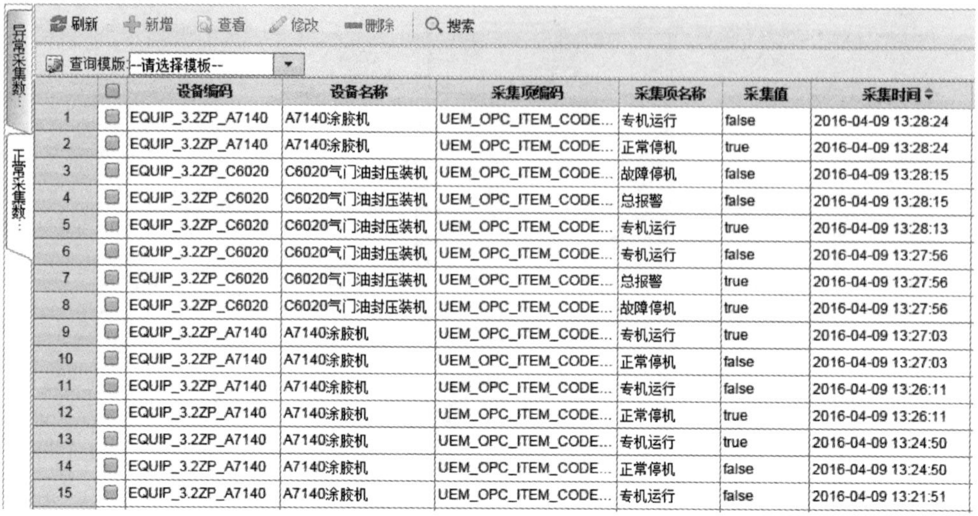

		设备编码	设备名称	采集项编码	采集项名称	采集值	采集时间
1		EQUIP_3.2ZP_A7140	A7140涂胶机	UEM_OPC_ITEM_CODE...	专机运行	false	2016-04-09 13:28:24
2		EQUIP_3.2ZP_A7140	A7140涂胶机	UEM_OPC_ITEM_CODE...	正常停机	true	2016-04-09 13:28:24
3		EQUIP_3.2ZP_C6020	C6020气门油封压装机	UEM_OPC_ITEM_CODE...	故障停机	false	2016-04-09 13:28:15
4		EQUIP_3.2ZP_C6020	C6020气门油封压装机	UEM_OPC_ITEM_CODE...	总报警	false	2016-04-09 13:28:15
5		EQUIP_3.2ZP_C6020	C6020气门油封压装机	UEM_OPC_ITEM_CODE...	专机运行	true	2016-04-09 13:28:13
6		EQUIP_3.2ZP_C6020	C6020气门油封压装机	UEM_OPC_ITEM_CODE...	专机运行	false	2016-04-09 13:27:56
7		EQUIP_3.2ZP_C6020	C6020气门油封压装机	UEM_OPC_ITEM_CODE...	总报警	true	2016-04-09 13:27:56
8		EQUIP_3.2ZP_C6020	C6020气门油封压装机	UEM_OPC_ITEM_CODE...	故障停机	true	2016-04-09 13:27:56
9		EQUIP_3.2ZP_A7140	A7140涂胶机	UEM_OPC_ITEM_CODE...	专机运行	true	2016-04-09 13:27:03
10		EQUIP_3.2ZP_A7140	A7140涂胶机	UEM_OPC_ITEM_CODE...	正常停机	false	2016-04-09 13:27:03
11		EQUIP_3.2ZP_A7140	A7140涂胶机	UEM_OPC_ITEM_CODE...	专机运行	false	2016-04-09 13:26:11
12		EQUIP_3.2ZP_A7140	A7140涂胶机	UEM_OPC_ITEM_CODE...	正常停机	true	2016-04-09 13:26:11
13		EQUIP_3.2ZP_A7140	A7140涂胶机	UEM_OPC_ITEM_CODE...	专机运行	true	2016-04-09 13:24:50
14		EQUIP_3.2ZP_A7140	A7140涂胶机	UEM_OPC_ITEM_CODE...	正常停机	false	2016-04-09 13:24:50
15		EQUIP_3.2ZP_A7140	A7140涂胶机	UEM_OPC_ITEM_CODE...	专机运行	false	2016-04-09 13:21:51

图 6-22 设备状态数据报表展示

6.3.4 基于 UWB 技术的移动物体定位与跟踪

本节以某加工车间为例[8]，分析了室内定位的应用需求，并基于超宽带(ultra wideband,UWB)技术，实现了定位应用系统，对定位应用的具体场景进行了详细描述。

1. 场景描述

车间布局如图 6-23 所示，面积 450m^2，包含 5 个工位，每个工位由加工设备、工具区和零件缓存区构成，零件的运输通过小车完成。在该车间中，人员(携带平板电脑)、零件、工具、小车的位置都是变化的，设备的位置则相对固定。

车间的定位应用需求如下：

(1) 移动终端位置的精确感知：工人手持带有高精定位标签的平板电脑在车间内移动，通过定位技术，计算工人的当前位置，在电子地图上显示；

(2) 关键移动资源位置的精确感知：物料小车、关键零部件等资源附有高精定位标签，通过定位技术，计算出它们的精确位置，在电子地图上显示；

(3) 定向区域内设备的状态感知：工人手持平板电脑指向特定角度，自动感知出该方向特定距离内的设备(安装了普通定位标签)，在平板电脑上显示该设备的状态信息；

(4) 定向区域内多个对象的综合信息感知：工人手持平板电脑指向特定角度，自动感知出该方向特定距离内所有的对象(安装了普通定位标签)，显示出这些对象的综合信息，并利用这些信息完成某些增值操作，比如齐套性检查。

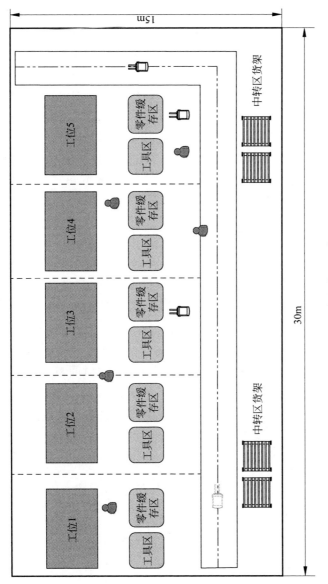

图 6-23　车间布局示意图

2．技术实现

采用 UWB 技术实现车间的定位应用。UWB 是一种无载波通信技术，利用纳秒(ns)至微秒(μs)级的非正弦波窄脉冲传输数据。UWB 调制采用脉冲宽度在 ns 级的快速上升和下降脉冲，脉冲覆盖的频谱从直流至吉赫(GHz)，不需常规窄带调制所需的无线射频(RF)频率变换，脉冲成型后可直接送至天线发射。脉冲峰峰时间间隔在 10～100ps 级。频谱形状可通过甚窄持续单脉冲形状和天线负载特征来调整。UWB 信号在时间轴上是稀疏分布的，其功率谱密度相当低，RF 可同时发射多个 UWB 信号。UWB 信号类似于基带信号，可采用 OOK，对映脉冲键控，脉冲振幅调制或脉位调制。UWB 不同于把基带信号变换为 RF 的常规无线系统，可视为在 RF 上基带传播方案。UWB 能准确分辨出多径，并且其时钟精度非常高，达到 ns 级，在定位测距中，可以达到分米(dm)级的定位精度。

1）基于 TOA/TDOA 的定位原理

采用基于接收信号时间(TOA/TDOA)法，它的优势是定位精度最高，可以充分利用 UWB 超宽带宽的优势，而且最能体现出 UWB 信号时间分辨率高的特点。

UWB 定位算法中的位置估计就是求解定位方程组以获得目标所在位置坐标的过程。在获得信号的传输时间 TOA 后，可以根据球型定位模型建立方程组，三维定位至少需要 4 个参考节点，从而需要建立 4 个方程。在笛卡儿坐标系中，设参考节点 i 的坐标位置为 (x_i, y_i, z_i)，目标节点坐标位置为 (x, y, z)，则根据每个参考节点到目标节点的距离可得出 4 个方程：

$$\sqrt{(x-x_i)^2+(y-y_i)^2+(z-z_i)^2}=ct_i, \quad i=1,2,3,4 \qquad (6\text{-}2)$$

其中，c 是光速；t_i 为信号传输到第 i 个参考节点的传输时间，也即 TOA。根据该方程组可解得两组解，但是其中仅有一个点为待定位的目标节点，如果其中一个点坐标无物理意义或超出了待定位区域，可以舍去该点；如果求出的两个点坐标都是合理的且距离较近，可以选取该两点的中心位置作为待定位的目标节点的坐标值。

2）网络及硬件架构

如图 6-24 所示，在车间的 4 个角落，布置 4 个 UWB 定位基站(Anchor 节点)，基站安装在 2m 高的机架上，每个基站都带有 3 根天线，并外接电源。定位标签分为两类：①高精标签和普通标签，高精标签自带天线，定位精度较高(10cm 以内)，体积较大且价格较为昂贵；②普通标签无需天线，定位精度稍差(30cm 左右)，体积小便于携带，价格便宜。工人携带的平板电脑上安装有高精定位标签，而其他带定位对象(设备、工装工具、工人、零件等)则安装普通定位标签。基站和标签之间通过 5G 路由器进行通信，标签发送给基站的信号上传到定位服务器中，定位服务器上装有定位软件，根据信号进行测距计算，实现定位，并将位置信息通过 Wi-Fi 路由器传给平板电脑的 App 软件。硬件实施如表 6-7 所示。

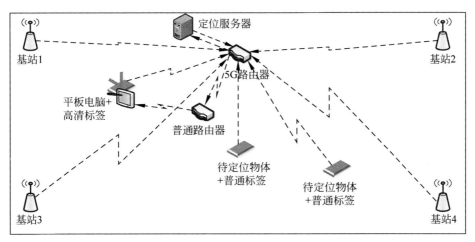

图 6-24　车间定位系统的网络及硬件架构

表 6-7　硬件设施一览表

名　　称	数　量	简　　介
UWB 定位基站	4	定位 Anchor 节点
高清定位标签	4	集成了 UWB 定位、Wi-Fi 通信、惯导传感器数据采集和位置融合计算能力,定位精度在 10cm 以内
普通定位标签	40	集成了 UWB 射频模块,最高定位精度达到 30cm
5G 路由器	1	UWB 定位专用的高频路由器,采用 802.11ac 协议,传输速率 1Gbps
2.4G 普通路由器	1	平板电脑用的路由器,服务器把计算好的位置信息发送给平板电脑
定位服务器	1	安装了定位软件,自动计算出位置后,直接发给平板电脑,刷新频率一般为 0.5s
平板电脑	4	安装有定位系统 App,显示定位对象的状态信息

3．应用效果

1）移动资源的精准定位应用

在车间现场,一些关键移动资源需要进行精确定位,如人员、重要运输车辆、重要物料等。采用基于 UWB 技术的“定位基站＋高精标签”进行定位。标签数据的获取及整个数据的链路如图 6-25 所示。

最终,由手持移动终端接收到定位坐标数据后,在预定义的电子地图上,按比例显示标签的位置,从而实现关键资源的定位与跟踪。

如图 6-26 所示,当管理员手持平板终端在车间行走时,可以在平板 App 界面看到自己的移动位置,同时也能查看到车间内关键零件、物料小车和工人的位置。

2）定向区域的对象状态感知应用

对于需要感知的重要生产资源而言,需要在资源上添置普通 UWB 定位标签。

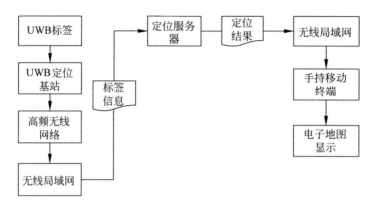

图 6-25 移动资源的精准定位应用流程

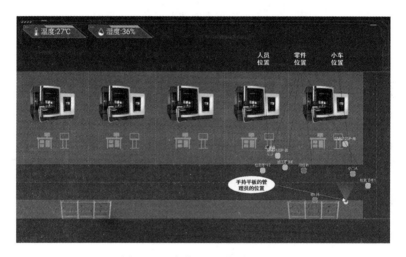

图 6-26 定位 App 的显示界面

在获得该标签和智能移动终端上的高精定位标签的坐标信息后,对落入在高精标签指向范围内的普通标签进行搜索,其中指向范围为 30°,指向距离为 1.5m。

通过识别该范围内所有的标签,计算出与智能终端最为接近的生产资源,从而在手持终端上展示最近标签上的相关信息,实现生产资源的定向感知功能。

具体流程如图 6-27。基于移动终端所携带的标签,识别出移动终端的定位坐标;基于移动终端的地磁定向,识别出移动终端的指向;基于定向感知算法,发现所指向的生产区域;识别出对应的生产区域,并判断在区域内所存在的标签;识别出区域内标签的信息;将所有数据进行融合后,在移动终端进行集中展示。

在上述流程中,定向识别是关键,采用标签自带的惯导传感方案。惯性导航的基本工作原理是以牛顿力学定律为基础,通过测量载体在惯性参考系的加速度,将它对时间进行积分,且把它变换到导航坐标系中,就能够得到在导航坐标系中的速度、偏航角和位置等信息。对于本系统来说,主要是在标签的不断移动过程中,获

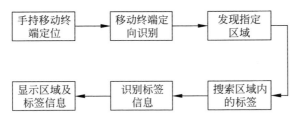

图 6-27　定向区域对象状态感知的基本流程

得初始指向的角度信息,实现定向感知功能。定向识别的基本步骤如下:

（1）夹角计算模块:基于惯导技术的定向功能,迅速获得移动终端当前的指向信息,通过和地图的初始 0°的坐标变换,计算出标签指向角度信息;

（2）夹角与生产区域的相交计算:通过指向,计算出所有和指向线相交的生产区域边线信息,找出最近相交的边线,从而判断出智能终端所指向的最近的生产区域;

（3）区域内标签的识别:对所识别出来的区域的 4 个顶点坐标进行判断,计算其落在这一区域内的所有定位标签。

图 6-28 是设备状态感知的界面,系统感知到该设备位于平板电脑指向区域内,自动显示这台设备的详细信息。

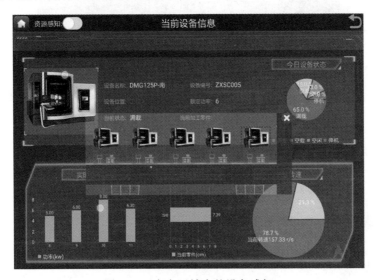

图 6-28　定向区域内的设备感知

齐套性检查也是基于区域定向感知的综合应用。当移动终端指向某一生产区域时,能够获得该区域的所有生产任务信息。找到某一生产任务,进行齐套性检查,则首先调出齐套性检查模块,基于模板逐条识别相关生产资源的标签是否存在于该生产区域中,从而逐一判断是否齐套。齐套性检查的过程和界面如图 6-29 所示。

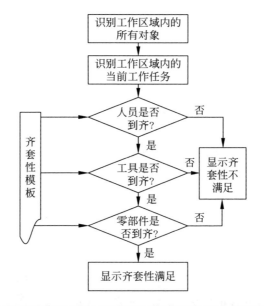

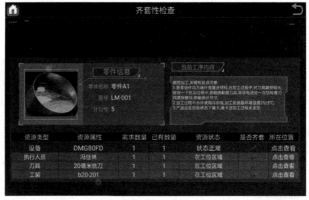

图 6-29　齐套性检查的过程及界面

参考文献

[1]　OPC Foundation. Data access custom interface standard version 3. 00［EB/OL］.（2003-03-04）
　　　［2019-12-10］. https：//opcfoundation. org/developer-tools/specifications-classic/data-access/.

[2]　中华人民共和国国家质量监督检验检疫总局. OPC 统一架构：第 1 部分　概述和概念：
　　　GB/T 33863. 1—2017［S］. 北京：中国标准出版社,2018.

[3]　MTConnect. MTConnect standard：part 1-overview and fundamentals v1. 6. 0［EB/OL］.
　　　（2020-09-01）［2020-10-01］. https：//www. mtconnect. org /standard20181.

[4]　刘日良,张承瑞,姜宇,等. 基于 MTConnect 的数控机床网络化监控技术［J］.计算机集成制
　　　造系统,2013,19(5)：1078-1084.

［5］　ZHU H，ALSHARARI T. An improved RSSI-based positioning method using sector transmission model and distance optimization technique［J］. International Journal of Distributed Sensor Networks，2015，1-11.

［6］　王杰.数控机床状态监测和维修决策研究［D］.武汉：华中科技大学，2018.

［7］　罗远光.汽车发动机装配车间数据采集技术研究及应用［D］.武汉：华中科技大学，2016.

［8］　塔拉.智能工厂中的室内定位问题研究［D］.武汉：华中科技大学，2018.

第 7 章

高级计划排程技术及应用

生产计划与排程是制造运行管理的核心环节之一,尤其对于多品种、中小批量、混流制造型企业而言,提高生产作业计划的制定效率,优化计划的性能,对于缩短制造周期、降低生产成本、增强综合竞争力具有重要意义。本章在第 3 章关于生产计划建模与优化算法研究的基础上,侧重于计划排程软件系统的实现及应用,详细阐述了高级计划排程的基本概念、原理、相关理论技术和软件系统,并介绍了 4 个高级计划排程的应用实施案例。

7.1 高级计划排程概述

高级计划排程(advanced planning and scheduling,APS)是以约束理论(theory of constraints,TOC)为核心的一整套软件系统。它支持面向企业供应链计划和生产计划排程业务需求的系统建模,并通过内置优化引擎对生产执行计划与物料供应计划等进行合理规划与综合优化,通常可分为供应链级 APS 和工厂级 APS。供应链级 APS 主要涉及网络配置计划、需求计划、库存计划、多工厂计划、供应计划等的优化,而工厂级 APS 更侧重于计划与排产、制造序列调度、产能管理、交期承诺、物料准时配送等业务。目前市场上绝大多数 APS 产品偏重工厂级的计划制定与管理。

7.1.1 APS 的起源与发展

APS 系统起源于制造业对于优化的生产计划与生产管理工具需求。随着生产系统复杂性的增加,传统人工计划方式难以满足计划的实时性和灵活性要求,导致计划管控困难,计划制定与执行效率低下。APS 的概念一经提出,就得到制造企业的积极响应,相关技术、产品和市场应用均获得快速发展。

1. APS 的发展历史

20 世纪 50 年代就已经出现 APS 的思想[1,2],通过数学规划模型和甘特图来解决计划问题。之后的 10 年内,APS 的发展和计算机进步紧密相连,许多大公司开始租赁或购买大型计算机研究部分计划问题,如基于产品需求与能力约束来实现关键物料和能力的平衡等。

20 世纪 60 年代中期,IBM 开发了基于 BOM 分解的 MRP(物料需求计划)系统[3],70 年代将生产能力需求计划、车间作业计划和采购作业计划也纳入了 MRP,形成了一个封闭的系统,并在轮胎、造纸等制造企业进行初步应用与实施。

20 世纪 80 年代,美国管理学家 Oliver W. Wight 在 MRP 的基础上提出了制造资源计划 MRPⅡ[3],引入了西方标准成本制度的思想与方法,更有效地规划控制企业的生产经营目标。同时期,优化理论及相关技术迅猛发展,计划系统与最优化生产技术(optimized production technology,OPT)、MRPⅡ等理论相结合,得到进一步发展。之后专家系统开始兴起,许多公司把人工智能技术运用到计划排产中。20 世纪 80 年代后期,图形用户界面也开始陆续出现,并成为计划排产工具的一部分。

20 世纪 90 年代,供应链管理软件系统(SCMS)开始出现[4],进一步促进了计划排程系统的发展。90 年代 Gartner Group 提出 ERP 的概念,计划排程功能引起 ERP 厂商的注意,并正式催生出高级计划排程系统 APS。APS 供应商(如 I2、Fastman 等)开始进入电子装配、金属品制造等离散制造行业,并逐渐推广到更为广阔的工业领域。

至 21 世纪,APS 系统不断吸收先进的 IT 技术和生产计划控制理念,各类功能日益完善。APS 系统在工序级生产计划制定方面的强大功能已受到越来越多企业的关注,它弥补了 ERP 在处理有限资源生产能力方面的缺陷,但 APS 在基础数据管理以及中长期计划制定方面不如 ERP。因此,一般很少有企业会单独使用 APS 系统,常常是运用 ERP 作为基础的企业管理系统,将 APS 和 ERP 集成使用,由 ERP 为 APS 提供与企业生产制造相关的所有信息,而 APS 负责制定各类计划。

2. APS 的难点与发展趋势

APS 持续追求生产计划的优化与能力的平衡。然而在实际生产情况中,由于约束复杂、运算规模大,问题是否可搜寻到最优解、优化能力如何等都成为了疑问。近些年 APS 相关研究主要集中在车间生产计划制定与调度层面。该类问题常称为排产问题或资源分配问题,简单来说就是针对某一计划或调度层面的问题,在尽可能满足所有约束条件(交货期、工艺路径、主/副资源等)的前提下,下达生产指令,选择资源,安排加工时间及加工先后顺序,实现最优化的产品制造时间或成本。常用的解决方法有规则算法、系统仿真方法、智能算法、神经网络优化、智能算法融合 AI 动态调整算法等。机器学习与深度学习方法能较快适应高层的决策分析与现场传感层的识别,较适合进行运作层与现场调度优化。

1)APS 的难点

在 APS 实施过程中常常有以下难点:

(1)基础数据维护复杂。众多类型的基础数据(产品 BOM、工艺路径、资源、人员、优先级、替代路径、工厂日历、采购周期等）需要在系统中定义和维护,且企业内部信息化基础数据、流程、计划体系薄弱,而 APS 需要有 ERP、MES、PLM 等系统提供数据支持。

（2）个性化设计多。通用化 APS 产品很难解决各行业问题。如考虑行业越多,系统参数便会越复杂,使用难度加大,系统友好性变差,最终导致实施效果反而不好。因此,行业/企业间的差异使得 APS 在实施时必须进行个性化定制。

2）APS 的发展趋势

随着企业信息化水平的逐步提高,以及数字化、智能化转型的强力推进,APS 正在逐步实现广泛应用。APS 的发展呈现以下趋势:

（1）系统的平台化。如果 APS 系统不能快速进行个性化配置与设计,则很难解决客户的实际问题。通过 APS 的平台化,实现高效定制化修改,未来 APS 云平台更能实现客户手动根据需要调整修改,以降低企业计划排产的投资。

（2）与大数据技术的融合。在定制化小批量生产模式下,数据自动化、精细化地采集（MES/DCS）及生产过程的多变导致工厂数据积累量剧增,这对于 APS 的响应速度提出了巨大挑战。APS 与数据处理和挖掘技术的融合成为未来发展的重要方向。

（3）分布式计算与自主智能决策。APS 系统正朝着分布式计算（智能代理技术等）和自主认知计算（人工智能、机器学习等）的方向发展,成为构建工厂级 CPS 系统的重要部分。

7.1.2 APS 与 ERP/MES 的关系

ERP、MES、APS 等管理软件的使用大大降低了企业的管理成本,提高了管理效率。这些软件产生的初衷与定位是不同的,ERP 的主要目的是实现企业所有资源的管理,便于管理者在宏观层面上对各方面资源进行计划与控制。ERP 中与生产相关的模块主要有主生产计划（master production schedule,MPS）、物料需求计划（manufacturing resources planning,MRP）、生产订单管理、车间现场管理（shop floor control,SFC）等[3]。ERP 通常难以实现生产现场实时数据采集功能,因此企业需要在业务计划层和过程控制层添加一个制造执行层,MES 系统就此诞生。MES 将过程控制层中采集的生产现场实时数据传递给业务计划层,将业务计划层制定的生产计划实时传输到生产现场,通过对生产状况进行实时监测、控制、统计、分析,了解并记录整个生产过程所有细节。

计划排产是企业提高生产运行效益的关键环节,虽然 MES 和 ERP 都具有计划功能,但也都有一定的缺陷。ERP 基于无限产能给出粗略计划,难以考虑生产成本、产品交货期、工艺路线等约束条件下的更为复杂的排产问题;MES 偏重于执行监控,生产排产功能非常有限,当生产线上实时数据变化时,只能依靠人工经验对计划进行调整,无法实现快速动态排产。APS 虽然弥补了 ERP 和 MES 计划功能的不足,但无法独立运行,需借助 ERP 与 MES 系统所提供的静态与动态数据,才能实现计划编制与排产。

因此,APS 无法完全取代 ERP、MES 系统,而 ERP 与 MES 又不能很好地满足生产实际中的排产需要。只有将 APS、ERP 和 MES 三者协调集成,充分发挥各自的优势,才能达到"1+1+1＞3"的协同效应。图 7-1 是 APS、ERP 与 MES 系统的集成框架。可以看到,3 类系统通过数据接口相通;ERP 系统主要负责企业财务管理、采购管理、销售管理和生产管理等上层管控与规划。MES 系统则对制造执行过程进行负责,属于车间级的工作管理系统,具体是对作业、质量、实绩、库存等生产要素进行管理;APS 系统具体负责企业计划与调度方案的求解与优化,例如能力计划、订单计划、批量计划以及生产调度等的生成与优化。

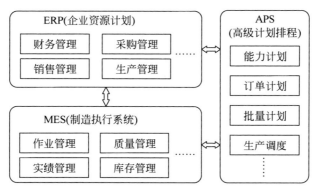

图 7-1　APS、ERP 与 MES 系统集成框架

7.2　APS 的基本原理与技术特征

APS 作为 ERP 和 MES 的补充,可以弥补无限产能计划的不足,通过计划优化,协调生产与物流过程,优化瓶颈利用率,确保交货日期,从而帮助企业实现生产效率最大化。本节主要介绍 APS 的基础原理和技术特征,并探讨了约束理论在排产中的应用。

7.2.1　APS 基本原理

APS 排产过程综合考虑订单的优先级和客户交货期等因素,并兼顾资源能力、工艺特性、加工顺序、物料库存等其他各方面约束,以最优化生产效率、最大程度满足客户需求、最少化生产成本等为计划的优化目标,通过相应的优化策略配置或算法定制,进行排产结果的优化计算,从而获得满意的可执行的计划与排产方案。

APS 起源于经典的调度理论,寻找最优解从理论上来说就是 NP 问题,实际的生产排产问题往往比理论模型更为复杂。进行排产计划的制定,通常是先对调度模型抽象简化,进行模型构建的映射,将调度系统中的基础静态数据整理为模型的基础框架,并且将订单、库存等动态数据与模型对接,丰富针对特定生产系统、特定订单的模型。在给定的调度策略和排产规则的基础上对模型进行求解,给定需满足的目标和多个约束,调整参数,比较不同的调度策略的结果。通过规则策略或有关算法引擎,APS求解排产和再排产问题,获得优化方案,为生产管理人员提供决策支持。基于高效的 APS 算法可以构建高性能的排产引擎,进而支持一键式的自动化排产,以及人机交互的半自动化排产,从而大大缩短排产时间,提高排产准确性,节省大量人力资源,提高企业生产效率。

1. APS 基本功能

高级计划:高级计划(advanced planning)是在考虑物料和能力的前提下,为满足客户需求所做的生产计划,并在插单等意外情况发生时经过调整计划仍能安排计划生产满足生产目标。高级计划针对时间较长的计划订单,考虑订单的优先级和客户交货期等因素,并考虑工作中心能够处理物料和满足需求的能力,贯穿全部多层物料清单的整个订单。目标是根据订单类型、交货日期建立可用的计划,满足既定的生产目标。

物料计划:物料计划是针对生产物料进行管控,属于高级计划范畴,其核心是优化采购计划和库存。物料计划是根据 BOM 和工艺路径,对需求订单涉及的零件,从成品级逐级搜寻其上游消耗件以及相对应的供需数量关系,直至原材料层面,这样得到 BOM 展开所涉及的所有零件。零件的净需求量代表生产需求零件时,必须消耗(制造或采购)的零件,此时库存无法满足消耗件数量或者库存无法使用。若为制造件,则按需求时间生成相对应的制造订单。若为采购件,则根据消耗数量以及消耗件的供应商、提前期、相应零件的需求时间得到采购订单。

高级排程:高级排程(advanced scheduling)是用于车间订单工序的排产,指明计划范围内的每一个订单在所需资源上的加工工序、加工开始时间和结束时间。高级排程是基于事件的有限能力排产,综合考虑当前的资源负荷、能力和物料水平。它支持不同的优化方法求解,基于规则资源和工序选择,甚至是定制化算法求解优化。

2. APS 排产模型及算法

1) 目标与约束

为获得满足要求的生产计划,首先必须明确计划排产的目标和约束。常见的目标有:

(1) 满足客户的交货期。只有满足了客户交货期要求,才能实现销售收入。

(2) 提高设备利用率。设备利用率越高,生产成本越低,设备投资回收也就越快。

(3) 控制合理的库存。多余库存占用企业资金,但库存也不是越少越好,如果没有库存,可能无法及时满足客户增加的需求,因为客户的需求往往具有波动性。

常见的约束有以下几种,也不排除在实际生产状况中有更多、更复杂的约束条件。

(1) 资源约束:在生产系统中的单一资源、共享资源、并发资源,主要资源和次要资源,资源组约束等。

(2) 加工顺序约束:一般指生产的工艺流程,工序执行的管理。

(3) 物料约束:在 BOM 管控下,约束工序和物料的可用量,甚至涉及库存和采购计划的制定。

(4) 产能约束:对生产系统现有的条件和能力的评定,关联是否满足订单的交期。

(5) 物料齐套性约束:通常是根据订单、工单的需求数量和交期对工单的物料进行分派,形成 APS 欠料表和齐套工单表。物料按照齐套工单表备齐才可投入生产。

2) 排产模式

无限能力排产只考虑工厂的设备静态产能,不考虑多个订单的资源冲突。有限能力排产则需要考虑工厂资源负荷能力、人员技能、物料、运输能力等因素。如图 7-2 所示,有限能力排产有 3 种模式。

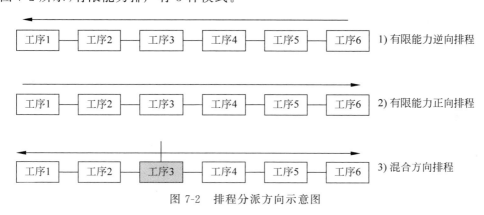

图 7-2　排程分派方向示意图

(1) **有限能力逆向排程**:从订单的末工序工作最晚结束时间(满足订单交货期的最晚完成时间)开始,从后向前依次安排订单的所有工作和物料需求。在满足订单交货期的前提下尽量将订单向后排程,防止提前采购和提前生产,以减少库存积压并最大程地的降低订单变更带来的影响。

(2) **有限能力正向排程**:从订单的首工序工作开始,从前向后依次安排订单的所有工作。使得订单尽量向前排,以最大程度地利用资源。

(3) **混合方向排程**:同时采用正向排程和逆向排程,充分发挥两者优势。对于瓶颈工序而言,之前的工序采用逆向排程,之后的工序采用正向排程。

3) 排产策略及算法

寻找车间排产最优解从理论上来说是 NP 问题,复杂约束条件使得问题的求解更为困难,比如设备的可选性、制造环境的动态与不确定性、约束条件的矛盾等[5,6]。现实的求解策略基本上都是先简化问题,然后寻找最优解或次优解。APS算法是APS系统的核心关键技术,主要包括启发式算法和元启发式算法[7]。

(1)启发式算法(heuristics algorithm):以问题为导向程序,根据问题的特殊结构或者性质来改进启发式规则,可理解为基于启发式的规则,在有限的时间内去寻找问题的最优解,但是不一定能保证所求得的解的可行性与最优性。启发式规则主要包括以下几类:①优先分派规则,即在生产时根据设定的一些优先次序安排工件的加工顺序,常用的规则[5]有先到先服务规则(first come first served, FCFS)、最短加工时间优先规则(shortest processing time,SPT)、最早工期优先规则(earliest due date,EDD)、最长加工时间优先规则(longest processing time, LPT)、剩余总加工时间最长优先规则(most work remaining,MWR)、剩余工序数最多优先规则(most operations remaining,MOR)。②基于差异的规则,转换瓶颈规则(shifting bottleneck procedure,SBP),它是目前求解车间调度问题非常有效的一种启发式规则。③基于插入的算法,插入的算法是求解调度问题效果非常好的启发式算法,其中主要包括NEH(Nawaz-Enscore-Ham)算法、CDS(Campbell-Dudek-Smith)算法、Johnson算法等。

(2)元启发式算法(meta-heuristics algorithm):相对于启发式算法,元启发式算法是问题独立的,是针对大范围的优化问题提供通用的流程。元启发式算法可以分为:基于单个解的元启发式算法,如模拟退火算法、禁忌搜索算法、贪婪算法、变领域搜索等;另外还有基于群体的元启发式算法,比如遗传算法、分散搜索算法、粒子群算法和蚁群算法等。元启发式算法可以使用某些操作跳出局部最优。

3. APS 排产流程

图7-3是APS的排产流程。通过车间基础流程建模,描述生产流程特征。排产建模所需要的数据来自ERP的主生产计划和需求计划,也有一些数据是针对车间当前及未来的假定。将这些静态数据和动态数据进行抽象,构建标准业务模型,然后转化为算法模型,调用算法选择器,在算法库中选择合适的算法进行求解,通过配置算法可获得排产结果(包括作业计划、工作指令、投料计划、入库计划等),并输出可视化分析报表。

1)静态数据

(1)产品信息:产品即品目,指也称为物料,指与产品生产有关的所有的物品。物料是工厂生产产品的第一道门槛。品目的控制涉及物料计划、物料调度和物料的控制等内容,其目标是:既要保证物料按计划供应生产,保障生产的顺利实施,又要严格控制生产过程中物料的耗用,合理降低成本。

(2)资源信息:资源通常指机器设备,也可泛指生产过程中所使用的辅助资源,如人员、模具、刀具等。资源组是指一组功能相同、加工工时相近、加工产品质量等级相同的资源所组成的集合。

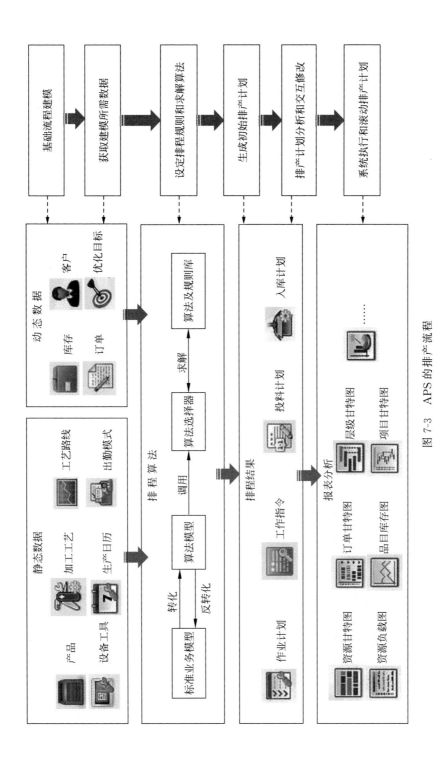

图 7-3　APS 的排产流程

（3）工艺信息：工艺指生产作业人员或加工设备为了完成订单而做的动作，是加工物料、装配产品的最基本的加工作业方式。工艺信息指与工作中心、供应商等位置信息直接关联的数据，可以组成工艺路线。加工工艺是一些与品目无关的标准生产方法。工艺前后都可设置缓冲时间，通过对缓冲时间进行合适地设定，可以灵活地对应计划外的故障，做出恰当的生产计划。

（4）工艺路线信息：工艺路线也称加工路线，描述物料加工、零部件装配的操作顺序。工艺路线信息是一种关联工作中心、提前期和物料消耗定额等基础数据的重要数据。在 APS 中，工艺路线用以串联多个工艺，使工艺间具有先后顺序，主要用作生成品目的制造 BOM。

（5）日历信息：日历用于设置每个资源每天的工作时间段，通过班次的选择设置每天的时间段。每一天系统为设备选择多个优先级最高的日历（前提是日历的出勤模式不存在交叉情况），日历中的出勤模式即为设备的可工作时间。

（6）出勤模式信息：出勤模式用于设置一天中的工作时间段，需要与日历配合使用。通过出勤模式功能对不同的班次进行设置。时间段从小到大排列，同一个出勤模式中时间段不能有交集，并且时间段从小到大排列。当出勤模式的模式设置为空时，表示休息。其他时间设置均表示有效工作时间。

2）动态数据

（1）库存信息：库存与物料计划紧密相关，物料计划的计算既可以满足精确计算物料的需求，又可以降低库存的物料的最佳库存点。

（2）客户信息：简单的维护客户信息，客户优先级可以一定程度上决定排产规则，订单分配时可能需要考虑客户的地址信息等。

（3）订单信息：订单是所有数据中最基础的数据之一。

3）制造 BOM 建模

BOM 是用来描述产品结构的技术文件，在 MRP Ⅱ 和 ERP 系统中 BOM 是指由父零件及子零件所组成的关系树。BOM 可以是以自顶向下分解的形式，或是以自底向上跟踪的形式提供信息。BOM 更是一种数据之间的组织关系。BOM 有很多形式，其中制造 BOM 用于表示产品的加工工艺信息，主要包括加工该产品的每道工序及工序间的先后顺序关系、工序所消耗的品目（输入）、工序所产出的品目（输出）、工序所能使用的资源及工时信息（制造）等加工信息。

APS 中的制造 BOM（MBOM）与 ERP 中的物料 BOM 有区别，制造 BOM 不仅仅包含物料关系，同时也包含了工序等加工信息，如图 7-4 所示。相对于物料BOM，制造 BOM 是根据已经生成的 BOM 和 PBOM，对工艺装配步骤进行详细设计的结果，主要在产品装配顺序和物料关系的基础上，在层级关系基础面上描述工时定额、材料定额及工装信息，物料在生产车间之间的合理流动和所用过程。

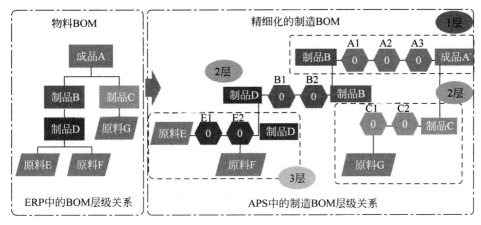

图 7-4　ERP 和 APS 的 BOM 区别

4．APS 排产计划的更新

在实际生产中，往往需要根据已知或假定的生产数据进行基础排产，得到排产计划，在生产计划实施后，根据实时数据更新计划。有可能需要根据更加准确的数据，进行重新滚动排产，优化计划决策。也有可能需要在生产计划范围内，将新订单插在已排序好的订单序列中。通过在已完成的排产计划中寻找生产间隙进行排序，或许仅需做微小的调整即可完成排产计划的插单。插单的计划如果是可行的，那么可以导出插单后的新的计划生产排序。

1）滚动计划

滚动计划是针对按照一定规则和原则制定的生产计划，根据计划的执行情况，以及其他生产过程中的环境情况，调整计划，持续向前推动，并根据同样的原则逐步向前推动计划的执行。滚动计划不仅是一种定期修改计划的方法，也是一种动态编制计划的方法。静态分析是等一项计划全部执行之后再重新编制下一时期的计划，滚动计划是在每次编制或调整计划时，均将计划按时间顺序向前推进一个计划期，即向前滚动一次，按照制定的计划执行，这对订单的顺利完成十分重要。由于各种原因，在计划执行过程中会经常出现偏离计划的情况，因此要跟踪计划的执行过程，以发现存在的问题。另外，跟踪计划还可以监督执行中物料消耗情况，跟踪计划的结果通常还可以作为物料计划的依据。

APS 通过集成 MES 系统反馈报工，实时掌握实际生产完成情况。滚动计划制定是综合考虑生产实际情况下进行计划更新。当实际生产过程中存在计划延迟情况时，通过系统反馈获取延迟程度，用于综合考虑计划调整。

2）计划插单

为了加强对车间生产资源的控制与合理调配，企业需要一份可以指导生产的生产计划，并且需要应对紧急插单、计划更改等情况，保证生产计划的时效性。现实中，经常会碰到订单已经下发，中途频繁改单、插单的情况，如果没有 APS 系统，则计划员进行插单、计划调整非常困难。利用 APS 系统来缩短制造提前期、提高工厂对于交货期变化的响应能力，是迅速应对紧急插单的捷径。在紧急插单处理时，直接修改订单优先级信息以及分派规则等，然后根据新的订单信息重新进行排产，系统快速自动生成调整过的进展状况以及追加的新计划。

7.2.2　APS 的技术特征

APS 系统通过基于内存的计算结构，采用 C/S 或 B/S 等设计架构、开放的信息平台[8]、关系数据库等先进技术进行持续计算，彻底改变了批处理的计算模式。在建模阶段充分考虑实际生产系统中各种资源约束（库存、物料供应、人工工时、市场需求、机器设备、人员流动、物流等）和产能限制因素，利用信息化规划技术，综合优化设计生产、分销、采购等具体的业务流程，制定出细化至工序级的高效、可执行的生产计划，从而指导实际生产活动[9]。

APS 融合了各种先进的信息技术与现代管理思想，主要有 3 项技术特征：

（1）APS 系统对复杂制造系统模型的表达具有灵活性。APS 系统是约束管理的理论、技术与方法在企业及车间级计划层面的企业生产计划与控制体系的具体应用。APS 系统跨越工厂、车间及生产制造单元等不同层次，贯穿供应管理、订单计划管理和现场运作管理等不同的阶段，可支持多约束、多目标的系统运作控制[10-12]。针对具体生产环境中问题的复杂性、动态、多目标等特点，选择适合的抽象、简化方式构建模型，并选择合适的算法进行求解。

（2）采取常驻内存的技术进行运算。APS 系统可以通过这个技术将相关数据下载到内存中，仅需占用极少的内存即可实现多任务同时运行，可以有效减少运算时间，提高效率。

（3）具有先进的计算引擎，支持各种优化算法。APS 的主要算法包含线性规划方法、基于规则的算法、启发式算法、进化算法等[13-15]。结合问题特征与规模将复杂业务问题进行合理地简化抽象，极大地拓展算法适应性，易于满足用户多变的业务需求。除内置的排产算法外，开放的排产接口也支持自定义算法扩展。

理论上来说没有一个确定的算法可以解决所有车间排产问题，针对不同的应用场景、不同的问题类型和不同的优化目标，需要选择合适的算法并进行调整和改进。本书综合现有的 APS 算法分类，给出了一个较为全面的算法分类，如图 7-5 所示，主要分为运筹学算法、启发式算法、元启发式算法和其他方法 4 个大类。其他方法中包含仿真调度方法和人工智能方法，相较于前面的算法来说，这些方法属于新兴方法，近些年发展得很快。其中，仿真调度方法随着物联网、大数据、人工智能的发展，已经从传统的静态仿真升级成为动态仿真、数据驱动的仿真、云仿真；而人工智能方法也逐步应用于制造业，研究人员不断探索人工智能、大数据技术在制造业中的潜在价值，以实现更为智能、高效、自动化的制造环境。

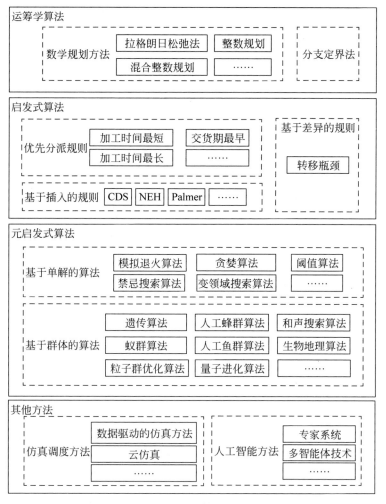

图 7-5　APS 算法分类

7.2.3　TOC 理论在 APS 中的应用

企业的本质是"获取利润",约束理论(theory of constraints,TOC)就是从企业中最薄弱的瓶颈环节出发,强调在瓶颈上获取最大利润[16,17]。该理论认为,约束是制约企业活动过程顺利开展的各种限制因素,也就是所谓的瓶颈,这样的约束或者瓶颈存在于任何系统中。在生产制造系统中,瓶颈通常指的就是生产节拍最慢的环节,或是整个系统里需要精细地控制其调度序列的环节,这是决定整个生产制造系统产出的关键因素。TOC 理论专注于关键制约环节的发现与改善,从系统最薄弱的环节下手,提高系统整体产出[18,19]。

TOC 理论已大量应用于 APS 产品的生产计划排产过程,对关键工序同步化所有资源和物料,生成基于瓶颈工序的计划,快速平稳生产物流。在不确定环境下,尤其是多品种小批量的生产模式下,基于 TOC 理论制定的 APS 计划往往要优于 MRPⅡ计划和 JIT 计划。

DBR 模型是 TOC 的核心。DBR 由鼓(drum)、缓冲(buffer)及绳(rope)3 个部分组成。图 7-6 说明了这 3 个部分是如何分工协作的。

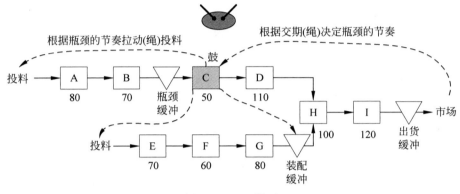

图 7-6　DBR 模型

鼓(drum):瓶颈的产出速度决定整个系统的生产节奏,在安排生产计划时,首先把优先级计划安排在瓶颈资源上。"鼓"反映了系统对瓶颈资源的利用,目标是有效产出最大。

缓冲(buffer):瓶颈是系统里最弱的环节,限制了整体的产出,因此要尽可能地利用瓶颈的产能。为了防止瓶颈出现"饥饿"的情况,需在瓶颈前设置缓冲来吸收各种异常对交期的影响。除了在瓶颈前设置缓冲外,也会在交期前、装配前分别设置缓冲。按照功能和出现的位置,缓冲可分为 3 种:①瓶颈缓冲,用来保护瓶颈资源,使其不因缺料而闲置。②出货缓冲,在订单完成日期之前到达的时间缓冲,确保订单能如期交货。③装配缓冲,用于保证非鼓链的装配在足够时间到达,形成和关键鼓链的零件配套。

绳(rope):绳的长度等于缓冲的大小,根据交期以绳拉动瓶颈确定生产节奏,接着拉动关键鼓链和非鼓链的投料以释放原料进入生产流程。绳子同时也是交期、瓶颈和上游物料投放之间的沟通反馈机制,控制物料进入生产线,避免在制品(WIP)的堆积。

DBR 的实施与控制逻辑如下:

(1) 识别瓶颈,找出瓶颈资源;

(2) 设置缓冲以对瓶颈进行有效保护;

(3) 按照排序规则排定瓶颈资源的生产计划;

(4) 以瓶颈为中心,向前拉动瓶颈前工序生产节奏,向后推动瓶颈后工序生产节奏;

(5) 根据生产过程中的实际情况实时调整缓冲量的大小。

1．瓶颈识别

常用的识别瓶颈的方法有：

（1）深入企业进行了解，同企业生产管理人员、车间具体工艺人员进行沟通，根据他们的经验找出生产系统中的瓶颈。

（2）3 种不同生产流程的类型（V 型、A 型、T 型）：V 型表示由一种原材料生产出多种不同类型的产品，通常在制品库存积压最多的地方为瓶颈资源；A 型是由多种原材料生成一种最终产品，通常需要检查延迟物料单，认为经常延迟的物料的加工工序为系统的瓶颈资源；T 型是由多种原材料加工成多种最终产品，将延迟订单和非延迟订单的生产工艺程序进行比较，从而找出生产系统中的瓶颈资源。

（3）基于负荷产能比的瓶颈识别方法：负荷＝工序的实际作业时间；产能＝工序的可用时间；负荷产能比值最高的即为瓶颈工序。

2．缓冲设置

瓶颈资源决定了系统的有效产出，因此必须要设立缓冲对瓶颈给予保护。DBR 以时间缓冲的观念来达到保护瓶颈的目的。由于现场会出现各种意外状况和统计波动，太精确的计算意义并不大。因此，对于缓冲时间长度的计算，包含了加工与准备时间、系统的不稳定宽放时间，而工厂实际的宽放时间属经验估计值，为便于生产现场使用，可将总宽放时间与加工时间形成一种比例值，计算公式如下：

$$\mathrm{BU}_i = (1+R)\sum_{j=1}^{m}\mathrm{PT}_{ij} \tag{7-1}$$

其中，BU_i 为订单 i 的时间缓冲；PT_{ij} 为订单 i 在工序 j 的加工与准备时间；m 为瓶颈前的工序数量；R 为根据经验设定。

通常认为缓冲时间长度的大小可能是瓶颈资源平均前置时间的 3 倍。采用 3 倍是基于经验与可信赖的提前期所服从的分布，如果其提前期服从正态分布，则可将其平均流程时间加上 3 倍标准而得到其缓冲时间。

3．瓶颈资源的生产计划

生产力等于有效产出除以投入。DBR 模型可以提升系统的生产力，即在投入不变的情况下增加有效产出，通过对瓶颈的精细排产，使订单能如期完成，获得更好的组织目标或绩效，以获得最大的产出报酬。

在编制瓶颈资源的详细生产计划时，由于经常需要在同一时间段内加工多种产品，会产生冲突，因此需要解决相互冲突的加工任务在瓶颈资源上的排序问题。在 APS 系统中需要根据企业实际情况和所追求的目标来选择最合适的排序方法，以排定各个订单在瓶颈工序上的作业顺序。一般而言，优先级的确定需重点考虑各产品在瓶颈资源处的加工时间和交货期。下面分几种情况进行讨论。

1）只有一个机台的问题

当只有一个机台时,排产规则如下:

（1）采用倒排的方式,交期晚的先排,避免订单交期延误;

（2）若交期相同,则加工时间长的先排,以减少 WIP;

（3）若交期相同且加工时间相同,则不赚钱的先排;

（4）先拉后推,保证首个订单的开工时间不会早于当前时间。

2）有两个以上机台的问题

当有两个以上机台时,可以在上述排产规则下,增加对机台的选择规则:

（1）能让订单排在理想时段的机台先排;

（2）若在订单的理想时段机台均被占用,则订单必须提早且选择提早时间最少的机台。

3）考虑调整切换的问题

通常在瓶颈资源上,订单的换线情况比较频繁。考虑对交期及存货的影响,确认不会延期后,适度的合批是可以接受的,这样可减少瓶颈的换线时间,节省出更多的产能。在图 7-7 中,产品 A 由于不同批次的交期被产品 B、C、D、E 隔开,为了节省瓶颈的切换时间,考虑将产品 A 的两个批次合并生产。但由于合批,会造成某些订单在瓶颈的排产延后,如产品 B、C、D、E,为了减少合批对这些订单交期的影响,必须在瓶颈先保留提早生产的制品。例如,产品 A 的第二批,等被延后订单完成离开瓶颈后再离开。

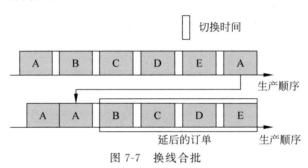

图 7-7　换线合批

4. 非瓶颈资源的作业排序

根据 TOC 理论,在保证了瓶颈资源的生产排序后,需对后续的工序使用正向排产,前面的工序使用逆向排产,以确保非瓶颈工序可以快速且准时完成。

在得到瓶颈资源的作业计划后,将订单的瓶颈资源的作业开始时间减去订单的瓶颈缓冲时间,即得到订单的投料时间。此步骤主要是使非瓶颈资源全力配合瓶颈资源的作业计划,使用时间缓冲来控制投料节奏,即通过绳子机制来控制瓶颈工序之前的工序的物料投放,使在制品库存减少到合适的程度,在需要的时间提供合理数量的物料。在 APS 系统中,用户可根据实际情况,通过对现场的管理、人员的调度来保障计划的执行,又通过实际反馈的数据来更新企业的基础生产数据和对缓冲的设定。

5．缓冲管理

缓冲管理至关重要，是 DBR 的神经中枢：①要对系统的操作进行控制，对订单的执行状况进行追踪，在问题发生前提出警告，对明显会影响交期的对象采取适当的措施；②对系统进行反馈，对缓冲长度的适切性进行诊断，并据以调整配置参数，优化系统。

1）追踪订单执行状态

在对订单进行预警式进度管理时，获取订单在瓶颈前的缓冲状态，即可掌握订单的进度。如图 7-8 所示，将缓冲划分成红、黄、绿 3 个部分。在瓶颈前我们希望看到产品堆积的位置称为缓冲原点，瓶颈排产的开始时间为缓冲结束时间。如果该订单在投放后过了缓冲时间 2/3 的时候没有出现在缓冲原点，穿透区域 1 的时间称为缓冲空洞，必须要找到该订单所在的位置及造成订单延迟的原因。为了找出问题所在，在区域 2 检查该订单是否出现在缓冲原点，这称为缓冲检查时间。

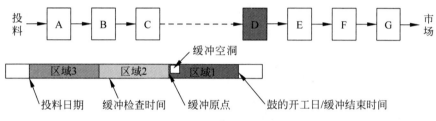

图 7-8　追踪订单执行状态

在 DBR 生产计划解决方案里，使用缓冲状态来追踪现在订单的状态，以便知晓哪个订单需要进行特殊关照。缓冲状态等于已耗用时间除以缓冲全长。如果订单状态超过了 66％，说明该订单需要协助。

2）系统反馈调整

当缓冲状态大于 66％时，可依据下面的准则，决定问题解决的先后次序：

（1）依据离瓶颈开始加工所剩的时间，越小对系统影响越大。

（2）依据缓冲空洞的大小，越大对系统影响越大。

（3）完成该批到达瓶颈所需的时间，越长对系统影响越大。

同时，在生产系统每次运行了一段时间后，统计造成缓冲空洞或发生位置（工序）的出现频次，重点攻克解决此处的问题。当缓冲空洞出现的频率增加时，需对系统的参数进行调整：①增加缓冲长度，给瓶颈提供更多保护；②增加备份产能，以增加非瓶颈同时作业的资源数，缩短非瓶颈的制造周期。一般情况下，缓冲空洞出现的频率在 10％是合理的。APS 系统提供 what-if 方式的快速重排产功能，由用户自定义动态缓冲大小并根据排产结果反复调整从而找到最佳值。用户最初可设置一个经验值，让系统制定计划，如果缓冲空洞出现的频率小于 10％，可考虑适当减小缓冲；如果瓶颈资源比较频繁地出现"饥饿"状态，则应适当增大缓冲。

7.3 APS软件系统介绍

武汉易普优科技有限公司（www.epuopt.com）的 XPlanner APS 产品是一款以华中科技大学机械学院为技术依托、自主研发的国产 APS 系统。XPlanner APS 基于有限产能，综合考虑企业资源、物料、班组、日历、库存等各种生产约束条件，制定满足计划目标与策略的作业计划与物料计划[20]。历经 20 多年的研究、研发与应用，XPlanner APS 用户增长快速，涵盖家电、3C 电子、汽车、工程机械、造船、包装及食品等各种不同制造业。

XPlanner APS 的系统框架主要包括标准方案、业务平台、开发平台、集成平台、基础平台、系统工具和系统平台等。核心模块均对外部提供 Web Service 接口服务，以便于数据交互和系统集成。该 APS 系统既可以独立应用于没有信息化积累的中小企业，解决车间的计划和排产相关问题，又可以应用于有一定信息化基础的中大型制造企业，与企业的 ERP 系统和 MES 系统充分集成交互，互相配合发挥各自优势，使得企业的整体信息化水平升级，从而实现集成化运营管理、精准化生产调度和透明化执行控制。

XPlanner APS 最基本的目标是实现基于有限产能的排产优化，帮助企业快速制定符合各种生产约束条件、满足计划目标与策略的优化的详细生产作业计划，实现缩短制造提前期，削减库存，满足交货期，有效保证客户利益。XPlanner APS 可满足自动排产、详细计划、投料计划、紧急插单、滚动排产、交期评估、计划可视化等7 大类需求，如图 7-9 所示。

如图 7-10 所示，XPlanner APS 由基础数据、计划调度、核心算法等模块构成。

APS 系统介绍

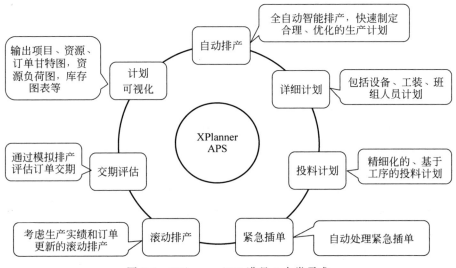

图 7-9　XPlanner APS 满足 7 大类需求

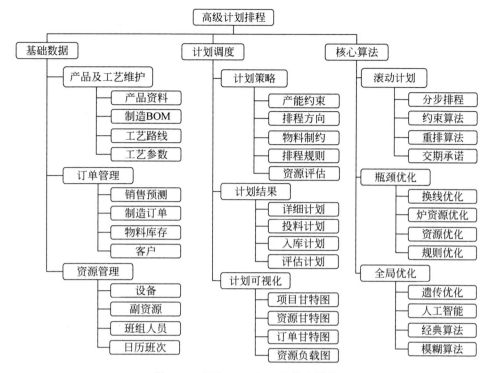

图 7-10　XPlanner APS 的核心模块

基础数据功能包括产品及工艺维护、订单管理、资源管理等功能。订单管理主要负责管理客户订单，也可以提供接口，从其他系统如 ERP 中导入客户或生产订单。订单信息主要包含订单编号、产品、数量、交货期、最早开始时间等。资源管理主要实现对各类生产资源如机器设备、刀具、模具、夹具、载具、工人等的统一管理，在系统排产时，这些资源都将成为重要的基础数据或约束条件。MBOM 是产品及工艺维护的主要内容，MBOM 不仅包含传统的物料 BOM，还囊括了工艺路线、资源的产能等动态生产信息的管理，是制定可行计划和调度方案的基础。

计划调度功能主要用于计划和排产规则定制，调用排产引擎（基于核心算法）进行排产，通过图表展示功能对排产结果和分析结论进行展示等。

XPlanner APS 的优化核心是基于规则的自动化排产引擎，如图 7-11 所示。该优化引擎综合考虑订单排序规则、资源优选规则、优化规则和策略规则，内嵌丰富的启发式算法，计算性能好，效率高，既支持一键式的自动化排产，也支持人工交互的半自动化排产。此外，由于基于规则的算法计算速度和性能优势巨大，针对实际中的计划调整、插单、改单等业务处理更简洁高效。

在系统集成和计算效率方面，XPlanner APS 采用智能集成引擎，90% 的集成无须编码，集成操作简便、快捷、智能，并且支持内存计算，提升了计算性能。

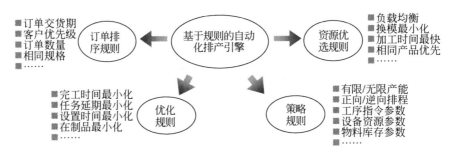

图 7-11　基于规则的自动化排产引擎

7.4　APS 应用实施案例

下面针对 4 个典型案例,分析制造企业的 APS 应用需求,详细介绍如何通过部署和实施 APS 产品(XPlanner APS),实现车间计划排产的高度信息化和透明化,并且优化计划排产的效果,从而解决制造车间日常生产运营管理中的难题。

7.4.1　某 PCB 企业的实施案例

1. 项目描述

1) 生产计划管理现状

某印制电路板(printed circuit board,PCB)制造企业是典型多品种、小批量、多变化的生产模式,月产品种数在 10 000 种以上,且每个订单产品型号不尽相同,品种繁多,以样板单和急件单为主,交期紧、难度大。

目前订单计划安排以经验为主,首先根据历史月产出制定月生产计划,其次根据月目标均摊到日计算出日目标,并根据工厂提供的最大承接量安排下单,最后将下达的订单安排生产。车间现场会机动进行决策,对人的能力、经验要求极高。这种控制方式由于精细程度及信息反馈速度限制,造成整体上管控偏向粗放,对于按单生产的混流制造模式显得力不从心。亟需一个合理科学的计划排产系统作为支撑,摆脱经验主义,综合考虑资源约束,均衡生产过程中各种资源,对不同生产瓶颈阶段进行模拟并给出最优的生产计划,实时监控现场生产执行的状态,及时反馈并做出回应。

2) 业务需求分析

该企业下属 7 个工厂的工艺能力与工艺限制不尽相同,在物理位置上也存在较大差异,各工厂之间相对独立,目前计划需求是由订单管理部负责接单、分单给各工厂,以及交付处理与客户交期管理等工作,现使用手工计划管理订单及监控生产进度,并根据经验规则来预估产品交期。无法提前对订单延期情况进行准确判断,分单和监控生产进度花费时间较多。

生产车间主要采取机群式设备布局方式,充分利用工艺原则布置的优点来满足多样的工艺要求,当个别设备出故障时对系统整体影响不大,但在制品库存量较大,经常需要频繁地进行工艺路线选择及进度安排,设备利用率低,单位运输费较高。

PCB 的工艺流程如图 7-12 所示。每个工序是相对独立的,并且为基本连续的生产方式,属于离散连续混合型的混流生产模式。如果将所有的工艺流程都纳入排产,那么排产模型将十分庞大,计算也会十分复杂。因此,为简化排产模型,提高排产效率,结合工厂原始产能使用情况,根据 TOC 的原理,寻找影响车间产出的瓶颈所在。找出至少一个系统的薄弱环节,例如电镀与层压等工序。通过合理地控制加工顺序,产品组合设置,充分利用瓶颈产能,使整个系统产出得到提升。

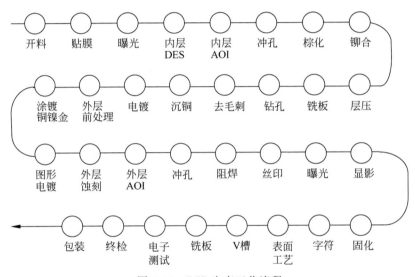

图 7-12　PCB 生产工艺流程

企业期望建立以 APS 计划为核心的企业计划管理平台,配合 MES 系统的实施,带动整个生产运营更加快速、高效运作。缩短周期,提升产能,快速应对内外部环境变化,提高市场竞争力,为企业整体盈利水平的提升和总体运营模式的转变奠定良好基础。APS 系统需要达到的核心业务需求有:

(1)快速分单、快速评审,及时进行交期答复;

(2)快速、准确地评估各分厂的动态产能负荷与资源瓶颈状况;

(3)快速制定机台级、总体的分厂生产计划,准确把握瓶颈产能及车间进度与异常;

(4)快速进行订单任务试排与客户交期预测;

(5)快速评估各种异常状况对于订单交期的影响,灵活产生必要的调整计划;

(6)可视化订单计划进度浏览和交互式人机互动计划调整。

2．解决方案

针对该 PCB 制造企业的生产计划排产需求，我的设计并提供了对应的解决方案。

1）APS 整体业务流程设计

PCB 制造企业围绕 APS 的整体业务流程如图 7-13 所示，该流程分成两部分，分别为支持报价与支持生产部分。其中流程角色与关键责任设置如下：

（1）销售部：获取报价资料，完善销售类报价参数，上传报价文件，维护报价模板，跟进报价；

（2）报价组：根据报价文件提取工程类参数，输出 BOM 用量和工艺流程，并完成报价的输出（提供计算工时模块给制造成本计算制造工时）；

（3）订单管理部：维护 APS 订单排产、工序排产；

（4）工厂：获取 APS 派工计划（工序计划），依据指令保质保量完成计划任务，并通过 MES 反馈执行情况。

2）PCB 排产系统建模

根据 TOC 理论的 DBR 模型，系统关键工序决定了整个系统的产出，因此系统模型使用"关键工序＋通过时间"的方式对流程进行建模处理。通过对 PCB 生产工艺流程的深入分析，综合考虑生产的成组、工单的生产控序等要求，结合工厂原始产能使用情况，将其中的关键工序提取出来：①有控序成组需求的瓶颈工序（电镀、层压）；②产能限制工序（阻焊，其返工较为频繁）；③需要关注的由于产品参数波动造成临时拥堵的工序（钻孔、铣板）；④可能形成支流瓶颈的工序（图镀）；⑤产品生产首末工序（开料、包装）。对于其他的非关键工序，采取通过时间的方式进行等效替代，按照 FCFS（先到先服务）的方式流过。排产时关键工序决定了非关键工序加工顺序，通过时间使用历史统计数据，即非关键工序通过的时间长度，并且为降低系统上线初期对急单、非急单的处理方式变化的影响，尽可能保证系统"软着陆"，通过时间划分为急单与非急单两类时间对其进行初始化处理。"关键工序＋通过时间"整体模型如图 7-14 所示。

其中，关键工序可自行配置（目前选择：开料、层压、钻孔、电镀、铣板、尾工序），通过时间初始化后会作为持续改进数据予以维护。在关键工序，使用理论制造工时计算所需工时，订单对应的工作任务在关键工序排队。在非关键工序，按照关键工序提供的生产顺序使用 FCFS 方式进行生产。

3）应用场景与排产结果

（1）交期承诺

① 意向订单与工艺流程获取。通过各系统间无缝集成，从订单管理系统里导入意向订单信息、订单及订单对应的工艺流程与参数。

② 在客户询报价阶段，在 APS 系统根据上层管理系统提供的标准工艺流程和工艺能力维护数据，计算出制造工时，给予客户精准的成本报价。该报价本身作为

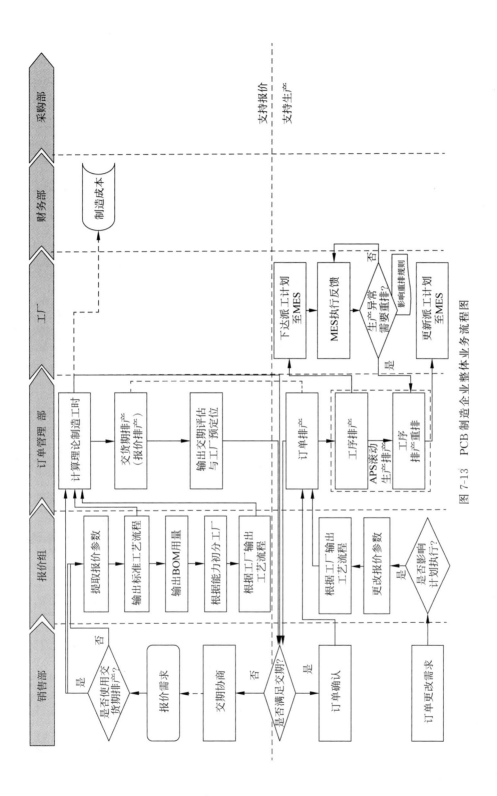

图 7-13　PCB 制造企业整体业务流程图

图 7-14 PCB生产排产建模简图

APS排产的基础数据之一，其在后续工序排产中的动态工时作为APS排产的基础数据。

③ 根据工艺流程、资源符合状况识别瓶颈工序，使用通过时间、瓶颈工序排产得到交期，此交货期排产预占产能，有效期内确认下单，将释放资源，如图7-15所示。

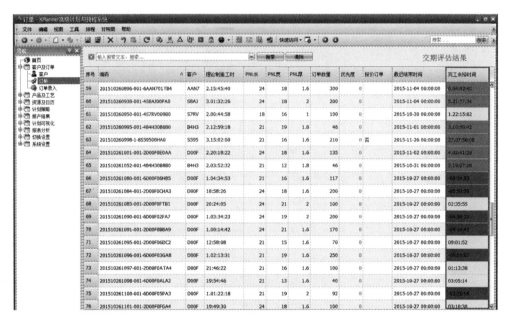

图 7-15 交期评估结果

④ 在交期排产结果确认之后，可以通知其他系统排产结果，返回订单的交货期。订单管理系统获取订单计划结束时间。

⑤ 交货期排产异常情况包括订单取消、数量修改等，在出现此类异常的时候，可以在订单页面表对订单进行修改、删除等操作。

（2）订单排产

通过系统集成实现订单的导入导出，设置计划策略、分派规则、资源选择策略等条件之后通过一键排产，自动生成订单计划甘特图，如图7-16所示。

根据得到的净需求订单计算瓶颈负荷，对于其他非关键工序使用通过时间进行订单排产和预占产能评估，并返回交期，如图7-17所示。

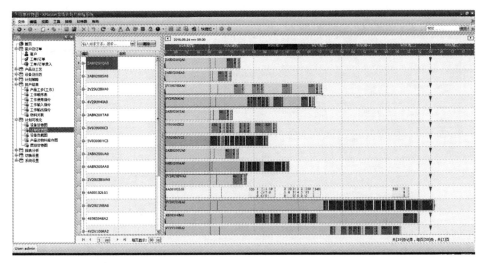

图 7-16　订单计划甘特图

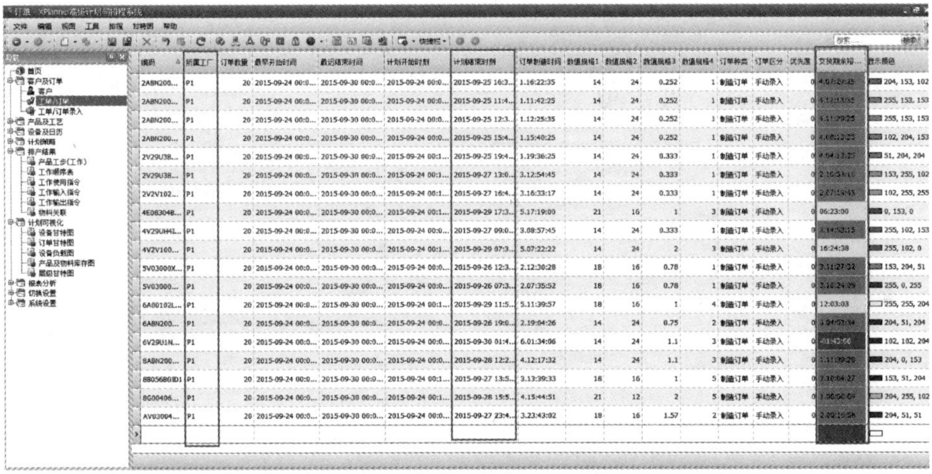

图 7-17　订单计划交期反馈

当出现订单取消、数量修改、插单等异常情况时，可在订单页面表对订单进行修改、删除等操作，插单订单可以设置订单优先级、修改订单交货期等。

（3）工序排产

根据每个订单的具体工艺流程，考虑资源、产能约束，层压、电镀合批规则，动态产能规划等，执行一键排产，生成工序计划，如图 7-18 所示。

将生成的工序计划发送给 MES，执行生产。通过工序执行报工处理，在系统内部记录工序的状态，并根据工序状态再次滚动排产，如图 7-19 所示。

如果现实场景中插单频繁，则订单排产需更新实际执行情况，包括订单的计划开始时间或实际开始时间、计划结束时间或实际结束时间，以保证订单排产计划的

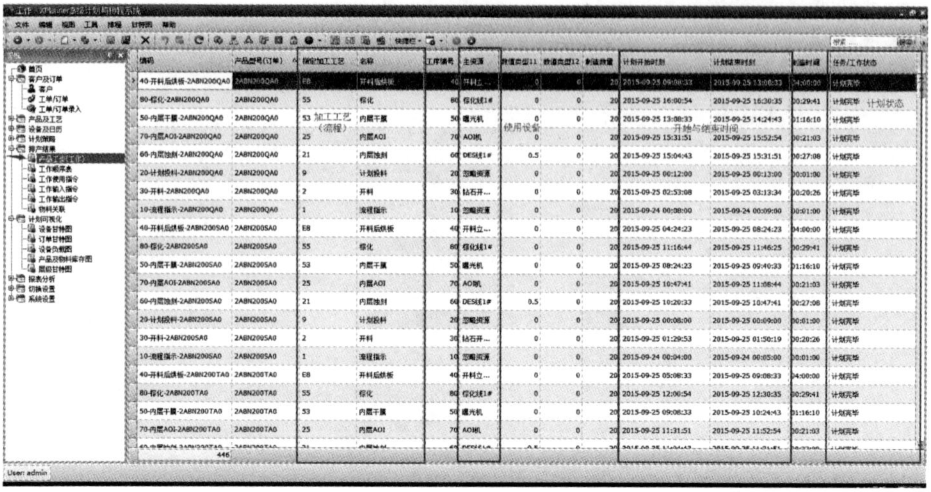

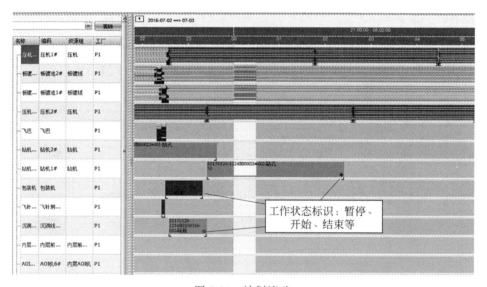

图 7-18 工序计划

图 7-19 计划滚动

一定程度上的实时性,如图 7-20 所示。通过 MES 调用 APS 报工存储过程实现及时报工。如系统没有记录订单,则增加订单,然后修改订单的交货期、客户优先级等订单参数,再设置订单分派规则(比如按优先级降序、交期升序等),最后执行一键排产。

(4)层压、电镀等关键工序排产

层压、电镀是 PCB 生产中的关键工序,两者的共同点都是存在一个搬运装置辅助上下物料,且均为炉资源物料,一次可对多块板料进行加工处理,需考虑成组生产。因此,将层压资源量设置为压机容量,电镀以飞巴长度(一次可以挂载的板数)设置。层压以单压机可叠放厚度为尺寸限制,电镀线以飞巴长度为限制,并且

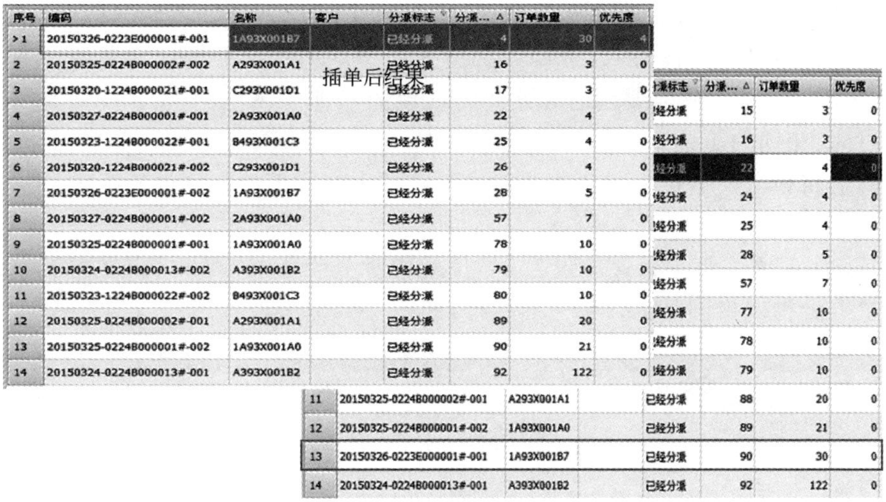

序号	编码	名称	客户	分派标志	分派... △	订单数量	优先度
> 1	20150326-0223E000001#-001	1A93X001B7		已经分派	4	30	4
2	20150325-0224B000002#-002	A293X001A1		已经分派	16	3	0
3	20150320-1224B000021#-001	C293X001D1		已经分派	17	3	0
4	20150327-0224B000001#-001	2A93X001A0		已经分派	22	4	0
5	20150323-1224B000022#-001	B493X001C3		已经分派	25	4	0
6	20150320-1224B000021#-002	C293X001D1		已经分派	26	4	0
7	20150326-0223E000001#-001	1A93X001B7		已经分派	28	5	0
8	20150327-0224B000001#-002	2A93X001A0		已经分派	57	7	0
9	20150325-0224B000001#-001	1A93X001A0		已经分派	78	10	0
10	20150324-0224B000013#-002	A393X001B2		已经分派	79	10	0
11	20150323-1224B000022#-002	B493X001C3		已经分派	80	10	0
12	20150325-0224B000002#-001	A293X001A1		已经分派	89	20	0
13	20150325-0224B000001#-002	1A93X001A0		已经分派	90	21	0
14	20150324-0224B000013#-002	A393X001B2		已经分派	92	122	0

插单后结果

			分派标志	分派... △	订单数量	优先度
			已经分派	15	3	0
			已经分派	16	3	0
			已经分派	22	4	0
			已经分派	24	4	0
			已经分派	25	4	0
			已经分派	28	5	0
			已经分派	57	7	0
			已经分派	77	10	0
			已经分派	78	10	0
			已经分派	79	10	0

11	20150325-0224B000002#-001	A293X001A1	已经分派	88	20	0
12	20150325-0224B000001#-002	1A93X001A0	已经分派	89	21	0
13	20150326-0223E000001#-001	1A93X001B7	已经分派	90	30	0
14	20150324-0224B000013#-001	A393X001B2	已经分派	92	122	0

图 7-20 插单前后对比

设置飞巴为电镀副资源作为约束。

成组的前提是需按照资源量设置将生产批量拆分处理。若一个生产批量拆分为多个工作批量,则拆分后的尾数按照成组条件一起生产(电镀为合挂、层压为成组);若一个生产批量未超过一次加工资源量,则按照设定条件将不进行拆分。在APS系统内对需要拆分的加工工艺按照规则设置工作批量表达式,进行拆分处理。分别设置允许拆分为静态拆分,工作批量最大、最小及单位表达式。系统在订单展开时将自动按照表达式计算拆分数量,如图 7-21 所示。

图 7-21 静态拆分

电镀层压，为保证资源的充分利用，将电镀线以及类似电镀的沉铜线、图镀线等细化排产，将资源（设备）以资源组的方式管理，如图 7-22 所示。资源类型为炉资源（定义：加工工序需要同时开始同时结束的），即 1 飞巴的 PCB 板具有相同的加工时间、相同的工艺条件等才能一起生产。并且设置其为条件炉资源，此时不同工单的电路板需要满足一定条件才能成组合挂生产。下面案例说明板镀及层压拆分工艺。

板镀：如果下订单板镀数量为 51，按规则拆分为 20＋20＋11，其中 11 个订单可能根据合批规格同其他订单一起挂板，如图 7-22 所示。

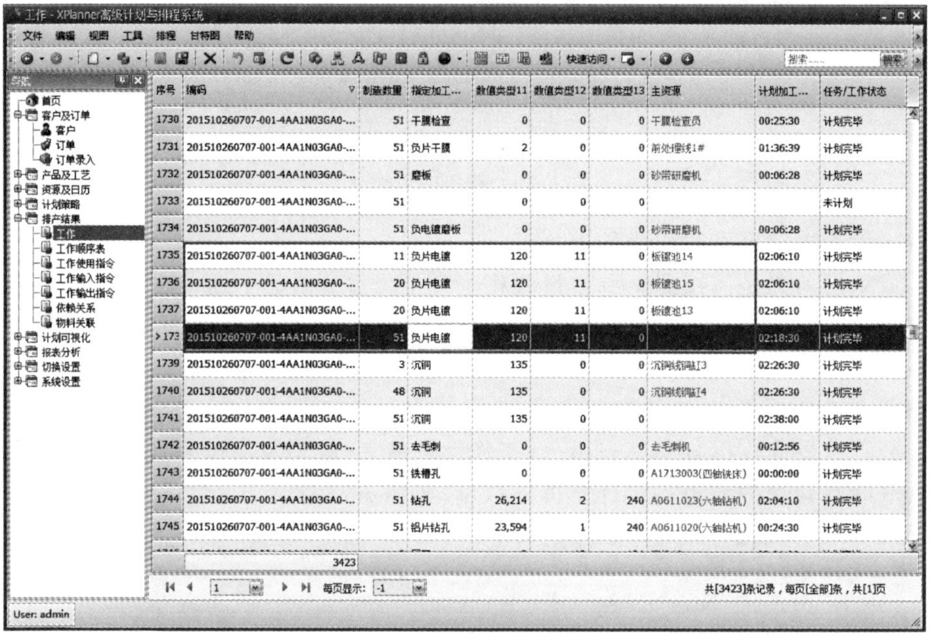

图 7-22　板镀拆分及成组

层压：如果下订单层压数量为 39，按照拆分规则拆为 36＋3，其中 3 个订单可以根据合批规则跟其他订单混合生产，如图 7-23 所示。

排产直观展示如图 7-24 和图 7-25 所示。

3. 应用效果

Xplanner APS 系统在该企业的集团层面实现了资源共享、能力统筹规划，针对其具有一定批量的低层数 PCB 板生产车间进行了排产应用，并与企业的订单管理系统（OMS）、工艺管理系统（EMS）和 MES 等实现了集成，在交货期排产、订单排产数据获取和报工等业务环节均成功实现对接。

（1）在接单过程中，通过与企业各系统的集成，集团内信息沟通效率大大提升，使订单分配得更加合理，根据实时掌握的生产进度情况，反馈客户更为准确的信息，只需一键报价排产获取所需信息，交期的评估与承诺更加准确与迅速。通过

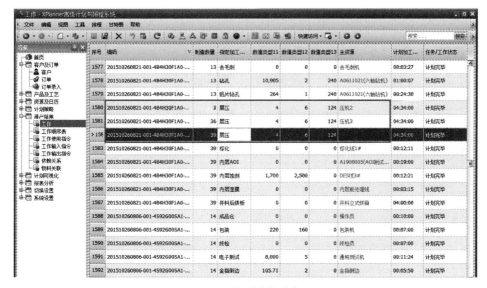

图 7-23　层压拆分及成组

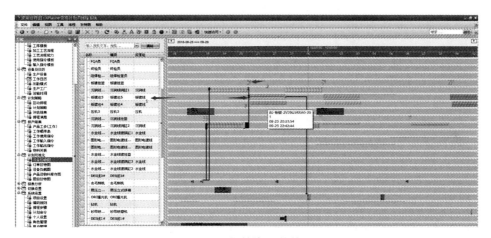

图 7-24　板镀资源甘特图

对整个集团资源的统筹规划,充分利用了企业自身产能,报价更具有市场竞争力,月接单量较之前增加了约 5%。

（2）针对电镀瓶颈工序,根据其工艺特点,将现场经验与启发式算法结合,基于规则算法优化产品组合,提高瓶颈利用率将近 20%。

（3）采用基于 TOC 的排产策略,基于瓶颈平衡物流,针对电镀瓶颈上游的层压及钻孔工序,优化订单的工序通过时间,基本都能按时抵达瓶颈工序,保证瓶颈的充分利用。通过 APS 系统生成了准确的工序级计划,指导物流部门根据准确的开工时间进行物料准备,降低了车间在制品量,让订单在车间内的平均通过时间降低了 50%,订单延期率下降到 15% 以内。

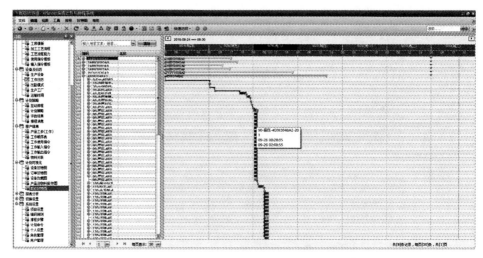

图 7-25 层压资源甘特图

（4）通过与 MES 集成，获取 MES 实时采集的生产信息，对计划进行滚动排产和异常调整，合理安排工序外协与内制，确保了计划的准确性，对车间的生产过程管控更加透明化。

7.4.2 某 PCBA 企业的实施案例

1. 项目描述

1）生产计划现状

某 PCBA(printed circuit board assembly)企业是典型的多品种、小批量、多变化的生产模式。产品种类有 1000 多种，主流的 200 多种，每个月数百个生产订单，分解到工序以后的工单达数千个。该企业采用计划部、生产管理部、车间调度三级模式。计划、排产、下达、报工、调度基本依赖于人工、会议、纸质方式，每周两次调度会，每天下达两次计划，计划、排产、调度工作异常繁重、粗放，对人的能力、经验要求极高。生产管理部下达生产订单给每个车间以后，每个车间调度计划员根据车间原有计划执行情况、资源情况、关联车间的计划等进行详细计划排产。由于各个车间的计划有前后关联性，因此车间调度计划员需要进行沟通，对车间级计划进行排产和调整。

2）业务需求分析

该企业的生产标准工艺路线为：（烧程)-SMT-（成型)-插件-波峰焊-压接-测试-老化，通过需求调研，确定 APS 排产的工序模型为：SMT-波峰焊-测试-老化。排产需求如下。

a）SMT 工序

SMT 称为表面贴装或表面安装技术。它是一种将无引脚或短引线表面组装元器件安装在印制电路板(PCB)的表面或其他基板的表面上,通过回流焊或浸焊等方法加以焊接组装的电路装连技术。

SMT 车间有多条生产线,每一条生产线可以生产多种不同类型的产品,SMT 产线订单甘特图如图 7-26 所示,安排计划需要考虑如下因素:

(1) 线体负荷均衡:综合考虑各线体之间的负载平衡生产,尽量保证各线体最终的完工时间一致。

(2) 连续生产:尽量保证生产线连续生产,设备充分利用,线体不能有较长时间的产能空闲。

(3) 副资源-钢网限制:每种产品的生产都需要使用对应的钢网资源,每个钢网可以配合不同的线生产,使用相同钢网的订单受钢网制约不能同时生产。

(4) 减少换模时间:当天生产的订单,若使用相同的钢网副资源,则应尽量排在一起连续生产,以减少钢网切换所需的时间。

(5) 订单交货期:需要根据订单的需求交货期安排计划,保证交期。

(6) SMT 线体区别:生产线有快线和非快线之分,能在快线生产的订单需优先考虑安排在快线体生产。

(7) 自动排产:固化排产约束规则后,计划的制定能一键智能排产,自动排产响应计划调整。

(8) 生产异常:设备停机、维修、保养,生产延期、缺料、紧急插单都会影响订单的生产,在出现异常的情况时应该保持之前已下发锁定的订单生产顺序不变,快速响应异常调整计划。

(9) 滚动排产:需考虑生产实绩情况,滚动进行计划调整。

(10) 物料计划:能确定每个订单准确的开工时间,物流部门根据开工时间进行物料准备和配送,减少停机待料,降低在制品或线边库存。

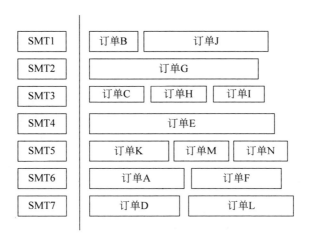

图 7-26　SMT 产线订单甘特图

b）波峰焊工序

波峰焊是指将熔化的软钎焊料（铅锡合金），经电动泵或电磁泵喷流成设计要求的焊料波峰，亦可通过向焊料池注入氮气来形成，使预先装有元器件的印制板通过焊料波峰，实现元器件焊端或引脚与印制板焊盘之间机械与电气连接的软钎焊。波峰焊工序的载具为专用模具，每种产品的模具依据布板不同加开。由于模具的制造成本很高，考虑订单的成本约束不能制作足够的模具；另外大部分模具也不具备通用型，同一个产品的模具基本特定。所以在波峰焊生产上就有了混流需求，即在同一生产线能够多种产品混合组合生产。

产品如果能混流生产，必须符合以下规则：工艺特性如温度等属性必须相同；模具的宽度必须相同；模具的数量不足才考虑混流；一些特殊的产品不能混流；当产品混流生产时，节拍时间取决于当前混流的模具数量，非固定值，需动态计算。

在生产计划排产时，需要考虑如下因素：

（1）混流生产：当天能混流的订单尽量混流排产。

（2）动态工时计算：混流因为模具的限制，订单的制造时间不能简单地以单个通过时间进行累加计算。

（3）委外最小：在保证交期的前提下，应优先内制，尽量不委外生产。

（4）资源均衡：优先满足快线；尽量保证线体均衡生产。

（5）工序衔接：保证从上一道 SMT 先生产完的订单先进行波峰焊，以减少等待时间。

c）测试工序

测试工序存在测试人员和测试平台的约束。在生产计划排产时，需要考虑测试人员的资源量，不同的产品对应不同的测试平台。此外，由于测试周期较长，需要按照当日的产能对订单进行拆分转序，分批完成后续的测试-老化工序，分批入库。

d）老化工序

老化工序是 PCBA 的最后一道工序，每个订单的老化需要在对应老化房的对应资源上进行，不同产品的老化方式基本相同，老化时间基本一致，老化房在老化过程中也可以加入新的产品进行老化。老化生产排产需要考虑的问题如下：

（1）产品组合生产：每个子框老化的时候需要有一定的产品类别比例组合，如设备 A 的子框必须要有类别1(2)＋类别2(2)＋类别3(1)＋类别4(1)才能进行老化。如果没有相应的订单，可以从其他地方借对应的样品进行组合老化。

（2）不同的订单在按照老化要求组成一批订单进行老化时，要求同时开始、同时结束，中间不能被打断。

（3）成批拆分：需要考虑不同老化设备 N 个子框成环组网进行老化。

（4）抽样生产：以订单的老化比例进行抽样老化。

（5）可开工时间段限制：老化工序产品的上下架由老化员操作，需考虑老化员一般白天上班，但是老化设备 24 小时包括周末都可以老化。因此上架和老化是连续的,下架和老化可以间断。如周五下午上架,系统自动老化,周一上班的时候下板是可以执行的。

e) 分段排产和全工序排产

在项目过渡阶段,需要一级调度(生管理部)和二级调度(车间调度)并行:车间的二级调度负责某一工序的排产及异常问题维护处理,一级调度可以串排查看完整订单的排产结果且具备全工序排产权限,因此系统必须支持单工序独立排产,但排产结果能传递到下一序段完成串联。

2.解决方案

针对该 PCBA 企业的生产计划排产需求,我的设计并提供了对应的解决方案。

1) APS 排产整体流程设计

设计 PCBA 生产车间的排产流程如图 7-27 所示,具体流程如下:

(1) 生产计划部生产订单计划员在 ERP 下达生产订单。

(2) APS 排产计划员在 MES 维护基础数据,通过数据导入模板一键获取排产所需基础数据和订单数据。

(3) 进行 APS 一键排产,并评估排产结果。若不满意,可调整排产参数进行重排,直到结果符合预期。

(4) 确定是否外协。如需外协,则在 ERP 下达外协订单;若不需要则直接下达计划到车间,按计划生产。

(5) 收集生产实绩反馈到 APS 中进行滚动排产。

2) APS 系统建模与排产结果

APS 针对各个工序的约束和排产期望进行系统建模,分工序通过了业务的逻辑与功能验证,用真实的数据单工序滚动验证,然后全工序串联,确保计划实际指导生产。

a) SMT 工序排产

同时考虑生产线和钢网限制等主副资源约束,进行建模,如图 7-28 所示。

由于同一订单不同工序的排产约束和期望差异,固化计划员的排产经验,使用灵活的排产策略设置和资源评估参数设置,针对 SMT 工序的工作进行单独设置,定义对应的排产策略进行排产,如完工时间最小化、相同钢网优先、时间间隔最小化、资源优先度等。考虑插单、设备异常、生产延期实绩对计划的调整,确保已经计划的顺序不变滚动排产,排产结果如图 7-29 所示。

备注说明:

(1) 同种颜色代表同一天下达订单,带红色下划线的图块表示完工的工作,蓝色下划线的表示开工的工作,无下划线的表示计划完毕待开工的工作。

(2) 排产结果符合线体相对均衡、连续生产、设备不闲置的排产目标,且满足快线优先生产、紧急订单优先排产、同种钢网一起连续生产的约束。对于生产异常能响应同步调整,录入实绩后重排,不改变订单原有的计划生产顺序和对应的资源。

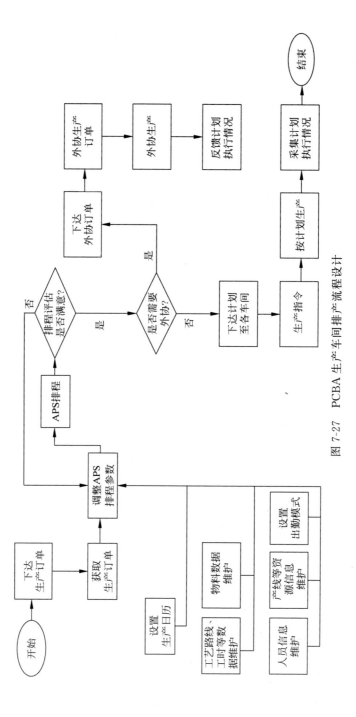

图 7-27　PCBA 生产车间排产流程设计

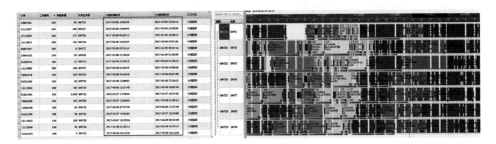

工序名称	工序编号	指令类型	指令编码	资源/品目编号	资源/品目名称	前工序号	前设置	制造	后设置	接续方法	移动时间Min
		使用指令	S1	7200798R2A	钢网/PCB板			1.41h		EES	
SMT	100	使用指令	M	BMTZ5	SMT5		0.75h	0.0067hp		EES	
		使用指令	M	BMTZ2	SMT2		0.75h	0.006666666...		EES	
		使用指令	M	BMTZ3	SMT3		0.75h	0.006666666...		EES	

图 7-28　PCBA 制造 BOM

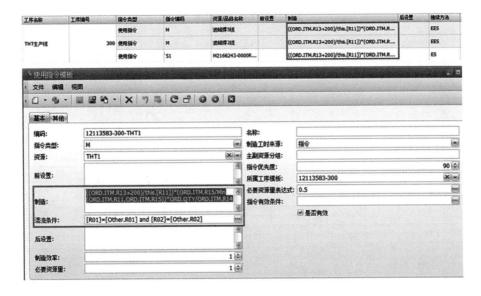

图 7-29
彩图

图 7-29　排产结果示意图

b）波峰焊工序

考虑生产线和模具的主副资源制约，根据产品混流规则的参数，计算产品动态加工时长；根据混流需求，设计混流算法满足混流排产需求，如图 7-30 所示。

工序名称	工序编号	指令类型	指令编码	资源/品目名称	前设置	制造	后设置	接续方法
		使用指令	M		波峰焊5线		((ORD.ITM.R13+200)/this.[R11])*(ORD.ITM.R...		EES
THT生产线	300	使用指令	M		波峰焊28线		((ORD.ITM.R13+200)/this.[R11])*(ORD.ITM.R...		EES
		使用指令	S1	M2166243-0000R...			((ORD.ITM.R13+200)/this.[R11])*(ORD.ITM.R...		ES

图 7-30　PCBA 波峰焊排产约束规则自定义

排产结果：能混流生产订单的都混流生产，资源负载均衡，优先满足了快线（THT4）生产的订单，波峰焊排产结果如图 7-31 所示。

c）测试工序

设置动态的拆分条件，按照测试工序不同设备的日产能进行拆分，设置 EES 接续方式，完成分批转序，如图 7-32 所示。

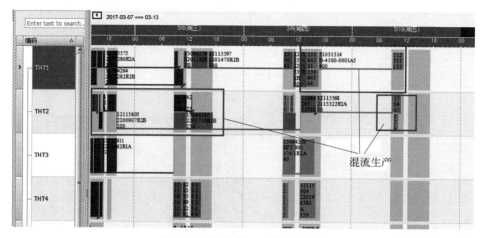

图 7-31　波峰焊工序排产结果

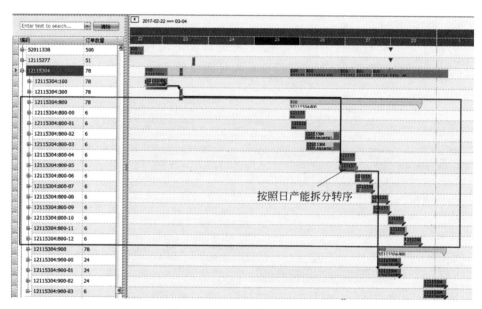

图 7-32　测试工序排产结果

d）老化工序

订单按照抽样老化需求设置工作数量表达式，按照槽位限制以及槽位和子框成环组网需求进行拆分和排产建模，且同时开始同时结束，完成老化。老化工序排产结果如图 7-33 所示。

e）分段排产与全工序排产

根据工序设置分段排产策略和全工序联排策略，可一键进行全工序排产，也可以进行分工序排产，如图 7-34 所示。采取渐进方式逐渐完成计划模式的变更和过渡，保证项目实施效果。

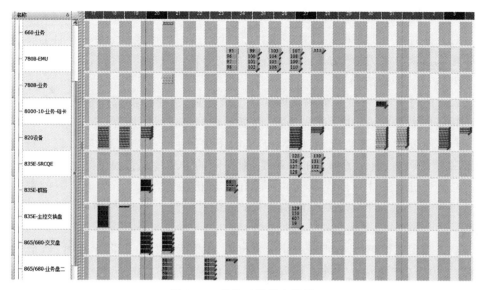

图 7-33 老化工序排产结果

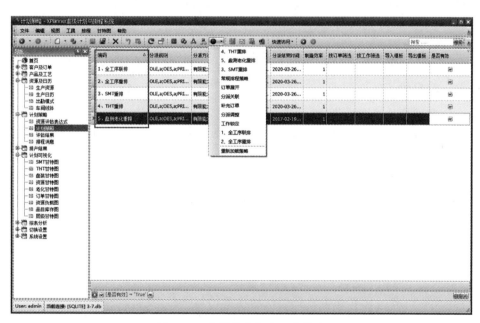

图 7-34 分段排产与全工序排产

3. 应用效果

APS 在 PCBA 企业取得如下应用效果：

(1) 通过高级计划排程系统导入实施，计划制定从 Excel 表格及现场会议沟通人工化转为信息化，计划员可一键进行自动排产，计划制定的时间缩短了 75%。通过系统进行计划的调整和响应，降低了 3 层计划体系沟通成本，减少了计划调度人员,提高了计划体系整体的效率。

(2)针对每个工序的差异性需求,固化计划员的排产经验,制定不同工段的排产策略和解决方案,排产结果能指导车间的生产和物流部门的物料准备和配送,减少了对人员的经验依赖。

(3)通过 APS 系统生成的准确的工序级计划,指导物流部门根据准确的开工时间进行物料准备,减少了停机待料,降低了在制品或线边库存。

(4)通过与 MES 集成,获取 MES 实时采集的生产实绩信息,对计划进行滚动排产和异常调整,确保了计划的准确性,对车间的生产过程管控更加透明化。

(5)通过高级计划排程系统的可视化及分析功能,实现了基于资源约束的排产。通过优化瓶颈资源,实现均衡生产,提高了资源设备的利用率,减少了订单逾期。

(6)实现了波峰焊的混流生产,充分利用产能,提高了设备利用率,节省了现有产品的接近 200 万元的开模成本,降低了每年因为产品种类增加而需开模的费用。

(7)在小批量、多品种、短交货期、多变化的生产环境中,利用 APS 高速运行排产工具来缩短制造提前期,提高了工厂满足交货期要求的能力。

7.4.3　某 3C 精密结构件加工企业的实施案例

1. 项目描述

3C 电子产品生命周期短,生产计划多变,产品结构复杂、零部件多,且委外加工、自制兼有。如何安排生产计划,才能既提高制造效率、满足订单交期要求,又不造成库存积压,是摆在 3C 精密结构件加工企业面前的巨大难题。本项目以智能、自动化生产为目标,一切资源围绕生产统一步调,高效率将所需产品按时按量生产。围绕新厂加工产品的整条工艺流程,综合考虑产品下游多车间协同加工生产情况,考虑多种自动化线体约束,建立动态产线规划与产能测定仿真模型。基于有限产能,建立精准化排产,实现按时交货、产能利用率提高、在制品减少、生产周期缩短的目标,最终满足如下核心需求:

(1)通过建立柔性动态产线配置,重构自动化模型算法组件,实现需求变化和设备异常等动态因素下的柔性产线自动化重构与平衡,支持产线节拍产能测定。

(2)通过建立和优化排产规则,提高设备利用率,压缩设备生产周期,提高计划合理性;对线体进行工序机台均衡化排产,降低企业的生产协调成本,保障企业有限资源能够得到较充分地的配置。

(3)通过多车间协同计划,改善企业生产各链条之间的沟通转换效率,使得企业资源配置尽可能与生产实际需求相匹配。

(4)通过 APS 与 ERP 系统集成,获取生产订单(净需求)进行排产,改变现有通过 Excel 排产模式,提高排产效率。

2．解决方案

针对该 3C 结构件车间的生产计划排产需求，我们设计并提供了对应的解决方案。

1）排产整体流程设计

生产排产业务流程如图 7-35 所示。

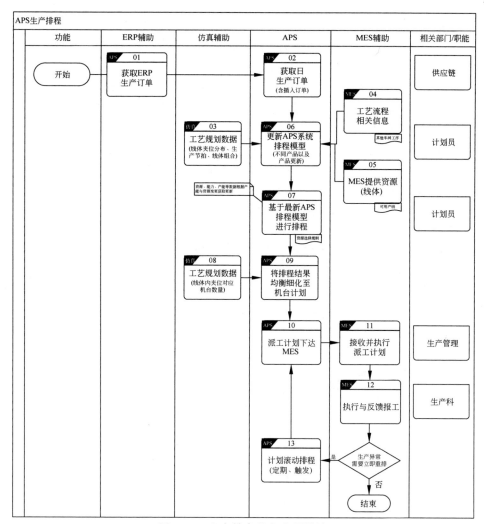

图 7-35　生产排产业务流程设计

（1）从 ERP 中获取生产订单：制定计划展望期内，根据工序计划制定的频率、周期规则设定，获取 ERP 一定时间内（如日计划）的生产订单。

（2）APS 系统从 MES 数据平台获取生产资源（可用线体及机台数据、车间有效资源量），并得到详细的工艺路线相关信息（生产工序及通过时间），更新 APS 系统排产模型数据。

（3）计划员通过仿真获取工艺规划数据，包括机台夹位规划、节拍、可用生产线、可用机台、车间可用资源量等，进一步更新 APS 排产模型数据。如果无产品更新及产品变更，则仅更新相关工时及资源数据，不变更制造 BOM 模型。

（4）APS 系统根据步骤（3）获得的基础排产模型数据，特别是车间有效资源量和生产节拍，生成车间生产计划。

（5）APS 根据架机计划和车间有效资源与产能，均衡机台排产结果，将生产计划细化至机台计划提供给 MES，并进行多车间计划之间的协同。

（6）MES 系统的计划管理模块收到 APS 排产结果，下达派工计划。

（7）生产执行 MES 下达的派工计划并输出报工反馈。

（8）APS 系统得到生产科的报工反馈生产实绩，进行常规滚动排产。

2）排产系统建模与排产结果

（1）产线规划仿真与动态产能测定

针对 3C 结构件车间 CNC 加工的生产计划排产特点，基于车间物流仿真结果，拟合出适应于该车间 CNC 加工特点的线体产能及机台配比算法，定制开发了智能架机计划系统，实现了柔性化车间多约束条件与多品种加工下的计划排产。产能测算流程如图 7-36 所示，仿真系统与 APS 系统的交互框架如图 7-37 所示。

（2）功能模块与算法定制

针对 CNC 加工计划排产特点，定制开发了架机计划模块（也称智能架机计划系统），依靠内部核心算法及数据集成交互接口，提升了计划排产和下发的效率。

① 架机计划模块。架机计划模块是基于 APS 系统的一个扩展工具，与生产排产分隔开来。架机计划是静态的（针对新产品做一次），生产排产是动态的，需滚动更新，生产排产按照架机计划的结果（架机计划内的资源作为可选范围）进行分派。所有基础数据（订单数据、工艺数据、设备数据、系统相关参数）在 APS 系统中进行维护，在架机计划中进行排产，排产算法依赖于 APS 系统。架机计划包含 3 个部分，分别为工序产能表、线体规划及架机输出表。在工序产能表（表 7-1）中，根据实际工艺情况维护架机基础数据和工序的生产周期，维护完毕后，系统计算出每道工序需要的机台数量，允许手工进行调整。架机计划模块如图 7-38 所示。当工序产能表维护完成后，线体规划根据工序产能表中维护的信息进行自动分配，也可手工指定使用的线体，如指定 A、B、C 3 条线，那么该产品只会在这些线上排产。

表 7-1 工序产能表

输 入 项 目	输 入 内 容
单班规划最大产能	每一道工序单班能生产的最大数据量
生产周期	每一道工序的加工时间
单班工作时间	每一道工序、每一个班组的工作时间
实际夹位数量	每一道工序可用的夹具数量
计划效率	工序设备生产效率

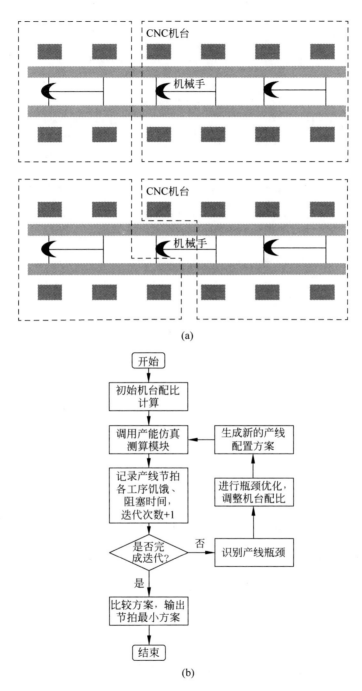

(a)

(b)

图 7-36　基于仿真的柔性产线产能测算流程

（a）自动化柔性可重构产线结构；（b）基于仿真的产能平衡与测定核心模块

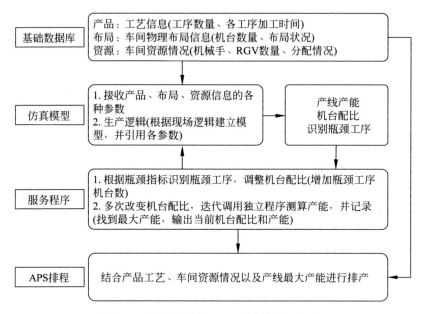

图 7-37　仿真系统与 APS 系统的交互框架

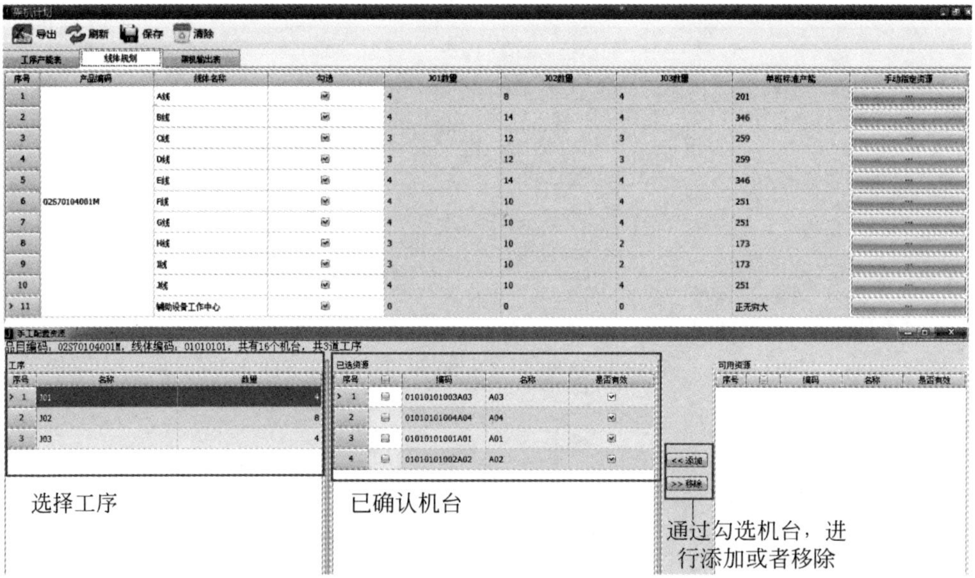

图 7-38　架机计划模块

② 核心算法。高级计划排程系统内部嵌入多种算法，以保障排产的高效性以及排产结果的准确性。主要核心算法如表 7-2 所示。

表 7-2　核心算法

序号	算　法	算 法 简 介
1	启发式算法	基于启发式规则,在较短时间内对排产过程中的复杂问题求出较优解
2	TOC 算法	基于约束理论,聚焦于瓶颈改善,达到系统各环节同步、整体改善的目标
3	换线优化算法	通过优化排产,减少换线时间,减少浪费,提高产能缩短周期
4	人工智能算法	基于人工智能自动识别紧急订单,提高紧急订单优先级,保证订单准交率
5	局部滚动算法	基于实时数据,当订单修改或设备故障时使用局部滚动算法滚动排产

（3）计划排产策略

如图 7-39 所示,根据排产业务需求,在 APS 系统计划策略模块将分派规则设置为订单最早开始时间-升序、订单最迟结束时间-升序、订单优先度-降序,分派方向为正方向,配置了订单展开、分派关联、产能拆分、工作锁定的排产步骤。

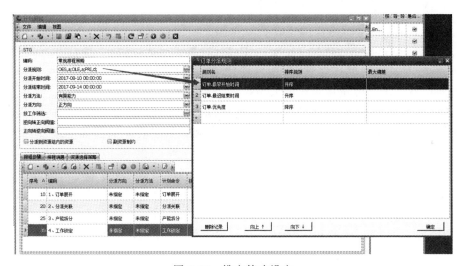

图 7-39　排产策略设定

（4）排产结果与计划可视化

APS 排产结果在工作任务列表（图 7-40）和计划报表（图 7-41）中展示。其中,工作任务包含订单号、主产物、生产线及开始结束时间。计划报表包含物料号、名称、工单号、线体、机台、工艺路线等信息。通过排产精准指导生产线体有序生产,排产完毕后,会给出各线体的加工任务,以及该任务的开始时间、结束时间、加工数量。计划可视化包含订单甘特图、资源甘特图、资源负载图、品目库存图,分别展示订单的计划开工与完工节点、资源设备生产任务、负荷的预测、在制品的监控与预测。

图 7-40　APS 排产工作任务列表结果

图 7-41　APS 排产结果甘特图与报表

3．应用效果

APS 在 3C 精密结构件加工企业取得如下应用效果：

（1）通过 APS 系统的实施，与 ERP/MES 系统集成，考虑各工序生产的物料、规格、工艺等多种约束和规则，实现自动化地获取订单和派工单排产，大大降低了计划员的制定计划时间和对计划人员技能经验的要求。

（2）通过物流仿真建模，为产线平衡规划、重构和架机计划提供支持，提高了系统平衡率与产出率。此外，大大降低了生产规划与现场决策管理的难度，提高了生产规划与系统排产效率。

（3）通过产线仿真分析机械手与 CNC 瓶颈漂移的关系，为动态产能测算提供技术支持，并通过与 APS 有机集成，大幅提升了生产排产结果的精确度，也较大程度地提高了排产效率。

（4）通过自动化排产和半自动化排产相结合的方式，实现了车间及工序之间的联动排产，考虑工序之间灵活的转序偏移，降低了中间在制品库存和呆料，缩短了整体制造周期。

（5）针对订单及生产需求的变更和插单等异常情况，可快速进行计划的自动化调整，提升了客户服务能力。

7.4.4　某阀门企业的实施案例

1．项目描述

1）生产管理特点及生产计划现状

某大型阀门企业的生产管理特点和生产计划现状如下：

（1）生产方式：以按订单生产为主，按订单设计、装配和部分通用部件按库存生产为辅,前期无上层计划指导生产,机加与采购物料到料不及时,造成库房积压严重、资金占用大、装配环节物料不齐套、项目不能准时交货等问题。

(2) 生产批量:根据产品属性和生产批量的不同,分单件流生产和批量流生产两种。机加车间零部件生产以批量流为主,装配车间以单件流为主。

(3) 产品配置:BOM 层级多,物料品种多,边生产边设计,变更频繁,而且在生产过程中,会根据生产实际情况进行工单的临时性物料替代调整,质量标准以高代低。制造工艺复杂,工艺路线版本变更频繁。

(4) 订单多数按项目型接单制造方式。生产过程中,工单按项目需求合并开出,再根据每天的工作量分批进行生产。机加工单无项目管控,不同项目间可替换使用,根据实际生产进度,灵活匹配项目及父子工单供应关系。

(5) 生产计划:产品结构复杂,制造工艺复杂,产品中各部件制造周期长短不一,产品加工工艺路线具有不确定性,造成管理对象动态多变。在生产过程中许多因素不确定的环境下,保证产品成套生产按期交货,减少在制品积压,对生产物资管理工作提出了极高的挑战,需要从每个订单交货期出发,周密安排各部件、零件、毛坯的投入/产出数量和时间,生产、采购计划的制定工作繁重。

(6) 零部件机加工采用自制和委外结合模式,既存在由于工艺特性必须委外加工的工序,也存在为扩充产能释放的临时性委外。

(7) 生产过程主要是离散加工,产品的质量和生产率很大程度依赖于工人的技术水平,而自动化程度主要在单元级,如数控机床、柔性制造系统等。

2) 业务需求分析

(1) 上层计划指导:用拉动式生产的方式,明确各部门的工作完成时间,增加各部分的协同性,提高工作效率,减少库房积压、降低资金占用,减少项目延期的问题。

(2) 物料齐套约束:除装配环节外,大部分的物料均无项目管控,须进行物料与项目的匹配。同时基于上层计划,对所有的生产物料进行齐套性分析,考虑物料齐套对排产的影响,降低计划、采购对物料追踪的工作难度。

(3) 产线/机台负荷均衡:考虑工位之间的距离和切换时间以及设备的负荷,保证机台加工负载均衡,提高设备利用率。

(4) 预排与工单委外:成品订单计划交期异常时,可根据成品订单层级关系逐级查询交期异常的半成品工单。同时,可通过模拟加班、插单、委外试排操作,更新排产结果。确认完毕后通过 APS 与 ERP 数据集成接口,触发 ERP 生成委外任务单,实现自动化委外,减少人为评估产能和委外判断的工作量。

(5) 排产支持突发状况下的计划调整场景,如计划插单、物料延误、设备故障、人员请假等。

2. 解决方案

针对该阀门企业的生产计划排产需求,我们设计并提供了对应的解决方案。

1) 排产整体流程设计

设计阀门生产车间的排产流程,如图 7-42 所示,具体流程如下:

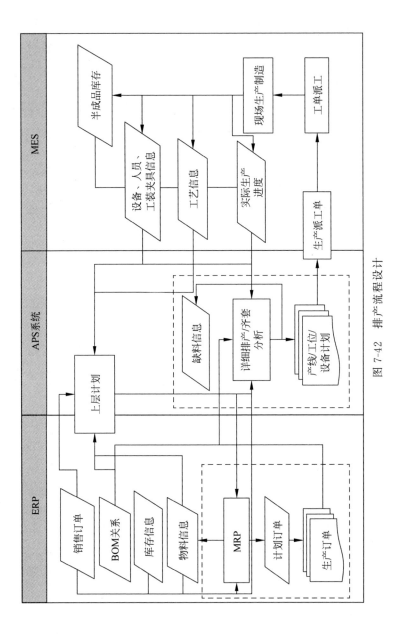

图 7-42 排产流程设计

（1）ERP 系统根据订单管理分解出相关的需求订单，将订单数据提供给 APS 上层计划，上层计划依据项目交期以及粗产能数据，计算关重件到料点，回写修改 MRP 到料时间。

（2）APS 系统对 MES 提供的工单，按备料表展开物料需求，结合当前领料情况、库存状态、在外采购订单情况，进行物料齐套分析，并将齐套分析的结果纳入 APS 的排产约束。

（3）APS 系统根据系统提供的订单、工艺数据，考虑工艺、产能、订单、产品等多方面的约束条件，生成相应的可执行的工序级计划。

（4）根据计划下达周期锁定 3 天计划，并下达工位作业生产计划到 MES 系统。

（5）MES 根据现场的执行情况，对计划的执行以及影响计划的异常情况反馈进入 APS，APS 对相应的需求订单、设备计划进行滚动排产，生成新的生产计划重新发布。

2）系统建模与排产结果

（1）上层计划

上层计划结果如图 7-43 所示，根据合同交期/计划交期（计划交期为人为修改后的交期，如没有修改则为合同交期）倒排。基于粗能力数据，计算每个部门（商务，开发，采购，机加，装配）对于每个项目要求完成的时间点，不满足交期的根据客户自定义极限比例进行压缩，压缩完还不满足的，由客户调整执行计划或修改交期。根据主计划计算关重件拉料时间点，修正 MRP 的采购要求交期，并根据采购与供应商沟通的确认交期或修改交期重排主计划。如果主计划预计交期无法满足客户需求则触发交期变更，从而反馈影响关重件拉料时间点，形成闭环控制。细化穿透显示采购对应的关键物料到货时间，以及工单的完成进度，如图 7-44 所示。

主计划支持多种粒度的解锁与锁定，支持人员手动修改交期，以及各个环节的解锁重排，支持人工干预物料匹配关系。主计划的工单预计完成时间将指导 APS

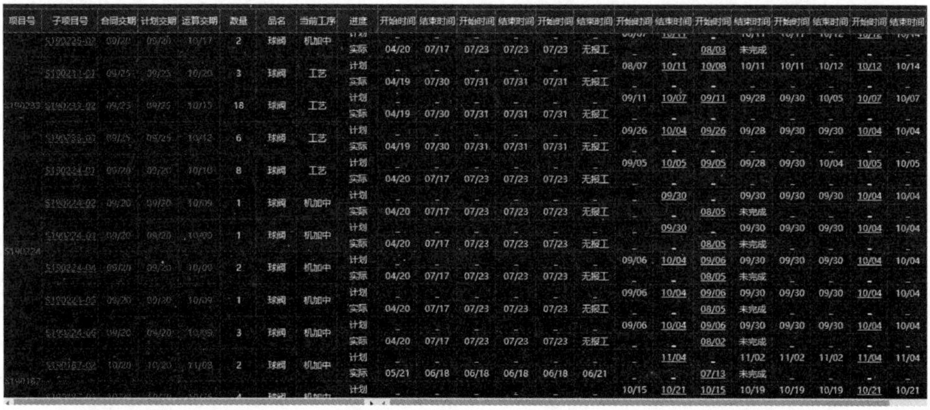

图 7-43　上层计划结果

子项目号	关键物料数量	物料编号	物料名称	供应号	需求数量	供应匹配数量	短缺数量	当前工序	计划开始时间	计划结束时间	实际开始时间	实际结束时间
S181125-01	6	1301010787	阀体	MO-18090361	1	1	0	M1			01/09 09:23	03/02 10:00
		1405130031	点火器	PO01905/00000S-10-力接	1	1	1					
		1403010535	气缸	关采购	1							
		1304020570	阀杆	MO-18090360	1	1	0					

图 7-44　关键物料追踪与工单进度

执行计划排产,自上而下,贯通整个生产计划环节。

（2）齐套分析

该企业齐套分析结果如图 7-45 所示。主计划根据关键物料定义展开计算,非关键物料在执行层齐套分析中基于主计划关键物料拉料点二次展开,进行物料的齐套分析。齐套分析时,按项目交期进行物料的优先级匹配,给出每个物料的需求时间,同时依据与其他系统的集成,实时给出物料的匹配信息、供应内容、物料状态,增加了生产环节的透明度,大大减少了采购与计划追踪生产进度的工作量。

子项目号	销售单号	需求数量	项目交期	物料编号	物料名称	物料属性	供应号	供应类型	供应匹配数量	需求时间	供应时间	生产订单	工单状态	短缺数量	短缺标识
S181014	ATW-S181014	1	19/09/10	1021000000	阀体	采购件		无供应							缺料
S181125-01	ATW-S181125	17	19/09/10	1021000021	阀体	采购件		无供应							缺料
S181125-01-Q	ATW-S181125	1	19/09/07	1222010616	阀座	制造件	MO-18121045	工单		19/08/07	19/08/07		已完工	-1	生产在途中(部分供应)
S181125-01-Q	ATW-S181125	1		1222010618	阀盖	制造件	MO-18121057	工单					未开工	-1	生产在途(部分供应)
S181125-04	ATW-S181125	4	19/08/10	1404010067	螺栓	采购件	LL-181223893	领料	4					-1	生产齐套(部分供应)
S181125-04	ATW-S181125	1	19/08/10	1304030374	接线盒	制造件	LL-181223893	领料						-1	生产齐套(部分供应)
S181125-04	ATW-S181125	1	19/08/10	1403010216	气缸	采购件	LL-181223893	领料						-1	生产齐套(部分供应)
S181125-04	ATW-S181125	1	19/08/10	1021000025	蝶阀	制造件	MO-18121063	工单		19/08/10	19/08/10	装配	开启	-1	
S181125-04	ATW-S181125	1	19/08/10	1021000025	蝶阀	制造件	MO-18121063	工单		19/08/07	19/08/07	装配	开启	-1	
S181125-04	ATW-S181125	1	19/08/10	1401130031	定位器	采购件	LL-181223893	领料						-1	生产齐套(部分供应)
S181125-04	ATW-S181125	4	19/08/10	1404010071	螺栓	采购件	LL-181223893	领料						-1	生产齐套(部分供应)
S181125-04	ATW-S181125	1	19/08/10	1404060011	垫	采购件	LL-181223893	领料						-1	生产齐套(部分供应)

图 7-45　生产齐套性分析

（3）高级排产

针对机加工序可能存在套料生产、成组加工的需求,减少 Setup_time,充分利用不同物料的尺寸差异、不同资源的产能范围以及切换时间的设置等,精细化考虑各种约束。图 7-46 是通过成组控制方式实现成组及连续生产的示意图。

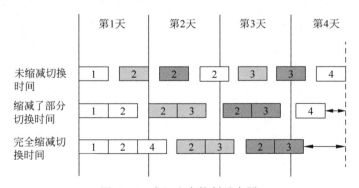

图 7-46　成组生产控制示意图

APS 根据 MES 拆分的批次排产，排产资源颗粒度到单个设备和人（主资源为设备，副资源为人，可配置），并自动依据人力资源部提供的人员请假情况以及 MES 提供的机台运行状态，调整资源的可用日历。APS 排产结果下发，MES 接收并确认计划结果。APS 通过现成执行（MES）反馈的完成状态，进行滚动重排，其流程如图 7-47 所示。

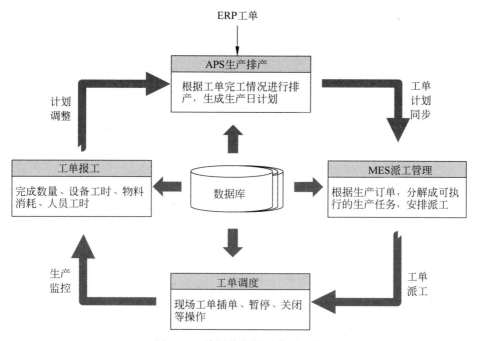

图 7-47　计划执行闭环滚动逻辑

如图 7-48 所示，考虑厂内生产能力分固定委外与临时委外，固定委外自动抛出需求给到 ERP 抛出请购，临时委外则根据厂内产能情况与设定的阈值，抛出外协建议，由计划员手动确认后抛出需求给到 ERP（非外协建议工单也可以由计划员手动改成委外单，抛出需求）。

编码	订单.字符01	订单.品目.编码	订单.品目.名称	工序名称	工作状态	临时委外标识R07	外协确认
					= 计划…		=
MO-190318220001:20	MO-19031822	1307010317	支架-J70x10-70x10-80-Q235	JC1	计划完毕	临时委外	确认外协
MO-181203760002:90	MO-18120376	1301010980	阀体-3C6RJ-FJ-Q76-F91	JC2	计划完毕	临时委外	确认外协
MO-190318220001:30	MO-19031822	1307010317	支架-J70x10-70x10-80-Q235	JC2	计划完毕	临时委外	确认外协
MO-181104650001:40	MO-18110465	1305010584	轴承-105x115x20-PH-316+G06	PH1	计划完毕	临时委外	确认外协
MO-190301690001:40	MO-19030169	1305020082	填料函-8F3Y-A105	CNC1	计划完毕	临时委外	确认外协
MO-190314580001:40	MO-19031458	1305010480	轴承-25x47x32-LB-PT-316+G…	PT1	计划完毕	临时委外	确认外协
MO-181203760001:90	MO-18120376	1301010980	阀体-3C6RJ-FJ-Q76-F91	JC2	计划完毕	临时委外	确认外协
MO-190318300001:50	MO-19031830	1307010287	支架-J70x10-70x10-60-Q235	CNC2	计划完毕	临时委外	确认外协
MO-190318220001:40	MO-19031822	1307010317	支架-J70x10-70x10-80-Q235	CNC1	计划完毕	临时委外	确认外协
MO-190318220001:50	MO-19031822	1307010317	支架-J70x10-70x10-80-Q235	CNC2	计划完毕	临时委外	确认外协
MO-181206620001:40	MO-18120662	1305070382	止推轴承-71.5x85x5-PD-38Cr…	SD1	计划完毕	临时委外	确认外协

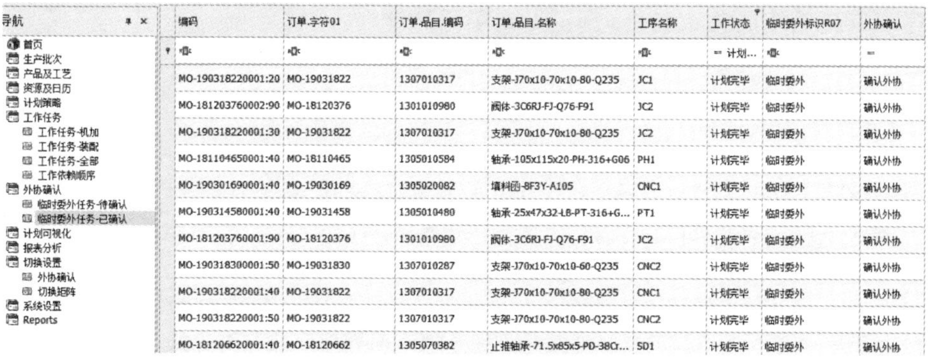

图 7-48　APS 委外计划

针对不同设备之间的切换，APS 可自定义条件配置设备的切换时间，如图 7-49 所示。

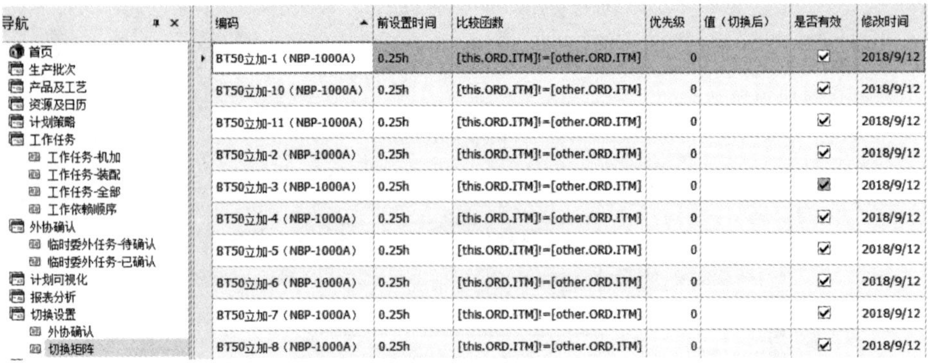

图 7-49　APS 设备切换时间配置

APS 设定下班时间（每天 21：30），根据当天的完成情况，定时重排生产计划。计划员也可以在计划变更后，手动重排 APS 计划。

3．应用效果

APS 在阀门企业取得如下应用效果：

（1）上层计划起到承上启下的作用，弥补了 MRP 物料需求时间不考虑产能且只运算一次的问题，解决了物料资金占用与场地占用浪费的问题，达到了物料 JIT 生产的目的。并给出了各部门工作完成时间的指导，使得公司的各部门工作更加透明化，加强了领导对各个环节的掌控力度，大大提高了各部门的工作效率。

（2）APS 通过与其他系统的集成，获取订单、BOM、工艺等数据，实现一键式自动排产，齐套分析给物料匹配对应关系，大大减少了计划与采购对于物料追踪的难度。生产执行计划做出调整时，匹配结果也会相应发生变化，增加了对于生产执行中灵活性的管控。

（3）通过梳理计划现状，与排产的模型相结合，将经验固化到 APS 系统，排产到具体的设备及人员，实现精益生产与均衡生产，提高了设备和人员的利用率，并通过与其他系统的集成反馈，真正做到了闭环计划。

参考文献

[1]　蔡颖. APS 供应链优化引擎[M]. 广州：广东经济出版社，2004.

[2]　蔡颖. APS 走向实践[M]. 广州：广东省出版集团，2007.

[3]　程控，革扬. MRPⅡ/ERP 原理与应用[M]. 北京：清华大学出版社，2012.

[4]　孙志刚. 基于 ASP 的供应链管理系统的设计与实现[D]. 长沙：湖南大学，2007.

[5]　杨玉珍. 基于元启发式算法的带生产约束作业车间调度问题若干研究[D]. 上海：华东理工大学，2014.

［6］　张超勇. 基于自然启发式算法的作业车间调度问题理论与应用研究［D］. 武汉：华中科技大学,2006.

［7］　岳磊. TOC/DBR 框架下的混流制造系统计划调度方法研究与应用［D］. 武汉：华中科技大学,2017.

［8］　张腾飞. 基于 APS 的生产排程系统的设计与实现［D］. 沈阳：中国科学院研究生院（沈阳计算技术研究所）,2016.

［9］　林晗. 基于约束理论的电子产品企业 APS 应用实施研究［D］. 武汉：华中科技大学,2015.

［10］　SAIF U,GUAN Z,ZHANG L,et al. Multi-objective artificial bee colony algorithm for order oriented simultaneous sequencing and balancing of multi-mixed model assembly line ［J］. Journal of Intelligent Manufacturing,2019,30（3）：1195-1220.

［11］　WANG B,GUAN Z,ULLAH S,et al. Simultaneous order scheduling and mixed-model sequencing in assemble-to-order production environment：a multi-objective hybrid artificial bee colony algorithm［J］. Journal of Intelligent Manufacturing,2017,28（2）：419-436.

［12］　YUE L,GUAN Z,ZHANG L,et al. Multi objective lot sizing and scheduling with material constraints in flexible parallel lines using a Pareto based guided artificial bee colony algorithm［J］. Computers & Industrial Engineering,2019,128：659-680.

［13］　彭运芳. 多品种混流制造车间运作控制方法研究与应用［D］. 武汉：华中科技大学,2009.

［14］　WANG H,GUAN Z,ZHANG C,et al. The Printed-Circuit-Board Electroplating Parallel-Tank Scheduling With Hoist and Group Constraints Using a Hybrid Guided Tabu Search Algorithm［J］. IEEE Access,2019,7：61363-61377.

［15］　HE C,GUAN Z,GONG Y,et al. Automated flexible transfer line design problem：Sequential and reconfigurable stages with parallel machining cells［J］. Journal of Manufacturing Systems,2019,52：157-171.

［16］　SPENCER M S,COX J. Optimum production technology（OPT）and the theory of constraints（TOC）：analysis and genealogy［J］. The International Journal of Production Research,1995,33（6）：1495-1504.

［17］　GOLDRATT E M,COX J. The goal：a process of ongoing improvement［M］. New York：Routledge,2016.

［18］　SWAMIDASS P M. Theory of constraints（TOC）［M］. New York：Springer,2000.

［19］　赵智平,陈明哲. 精益 TOC 实务指南［M］. 深圳：海天出版社,2009.

［20］　韩志宏. 桥壳产品混合生产模式生产计划与调度方法研究及应用［D］. 武汉：华中科技大学,2016.

第 8 章

制造执行系统技术及应用

随着产品品种变化频率和生产流程复杂性的增加,为了确保效率和质量,数字化生产过程管控变得尤为重要。制造执行系统(MES)是应对精益生产需求并构建数字化智能化车间不可或缺的基础工业软件,其目标是通过对计划调度、现场执行、物流、质量等诸多业务环节及人、机、料、法、测、环、能等全部信息要素的集成管控,实现生产过程透明可视、有序可控、决策优化。

本章首先回顾了 MES 的起源与发展过程,归纳了 MES 的特点和建设意义;然后从业务活动、数据与集成、系统架构 3 个视角对 MES 的内涵进行了详细阐述;最后介绍了 MES 的产品及其在汽车、航空行业的典型应用案例。

8.1 MES 概述

8.1.1 MES 的起源与发展

制造企业的集成架构按功能可以分为多个层次。最底层是"过程控制层",以嵌入或集成方式与设备直联,通过分散控制系统(distributed control system, DCS)、数据采集与监视控制系统(supervisory control and data acquisition, SCADA)、数控系统(numerical control/distributed numerical control,NC/DNC)、生产线控制系统(line control system,LCS)、可编程逻辑控制(programmable logic controller,PLC)等系统或装置实现设备、制造单元、生产线的自动控制,以分、秒甚至毫秒的时间粒度来感知、操控、监测实际物理生产过程。最顶层是"企业管理层",通过 ERP/MRPⅡ/SCM 等企业管理软件实现人、财、物、订单和主计划的管理,其时间粒度通常为日、周、月。这两层 IT 系统经过几十年的发展,进入 20 世纪90 年代,已经较为成熟,此时,两层之间的信息断层现象逐渐变得突出,由于缺乏中间层信息系统的支持,车间内部的具体生产活动管理,如生产单元间的资源调配、计划执行以及生产监督等,还主要依赖于人工调度和记录,日、时、分等时间粒度的生产过程信息往往难以准确获取,极大地影响了车间运行与决策效率。

在这样的背景下,1990 年,美国先进制造研究中心(AMR)首次提出制造执行系统(manufacturing execution system,MES)。MES 是位于上层(企业管理层)与底层(过程控制层)之间的、面向车间"制造执行层"的管理信息系统,为操作人员、

MES 基本概念

管理人员提供计划执行、跟踪以及所有资源（人、设备、物料、客户需求等方面）的当前状态信息，如图 8-1 所示。

1997 年，MES 国际行业协会（MESA）正式发布 MES 白皮书，给出了普遍认同的 MES 定义：MES 是一些能够完成车间生产活动管理及优化的硬件和软件的集合，这些生产活动覆盖从订单发放到出产成品的全过程。它通过维护和利用实时准确的制造信息来指导、传授、响应并报告车间发生的各项活动，同时向企业决策支持过程提供有关生产活动的任务评价信息。MESA 白皮书也阐述了 MES 的功能内涵和边界，所定义的 MES 的 11 个功能模块见表 8-1。

表 8-1　MESA 定义的 11 个 MES 功能模块

MES 模块	主　要　功　能
资源分配与状态	指导劳动者、机器、工具和物料如何协调地进行生产，并跟踪其工作状态和完工情况
操作/详细调度	负责生成操作计划，提供基于指定生产单元相关的优先级、属性、特征、方法等的作业排序功能，确定各项生产活动的顺序和时间，实现资源约束条件下的绩效优化
分派生产单位	以作业、订单、批量、成批及工作订单等形式管理和控制生产单元中的物料流或信息流；根据生产实际情况调整作业计划，进行动态调度，控制在制品库存
文档管理	管理和分发与产品、工艺规程、设计或工作流程有关的信息，同时也收集与工作和环境有关的标准信息，以及对生产历史数据的存储与维护
数据采集/获取	提供生产数据与产品参数的采集与获取平台，监视、收集和组织来自人员、机器和底层的控制操作数据以及工序和物料信息，这些数据可手工录入或由各种自动方式获取
劳工管理	提供按分钟级更新的员工状态信息数据（工时、出勤等），基于人员资历、工作模式、业务需求的变化，指导人员工作和使用，跟踪和提供人员的有关状态
质量管理	实时记录、跟踪和分析产品和加工过程的质量，以保证产品的质量控制和确定生产中需要注意的问题，对制造过程中所采集的信息进行分析，实现产品质量控制
过程管理	基于计划和实际产品制造活动来指导工厂的工作流程，监控生产过程，自动修正生产中的错误，提高加工效率和质量，向用户提供纠正错误并提高在制行为的决策支持
产品跟踪和谱系	通过监视工件在任意时刻的位置和状态来获取每一个产品的历史记录，向用户提供产品组及每个最终产品使用情况的追溯记录
维护管理	跟踪和指导企业维护设备和刀具，以保证制造过程顺利进行，并产生除报警外的阶段性、周期性和预防性的维护计划；也提供对直接需要维护的问题进行响应，以保证它们的可用状态，实现工厂的执行目标
性能分析	提供按分钟级更新的实际制造过程的结果报告，将实际制造过程测定的结果与过去的历史记录和企业制定的目标以及客户的要求进行比较，其输出的报告或在线显示用以辅助性能的改进和提高

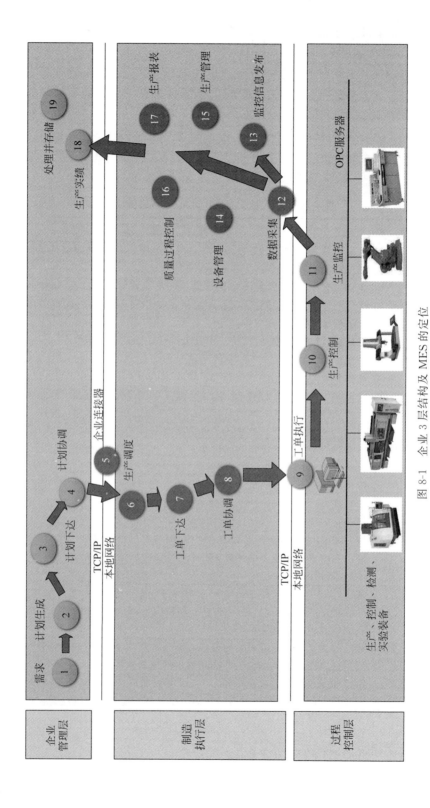

图 8-1 企业 3 层结构及 MES 的定位

在整个企业信息架构中,MES 起到承上启下、承前启后的作用,与企业资源规划(ERP)、产品数据管理(PDM)、自动化系统、运输与后勤系统(T&L)、客户关系管理(CRM)、供应链管理(SCM)等都有集成关系并有一定的业务功能重叠。

在 MESA 之后,许多国际组织也相继给出了 MES 的定义和功能框架,并开发了相应的模型来描述和标准化这类软件系统。2000 年起,由美国 ISA(Instrumentation, Systems and Society,仪器、系统和自动化协会)和 ANSI(American National Standards Institute,美国国家标准协会)共同发起制定的 ISA-SP95 标准,目前已成为被广泛接受的 MES 标准。

国内关于 MES 的研究与应用大致经历了 3 个阶段,如图 8-2 所示。

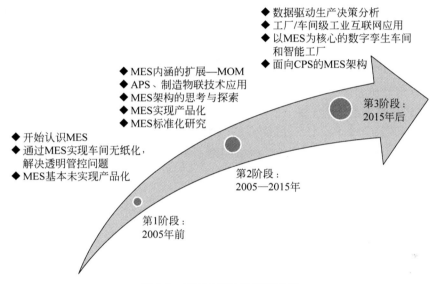

图 8-2　国内 MES 的发展阶段

第 1 阶段:2005 年之前。这一阶段,国内纷纷引入 AMR 和 MESA 的 MES 概念及功能模型,并开始研究 ISA-SP95 标准。企业界对于 MES 的应用非常务实,常见目标是:①填补车间信息系统空白,解决 ERP 难以延伸进车间的问题;②实现透明生产,实时了解车间的"人、机、料、法、测、环、能"信息,解决生产计划下达后实际情况怎样、有无异常等状态难以及时了解的问题;③实现车间无纸化,解决产品数据以纸质形式存在、缺乏精确的电子质量档案的问题。这期间,国家科技项目也开始正式支持 MES 项目,比如 2001 年立项的国家"863"项目"敏捷化 MES 若干关键技术及其应用系统"。

第 2 阶段:2005—2015 年。这一阶段,MES 的内涵和技术得到快速发展,MES 的产品化与产业化工作也蓬勃开展。主要体现为:①制造运营管理(MOM)的概念得到认同,MES 的内涵从生产管理延伸到库存物流、质量管控、设备监控与维护等范畴;②高级计划排程技术兴起,生产计划与调度从学术研究(优化算法)

走向系统与应用(APS);③制造物联(IOT)概念受到热捧,设备集成技术、RFID/条码技术、OPC 技术,以及在制品/资源跟踪、识别、定位等应用场景均出现在 MES 中;④各种新型 MES 架构被提出,比如集成化 MES[1]、分布式 MES[2,3]、可重构 MES[4-6]、可配置 MES[7]、基于服务架构(SOA)的 MES、制造物联 MES[8]、云架构 MES[9,10]等。这期间,国家科技项目继续大力支持 MES 项目,比如 2007 年,国家"863"的 MES 重大项目"可配置 MES 产品及行业解决方案"就培育了石化、钢铁、航空航天、汽车等行业的多家 MES 厂商。

第 3 阶段:2015 年后。这一阶段,随着"中国制造 2025"的印发,制造强国战略推动制造业高质量发展以及工业互联网、智能制造、智能工厂等概念的兴起,在制造企业数字化、智能化转型的浪潮推动下,MES 受到了前所未有的关注。大家普遍认为,MES 是实现数字化工厂、打造智能工厂、智能制造的关键技术,是智能制造的灵魂之一,是贯穿各个环节(生产、工程技术和生产制造)的交集。正如西门子工业领域首席执行官鲁思沃教授指出的(2014 年 7 月):MES、虚拟和现实结合、CPS 物理信息融合系统是"工业 4.0"的三大支柱。因此,企业要建设数字化智能化车间,必然离不开 MES 这一生产过程指挥调度大脑的支持。制造企业通过面向信息物理系统(CPS)的 MES,围绕计划调度、生产物流、工艺执行、过程质量、设备管理等环节实现感知、分析、决策、执行闭环系统,以数据自动流动降低复杂生产系统的不确定性,从而提升运行效率和质量。

8.1.2 如何理解 MES

1. MES 的内涵

按照《工业自动化系统与集成 制造执行系统功能体系结构》(GB/T 25485—2010)的定义[11],MES 是针对企业生产制造过程进行管理和优化的集成运行系统。它从接受订单开始到制成最终产品的全部时间范围内,采集各种数据信息和状态信息,与上层业务计划层和底层过程控制层进行信息交互,通过整个企业的信息流来支撑企业的信息集成,实现对工厂的全部生产过程进行优化管理。MES 提供实时收集生产过程数据的功能,当工厂发生实时事件时,MES 能够对此及时做出反应、报告,并使用当前的准确数据对其进行指导和处理。这种对事件的迅速响应使得 MES 能够减少企业内部无附加值的活动,有效指导工厂的生产运作过程,使其既能提高工厂及时交货能力、改善物料的流通性能,又能提高生产回报率。

简而言之,MES 是一套主要面向车间的信息管控系统,其目的是对各种与生产相关的活动进行调度和监控,尽可能详细地记录生产过程履历并进行生产绩效统计。具体内涵如下:

(1)面向车间。MES 涉及的大部分活动都发生在车间,少量活动可延伸到车间外的仓库、物流、企业管理甚至外协厂家和用户现场(比如,若某飞机大部件配套企业需要在主机厂进行异地装配,则飞机配套企业的 MES 需在主机厂现场使用)。

（2）管理与生产相关的活动。按 IEC 62264 标准[12]，这些活动主要包括生产、物流、质量、维护四大类活动及其他一些支撑活动，比如能源、安全等。

（3）调度和监控是核心任务。通过计划驱动或事件驱动的"调度"，在合适的时间，安排合适的对象（机器、人）做合适的事情（工序加工、质检、维护、物流配送等）；通过实时"监控"，确认每个任务是否在开展或完成，如果出现异常，则启动异常处理流程。计划、调度和监控最终形成闭环。

（4）最终输出生产过程履历，并统计运行绩效。可从订单角度（进度表）、产品角度（质量档案）和设备角度（状态）进行记录和统计，并实现可视化。如果条件成熟，还可以进一步开展数据分析和决策支持应用。

2. MES 的意义

如第 1 章所述，车间是制造企业中信息最为复杂和密集的场所，然而，许多制造企业（特别是中小企业）在车间制造执行层的信息化建设还较为落后，企业的计划层与设备控制层之间缺乏有效联系和沟通，两者间出现了信息断层，导致物资供应、产品设计、生产计划、产品销售与车间作业之间脱节，计划层的静态和动态信息不能及时传达给车间，而车间中的零件在制品、加工设备、物料需求、人员配置，以及计划的执行和完成情况等信息也无法快速反馈给上面的计划层。在市场需求越来越多趋于大批量定制和多品种小批量订单方式的情况下，企业表现得对市场反应不够灵敏，对客户的个性化订单也不能够及时满足，直接导致企业在市场竞争中处于被动地位。

通过实施 MES，实现对现场生产数据的实时采集，构建了计划层与控制层之间的沟通桥梁，实现了上下层之间的数据交换与指令控制。如图 8-3 所示，MES 的 3 个基本应用目标依次是生产过程的透明可视、有序可控和优化决策。生产现场的透明化感知体现在实时采集过程数据、自动感知现场状态、生产监控可视化、过程数据记录电子化、快速处理异常以及准确追溯历史信息。通过透明化感知手段，车间的实时生产数据都被及时地搜集与存储，为管理层和执行层对生产的了解提供足够的数据支撑，同时也为产品异常追溯提供信息索引，对产品质量分析与改善具有重大意义。在生产现场透明化感知的基础上，进一步实现执行过程的有序可

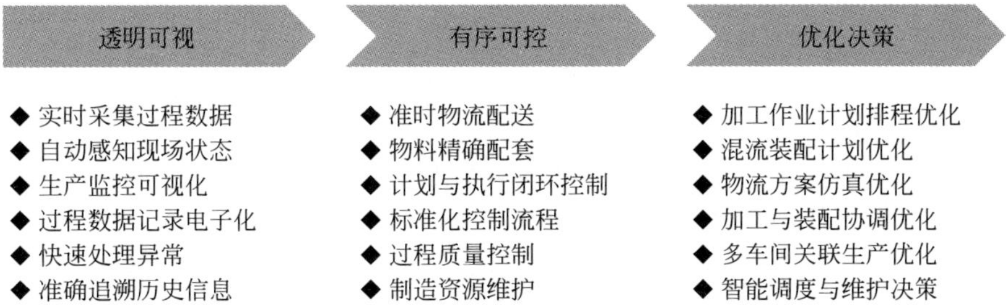

透明可视	有序可控	优化决策
◆ 实时采集过程数据	◆ 准时物流配送	◆ 加工作业计划排程优化
◆ 自动感知现场状态	◆ 物料精确配套	◆ 混流装配计划优化
◆ 生产监控可视化	◆ 计划与执行闭环控制	◆ 物流方案仿真优化
◆ 过程数据记录电子化	◆ 标准化控制流程	◆ 加工与装配协调优化
◆ 快速处理异常	◆ 过程质量控制	◆ 多车间关联生产优化
◆ 准确追溯历史信息	◆ 制造资源维护	◆ 智能调度与维护决策

图 8-3　MES 的 3 个应用目标

控,在车间现场通过实施准时物流配送、物料精确配套、计划与执行闭环控制、标准化控制流程、过程质量控制和制造资源维护策略,使得车间的计划层与执行层完美地结合起来,实时、可控和有序地指导现场生产。MES 更为长远的作用是对生产过程的优化,通过采用加工作业计划排程优化、混流装配计划优化、物流方案仿真优化、加工与装配协调优化、多车间关联生产优化、智能调度与维护决策等技术,实现对整个生产过程的全方位优化,辅助智能决策,从而应对快速变动的市场环境及生产需求。

总的来说,在车间内,MES 可以辅助业务应用规范化,通过"优化计划-智能感知-动态调度-协调控制"闭环流程来提升生产运作的适应性,以及对异常变化的快速响应能力,推动精益生产理念的落地。在车间外,MES 不仅可以协助设计、工艺、财务等环节进行业务改善,而且可以形成集团其他单位、供应链上下游等范围内的协同,通过各个层级的制造数据透明化、实时化和快速调整,提升整个供应链的制造水平。

3. MES 的主要特点

MES 技术及 MES 软件的特点可归纳为以下 4 点：集成管控、精益为魂、个性突出和数据驱动。

1) 集成管控

MES 以生产计划与执行跟踪为主线,以物料配套、质量管控、设施维护为 3 条辅线,基于统一架构平台,实现计划、执行、现场、物流、质量、设备、资源的集中管控。在引入 MES 之前,许多企业都有一些独立的车间级软件系统,比如设备监控系统、生产管理系统、质量管理系统、刀具管理系统、可视化工艺系统等,这些系统相对孤立,架构不同,流程和数据也不通,导致一系列集成问题,通过 MES 则应重新整合并架构这些模块。

2) 精益为魂

精益管理的理念是 MES 软件的灵魂,MES 的数据管理和流程管理都以此为要求。建设 MES,其根本目标就是更好地实现精益生产(lean production,LP)、准时生产(just in time,JIT)、全面质量管理(total quality management,TQM)、全员生产维修(total productive maintenance,TPM)等精益管理理念的落地,如表 8-2 所示。

3) 个性突出

与 PDM、ERP 等其他类型的管理类软件相比,MES 的个性化特征尤为突出。MES 必须要适应生产模式特点和企业生产管理流程。由于不同行业和工艺类型的生产特点差异大,导致 MES 的功能要求、数据类型与格式、业务流程、操作界面等都个性化鲜明,如表 8-3 所示。针对不同行业或工艺类型,很难统一 MES 的数据格式、业务流程和功能细节,也没有意义。

表 8-2　精益管理理念对 MES 功能设计的要求

精益理念	具 体 内 容	对 MES 的要求
精益生产（LP）	• 车间无纸化、可视化,信息沟通便捷 • 各种业务流程精简,易操作 • 多车间计划协同,物料准时齐套,减少等待时间 • 通过自动采集减少工人的交互操作 • 支持高效率的工程更改 • 计划与执行形成闭环,执行过程可知、可控 • OEE 等 KPI 可视化	• 支持计划、调度、监控的数字化 • 建立各种看板和生产管控中心,实现生产过程透明管控,自动统计生成各种绩效（KPI） • 通过工作流引擎,实现数据自动流动和任务传递 • 自动采集设备状态、生产过程和质量数据 • 通过规范化流程,正确响应设计变更,确保有效性
准时生产（JIT）	• 采用拉式生产模式 • 原材料、零配件、人、工艺文件等资源准时齐套 • 按计划开展生产,避免波动,稳定生产	• 总装拉动加工和物料配套计划 • 支持计划下达阶段和开工前的齐套性检查 • 建立多种物料配送模式,针对高节拍生产实现物流同步配送
全面质量管理（TQM）	• 采用 PDCA 质量循环 • 质量信息完整且可追溯 • 生产异常信息可以自动识别、主动提示、防呆 • 质量异常的处理规范、可控 • 通过分析历史质量问题,改善质量控制,提升过程质量	• 建立质量闭环控制体系和流程 • 定义不合格品处置流程 • 实现质量数据采集、分析与过程控制 • Andon 提醒,通过 BOM 核对实现装配防错 • 建立产品完整的电子质量档案 • 建立质量问题库/知识库并应用
全员生产维修（TPM）	• 分析并提出 OEE 改善目标 • 生产过程设备运行可靠,杜绝被动停线 • 对刀具状态进行监控,减少对质量的影响 • 支持多种维修维护方式,记录并分析故障,经济性的预防维护手段	• 自动计算并可视化 OEE 指标 • 自动采集设备（刀具）状态参数,识别设备（刀具）健康状态 • 支持设备检修与维护全过程的数字化 • 分析设备运行数据,开展 CBM 和 PM 等应用

表 8-3 不同行业/工艺类型的 MES 个性化需求

不同行业的 MES 个性化需求	
汽车、电子等行业	**航空、航天等行业**
• 精确物料配送 • 多车间协同计划、混流计划排序 • 装配防错＋关重件质量档案 • 生产线设备数据采集 • 质量在线监测与 SPC	• 物料齐套性检查与控制 • 项目型计划优化与调度 • 三维作业指导 • 精确的产品质量档案 • 变更管理与技术状态有效性控制
不同工艺类型的 MES 个性化需求	
机加工 MES	**装配 MES**
• 加工作业排序（APS） • DNC & MDC • 加工单/派工单电子化 • 刀具跟踪管理	• MBOM、装配质量档案 • 装配作业计划（上线排序、项目型计划） • 装配作业指导 • 在制品、零配件跟踪识别 • 物流配送

其他导致 MES 个性化的原因还有很多，比如：

（1）MES 的边界模糊：不同企业 MES 的边界往往不同，有些企业的 MES 可能还要涉及仓储管理、工艺管理等功能；

（2）不同企业的数据格式和流程不同：派工单、过程卡、质检卡等数据格式及不合格品处置流程等存在显著差异，这些差异有些来自外部约束，企业自身无法标准化；

（3）其他因素：包括能否使用 RFID 和移动终端（处于安全保密考虑）、设备集成接口的差异、报表格式的差异等。

上述现状导致 MES 在实施过程中的定制开发工作量大，也间接导致每个 MES 产商往往只擅长特定的几个行业，而难以像 ERP 软件一样普适很多行业。

4）数据驱动

MES 采集并管理生产、设备、质量、物流等众多数据，数据是 MES 的血液，通过对这些数据的归并统计、关联分析和趋势预测，可以为生产过程的优化决策支持提供依据。

8.1.3 MES 的标准化

MES 发展初期，MESA 和 ISA 都相继提出了相关模型对 MES 加以描述，并试图通过模型使其标准化。2000 年后产生了一大批 MES 相关标准，影响较大的有 ISA-SP95 标准、Open MES 标准、OAGIS 标准等。时至今日，国内外 MES 标准研究仍是一大热点，MES 标准化工作的主要内容是国际电工委员会的 IEC 62264 标准（基于 ISA-SP95 标准制定）、国际标准化组织的 ISO 22400 系列标准和我国自主制定的 MES 标准体系，见表 8-4。

表 8-4　MES 相关标准

序号	标准名称	标准编号/计划号
1	工业自动化系统与集成　制造执行系统功能体系结构	GB/T 25485—2010
2	企业控制系统集成　第 1 部分：模型和术语	IEC 62264—1：2003 GB/T 20720.1—2006
3	企业控制系统集成　第 2 部分：对象模型属性	IEC 62264—2：2004 GB/T 20720.2—2006
4	企业控制系统集成　第 3 部分：制造运行管理的活动模型	IEC 62264—3：2007 GB/T 20720.1—2010
5	企业控制系统集成　第 4 部分：制造运行管理集成的对象模型属性	IEC 62264—4—2015
6	企业控制系统集成　第 5 部分：业务与制造间事务	GB/T 20720.5—2015 IEC 62264—5：2011
7	自动化系统与集成　制造运行管理关键性能指标　第 1 部分：综述、概念和术语	GB/T 34044.1—2019 ISO 22440—1：2014
8	自动化系统与集成　制造运行管理关键性能指标　第 2 部分：定义和描述	GB/T 34044.2—2017 ISO 22440—2：2014
9	制造执行系统（MES）规范　第 1 部分：模型与术语	SJ/T 11666.1—2016
10	制造执行系统（MES）规范　第 3 部分：功能构件规范	SJ/T 11666.3—2016
11	制造执行系统（MES）规范　第 4 部分：接口与交易信息	SJ/T 11666.4—2016
12	制造执行系统（MES）规范　第 5 部分：产品开发	SJ/T 11666.5—2016
13	制造执行系统（MES）规范　第 6 部分：产品测试	SJ/T 11666.6—2016
14	制造执行系统（MES）规范　第 7 部分：导入实施指南	SJ/T 11666.7—2016
15	制造执行系统（MES）规范　第 8 部分：服务质量度量	SJ/T 11666.8—2016
16	制造执行系统（MES）规范　第 9 部分：机械加工行业制造执行系统软件功能	SJ/T 11666.9—2016
17	制造执行系统（MES）规范　第 10 部分：石油化工行业制造执行系统软件功能	SJ/T 11666.10—2016
18	制造执行系统（MES）规范　第 11 部分：冶金行业制造执行系统软件功能	SJ/T 11666.11—2016
19	制造执行系统（MES）规范　第 12 部分：造船行业制造执行系统软件功能	SJ/T 11666.12—2016
20	制造执行系统（MES）规范　第 13 部分：造纸行业制造执行系统软件功能	SJ/T 11666.13—2016
21	制造执行系统（MES）规范　第 14 部分：橡塑制品行业制造执行系统软件功能	SJ/T 11666.14—2016
22	制造执行系统（MES）规范　第 15 部分：化工行业制造执行系统软件功能	SJ/T 11666.15—2016
23	企业信息化技术规范　制造执行系统（MES）规范	SJ/Z 11362—2006

1. ISA-SP95/IEC 62264/GBT 20720 系列标准

国际电工委员会的 IEC 62264 标准是基于 ISA 从 2000 年开始陆续发布的 ISA-SP95 标准制定的,是 MES 领域最为重要的标准,我国直接引之为 GB/T 20720 系列标准。IEC 62264 共包括 6 部分,已经启用了前 5 部分:模型和术语、对象模型属性、制造运行管理的活动模型、制造运行管理集成的对象模型属性、业务与制造间事务,第 6 部分尚未启动。

IEC 62264 标准首先提出了制造企业的功能层次模型,共划分为 5 个层次,如图 8-4 所示。第 0 层定义了实际物理流程。第 1 层定义了感知和操控物理流程的活动,第 1 层运行的时限通常是秒,甚至更快。第 2 层定义了监测和控制物理流程的活动,第 2 层运行的时限通常是小时、分钟、秒和几分之几秒。第 3 层定义了生产期望产品的工作流的活动,包括记录维护和流程协调的活动,第 3 层运行的时限通常是日、轮班、小时、分钟和秒。第 4 层定义了制造组织管理所需的业务相关活动,包括建立基础车间调度(比如物料的使用、传送和运输)、确定库存水平以及确保物料按时传送给合适的地点以进行生产,第 3 层的信息是第 4 层活动的关键,第 4 层运行的时限通常是月、周和日。

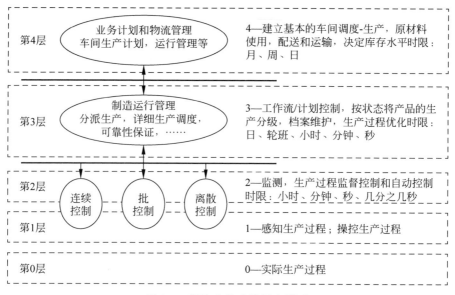

图 8-4 制造企业功能层次模型

基于上述功能层次模型,IEC 62264 标准将 MES 的内涵扩展到制造运行管理(manufacturing operations management,MOM),MOM 主要定位于图 8-4 的第 3 层,涵盖管理有关调度、使用、产能、定义、历史,以及所有制造设施内部和与其有关的资源状况的信息的活动,具体包括生产运行管理、维护运行管理、质量运行管理和库存运行管理等四大类活动,涉及 10 个主要功能模块,如图 8-5 所示。

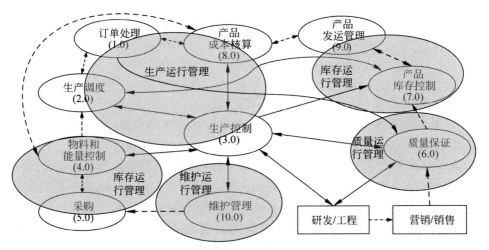

图 8-5　MOM 的四大类活动和 10 个功能模块

IEC 62264 标准也定义了 MOM 需要的 4 类基本信息：①产品定义信息——如何制成产品；②生产能力信息——什么是可用的；③生产调度信息——将要制造什么；④生产绩效信息——实际制成什么。并给出了 MOM 的通用活动模型，如图 8-6 所示，该模型适用于生产运行、维护运行、质量运行和库存运行 4 类活动。

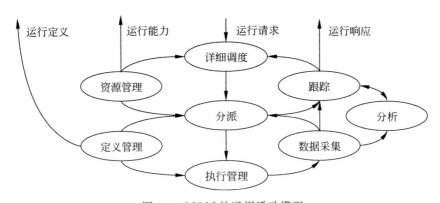

图 8-6　MOM 的通用活动模型

2. ISO 22400 系列标准

ISO 正在制定的 MES 相关标准主要有"ISO 22400 自动化系统与集成 制造运行管理关键性能指标"系列标准[13]。ISO 22400 系列标准包括以下几个部分：综述概念和术语、定义和描述、交换和使用、关系和依赖性；第 1 部分给出关键性能指标（key performance indicator，KPI）的概述，概念以及相关术语；第 2 部分给出 KPI 因子的衡量计算准则；第 3 部分将定义与上下文交换及 KPI 的使用；第 4 部分将说明 KPI 中的关系和依赖性。MES 或 MOM 的不同活动和模块都有不同性能指标,包括生产、物流、质量等,通过规范 KPI 的定义和计算,对 MES 的详细功能定义、数据集成和评估都有重要影响。目前,该 ISO 标准的前两部分已发布,第 2 部分也已引为国家标准。

3. 国内标准

目前,国内关于 MES 的标准主要有两个。

1) 国家标准"GB/T 25485—2010 工业自动化系统与集成 制造执行系统功能体系结构"

该标准以 ISA-SP95 和 IEC 62264 系列标准为基础,结合中国制造企业实际情况,明确了 MES 在整个制造类企业集成系统中的定义,将信息集成分为 3 个不同的功能层次等级,即业务计划层、制造执行层和过程控制层。强调 MES 应针对制造执行层次的活动进行定位和设计,主要关注制造执行层内部的制造运行和控制功能,以及与业务计划层、过程控制层之间的信息交互。该标准给出了 MES 通用的功能体系结构,如图 8-7 所示,对各功能模型(模块)的构成及模型间的信息交互进行了详细说明。最后提供了离散(以汽车为代表)和流程两大类行业的 MES 参考示例。

2) 电子行业标准"SJ/T 11666—2016 制造执行系统(MES)规范"

该系列标准是对"SJ/Z 11362—2006 企业信息化技术规范 制造执行系统(MES)规范"标准的完善与细化,共 15 个部分,分为基础标准、通用标准和应用标准三大类。

基础标准包括术语规范、数据标准、功能构建规范等。规定了 MES 开发过程和应用过程中的相关术语和定义,为其他相关标准的研究提供术语标准。定义了包括制造流程管理数据共享和交换所必需的结构和定义等,涵盖大数据和实时数据库的内容。定义了 MES 的功能架构模型及相关的软件功能构件组成,制定各应用领域最基本的、标准的功能组件库,规范原子功能组件。

通用标准包括产品开发规范、测试标准、集成标准、实施规范、评价标准等。定义了 MES 产品软件开发过程中的需求、设计、实现、编码以及接口等方面所需要满足的基本要求和实施方法。规定了 MES 产品测试目的、测试工作的内容及整个工作流程,涵盖软件测试的基本要领以及测试阶段与开发阶段的相互关系,要产生的工作产品,以及各阶段中进行测试的相应内容描述,还包括体系结构、构件、数据交换和互操作等的一致性测试。定义了 MES 与其他系统(ERP、PCS 等)的接口交易信息及通信方式。使企业系统和控制系统可以互操作和易于集成。MES 评价标准通过一组关键性能指标(KPI)关注企业生产制造过程中的目标和关键成功因素,作为制造过程的基准和参照,用于生产过程的评估和优化。

应用标准包括机械加工、石油、冶金、造船、造纸、橡塑制品、化工共 7 个行业的 MES 标准,提出了各个行业的 MES 标准流程和功能构成。

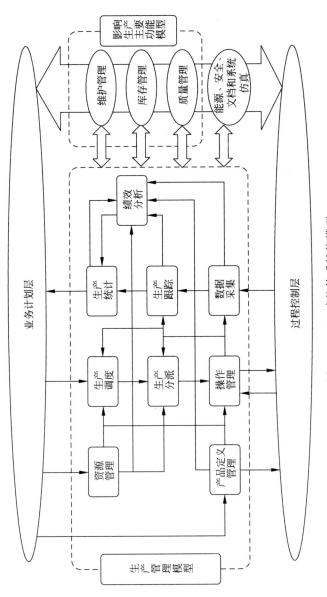

图 8-7　MES 功能体系结构模型

345

8.1.4 MES 的发展趋势

MES 处在不断发展过程中,其未来发展趋势主要取决于 3 个因素:生产模式变革、智能制造要求以及 IT 技术进步。

1. 生产模式变革促使 MES 发展

制造企业的运行环境正在向多品种、小批量、快速变化的方向转变,客户直联生产(customer to manufacturer,C2M)、云制造(cloud manufacturing)、网络协同制造等新模式也不断涌现。这将促使 MES 向以下几个方面转变:

① 更加敏捷。减少计划层次,直接面向客户订单安排生产;采用新型构/组件(比如微服务)技术,基于数据模型和业务流程模型,实现模块功能的灵活定制与组合。

② 范围更广。MES 不再局限于单个车间,也要面向客户、面向供应商/外协商、面向合作伙伴(比如物流配送、研发设计甚至行业中介),提供更复杂、更全面的生产管控能力。

③ 更强的协同。通过多车间生产协同、计划与物流协同、生产与研发协同、与供应商/客户/合作伙伴的协同,甚至与产业链的协同,从更全局角度优化资源配置,集成管控制造与服务过程。

2. 智能制造迫使 MES 发展

智能制造、智能生产、智能工厂等概念引入后,制造企业的生产过程正在发展变化,各种机器换人措施提升了生产过程的自动化,混流、柔性生产方式也加剧了生产调度的复杂性,这些变化迫使 MES 朝以下几个方向发展:

(1) 更强的边缘智能与分散控制能力。传统 MES 多采用集中式计划与调度方式,出现变化后响应较慢,决策与执行效率较低,需通过边缘计算方式,提升各个设备(生产线)单元的自主判断和决策能力。

(2) 数据驱动智能决策。传统 MES 的很多决策过程还是由人根据经验来完成,生产数据除了起到可视化的作用外,并未能辅助决策支持。未来车间由于人的因素越来越少,更加要求 MES 能够充分挖掘数据价值,提炼相关规则并实现自动决策,比如通过强化学习方法,获得更优的调度规则,实现生产过程的自主调度决策。

(3) 基于数字孪生车间预测未来趋势,实现基于预测的生产。MES 中的数据是建立数字孪生车间的基础,通过数字孪生车间,可以在综合考虑生产实况、生产计划和随机因素的前提下,对未来生产进程进行模拟,从而实现科学预测分析,将其结果来指导物理车间的运行,有助于提升生产过程的运行有序性和效率,减少突发异常的影响。

3. IT 技术进步推动 MES 发展

物联网、工业互联网、VR/AR/MR、工业云、移动通信/5G 等技术正快速渗透

进 MES,给 MES 带来如下变化:

(1) 更强大的生产过程感知与控制能力。由于传感手段更丰富、数据接口更标准(比如 OPC UA)、传输速度更快(如 5G)、后台存储与计算能力更强(云存储、云计算)、信息手段更安全,各种与生产过程相关的人、机、料、法、测、环、能等海量数据可以更便捷、更经济地获取与管理,各种大数据分析与处理手段也能更好地发挥其威力,从而推动生产相关的决策过程更加智能。

(2) MES 的新型 IT 架构。未来 MES 的 IT 架构应该是一种高度灵活、可伸缩的云架构,通过边缘计算模块实现数据采集与分散控制,通过 IaaS 实现大数据的分布式存储管理,通过 PaaS 平台+微服务构件实现核心业务功能的容器化部署,通过 SaaS+APP 模式实现用户交互模块的快速访问和软件服务化。

8.2 理解 MES 的 3 个视角

国内外学术界和工业界往往从不同角度关注和研究 MES,本节提出理解 MES 的 3 个视角,即业务活动视角、数据应用视角和体系架构视角,如图 8-8 所示。

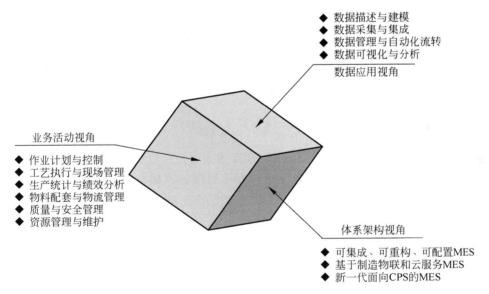

图 8-8 理解 MES 的 3 个视角

8.2.1 业务活动视角

从业务活动的视角来看,MES 的基本内涵是实现数字化车间的生产过程管控,"计划-执行-监控"是 MES 的业务主线,围绕该主线,MES 还需要对人、机、料、法、测、环、能等要素的状态进行管理。MES 的核心业务如图 8-9 所示,主要包括作

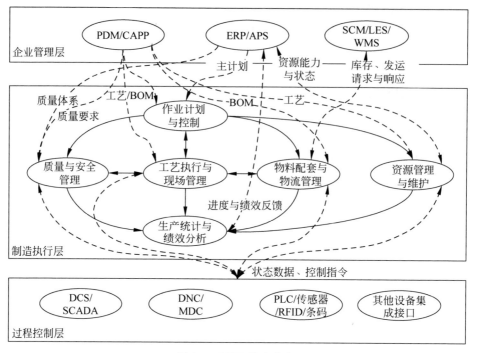

图 8-9　MES 核心业务

业计划与控制、工艺执行与现场管理、生产统计与绩效分析、物料配套与物流管理、质量与安全管理、资源管理与维护等 6 类活动。

1. 作业计划与控制

作业计划与控制是依据 ERP 等下达的生产计划要求,考虑生产实况,生成车间制造执行所需要的生产指令和物料需求,并分派合适的制造资源,它是车间制造执行的核心业务过程。作业计划与控制生成的作业计划包括车间作业计划、现场物料需求计划等。作业计划与控制活动包括生产任务接收、作业计划制定、计划执行监控等环节。

1）生产任务接收

这一环节的主要业务子活动包括:①生产任务获取,即从 ERP 等系统获得上层系统制定的生产任务,检查执行生产任务所需要的工艺、工时、制造资源等基础数据的完备性;②处理临时生产任务与生产任务变更,即对外部系统中生产任务的变化(如物料供货计划、产品交货计划等属性的修改、删除和关闭)进行响应。

导致临时生产任务及生产任务变更的原因主要包括:①客户订单变更,如客户订单追加或取消,交货计划等属性的修改、删除和关闭;②临时独立需求,如紧急备件;③制造资源调整,如工艺文件、物料资源等属性的修改等。

发生临时生产任务或生产任务变更时,需要对生产任务进行重新评估,并采取相应措施。可采取的措施包括下列策略的一项或多项:①原有计划顺序不变,将新增生产任务追加在已制定作业计划之后;②原有计划顺序不变,在适当位置插入新增生产任务,插入点之后的作业计划需要重新排序;③原有计划顺序不变,如有新增生产任务,与原有作业计划中的作业计划项合并,作业开始和结束时间需重新计算;④将新增生产任务与原有作业计划中的作业计划项合并,根据合并和变更后情况重新作业排程。

2)作业计划制定

如果未独立采用 APS 系统,则在 MES 中应包含作业计划制定任务。根据从ERP 接收到的生产任务以及从 MES 其他模块反馈的车间制造资源状态,通过生产任务转换、作业排程等操作,制定一定生产周期内的车间作业计划,为车间作业计划中的各工作任务指派各类制造资源,并生成各种派工信息。作业计划一般为滚动计划,其滚动周期可根据实际生产情况确定。主要业务子活动包括:①生产任务转换,即为使接收到的生产任务适合车间作业排程的要求,对生产任务进行必要的分解与合并等前置处理操作;②作业计划排程,即根据车间生产任务和车间制造资源状态,采用合适的计划策略与优化算法对车间作业进行排序;③制造资源分派,即按已排定的车间作业计划为车间作业分派制造资源;④临时调整,即在作业排程时所预期的制造条件发生较大变化时,根据动态生产过程中的实际情况,对车间作业排程的结果进行调整;⑤周转计划制定,即协调跨车间的生产作业,并根据作业计划与产品工艺的要求制定在制品的周转计划。

通过车间作业计划,定义加工任务、主制造资源(设备、制造单元、生产线)、辅助制造资源(原材料、班组或人员、工装工具、工艺文件)、计划的最早开始加工时间、计划的最迟完工时间、作业计划与生产任务之间的关系,作业计划一般采用甘特图或数据表格等直观方式显示。

生产任务转换过程中逻辑关系的一般步骤为:①按企业或车间的生产需求对主生产计划 MPS 进行分解与合并;②根据工艺信息、车间生产设备能力及物料供应能力等约束将 MPS 进行分批和合批,形成作业车间生产作业指令(如加工指令、装配指令等);③将已处理的车间生产作业指令与 MPS 进行关联。作业计划排程时需充分考虑车间内外部约束,一般包括:上层系统计划要求、车间在制品统计、车间内部制造资源的生产能力与可用性、相关车间的生产计划、制造工艺约束,以及劳动法规、法定节假日、作息时间、电力等因素。

作业计划排程是车间作业计划与控制的核心部分,常用策略包括顺排法、倒排法、基于关键路径的排程策略等,常用算法包括解析算法、启发式算法(FCFS 规则、SPT 规则、EDD 规则、SST 规则等)、智能优化算法以及综合采用多种算法的组合算法。

3)计划执行监控

计划执行监控以数据采集为基础,按预设参数对车间各类制造资源进行监测和报告,并对达到阈值的参数进行报警。主要业务子活动包括:①显示车间制造执行过程状态信息,主要包括作业计划执行状态、物料消耗状态、设备运行状态、在制品的流转信息、各类异常信息、各类看板或安灯系统信息;②根据需要控制在制品流转;③在发生设备故障、物料短缺等异常情况时,以声、光等形式报警;④根据制造执行过程现场需要,采用人工介入或自动控制方式对计划、物料、设备、人员等进行调控管理;⑤发布车间常规信息,比如通知等;⑥实时记录人工调控的结果,并同步处理与 MPS 的关联变更;⑦在 JIT 模式下,监视看板或安灯系统状态,并触发车间生产订单。

2．工艺执行与现场管理

工艺执行与现场管理是在生产过程中对各制造环节的进度、状态等数据进行采集,采用合适的方式显示车间作业计划的执行状态及车间生产作业状态,为现场任务调度活动提供辅助工具。生产完成后将计划完成情况反馈给外部系统。主要活动包括工艺执行调度、生产数据采集、生产跟踪、报工与完工、异常与例外管理等。

1) 工艺执行调度

工艺执行调度是给设备或人员分配生产作业的生产管理流程活动的总和。主要业务子活动包括:①向设备发布生产作业指令,切换工艺参数(比如下发 DNC 程序),切换工位操作终端的信息提示,释放局部制造资源以开始生产作业;②向操作者发布生产作业指令;③处理作业计划制定中未预料到的情况,当非预期的事件导致不能满足作业计划要求时,通知作业计划制定活动进行调整。

2) 生产数据采集

生产数据采集是对车间生产相关的静态制造数据和动态制造数据进行获取、分类和处理。主要业务子活动包括:①对生产设备相关数据和生产人员输入数据进行采集、复原以及存档;②实时提供各种现场作业操作和管理需求数据表单和统计报告等;③根据实际情况要求,提供检测和报警业务支持。

生产过程中数据采集的主要手段包括:手工录入、条码扫描、通过智能卡识别获取、通过 RFID 识别获取、通过看板或安灯系统获取、从外部系统提供的数据接口获取。

生产数据采集活动由时间或者事件触发,所采集的数据包括:与车间作业计划相关的生产过程信息(如每批作业的完工、实作工时、工废、料废数量等)、设备运行状态信息(如设备的开、停机时间等)、车间现场物料库存及消耗信息、批次生产地点数据采集、作业记录(工厂记录和注解)、产品质量信息、工艺文件执行反馈记录等。

3) 生产跟踪

生产跟踪是对生产过程的相关生产数据进行汇总和报告,并根据数据采集功能所提供的制造数据即时更新车间作业计划与生产任务的状态。生产跟踪业务应基于特定时间。主要业务子活动包括:①对生产过程中的人员、设备、在制品、物料损耗等进行标识和记录；②报告特定时间已加工、待加工及加工中的详细工序信息；③报告特定时间作业计划的进度状态；④提供作业计划中指定工序的质量状态，如合格、降级、超差、废品、返工、返修等；⑤报告特定时间在制品的车间位置；⑥追溯物料在车间中的运动路径；⑦生成与生产相关的电子数据，并提供给人员、应用程序等。

4）报工与完工

报工与完工是在产品相应批次完工后实行报完工操作，并对成品进行入库操作。主要业务子活动包括：①作业计划或其中部分批次完成后记录批次状态，并提出质量检测请求；②产品相应批次制造完成并通过质量检测之后，录入完工数据；③在车间作业计划中扣除相应完工批次；④对已完工产品进行入库操作；⑤对剩余物料进行处理。

5）异常与例外管理

异常管理是对车间现场各种非预期事件进行响应并记录处理过程，常见的异常包括设备故障、物料短缺、质量缺陷、工艺错误等，异常处置需要定义规范的流程。主要业务子活动包括异常捕获（系统报警、人员判断、视频监控等）、异常请求（通过 Andon 或操作终端）、异常处置流程、异常归零和档案记录。

例外管理是经过流程审批，获准暂不遵循企业规范化文档要求的事件和活动。主要业务子活动包括：①建立例外管理流程，对例外事件按流程规定进行处理；②对例外事件进行统计与分析。

3．生产统计与绩效分析

生产统计与绩效分析是对生产计划、生产执行进度、质量检测、资源利用率等信息进行统计与分析的业务过程。主要活动包括统计报表生成、绩效分析等。

1）统计报表生成

统计报表生成是汇总各项采集数据，统计分析各业务指标，形成指定格式的分析报表。主要业务活动包括：①统计时间单位（日、周、月、年等粒度）内的产品类型及相关信息，形成指定格式的生产进度报表；②统计时间单位内的质量缺陷类型、质量缺陷产生原因等因素、聚类分析，形成指定格式的生产质量报表；③统计时间单位内的工时成本数据，形成指定格式的工时成本报表；④其他相关统计报表。

2）绩效分析

绩效分析是提供实时更新的实际制造过程的结果报告，与历史记录以及计划目标进行比较，确定和测量绩效目标与当前绩效指标之间的差距，并提出改进计划。主要业务活动包括：①通过对制造数据的统计和分析，使绩效指标可视化；②针对绩效指标的原因进行分析；③预测未来绩效指标值；④制定绩效目标。

常用的绩效指标有 OEE、生产计划达成率、合格品率、一次质量通过率、MTTR/MTBF/MTTF 等。

4．物料配套与物流管理

1）现场物料需求

根据车间作业计划制定相应周期内的现场物料配送计划，并监控物料配送执行状态。主要业务子活动包括：①按车间作业计划的要求，依据基础数据，计算出与车间作业计划相关的总物料需求量，生成车间现场物料配送计划；②生成相应下料单、领料单等信息；③通过对车间物料配送和消耗信息进行反馈，管理车间现场物料配送计划的执行状态。

在现场物料需求管理活动中，各类信息的下发、反馈应形成闭环。

2）车间现场物流管理

这是指对车间生产过程中发生的计划、配送、转移等活动的管理。主要业务子活动包括：①根据车间作业计划和现场物料需求，制定用于指导原材料下料与投料的车间现场物料配送计划，定义物料需求规格、物料需求数量、物料需求时间、配送工位、配送人员、物流设备、对应的生产批量和批次、要求的投料时间或时间间隔；②配送执行，即与仓储物流系统（WMS）、AGV调度系统等进行集成，发送配送指令并执行配送任务；③跟踪、记录车间现场物料配送计划的执行情况；④报告物料配送异常事件；⑤根据现场状况及时调整配送计划；⑥管理车间在制品在临时库存、工位、机台之间的移动事件；⑦协调、控制车间生产物流中的人员与设备。

3）物料临时库存管理

物料临时库存管理是对与车间生产紧密相关的物料、在制品临时存放管理与跟踪，仅针对物料或在制品在车间范围内的临时存放（车间物料与在制品缓冲区库存、生产线边工位库存等）管理活动，应与企业经营管理中的库存控制管理相区别。主要业务子活动包括：①车间临时库的配置与管理；②物料出入临时库记录与跟踪；③提供物料与在制品在生产现场的实时状态信息；④车间物料的领料及退库；⑤临时库存调整、损益处理及移库；⑥临时库存周期盘点。

5．质量与安全管理

质量与安全管理是生产过程中为保证产品质量对在制品和最终产品进行检测、分析和追溯，并对车间安全运行进行管理的业务过程。主要活动包括质量定义与检测、质量分析、可追溯性管理、安全运行管理、依从性管理等。

1）质量定义与检测

对车间生产中物料、在制品等在加工环节的质量检测、判定、放行、返工等活动提供管理支持。主要业务子活动包括：①根据工艺信息定义质量检测流程和检测目标；②获取并记录质量数据，为减少现场操作，质量数据获取应与制造数据采集一起完成；③对检测合格的产品或批次进行接收，并确定不合格批次的处理路径；④对不合格品进行处理（如报废处理、超差处理等）；⑤对在制品质量状态进行标记；⑥将所采集的质量数据存档，形成产品质量档案。

2）质量分析

根据质量检测结果评价与判断产品的质量水平，找出影响产品质量的主要因素，提出改进建议和措施，并指导有效实施。主要业务子活动包括：①质量衡量指标管理，包括性能指标、寿命指标、可靠性指标、外观质量指标、经济性指标和安全性指标等；②跟踪车间作业计划执行过程中涉及的质量信息，并能追溯质量问题的历史记录；③采用 SPC、SPD、SQC 等方法对质量检测结果进行统计、分析、诊断，得出相应的质量信息和各个指标的完成情况，并对质量缺陷、导致缺陷的原因及质量发展趋势进行分析；④根据发现的质量问题，制定质量改进计划。

3）可追溯性管理

对生产过程中的所有资源（如物料、人员、设备等）的使用状态和历史进行追踪，涉及跟踪和追溯两类活动。跟踪是对制造资源进行追踪和记录的活动；追溯是根据跟踪信息，从指定时刻向前或者向后，确定制造资源使用历史的活动。主要业务子活动包括：①通过对生产过程数据的统计分析建立产品及相关关键物料批次的制造历史记录，建立产品、加工批次、原材料等关联关系；②从生产数据采集中提取物料损耗信息和物料运动过程信息；③追溯生产过程中物料的质量缺陷及其批次，确定受影响范围，进行质量跟踪处理；④根据召回要求，按生产日期、物料批次等信息形成可能存在质量缺陷的产品清单。

4）安全运行管理

安全运行管理是保障现场作业运行安全和职业健康安全等管理方面的业务活动，是指在控制车间现场作业中任何与工作标准、惯例、程序、法规、管理体系绩效等的偏离，其偏离结果能够直接或间接导致伤害或疾病、财产损失、工作环境破坏或这些情况的组合。主要业务子活动包括：①车间现场作业安全运行危险源识别和安全管理体系文件与资料的管理；②现场作业已发现安全运行偏离问题（事故、事件、不符合等）内容的记录和存档管理；③安全运行偏离问题（事故、事件、不符合等）处理记录的管理；④安全偏离纠正和预防措施的执行管理；⑤安全运行管理体系绩效与监督管理；⑥车间制造现场存在的有害与危险品的有效管理，相关操作应按如下依从性管理要求执行。

5）依从性管理

依从性管理是制造企业为保证生产过程遵从相关法律、法规、标准等要求而进行的质量与安全保障活动。

6．资源管理与维护

车间制造资源包括车间作业所需的设备、工具工装、人员、文档、能源及其他辅助资源，针对这些资源的管理活动包括需求、检测与维护、流转与分发、计量、报废、转移等。

1）设备管理与维护

设备管理与维护是指对车间生产设备及其备件进行需求、维护、维修、报废、转移等活动的管理。主要业务子活动包括：①建立车间设备及其备件台账；②监测、记录车间设备运行状态并存档,包括设备实时状态及运行参数,设备运行的台时记录、事故记录,设备生产日志、交接班记录和合格产量,日常设备维护记录,设备的故障停机、维修、备件更换记录；③根据设备运行的监测对异常情况进行报告、报警处理；④响应设备运行异常情况,对故障设备进行维修；⑤对设备停机原因进行追踪与分析；⑥制定、审批、下达和执行维护与预防性维修计划,并向车间作业计划活动报告设备的不可用期；⑦对生产设备备品、备件的计划和采购进行管理；⑧统计设备利用率、设备故障停机率或设备有效作业率；⑨统计并形成完备的设备运行数据档案历史；⑩为其他业务活动提供设备状态数据。

2）工装工具管理

工装工具管理是指对车间生产相关工装工具进行需求、计量、维护、维修、报废、转移等活动的管理。主要业务子活动包括：①建立车间工装工具台账；②车间工装工具的计划管理；③车间工装工具日常维护管理；④车间工装工具维修；⑤车间工具计量管理；⑥统计形成完备的工具档案历史；⑦为其他业务活动提供车间工装工具状态数据。

3）人员管理

人员管理是指对车间生产所涉及的各类角色在不同工作进程中的管理和配置活动的管理。主要业务子活动包括：①建立车间人员基本信息记录与存档；②对车间人员完成工时或工件数量进行记录与存档,并为车间员工计件或计时薪酬提供依据；③车间人员出勤、旷工等考勤信息记录与存档；④车间人员配置管理；⑤车间人员工作历史及技能概述记录与存档,如加工产品质量、工作业绩及缺陷等。

4）能源与环境管理

能源与环境管理是指对车间水电气能源消耗和环境参数的管理。主要业务子活动包括：①水电气能耗数据采集与可视化；②水电气能耗分析；③重要环境参数数据采集与可视化；④车间环境视频监控。

5）制造文档管理

制造文档管理涉及车间制造过程中的有关制造文档、数据的存储、转换、备份、恢复和冗余等管理活动。主要业务活动包括：①制造文档与数据的记录及保存；②对制造文档在车间流转、签发、审批过程的跟踪和控制；③制造文档与数据的融合与查询；④制造文档与数据的备份与重建；⑤技术文档状态跟踪管理,即对技术文档的接收、版本跟踪、反馈等进行管理,涉及技术文档的接收与版本确认、技术文档的版本跟踪与控制、技术文档执行情况记录与反馈报告、技术文档的回收。

制造文档包含但不局限于以下项目：车间作业标准及规范、工作指令、工艺文件、工程图纸、工程更改单、控制系统程序、工作流转文件、工作历史数据、质量数据及报告、质量卷宗(履历本)管理、异常报告。

8.2.2　数据应用视角

从数据应用视角来看,MES 采集来自底层设备的控制系统和其他软件系统(PLM、ERP 等),实现数据管理和自动流转,进而实现数据的可视化和分析应用。4 个关键环节如下。

1. 数据描述与建模

MES 管理车间生产过程中的计划与执行数据,以及人、机、料、法、测、环、能等状态数据,数据种类非常多,数据库表可能多达几百张甚至千张以上。MES 的相关标准(IEC 62264、SJ/T 11666 等)都对 MES 中各子模块的输入、处理和输出数据进行了详细而规范的定义,然而即便如此,具体到某行业或某企业,仍然有大量的数据个性化定义需求。MES 要处理的数据可以简单归为 4 类:

(1) 定义类数据:规定如何制成产品,涉及产品定义、维护定义、质量定义和库存定义等内容,通常包括 BOM、工艺路线和工艺文件、作业指导书、三维设计/工艺模型、质量体系要求、设备维护要求、NC 代码等数据,这些数据主要来自 PLM/CAPP/CAM/ERP 等系统,生产现场也可能对定义数据进行临时更改。

(2) 资源类数据:表示哪些资源可用,并反馈其实时状态和能力信息。制造资源数据部分来自 ERP 系统(比如其 EAM 资产管理模块)或仓储物流系统(比如WMS),大部分则是生产现场所采集的数据,即人、机、料、法、测、环、能等实时状态数据。能力信息包括生产能力、维护能力、质量测试能力和库存能力。

(3) 计划与调度类数据:规定要做什么,包括生产、维护、库存物流、质量等活动的计划与请求数据。

(4) 档案与绩效类数据:表示实际制成结果,包括产品质量档案、维修维护记录、物料消耗记录、统计绩效(KPI)等数据。ISO 22440 标准对于制造车间的 KPI已有规范定义。

2. 数据采集与集成

MES 输入数据的获取方式主要有两种:一是通过数据采集平台获取设备数据;二是通过系统集成方式获取其他软件数据。

1) 通过数据采集平台获取设备数据

具体包括生产进度及在制品数据采集、设备状态数据采集、物流数据采集、质量数据采集、环境数据采集、人员状态及位置数据采集等。以艾普工华的数据采集平台为例,如图 8-10 所示,通过边缘采集终端和智能感知终端,建立统一通信协议管理,通过各种通信方式与现场设备、物料、人员进行交互,实现企业生产现场的机联、物联、人联。通过对现场物理实体的连接与统一管理,实现对生产信息、物流状态、人员、能源环境等数据的监控与采集。该平台的特点如下:

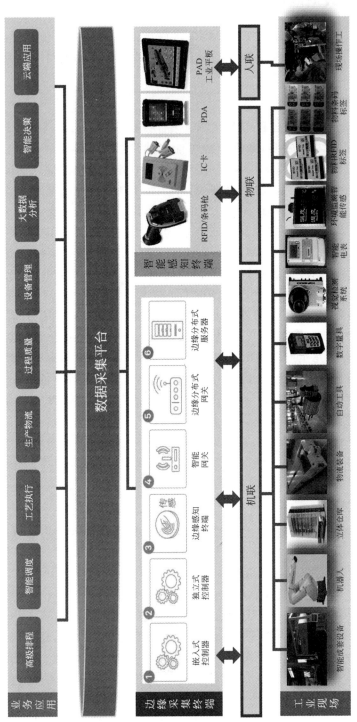

图 8-10　数据采集平台示例

（1）支持主流通信协议，如 OPC、工业总线（PROFIBUS、DEVICENET、CAN、ControlNet、INTERBUS、CC-Link 等）、串口通信（Modbus、RS-232/485 等）；也支持各种主流通信方式，如 NB-IoT、RFID、有线以太网、蓝牙、无线 Wi-Fi、4G/5G、ZigBee 等。

（2）支持主流数控系统，包括 FANUC、西门子、三菱、海德汉、力士乐、NUM、FAGOR、MAZAK、华中数控、广州数控等数控系统；支持常见智能设备的数据采集，如数控机床、机器人、PLC、辅助机构智能电表、风速监测装置、流量计、RFID、视觉识别检测设备等。实时采集智能设备参数，包括坐标、扭矩、压力、电流、电压、温度、转速、流量，物料状态，环境温湿度等。

2）通过系统集成方式获取其他软件数据

MES 与 ERP、PDM/PLM、SCM、WMS 等系统都有信息交互，常见的软件集成方式包括中间文件接口、数据库中间表、WebService 等。有些 MES 产品还提供了数据中间件。以艾普工华的 MDI 数据集成平台为例，如图 8-11 所示，该平台支持多任务并发与大数据量的抽取转换处理，执行效率高，可通过可视化方式实现复杂集成操作，实现对集成接口的监控与定时、定频调度，还可用于检查数据有效性和一致性，并提供集成日志，可对集成历史进行反查。

3. 数据管理与自动化流转

MES 的数据通过数据库来存储管理。在石化、钢铁等流程行业，一般会用到两类数据库：实时数据库和关系数据库，前者存储频率高、实时性要求高的状态与控制数据，后者存储一般的业务数据；在离散制造行业，多仅用 Oracle、SQLServer 等关系数据库。近年来随着边缘计算和云架构的兴起，综合使用内存数据库（比如 Redis）、分布式数据库（比如 HBase）和关系数据库的情况也逐渐流行，还可以通过集群部署或者公有云/私有云的方式进行分布式存储管理。

数据的自动流转主要通过工作流引擎和消息中间件等方式实现，在 MES 系统中已经非常普及。

4. 数据可视化与分析

数据可视化是对 MES 的基本要求，通过对 MES 所管理生产过程数据的统计分析，可以生成各种数据报表和图表，通过电子看板、中控室大屏、手机/平板/电脑等终端实现可视化，也可以在三维虚拟车间以透明报表形式进行呈现。

在产品的生产制造过程中常常伴随有大量的数据，如产品的各种加工条件或控制参数，这些数据反映了每个生产环节的状态。通过对这些数据的挖掘分析，并应用分析的结果，有助于实现基于制造系统现场数据的制造系统实时反馈闭环控制，保障制造系统稳定、可靠、经济、高效运行。MES 中常见的数据分析需求如下：

（1）制造系统状态监控与预测。通过制造系统运行历史状态数据及当前运行状态数据的分析，实现对制造系统状态的实时监控与分析。主要包括：①生产资源（如机床、刀具等）状态监控与预测，保障生产资源处于良好的运行状态，避免故

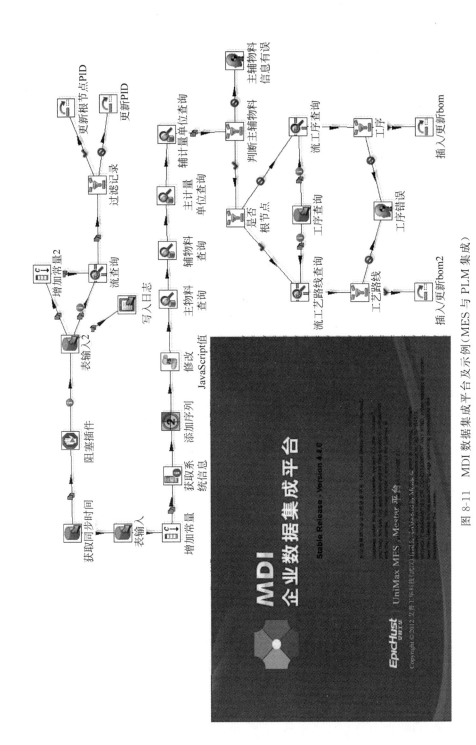

图 8-11　MDI 数据集成平台及示例（MES 与 PLM 集成）

障发生;②车间生产任务监控与预测,对车间生产任务完成情况进行分析与预测,保障车间生产任务按时完成;③产品生产过程质量监控预测,对产品生产过程质量予以实时监控与预测,提高产品生产合格率,保证产品生产过程质量水平。

(2)故障及问题溯源。对制造系统状态信息进行实时记录,当错误发生时,有助于定位问题原因。包括:①设备故障溯源,针对设备故障信息及历史维护信息或知识库,根据设备当前运行状态定位设备故障,便于维修;②产品质量问题溯源,通过对影响产品生产过程质量的各种因素状态数据进行分析,确定质量问题的原因。

(3)生产过程优化。通过对制造系统运行历史数据的分析,找出制约制造系统运行效率的关键因素与瓶颈,并加以改进;通过产品质量及其影响因素之间的分析,找出改进产品质量的策略;还有可能提出新的更高效节约的控制模式,从而为制造厂家带来极大的回报。

(4)决策支持。通过统计分析、数据挖掘等技术,对制造车间积累的业务数据进行分析和提炼,总结出通常不易发现的、具有一定指导意义的结论性信息,为企业管理者提供宏观决策的分析功能。图 8-12 是某企业针对 MES 中采集的时间数据进行价值时间分析。

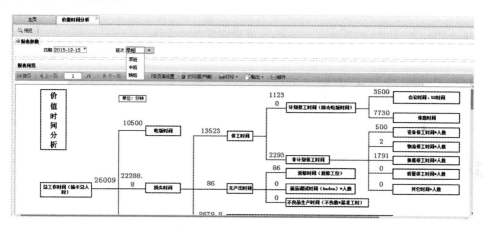

图 8-12 价值时间分析案例

8.2.3 体系架构视角

自从 MESA 提出 MES 的功能模型之后,学术界和工业界都非常关注 MES 的体系架构研究,主要研究成果包括可集成 MES、支持网络化制造的 MES、可重构 MES、可适应 MES、可配置 MES、基于制造物联的 MES、面向云服务的 MES、基于移动计算和云技术的 MES 等。这些研究在不同阶段从不同侧重点角度进行探讨,推动了 MES 体系架构的发展。目前正在兴起的是面向 CPS 的 MES 架构,该架构具备如下特点(能力):

(1)面向异构单元的 CPS 数据集成能力:针对智能传感、数控系统、控制系统等多种类的智能单元,构建支持多种通信协议及解析的实时数据集成平台,实现与物理单元的数据的互联互通。

(2)基于边缘计算的分布化实时控制能力:针对现场实时智能控制的需求,基于边缘计算装置,通过嵌入化程序、模型和智能算法,可实现现场终端分布化实时控制,提升现场的实时响应速度和控制效果。

(3)分布化的事件实时驱动的闭环业务流能力:实时数据自动映射为信息事件,按"人、机、料、法、测、环、能"维度驱动业务流转与协同化作业,并将执行指令下达到设备或人员。

(4)基于实时数据的高级排程和智能调度能力:依据现场实时的生产状态、设备状态等信息,通过多种排程策略算法实现高级排程,并将排程结果自动下达到智能装备。在生产执行过程中实时根据现场生产、物流、质量、设备等的状态,进行任务的动态调度,实现高效生产。

(5)实时数据驱动的大数据分析与预测能力:利用工业大数据进行智能分析,根据实时数据对质量、工艺、设备、物料等进行趋势分析和预测,指导实际生产。

(6)全局数字化建模和三维虚拟仿真控制能力:按组织、工艺、设备、业务等维度进行工厂数字化建模,实现物理与信息的对应。在此基础上通过实时数据驱动三维虚拟仿真,同时可通过三维虚拟仿真实时控制物理装备运行。

(7)支持云化部署能力:产品基于安全的工业互联网平台,支持云服务技术,包括订阅部署、多租户管理、应用托管、二次开发等技术,可为大型企业构建私有云,为中小企业提供公有云服务。

8.3 MES产品实现

8.3.1 MES产品架构的特点

如前所述,个性突出是MES的主要特点,和PLM、ERP等其他工业软件相比,MES的产品化较为困难,在企业应用过程中,往往有大量的功能需要定制开发。一个成熟的MES产品体系架构应该包括3部分:MES基础平台、行业功能构件、企业定制功能。

(1)MES基础平台。MES基础平台如同大楼的地基,它不直接面向使用用户,只为上层应用提供各种与业务无关的基础服务,如权限认证、安全管理、资源管理、事务、数据管理等。一般而言,其功能至少应涵盖数据建模、流程定义、功能开发、报表定制、基础支持等方面。性能和稳定性是对MES基础平台的基本要求。具体包括:高度的可复用性,分层和完全开放的系统结构,快捷的开发和适应性,良好的可配置性和可扩展性,系统健壮稳定、性能高、安全性强,等等。一个功能比较完整的MES基础平台示例如图8-13所示。

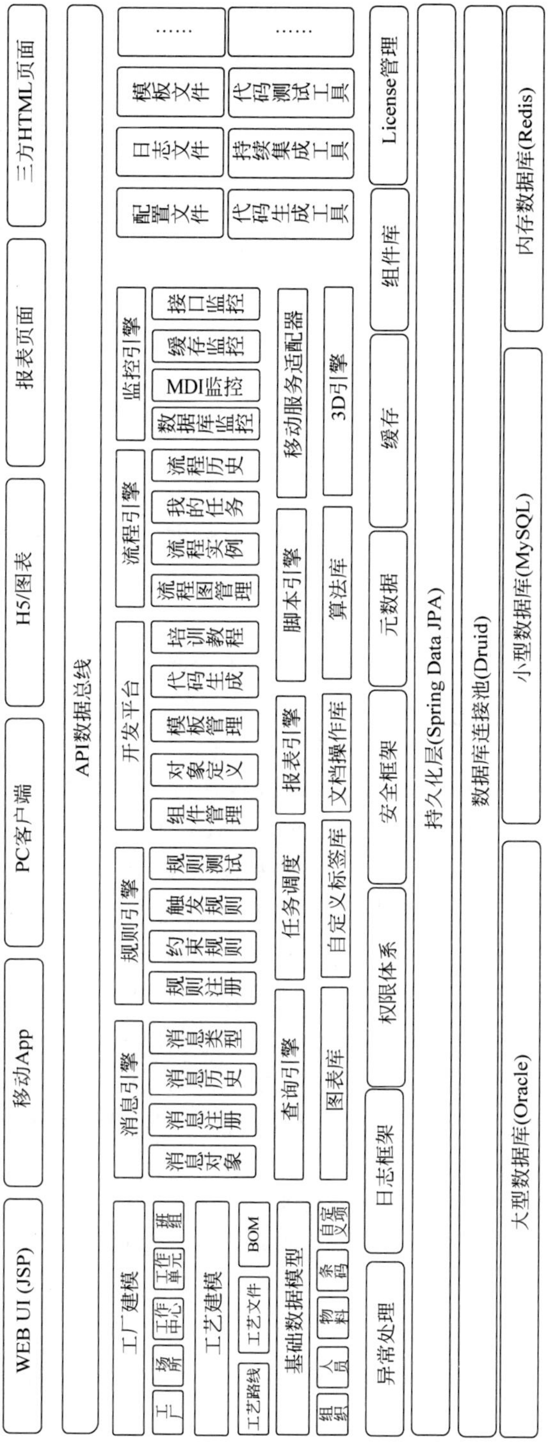

WEB UI (JSP) | 移动App | PC客户端 | H5/图表 | 报表页面 | 三方HTML页面

API数据总线

消息引擎：消息对象、消息注册、消息历史、消息类型

规则引擎：规则注册、约束规则、触发规则、规则测试

开发平台：组件管理、对象定义、模板管理、代码生成、培训教程

流程引擎：流程图管理、流程实例、我的任务、流程历史

监控引擎：数据库监控、MDI监控、缓存监控、接口监控

组件库：配置文件、日志文件、模板文件、代码生成工具、持续集成工具、代码测试工具

License管理

查询引擎、图表库

任务调度、自定义标签库

报表引擎、文档操作库

安全框架、元数据

移动服务适配器

脚本引擎、算法库

3D引擎

缓存

工厂建模：工厂、场所、工作中心、工作单元、班组

工艺建模：工艺路线、工艺文件、BOM

基础数据模型：班组、人员、物料、质量项

异常处理

日志框架

权限体系

持久化层(Spring Data JPA)

数据库连接池(Druid)

大型数据库(Oracle) | 小型数据库(MySQL) | 内存数据库(Redis)

图 8-13 MES 基础平台（UniMax Mestar）

（2）行业功能构件。按 MES 的应用领域，一般可分为流程行业、离散行业和混合行业。其中离散行业可进一步分为作业型、流水型、混合型等子行业。船舶、重型装备等属于作业型制造，汽车、家电、电子等属于流水型制造，航空、航天等属于混合型制造。通过对行业或子行业的深耕，可以抽象出若干共性功能构件，并在 MES 产品中固化下来。

（3）企业定制功能。即便同一行业甚至同一集团企业的多个子公司，每个个体企业对 MES 产品仍然存在若干个性化需求，这源于数据格式、流程模型、业务规范等方面的差异，这些功能只能在项目实施过程中进行定制开发。

8.3.2　UniMax 产品简介

UniMax 是艾普工华研发的 3 层（控制层、执行层、指挥层）MOM 产品套件，如图 8-14 所示，主要构成如下：

运营管理软件

（1）控制层提供了数据采集与实时生产过程控制 UniMax RPC 产品，支持面向企业生产现场的大量异构自动化设备实现制造数据的实时采集、集成与控制；

（2）执行层由高级排程 UniMax FPS 系统、制造执行管理 UniMax MES 系统、动态物流监控 UniMax DLS 系统等组成；

（3）指挥层通过生产运营监控 UniMax PCT 系统，采用统计与大数据技术，结合可视化展现方案，帮助决策者整体掌控车间生产状态，及时修正业务偏离，减少各组织间沟通成本。

UniMax 的基础平台 Mestar 采用多层结构，其持久层负责将内存中的制造数据保存到持久化媒介上，支持 Oracle、MySQL、MS SQL Server 等各种关系数据库；基础平台层 BPP 负责与具体业务无关的相关引擎、规则、标签库、适配器等，用于支持不同类别的上层业务；技术平台层 FPP 负责与制造业务有关的工厂建模、工艺建模、业务流程建模等环节，提供强大的对象建模能力；开发工具库为支持产品的快速开发提供相关组件和开发工具，并定制开发提供工具。

模块化的制造执行系统 UniMax MES 通过对企业核心业务流，如计划、执行、物料、质量、设备、资源及现场等业务的闭环管理，实现上层计划、现场执行与底层设备的信息流打通，帮助企业实现精细化、透明化生产管理。UniMax 在满足 8.1.3 节中介绍的各类标准的基础上，也扩展了一些功能，见表 8-5。

UniMax MES 产品中各单元模块之间采用了松耦合设计，根据企业情况及需求，既能紧密集成形成统一的管理系统，也能独立运作发挥应有的价值。其主要功能特点有：

（1）功能全面：包含完整的业务组件，适合多种生产模式。功能模块如生产建模、生产调度、生产执行、现场管理、在制品管理、物料管理、仓库管理、设备管理等，都已分别在汽车及零部件、轨道交通、航空航天、电子家电、输变电设备等众多行业得到了深入应用。

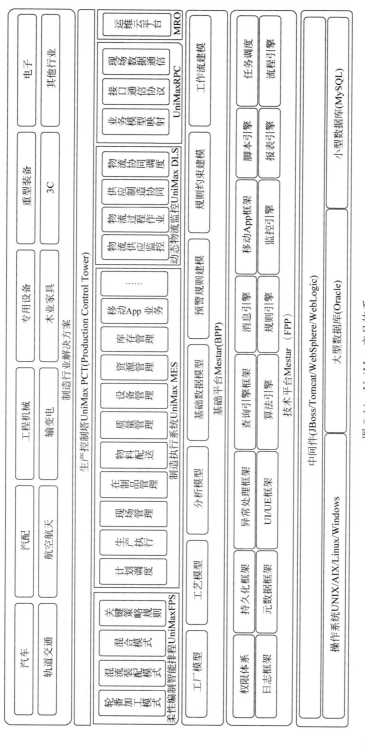

图 8-14　UniMax 产品体系

表 8-5　UniMax 的 MES 扩展功能

序号	模块名称	模块描述
1	生产计划管理	(1) 支持中国制造企业的 ERP 不同的应用情况： • 根据制造企业的 ERP 应用情况，基于 ERP 中的主生产计划，在 MES 中基于生产资源进行工单排程，转化为车间的生产任务 • 直接应用 ERP 系统中的生产工单，在 MES 系统中进行排序，确定最终的生产任务 (2) 根据工单排程结果形成可执行工单，对可执行工单进行任务派工，生成派工单，下发至车间制造终端、智能装备
2	生产执行过程管控	(1) 实时数据采集 (2) 在制工单监控 (3) 智能装备与人之间的指令调度 (4) 智能装备与智能产品之间的参数协同 (5) 生产数据统计分析
3	制造现场管理	(1) 异常闭环管控(制造业务、智能装备) (2) 精益可视化看板 (3) 产品制造与工艺数据协同化管控 (4) 智能产品身份识别
4	物流调度	(1) 结合供应商的制造进度、配送进度调度生产任务 (2) 厂内精益化物流体系建设
5	质量管理	(1) 质量管理体系深入应用 (2) 在制品、原材料和产成品质量管控 (3) 数据档案归结，为智能服务提供数据支撑
6	设备管理	(1) 智能装备资产生产周期监控(TPM) (2) 智能装备运行参数调度 (3) 智能装备运行状态监控
7	制造资源管理	(1) 制造资源(工装、模具、刀具、夹具、量具等)生命周期监控 (2) 制造资源库存数据协同
8	人力资源	(1) 人力资源绩效 (2) 人力调度与装备协同优化
9	核心业务支撑平台	(1) 集团级业务支持 (2) 通过多级建模机制完成业务扩展 (3) 参数(调度、规划、分发)自定义 (4) 图形化业务、网络、应用的监控和运维服务支持
10	客户化定制体系	(1) 图形化自定义研发体系 (2) 业务级的研发体系

（2）高稳定与高性能：提供了对大数据量和高访问量的支持、集群部署和业务分离部署支持、数据高安全性支持、数据同步支持等，能够确保 MES 为制造业用户提供一致的高可用性。

（3）高易用性：提供了可视化建模，能够快速搭建工厂业务模型。比如生产建模模块，提供了树形层级建模，可以清晰展现车间的逻辑模型；再如物料配送模块，提供了多策略物料配送可视化定义，提供了可视化配送路径建模，方便使用者直观定义配送过程。

（4）高灵活性与柔性：支持流程、规则、脚本等多种定义与配置，业务有小幅变更时能够及时应对。比如，该产品提供了自定义计划处理流程管理，支持制造行业小批量的混流生产；通过业务引擎支持，可动态配置质量异常审批角色与流程。同时，该产品提供了较为强大的开发工具库，通过规则定义和组件化，提高定制开发效率。

（5）易集成：支持多种协议的底层设备数据采集，并为 ERP/PDM/CAPP 等上层管理软件集成提供制造数据集成（manufacturing data integration，MDI）工具，同时，通过强大的持久层，支持各种异构设备的数据采集和软件集成，并简化集成过程；支持通过可视化方式实现复杂集成操作，减少实施、开发工作量，提升交付速度。

（6）可扩展性强：支持业务功能扩展、业务量扩展、流程变化配置、多工厂复制，支持集团级部署与多工厂异地部署等业务。

8.4　MES 典型行业应用案例

8.4.1　汽车制造行业案例

1. 汽车整车生产流程简介

自福特公司于 20 世纪初创立世界上第一条汽车流水生产线以来，汽车制造行业已发展成为一个庞大的生态体系。汽车上使用着数千种零部件产品，大至发动机，小至螺钉。同时，汽车从毛坯加工到整车装配过程中，也需要采用数十类不同的制造技术，汽车生产过程是一个产业链协作的过程。也就是说，汽车生产过程一般由若干不同的专业生产厂（车间）合作完成，需要零部件厂商和整车生产厂商的紧密配合。

为了经济、高效地制造汽车，各零部件制造厂商和整车生产厂商组成了完善的供应链体系，按协作原则组织生产、分工合作。在这种合作模式下，形成了汽车整车企业和专业零部件厂商两大阵营。一般来说，发动机、变速器等关键零部件的生产主要被汽车整车厂商所掌握，而轮胎、玻璃、电器、车身内饰件与其他小型零部件等，多靠专业零部件厂商生产。

汽车整车生产流程如图 8-15 所示，需要经过车身冲压、车身焊装、车身涂装和整车总装的四大生产工艺车间。汽车制造过程的发起，通常是由整车生产企业从市场获得订单或者按照市场预测制定生产计划开始的。整车企业按照上述生产计

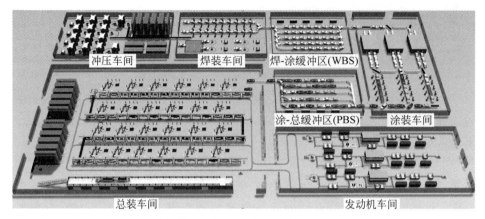

图 8-15　汽车整车生产流程示意图

划排定车身冲压、车身焊装、车身涂装、整车总装配各个车间的作业计划,各个车间再按照各自需求排定向上游车间、仓库或供应商的物料需求计划,并通过信息化手段通知到零部件供应商。零部件供应商按照上述计划将整车企业所要求的物料按时、按量、按序配送到指定地点。整个过程还需要根据需要加入物料二次分拣、物流、质量检验等环节,汽车生产的体系就流动起来了。

2．对 MES 的特殊需求

汽车整车制造属于典型的离散制造混流装配生产模式,大部分 MES 的标准功能都适用于该行业,可参考本章前两节对 MES 标准功能的描述。与此同时,汽车生产模式也有其较为独特的内容。一方面,汽车产品结构复杂,导致生产模式跨度大(涵盖橡胶、玻璃、铸造、锻压、注塑、电子、机加等 10 多种截然不同的生产模式),工艺流程长(仅整车装配就包含冲压、焊装、涂装、总装四大工艺车间);另一方面,产量大(单线年最大产能可达 20 万台以上)、品种多(可支持 10 余种车型混线生产)、节拍快(可达 50s 以内下线 1 台车)。在以上两方面因素的累积效应下,汽车整车制造行业对于生产排产、物料配送、质量控制等方面都有诸多个性特征,需要 MES 支持并实现。主要有以下需求。

1）对生产排产的需求

汽车行业企业大多数采用 JIT(just in time)生产方式和精益生产理念。JIT 和精益生产的总体目标是形成一个均衡、快速响应和减少浪费的生产系统。具体来说,主要有以下目标:

(1) 消除中断:减少由于设备故障、进度安排改变、送货延迟等造成的生产停滞;

(2) 使系统具有柔性:提高对品种、产量变化的适应性;

(3) 减少换产时间与生产提前期;

(4) 存货最小化;

（5）消除浪费。

如图 8-15 所示，汽车整车生产涉及冲压、焊装、涂装、总装四大工艺，冲压主要采取批量生产方式，焊-涂-总装 3 个车间则是关联相对紧密的连续装配生产方式。因此，整车生产排产往往分为考虑整体 JIT 目标的冲压排产和装配排产两个部分。车身冲压的排产需要同时面向焊装需求和库存，要求减少换模次数，考虑经济批量和最小化库存成本。而装配排产又需要考虑焊-涂-总多个车间关联排产的各自约束和目标。

2）对物料准时配送的需求

汽车整车生产节拍快、品种多、结构复杂，在装配车间中，每天有数千万计的物料需要按照要求的时间、数量、顺序送到指定的地点。为提高物流和生产效率、降低生产成本并减少出错，汽车整车企业对物流系统不断提出新的要求。比如：

（1）采用多种形式的看板和 Andon 系统，提升物料周转效率和响应速度，降低物料存货成本；

（2）要求部分物料严格按照时间、数量配送到线边，减少线边物料堆放，降低存货成本；

（3）对于某些工位的物料要求严格按照生产顺序送货，减少生产线边操作人员判断物料类别的时间，减少物料装错的概率；

（4）要求对某些物料提前二次分拣后以台套组合方式按照顺序送货，减少线边装配操作人员取放物料的时间，减少错装漏装概率。

上述要求在多供应商供货情形下更为复杂，比如要求同车的左右件物料为同一供应商生产，而左右件分属于不同工位分别配送等。为满足上述要求，整车物流体系中设置不同的二次分拣区和中转库，并对 MES 提出更高的精细化管理需求。

3）对质量控制系统的需求

随着客户对汽车质量的要求越来越苛刻，整车企业在质量提升方面不遗余力，按照市场调研公司 J. D. Power 的统计，2019 年汽车行业 PP100（每 100 台车的问题点数）行业平均值保持在 93，意味着平均每辆新车缺陷数不超过 1 个，对于汽车这样由数万零件组成的大型产品而言，其质量已经达到很高的水准。除前面所述在物流体系中采用各种方法防错防漏之外，在汽车整车制造过程中，也需要建立完善的质量保证体系来进行质量控制。比如：

（1）设置质量门，没有达到质量要求的产品不能通过质量门；

（2）在生产过程中对质量缺陷的类别、位置、描述进行实时记录，开展趋势分析，辅助未来质量提升；

（3）通过对关键重要零件进行实时采集、实时判断，防止出错，为质量追溯提供基础；

（4）与制造装备和质量检测设备集成，实时记录实际质量状态，并在出现质量超差时实时报警；

（5）提供完善的整车质量数据，建立完整的整车电子质量档案，为整车全生命周期的质量管理提供基础；

（6）为满足整车生产效率要求，还要求 MES 提供有效手段来提升质量控制的效率，比如采用简码、拍照、图形方式，简化质量数据录入。

4）其他需求

为满足行业法规，整车制造企业还有很多特殊的行业需求。比如：

（1）WBS\PBS 缓冲区的透明化与路由控制；

（2）VIN 码实时传输与打印；

（3）采用配置清单进行装配指导；

（4）燃油标识、一致性证书、环保信息的打印，并与监管部门系统对接等。

3. MES 主要功能模块

汽车整车制造行业一直在寻求打造更高效率、更高质量、更低成本的多品种混流装配生产模式，使用 MES 的功能比较全面。主要包括以下几种模块。

1）基础数据模块

涉及基本的系统管理员功能，如角色管理、权限控制；制造业务的基础数据管理，如产品信息、工位信息、物料基本信息等；工厂的整体结构信息，如工厂建模、工艺建模等。

2）计划管理模块

涉及生产计划的模型建立、计划导入、计划编制（分解、排序、调整与发布）等。如前所述，生产计划一般会涵盖冲压生产的排程功能和装配生产的排序功能。除此之外，生产计划管理在下发生产计划的同时，还会触发一些相关的功能，比如 VIN 初始化、作业指导（配置清单）打印等功能。

3）AVI 车身跟踪模块

自动车体识别（automatic vehicle identification，AVI）是汽车行业的特殊模块，在通常 MES 模块划分里应该属于生产执行与监控模块的一部分。其主要作用是采用自动化识别手段对在制的车身进行自动化跟踪，以便操作人员随时了解车体的位置与状态。目前自动化识别所使用的主要技术有条码、RFID 或 UWB 等。

4）PMC 生产监控模块

生产监控系统（production monitoring and control，PMC）是汽车行业的特殊模块，在通常 MES 模块划分中应该属于生产执行与监控模块的一部分。它的主要功能包括设备工艺数据下发、设备数据采集、设备运行监控、SCADA 图形化展示和工艺防错等。这个功能的主要目的是在设备运行状态透明化的同时，对设备所需要的工艺参数进行管理，采集设备工艺数据，实现工艺防错，并为产品质量档案提供部分基础数据。

5）现场管理模块

汽车整车行业的现场管理主要有两个方式：Andon 和电子看板。生产车间通过不同类型的 Andon 对设备、物料和生产异常进行提示和管理。比如,在生产过程中出现质量缺陷、物料短缺、设备故障等问题时,操作人员可通过现场 Andon 呼叫帮助。Andon 与电子看板结合,可以通过有效的方式提示管理人员各类异常以及出现的时间。由于移动应用的普及,越来越多的车间增加了手机或移动终端 App,来实现多样化的 Andon 呼叫和电子看板展示。

6) 物料管理与配送模块

物料管理与配送是汽车行业比较关注的功能,主要包括入场收货、仓库管理(包含出入库、盘点、移库、退库等)、库存预警、二次分拣、厂内物料配送、供应商协同等。供应商协同主要是将现场需要的物料同步分解后实时发送给供应商,或者推送到专用的供应商协同平台,以保证物料需求信息实时送达。供应商协同功能通常可以与入场收货功能实现打通,供应商送货入厂时就可以直接将送货清单与送货车辆、人员进行绑定,以提高入厂进闸和收货点检效率。对于仓库管理功能,有很多企业也采用独立的 WMS,其功能更为强大。

7) 质量管理模块

汽车行业有自己的质量标准管理体系 ISO/TS 16949。目前要进入欧美整车企业的零部件供应体系,满足该体系的要求已经成为基本选项。ISO/TS 16949 对达到质量标准的汽车行业制造企业提出了一些规范性要求。比如,要求获得 ISO/TS 16949 认证注册的公司,必须具备有至少连续 12 个月的生产和质量管理记录,包括内部评审和管理评审的完整记录;为所有与产品质量相关的操作人员提供方便现场查询的作业指导书;建立并实施生产工装管理系统;在生产和服务全过程采用适当的方式标识产品,防止不同类型及规格的产品混用或错用;形成全过程产品质量追溯;建立库存管理系统,优化库存周转期,确保货物按照“先进先出”(FIFO)方式周转;适当收集质量数据,合理使用统计技术进行分析,并采取纠正/预防措施确保质量管理体系被有效执行等。上述标准要求都已成为汽车 MES 质量管理模块的基本功能,有些也对仓库管理、生产执行等其他模块提出了配合要求。同时,为满足追溯和客户服务要求,还要求建立整车关键零部件的数据采集与正反向追溯功能,并最终将关键质量信息和批次信息形成完整的整车质量档案。

8) 设备管理模块

汽车整车制造采用了大量的自动化产线与装备,包括机器人、冲压设备、激光焊接设备、自动加注设备、质量检测设备等。由于整个生产过程连续性很强,任何一台设备出现故障都会导致一条产线或者整个车间停止工作,因此汽车整车企业非常重视设备管理模块。设备管理模块一般包括设备档案管理、设备点检管理、设备保全管理、设备维护维修管理以及相关的统计分析功能等,针对设备的预防性维护功能受到了越来越多的关注。

9) 运营监控模块

运营监控模块一般由报表系统、中控室和指挥中心组成。报表系统就是常见的通过报表来体现生产现状的一些功能,随着大数据分析技术的兴起,不少企业也在想办法通过数据分析技术,充分利用已采集数据,获得传统报表所无法体现的有价值信息。传统的中控室主要是通过组态方式,显示生产线上的在制品数量、位置和状态,显示生产设备的工作状况,显示现场工作环境相关的传感信息等。由于传统中控室很难展现订单与物料消耗、生产效率等更综合和关联性更强的信息,也有越来越多的企业建立了生产指挥中心,采用更为灵活的手段,显示统计分析后的综合信息,更有效地辅助生产管理。

除上述功能模块之外,也有不少企业开始加强移动应用的功能,使得管理人员和操作人员随时随地能够获取实时的生产信息,并对相关功能进行控制。

4．典型功能案例

前面已大致给出汽车整车生产企业 MES 的基本功能全貌,下面将从具体实现角度展开介绍。汽车整车行业的 MES 非常复杂,在此主要围绕生产计划—制造执行—物流管控(含配送)—质量管控—生产指挥系统这一主线,针对若干典型功能介绍一些重要的细节。

1）工厂建模功能

为了建设一个有一定柔性配置能力的 MES,必须首先对工厂进行建模。工厂建模的目的是让 MES 知道系统的管理范围、层级结构、工艺路线、制造资源等基本数据和基本流程。图 8-16 示意了工厂建模的基本内容,由于允许层级自嵌套,该建模方式可以应对非常复杂的工厂结构。

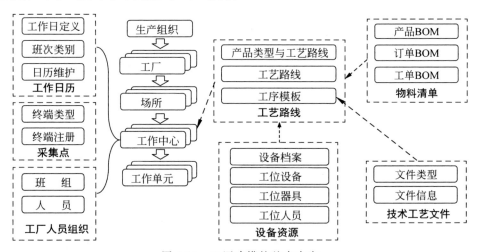

图 8-16　工厂建模的基本内容

通过工厂建模,可以将操作者与角色、制造资源进行关联,也可以将产品与工艺路线、物料清单进行关联。同时,由于可以定义设备可完成的工艺、工序,一个工艺路线就能够被定义成可变路径的柔性路线,为计划排程和生产调度提供依据。

除了基础建模外,每个业务模块也会有自身的基础数据和模型。比如物流模块,为了实现配送和仓储,还需要对仓库、库区、库位、收/发货道口、托盘等进行建模,如图 8-17 所示。

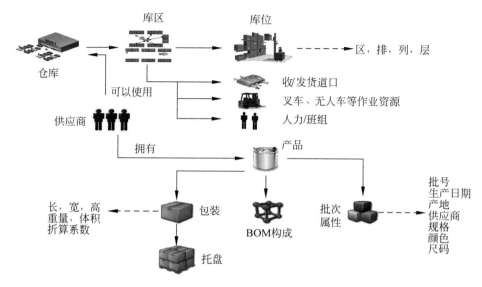

图 8-17　物流模块的建模示例

2）计划管理功能

汽车整车生产计划的源头来自 ERP,MES 接收 SAP 等 ERP 系统的主生产计划,并实现如下排程功能:①对生产订单/工单进行进一步调整,如分拆、冻结、撤销和更改工单数量、时间等;②根据预先设定的排程规则,系统自动将日生产工单分解成工单生产序列,并完成自动排程;③排程后可通过手工调整工单序列,调整完毕后选择工单进行发布;④对发布的工单生成产品序列号;⑤对未上线的工单支持撤单、拆单、插单、冻结等操作;⑥车间计划员与班组长通过实时生产报工,跟踪生产进度和异常情况,及时对作业计划和工单进行调整。由于车间生产计划对后续环节存在巨大影响,在系统排程之后需经过人工确认再进行发布。图 8-18 是一个典型的汽车整车生产排程流程示例。

由于涉及冲压和焊-涂-总装配两大类生产模式,车间工单排程内部逻辑相对复杂。有些企业在装配环节焊-涂-总装配车间采用同一个生产计划,也有些企业将焊-涂-总装计划分开。而装配环节的排程,又对冲压车间的排程形成了拉动关系。图 8-19 是一个冲压计划、焊-涂计划、总装计划 3 层计划的例子。

3）AVI 车身跟踪模块

完成生产排程并下发之后,在生产执行阶段需要对计划的实际完成情况进行单件跟踪。整车企业通常采用自动化和手工采集相结合的方式对在制品和生产情况进行跟踪。对于焊装、涂装、涂装车身缓冲区(painted body storage,PBS)、焊装车身缓冲区(welded body storage,WBS)等生产自动化较高的工艺环节,多采用

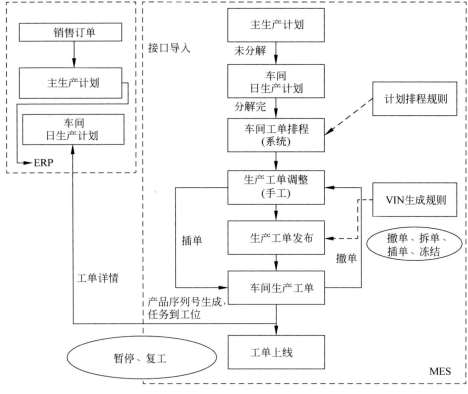

图 8-18　汽车整车生产排程流程示例

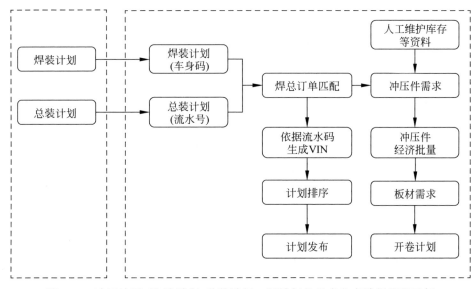

图 8-19　冲压计划、焊-涂计划、总装计划 3 层计划的整车生产计划流程示例

RFID 等方式自动采集车体的过点数据，也就是通过前面所述 AVI 系统对车体进行跟踪。AVI 系统跟自动设备控制系统有密切联系。图 8-20 是一个 PBS 监控及路由控制系统的示例，它不仅可以显示 PBS 中每个车道的车体数量和类型，还能够对车体在分叉、合并等环节的走向进行路由处理。

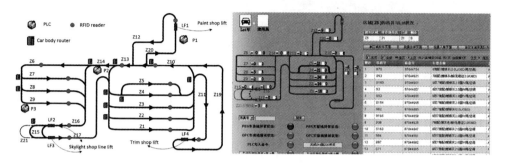

图 8-20　PBS 车体跟踪和路由控制

在总装车间，由于人工装配工作较多，大部分企业还是采用人工采集方式，通过扫描车体上或者跟车单上的条码进行采集。基于采集结果，可随时了解每一个在制品的位置和状态。图 8-21 是装配车间车身跟踪的例子。

	底盘号	完工状态	焊装订单号	焊装计划时间	涂装订单号	总装订单号	总装计划时间	最后采集时间	完工状况(焊装-WBS-涂装-PBS-总装-入库)		
5801	J1503827	成品车入库	C03J00341	2018-03-19	FJ3701178	FJ3701178	2018-03-23	2018-03-29 15:13:32	100%	100%	92%
5802	J1503842	涂装下线	C03J00334	2018-03-19	FJ3701168	FJ3701168	2018-03-23	2018-04-02 11:13:46	100%	100%	
5803	J1503463	总装合装下线	C03J00342	2018-03-19	FJ3701184	FJ3701184	2018-03-23	2018-03-28 16:49:30	100%	100%	42%
5804	J1503462	涂装下线	C03J00342	2018-03-19	FJ3701183	FJ3701183	2018-03-23	2018-03-24 16:12:13	100%	100%	
5805	J1503467	涂装下线	C03J00342	2018-03-19	FJ3701188	FJ3701188	2018-03-24	2018-03-23 16:32:15	100%	100%	
5806	J1503828	成品车入库	C03J00341	2018-03-19	FJ3701179	FJ3701179	2018-03-23	2018-03-28 19:01:50	100%	100%	92%
5807	J1503811	成品车入库	C03J00326	2018-03-17	FJ3701147	FJ3701147	2018-03-22	2018-03-27 16:05:26	100%	100%	92%
5808	J1503814	成品车入库	C03J00326	2018-03-17	FJ3701150	FJ3701150	2018-03-23	2018-03-26 13:55:10	100%	100%	92%
5809	J1503805	成品车入库	C03J00325	2018-03-17	FJ3701141	FJ3701141	2018-03-22	2018-03-26 10:36:58	100%	100%	92%
5810	J1503823	成品车入库	C03J00330	2018-03-17	FJ3701159	FJ3701159	2018-03-23	2018-03-28 11:25:07	100%	100%	92%
5811	J1503807	成品车入库	C03J00325	2018-03-17	FJ3701143	FJ3701143	2018-03-22	2018-03-24 10:49:16	100%	100%	92%
5812	J1503839	成品车入库	C03J00332	2018-03-19	FJ3701165	FJ3701165	2018-03-23	2018-03-26 13:55:09	100%	100%	92%
5813	J1503817	成品车入库	C03J00327	2018-03-17	FJ3701153	FJ3701153	2018-03-23	2018-03-27 16:05:29	100%	100%	92%
5814	J1503824	成品车入库	C03J00338	2018-03-19	FJ3701175	FJ3701175	2018-03-23	2018-03-28 14:55:16	100%	100%	92%
5815	J1503804	成品车入库	C03J00325	2018-03-17	FJ3701140	FJ3701140	2018-03-22	2018-03-28 16:17:49	100%	100%	92%
5816	J1503810	成品车入库	C03J00326	2018-03-17	FJ3701146	FJ3701146	2018-03-22	2018-03-28 11:25:05	100%	100%	92%
5817	J1503834	成品车入库	C03J00325	2018-03-17	FJ3701160	FJ3701160	2018-03-22	2018-03-27 16:05:31	100%	100%	92%

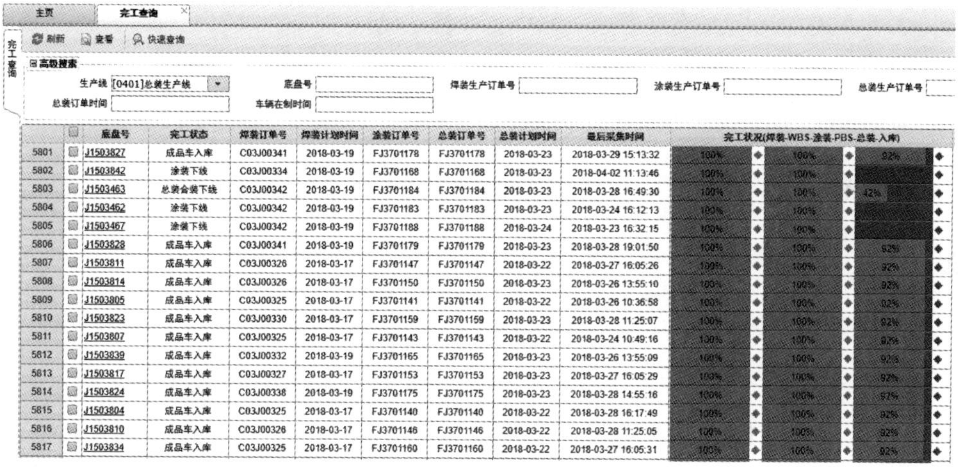

图 8-21　整车装配车间生产跟踪

也可对总装车间关键工序的完成状态做更细致地跟踪和管控，如图 8-22 所示。

4）PMC 生产监控模块

除了跟踪每一个在制品（车体）在车间的位置和状态之外，还采用 PMC 系统对车间自动化设备进行监控和管理。PMC 系统建立在车间内部网络上，通过自有的交换机和路由设备连接车间的生产控制、质量检测、Andon 等设备，形成相对独立的车间级工业以太网络。对于某些关键制造工艺或者质量控制工艺环节，PMC 可

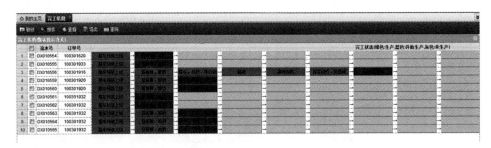

图 8-22　总装车间关键工序的完工状态跟踪

将工艺参数传递给现场制造装备或者质量控制装备，并实时获取实际执行完成的参数，如果相关参数超过预定设计值，会报警或者不予放行。图 8-23 示例了 PMC 系统对螺纹拧紧设备实际拧紧扭矩反馈值的采集结果。

	产品序列号	工位	扭矩值1	扭矩值2	扭矩值3	扭矩值4	扭矩值5	扭矩值6	扭矩值7	扭矩值8	扭矩值9	扭矩值10
1	29G100425712230310206	SF0050(气囊下支架螺栓拧紧)	468.3	465.7	466.6	465.4	467.3	465.3	466	469.1		
2	2902002031516371800026 3	SF0100(导向臂分装)	752.4	756.4	415.4	416.2						
3	29G300987712230310028	SR0050(U型螺栓拧紧)	746	745	747	749	746	750	746	745		
4	2902002031516371800024 2	SF0100(导向臂分装)	751.2	752.2	419.3	416.2						
5	29G300346712230310304	SR0090(上推力杆座螺栓拧紧)	345	347.4	345.5	345.5						
6	29G300987712230310027	SR0050(U型螺栓拧紧)	749	745	745	747	747	746	748	746		
7	29G100425712230310204	SF0050(气囊下支架螺栓拧紧)	465.2	465	466.6	465.8	465.6	466.3	465	454.8		
8	29G100425712230310205	SF0050(气囊下支架螺栓拧紧)	465.6	467.6	466	465.3	465.7	465.5	466	466.1		
9	290200203151637180002 48	SF0100(导向臂分装)	418.8	760	757.1	417.9						
10	29G100425712230310202	SF0050(气囊下支架螺栓拧紧)	466.3	465.9	465.1	466.3	466.5	465.7	466	465.6		
11	29G300346712230310303	SR0090(上推力杆座螺栓拧紧)	345.8	346	345.8	346.5						
12	29G300346712230310306	SR0050(U型螺栓拧紧)	745	745	748	745	745	747	745	745		
13	29G300346712230310302	SR0090(上推力杆座螺栓拧紧)	347	346	345.6	345.1						
14	29G300346712230310305	SR0050(U型螺栓拧紧)	745	749	748	745	746	745	749	747		
15	29G300346712230310301	SR0090(上推力杆座螺栓拧紧)	347.5	346.1	344.5	345.5						
16	2902002031516371800043 9	SF0100(导向臂分装)	749.9	756.1	419.5	415.7						
17	29G300346712230310304	SR0050(U型螺栓拧紧)	746	749	747	745	746	745	745	747		
18	29G100425712230300201	SF0050(气囊下支架螺栓拧紧)	465.9	465.5	467.3	465	465.6	465.8	465.4	465.5		
19	29G300346712230310300	SR0090(上推力杆座螺栓拧紧)	345.3	345.6	345.1	346.4						
20	29G300346712230310303	SR0050(U型螺栓拧紧)	745	745	748	745	746	745	746	745		
21	2902002031516371800024 5	SF0100(导向臂分装)	418.8	416.1								
22	2902002031516371800025 5	SF0100(导向臂分装)	755.5	759.3	417.1	417.5						
23	29G100239C712230310032	SF0050(气囊下支架螺栓拧紧)	466	465	465.7	465.6	471.9	466.3	473.8	467		
24	29G300346712230310299	SR0090(上推力杆座螺栓拧紧)	350.5	345.6	345.6	346.3						

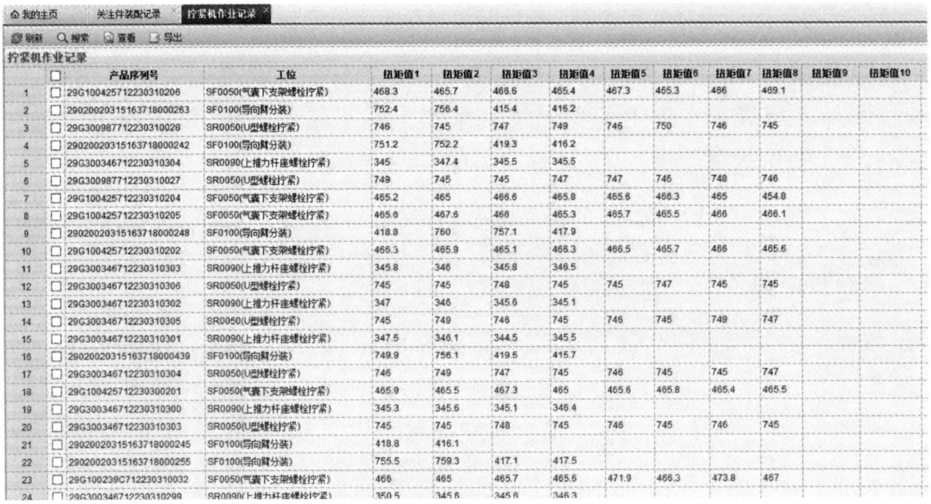

图 8-23　PMC 系统采集螺纹拧紧设备的实际拧紧扭矩值

为了能够实现对整车生产中全局信息的管控，大部分整车企业都会建立能够实时展示 AVI 和 PMC 全局信息的中控室。图 8-24 是某企业焊装车间的 PMC 中控大屏实例。如果设备出现故障，或者某些工艺参数超差，该展示系统会通过颜色、闪烁等方式结合音频及时告知中控室人员，以便及时处理，避免导致停线或质量事故。

5）物料管理与配送模块

物料管控是汽车行业 MES 中非常重要的一环。为了不断提高生产效率，汽车行业一直在把原本属于生产环节的在线操作离线化，其中很大一部分是将原生产工人需要完成的物料识别、取放、排序工作转移到离线物流一端，这使得生产线操作工人在工作负荷大幅减轻、作业效率大幅提高的同时，也减少了出错的概率。

在生产执行的总装上线环节，需要提前一定时间确定总装上线点各个车身的

图 8-24　焊装车间的 PMC 中控大屏示例

实际上线时间,以便物流部门和周边供应商提前准备物料,这个时间称为物料发布提前期。MES 会将即将上线的车型顺序、物料发布提前期、生产节拍和装配 BOM 进行分解,得到每一种物料的实际需求时间、数量和工位,再组织物流系统将各类物料按合适的配送方式配送到线边。

　　一般而言,物料配送中的物流节点主要包括供应商、仓库中心(通常是物流集散地、VMI 等)、当日库和线边库。图 8-25 示例了不同物料经过不同物流节点形成的配送路径。

图 8-25　由物流节点组成的物料配送路径

由于整车制造物流体系相对比较复杂,一个完整的物流体系不仅仅需要确定物流路径,还需要确定每个子路径上的物料配送模式。MES 系统提供了直观的图形化建模方式,如图 8-26 所示。每种物料都可以通过不同的路径、不同的包装、不同的配送模式被送至生产线边。比如从供应商直供线边、由供应商提前备货至当日库通过分拣后再配送至线边等,而每一个单独路径上,都需要确定具体的配送模式。

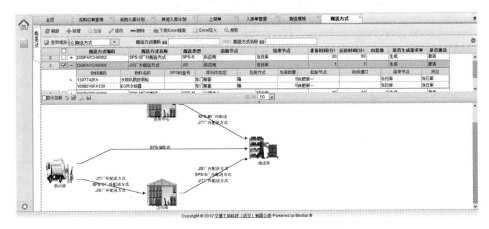

图 8-26　整车装配物流的图形化建模

前面描述的物流配送过程可分为厂外物流配送、仓储管理和厂内物流配送 3 个部分。因整车企业物料仓储与一般企业差别不大,下面重点介绍场外物流和厂内物流。

（1）厂外物流

厂外物流负责将分解后的实际物料需求(时间、数量、工位)发送给供应商,供应商根据该物料需求在短时间内组织发货。这个部分通过供应商物料拉动功能来实现。供应商可以登录整车厂商提供的物料拉动门户,将物料需求形成发货单(图 8-27),组织发运并跟踪发运过程,确保物料按照规定的配送模式准时到达指定地点。

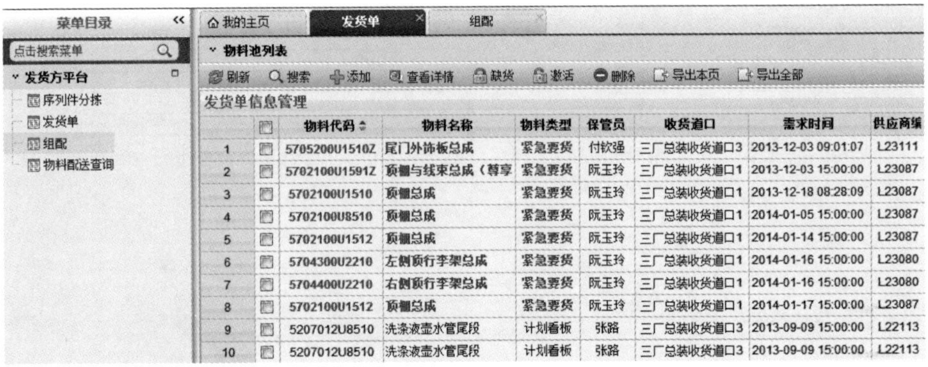

图 8-27　供应商物料拉动功能之供应商发货平台

MES 的物料拉动门户还需要为待配送物料生成收货清单,以便在物料送到时快速接收。收货单上一般会注明本次送达的物料、发货时间、收货时间和收货道口。图 8-28(a)是收货清单列表示例,一般收货清单随车携带;图 8-28(b)是收货单示例,一般附带在每个物料包装或器具上。

(a)　　　　　　　　　　　　　　　(b)

图 8-28　MES 物料模块的收货清单列表与收货单示例

(a) 收货清单列表示例;(b) 非货单示例

(2) 厂内物流

整车企业总装厂的内部物流中,采用的物流配送方式很多种,比如常见的看板和物料 Andon 方式。从定时和定量的角度来说,看板方式是一种定时不定量的配送方式,通过定时巡线,补充若干看板数量的物料。而物料 Andon 则是一种定量不定时的拉式配送方式,生产人员随时可以通过呼叫 Andon 来拉动某种物料,数量相对固定。

比较复杂的是既不定时又不定量的模式。汽车整车结构复杂、配置多样、总装车间生产节拍快,每天有数千万计的物料需要按照要求的时间、数量、顺序送到指定的地点。为提高物流和生产效率、降低生产成本并减少出错,整车行业大多实施了精益物流体系,除上述看板和物料 Andon 方式之外,还有序列件配送(just in sequence,JIS)和台套配送(set parts supply,SPS)两类比较典型的物料配送方式。

JIS 配送方式要求严格按照生产顺序送货,减少生产线边操作人员取料和判别物料类型的时间。同时,对于同一供应商负责供货的某类零件,整车企业常常采用供应商将上线零件排序后直供线边的模式,一般称为外部序列配送(图 8-29)。有些零配件需要在整车厂汇集整理后配送,可以由整车厂的第三方物流负责从场内或周边的中转库发货,一般称为内部序列配送(图 8-30)。

SPS 配送方式要求对某些物料提前二次分拣后以台套组合方式按照顺序送货,以减少线边装配操作人员取放物料的时间,减少错装漏装概率。SPS 件有时也称为随车件,因为 SPS 配送方式使用的物流小车一般是跟随整车装配线一起同步前行的。图 8-31 所示的车门 SPS 件按照左右车门进行了区分,在配送时会分开在不同器具内,方便装配人员识别取放。

6) 质量管理模块

整车制造行业质量管理涵盖的功能比较多,主要包括生产质量管理、质量问题

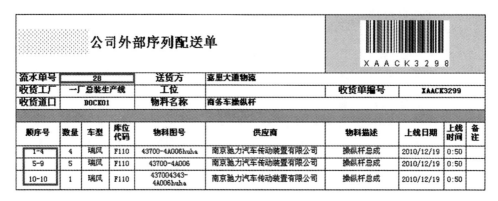

图 8-29　外部直供线边的序列件配送单示例

公司内部序列配送单

物料名称		保险杠（前）	工位	F18		生产线		总装生产线	
顺序号	数量	车型	库位代码	物料图号	物料描述	上线日期	上线时间		备注
501~501	1	A0	B01	2803100U9010Z1	前保险杠总成（带雾灯）MES打包件	2013-02-02	2013-02-03 08:01		501
514~514	1	A0	B01	2803100U9010Z1	前保险杠总成（带雾灯）MES打包件	2013-02-02	2013-02-03 08:20		514
527~527	1	A0	B01	2803100U9010Z1	前保险杠总成（带雾灯）MES打包件	2013-02-02	2013-02-03 08:39		527
530~530	1	A0	B01	2803100U9010Z1	前保险杠总成（带雾灯）MES打包件出口	2013-02-02	2013-02-03 08:43		530
531~531	1	A0	B01	2803100U9010Z1	前保险杠总成（带雾灯）MES打包件	2013-02-02	2013-02-03 08:44		531
535~535	1	A0	B01	2803100U9010Z1	前保险杠总成（带雾灯）MES打包件	2013-02-02	2013-02-03 09:00		535
540~540	1	A0	B01	2803100U9010Z1	前保险杠总成（带雾灯）MES打包件	2013-02-02	2013-02-03 09:07		540
541~541	1	A0	B01	2803100U9010Z1	前保险杠总成（带雾灯）MES打包件出口	2013-02-02	2013-02-03 09:09		541
553~553	1	A0	B01	2803100U9010Z1	前保险杠总成（带雾灯）MES打包件	2013-02-02	2013-02-03 09:26		553
555~555	1	A0	B01	2803100U9010Z1	前保险杠总成（带雾灯）MES打包件	2013-02-02	2013-02-03 09:29		555

图 8-30　内部序列件配送单示例

改进管理、整车审查管理、来料检验管理、质量报表与数据分析等。

生产质量管理负责采集生产现场的常规质量数据，并负责质量异常的现场处理，其中也包括关键重要零件数据采集与正反向追溯；质量问题改进管理负责通过严格的处理流程对生产过程出现的质量问题进行处理、审批和关闭，并形成历史记录，也包括返工返修处理等；整车审查管理负责对产品质量等级和缺陷进行检查、判定与统计；来料检验管理负责对供应商来料进行质量管理与控制；质量报表与数据分析负责通过各种统计手段，得到并展现质量现状与趋势，还包括整车质量档案的建立。整车制造行业质量管理内容很多，下面仅简单介绍一下关键重要零件数据采集和质量检测与缺陷异常处理。

《缺陷汽车产品召回管理办法》在我国强制实施之后，汽车整车企业大多建立了关键重要零件的数据采集与追溯体系。MES是达成这种体系的支撑软件之一。

总装生产线	车门SPS配送区	D4200610	0305-**1**-2012
J-L20100509B61	1.3MT豪华(银Ⅳ/VVT出/黑饰黑色内饰		

右门(0305-1-2012)

序号	复位号	数量	物料图号	物料名称	供货厂家
1	0	1	6205240U8160	右后门内门把手总成出口	电器股份公司
2	0	1	6105240U8160	右前车门内把手总成出口	电器股份公司
3	0	1	6202502U8160Z	右后门扶手盖板总成MES打包件出口	汽车饰件系统有限
4	0	1	3750320U8160XZ	右前开关总成出口	子有限公司
5	1	1	4012600U8010XZ	右后门线束总成出口	汽车有限公司

总装生产线	车门SPS配送区	D4200610	0305-**1**-2012
J-L20100509B61	1.3MT豪华(银Ⅳ/VVT出/黑饰黑色内饰		

左门(0305-1-2012)

序号	复位号	数量	物料图号	物料名称	供货厂家
16	0	1	6205121U8010	左后门内锁止拉杆出口	部件有限公司
17	0	1	4012300U8120XZ	左前门线束总成出口	汽车有限公司
18	0	1	6105121U8010	左前门内锁止拉杆出口	部件有限公司
19	0	1	6205230U8160	左后门内门把手总成出口	电器股份公司
20	0	1	3750310U8160XZ	左前开关总成出口	子有限公司
21	0	1	6105230U8160	左前门内门把手总成出口	电器股份公司
22	0	1	6204310U8010	左后车门内剪水条出口	塑有限公司
23	0	1	6204230U8010	左后门玻璃中滑槽出口	芜湖)有限公司
24	0	1	6202501U8160Z	左后门扶手盖板总成MES打包件出口	汽车饰件系统有限

图 8-31　SPS 配送单示例

图 8-32 示例了关键零部件装配记录,可以看到,关键零件数据采集主要是获得每个整车产品上所使用的关键重要部件的 ID、批次、生产厂家、装配班次等信息,以便将来通过历史记录来查询关键零部件的装配信息,并在出现召回现象时,快速定位到召回的批次和具体的每一个用户。

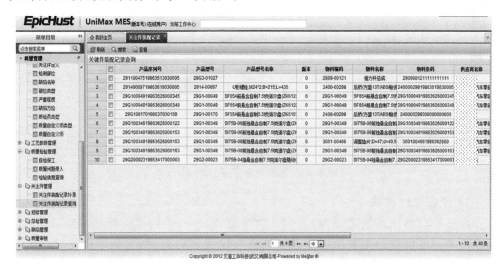

图 8-32　关键零部件装配记录

对于质量检测功能来说,因为每种质量检测项目的检测方式可能不同,因此在使用这些项目之前,通常需要对检测项进行建模,如图 8-33 所示。

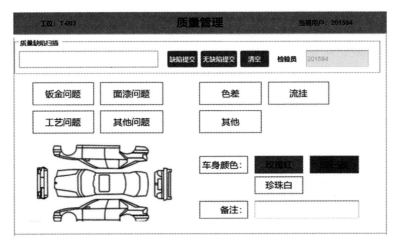

图 8-33　检测项建模的例子

建模之后,质量检验时就根据每一个质量检验项的数据类型进行录入。为了方便输入和识别,MES 一般还为部分质量缺陷项提供了图形化录入方式,如图 8-34所示。

图 8-34　图形化缺陷录入的例子

7)设备管理模块

设备管理模块在制造业 MES 中非常常见,汽车行业的设备管理与普通制造业相差不大。该模块的主要功能除基本档案与设备履历管理(含基础数据管理)、备品备件管理之外,主要涉及被动式维修和主动式预防两类功能,用于保障设备正常运行。图 8-35 是设备管理模块的基本流程。

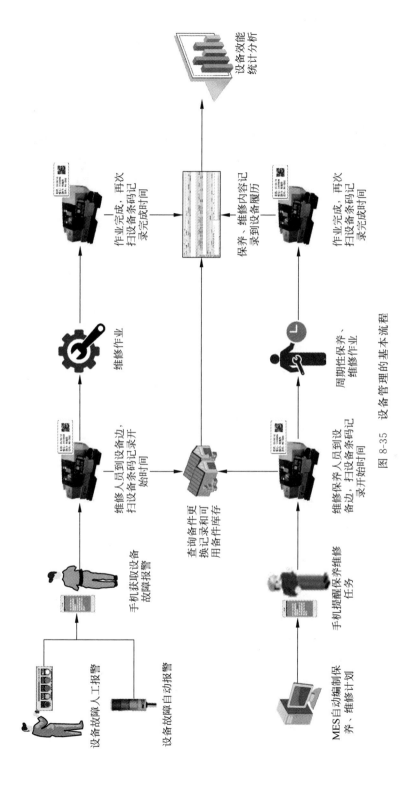

图 8-35　设备管理的基本流程

被动式维修就是以往常见的故障维修,指当设备发生故障后,通过设备监控数据采集或者人工提报,通知相关设备维修人员进行现场维修。现场数据采集方式需要 MES 与设备集成实现,可以完成故障信息的自动提交,并通过 MES 设备管理模块呼叫设备维修人员。人工提报方式有 Andon 报警、系统录入和移动数据录入方式。图 8-36 是通过移动终端进行设备报修的示例。

图 8-36　通过移动终端进行设备保修示例

故障报修之后,通过文字或者语音等方式通知设备维修人员尽快前往维修,并在系统中记录每次故障报修的发生时间和处理流程。有相关权限的设备管理人员可以看到设备报修单(图 8-37)。

图 8-37　设备报修单示例

主动式预防维修包括周期性维护和预防性维护两类。周期性维护又包括两类：

（1）现场生产人员通过设备点检对设备状态进行简单的日常检查和维护（图 8-38）。

图 8-38　为生产人员提供的设备点检功能

（2）专职设备维护人员在预定周期内对设备进行较为全面的检查和维护保养。对设备进行全面检查和维护保养一般需要耗费较长时间，因此通常要提前制定设备维护计划（图 8-39），以便生产人员在安排生产时参考。

图 8-39　设备维护计划

设备维护计划经审批通过之后,会生成相应的设备任务单(图 8-40)。同样,因涉及生产任务安排,维护计划一旦生成就不会随意更改。

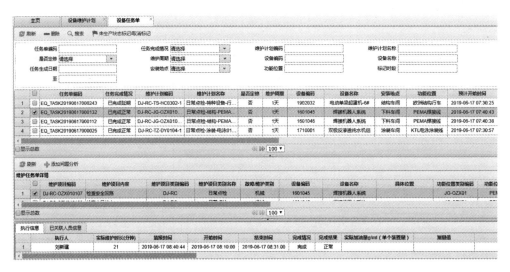

图 8-40　设备任务单

预防性维护通过对设备运转状况进行实时检测,对历史数据进行归纳分析,为设备健康状况进行评估,并能找出设备状态发展趋势,对设备未来可能出现的问题进行预测和告警。很多制造企业目前也开始引入 MRO(maintenance,repair and operations)等系统,专门实现设备的预知性维护。

8)其他功能和特性

前面介绍了整车制造企业 MES 的一些主要功能模块。不过,由于整车制造企业 MES 所管理的体系较为庞大,不同企业也存在不同的关注点。比如,随着对环境保护和可持续发展的关注度提升,不少整车企业也开始引入能源管理模块,对能源利用率进行精细化监控与管理;有些企业逐步走向全球化市场,将全球供应链和订单情况也纳入 MES 的信息监控体系;处于对整体生产协同和全局管理的需要,不少整车厂商建立了生产指挥中心,将与生产有关的关键指标通过图形化的方式直观展示出来,方便管理决策者快速获取生产情况,以便对企业内外部变化做出及时响应(图 8-41)。

在 IT 技术的应用上,物联网相关技术在汽车整车生产中被大量应用,比如在 AVI 模块中大量采用 RFID 技术,采用超宽带技术对整车进行全工厂定位等。此外,移动应用也在 MES 中大量被使用,方便现场操作和生产管理随时更新信息、获取通知和发布指令。

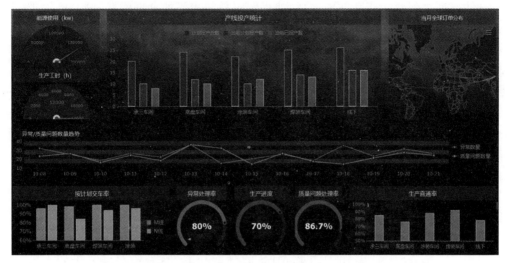

图 8-41　汽车整车生产指挥中心示例

8.4.2　飞机装配行业案例

1. 飞机装配 MES 需求分析

1) 飞机大部件及其装配过程的特点

和其他离散制造行业相比,飞机大部件及其装配过程具有以下鲜明特点[14]:

(1) 构型复杂,变更频繁。制造 BOM(manufacturing BOM,MBOM)和装配大纲(assembly order,AO)是飞机装配最重要的工程数据。MBOM 因构型变化,每架次唯一。作为波音、空客通用的工艺规程文件形式,AO 既是装配工艺规程,又是生产指令,也是检验规程和质量档案。AO 数量多(ARJ21 机头装配就有 200 多份 AO),结构非常复杂,数据量大,包括工序内容、工序参数表格、零组件清单、工装、材料、工具、版次记录、更改记录、附件等内容,一份 AO 可长达上百页。同时,飞机的工程更改非常频繁,比如 ARJ21 机头每年有上千份更改,且即使 AO 下发到生产现场后,仍需通过墨水更改或先行装配大纲(advance AO,AAO)等形式进行更改,保证 MBOM 和 AO 的架次有效性以及更改一致性是非常困难的。

(2) 长周期、多层次计划。飞机大部件的制造周期较长,跨越多个计划阶段,计划执行过程的异常情况多,且计划的层次性非常明显,从年度项目计划到每日作业计划,计划逐级分解,因此要求对生产活动进行全过程、多粒度(架次/工位/AO/工序)、多视图(时间、质量、物料)的监控。

(3) 物料配套复杂且动态多变。飞机大部件零组件种类多,比如 ARJ21 机头包含 9000 多种零件,且物料来源多,有自制件、外购件、外协件、外供件、工装、工具、飞走材料、辅助材料等,物料配送次数多,配套时间不一。一般按架次配套,但小组件按批次配套。齐套性要求高,如果零组件清单不能全部配套,则 AO 不能开工。配套需求变化多,MBOM 更改频繁,导致配套关系不断变化。

(4)装配工艺复杂且易出错。飞机大部件的装配工艺通常非常复杂。以 ARJ21 机头装配为例,包含几十个装配工位、200 多份 AO、几千道工序,并且更改频繁,因此,工人在进行装配操作时,迫切需要有三维作业指导等直观手段来提供现场指导。

(5)过程质量管控非常严格。飞机制造企业对质量管理的要求很高,具有严格的质量管控体系,需要建立产品完整、精准的装配质量档案(其他行业一般只需要关重件质量档案),质检过程烦琐(内部质检、客户代表、适航代表),质量数据繁多,交付状态严格。另外,飞机复杂的构型控制和频繁的工程变更也对检验流程管理提出了更高的要求。

2)构建飞机装配 MES 需解决的问题

构建飞机装配 MES,除了满足 MES 的标准功能外,需要着重解决如下关键问题:

(1)针对航空产品构型复杂、设计变更频繁的特点,实现架次 MBOM 的管理,准确接收、执行并跟踪所有的工程更改,确保制造产品的技术状态有效性,并自动生成完整的单架次数字化质量档案。

(2)实现 AO 的电子化管理,在生产下发过程中,自动生成符合构型要求的 AO 实例,AO 实例随生产过程自动流转并记录生产过程数据,实现生产相关的管控流程的电子化。

(3)支持多级计划管理和多粒度监控,实现装配计划的优化编制和执行跟踪。

(4)实现企业内配套物料的全过程跟踪管理,自动计算缺件清单,自动处理各类特殊配套情况(比如限用件、窜架件等),保证齐套率,并确保所装配物料严格符合构型要求和所有更改要求。

(5)数据和流程均符合适航规范和客户质量体系要求。

(6)其他灵活的可定制功能,包括 AO 模板定制、流程定制、质量档案数据格式定制等,以适应不同客户(欧洲项目、美洲项目、国内项目等)的质量体系和数据格式要求。

2. 飞机装配 MES 的总体框架

针对飞机装配业务的特点及 MES 应用需求,我们设计了 MES 的业务流程,如图 8-42 所示。和 MES 标准体系相比,该流程突出了 MBOM 和 AO 管理、物料出入库、过程质量控制等环节,这和飞机装配业务的特点密不可分。

围绕工艺准备—生产计划—生产执行—产品交付这一条主线,兼顾物料配套和质量控制,实现对装配生产过程的全面管理。MES 的具体功能构成如图 8-43 所示。

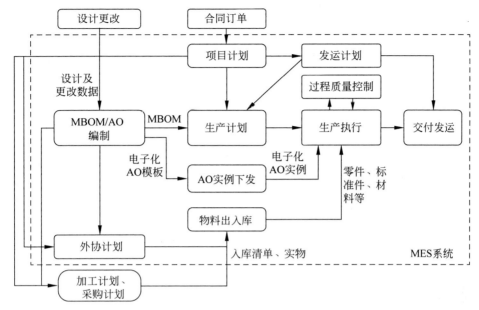

图 8-42　某企业飞机装配 MES 的基本业务流程

所构建的 MES 系统如图 8-44 所示,主要功能模块如下:

(1) 工厂建模模块。实现系统管理任务,维护系统的一致性和完整性,包括用户管理、权限管理、系统初始的相关设置、项目定义、流程管理等。

(2) 工程数据管理模块。实现产品技术基础数据管理的主要模块,包括 MBOM 编辑器、AO 编辑器等,实现全配置 MBOM 和架次 MBOM 的编辑和浏览。

(3) 制造资源管理。管理航空装配过程中使用和涉及的大量工装、夹具,以及自动化装配平台、数字化测量等辅助制造设备。制造资源模块分工装品种、工具品种、材料品种进行分类管理,记录和控制上述资源的详细信息,同时记录设备的维护维修信息。

(4) 物料管理。实现物料采购管理、外协管理、库存、盘存以及相关的出入库管理,实现物料的精确跟踪。在架次模型的配合下,物料管理实现了产品架次的齐套性自动检查。

(5) 项目管理。完成上层宏观的项目计划制定和计划跟踪,包括项目交付计划、项目发运计划、项目发运管理、项目资源管理调度、项目监控与跟踪等细分功能。

(6) 生产作业计划。负责将上层的项目计划进行分解,并且发出指导下层任务的命令。分为生产计划、作业计划、采购计划、外协计划几部分功能。作业计划和生产调度关联,计划时间落实到架次、工位、AO 和工序。物料管理和生产现场依据发布完毕的作业计划进行物料配套和现场调度派工生产。各个计划模块都能根据实际计划的执行情况实时反馈。

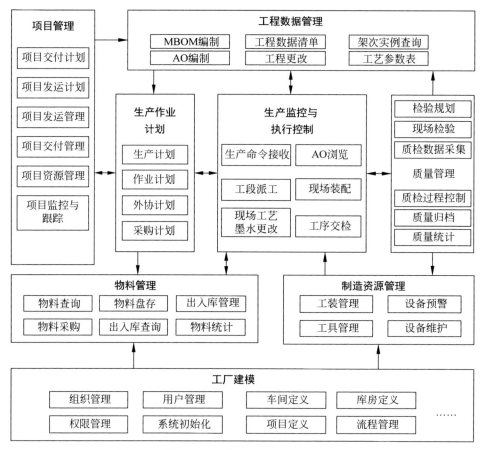

图 8-43　某企业飞机装配 MES 系统功能模块图

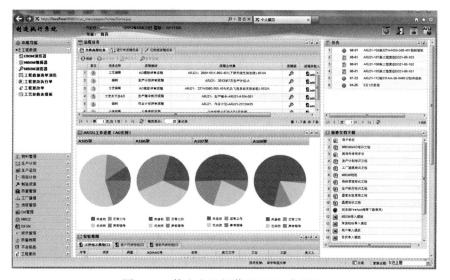

图 8-44　某企业飞机装配 MES 主界面

（7）生产监控与制造执行控制。主要完成整个生产的现场执行监控，实现现场实时生产控制和生产信息记录，也包括现场工艺更改等变更的响应处理。

（8）质量管理。实现生产全过程的质量监控和管理，包括检验计划的编制、质量预警、产品检验过程控制、质量归档、质量统计等功能，并实现产品装配全过程的质量跟踪。对于不合格产品，系统会自动启动不合格品处理流程，自动跟踪直到处理完毕。

3. 关键技术及实现

1）全配置 MBOM 与架次有效性定义

MBOM 和 AO 是工艺设计阶段生成的重要数据，也是装配 MES 的基础数据源，目前，很多飞机制造企业都未能通过信息系统实现对 MBOM 和 AO 的有效管理，这使得计划编制、物料配送和生产监控的电子化实现变得非常困难。针对这一现状，我们在装配 MES 中开发了工程数据管理模块，实现了 MBOM 和 AO 的集成管理。

MBOM 以项目为基础，其表现形式是一棵树，构成元素包括 AO 件（装配部件）、零件、标准件、组件和 AAO。MBOM 既反映了产品的装配结构关系，也反映了装配的先后顺序。如图 8-45（a）所示，AO1 由"AO1-1 装配形成的工艺组件""AO1-2 装配形成的工艺组件""零件 1-1""零件 1-2"装配形成；而 AO1-1 又由"AO1-1-1 装配形成的工艺组件""零件 1-1-1"和"零件 1-1-2"装配形成。

按架次管理是飞机装配的基本特征，每一架飞机的结构都是唯一的，即每一架次的 MBOM 都存在结构上的差异。因此引入全 MBOM 模板和架次 MBOM 视图的概念，如图 8-45（b）所示，每一个项目对应唯一一个全配置 MBOM 模板，简称全 MBOM，其中每一个 MBOM 节点都包含架次有效性。通过架次过滤操作，可动态过滤出每一架次的精确 MBOM 模板，或称 MBOM 视图。MBOM 模板物理存储，

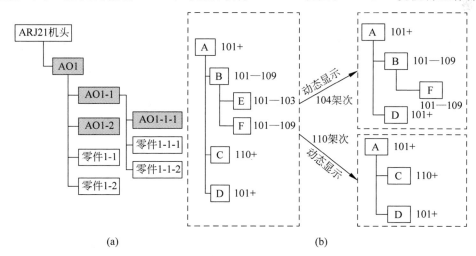

图 8-45　全配置 MBOM 基本结构及架次视图

MBOM 视图动态显示。架次有效性通过起-止架次的形式来表示，下列几种形式都是合法的有效性表达式：109、101－110、101＋、101－105；107；109－110；115＋。全配置 MBOM 的管理界面如图 8-46 所示。

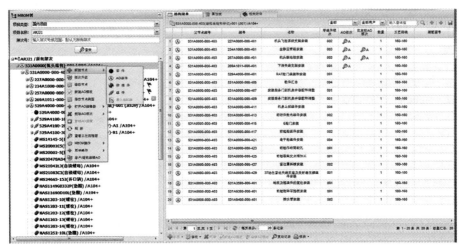

图 8-46　全配置 MBOM 管理界面

2）多层次计划与多粒度执行监控

对于装配主流程来说，装配计划作为指令性的任务安排，是一条主线。配合这条主线的另外一条主线就是装配物料的跟踪和配送。此外，跟两大主线直接连接的是实际装配过程，包括装配工序作业及相关的质保检验控制流程。当所有装配任务完成的时候，产品所有 AO 关闭，产品质量档案归档的工作会接着进行。计划总体上分为生产计划和配套计划，生产计划是主线，配套计划是生产计划顺利执行的保障。生产计划又分为多个层次，体现了计划由粗到细、由长到短的分解过程。

生产计划的执行需要进行监控，生产监控有不同的粒度，从粗到细依次为架次、工位、AO 和工序。图 8-47 详细定义了"架次／工位／AO／工序"的状态变迁，并在 MES 系统中通过事件触发和响应来管理不同状态的变化，从而实现了基于状态的多粒度监控。

生产过程监控界面如图 8-48 所示。

3）架次产品精准质量档案管理

为确保过程记录的可追溯性，须记录每一架次飞机大部件详细的电子化质量档案，并作为交付资料提交给客户。一个完整的产品质量档案通常包括以下内容：

（1）架次 MBOM 实例：记录实际的装机 BOM，其中每一个节点包括质量编号等实物信息，并且需要提供架次 MBOM 实例和理论 MBOM 的对比报告。

（2）架次 AO 实例：记录每一道工序的开／完工信息、检验记录和相关结果数据，对于工序保留、工位保留、AO 架次记录、墨水更改等异常信息均需要保留，一些重要的过程工艺参数（比如密封胶数据）也需要记录。

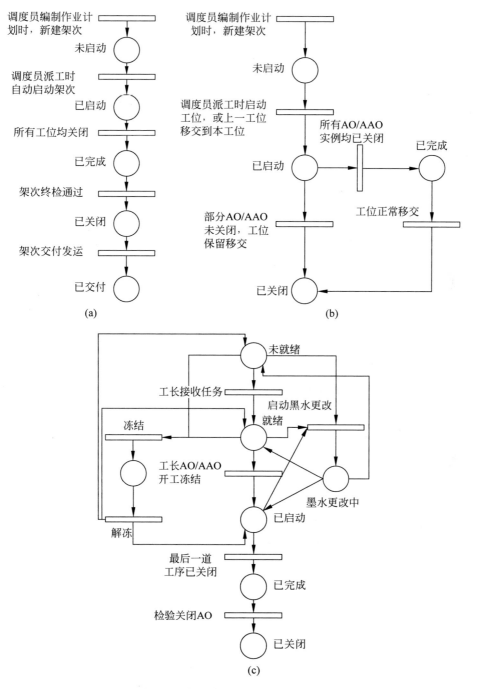

图 8-47   装配执行过程的状态变迁图

（a）架次状态变迁；（b）工位状态变迁；（c）AO 状态变迁；（d）工序状态变迁

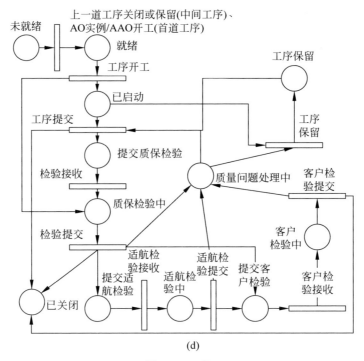

图 8-47 （续）

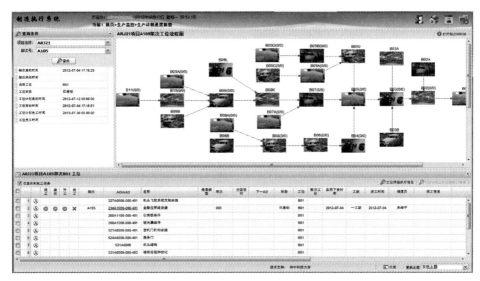

图 8-48　生产过程监控界面

（3）工程更改单及执行报告：工程更改执行报告记录物料更换、AO 实例更改、MBOM 实例更改等更改执行情况,并和工程更改单进行比对,确保所有更改要求均得到正确执行。

（4）不合格品处置报告：装配过程中如发现质量问题，须启动不合格品处置流程，生成故障通知单、DI-SR 及不合格品报告等质量问题处理文件。

（5）其他重要的质量记录。

不合格品处置报告是产品质量档案管理的难点，它的生成和装配执行监控密不可分。MES 系统中定义了流程驱动的质量数据采集及不合格品控制机制，实现了产品检验提交、执行和关闭流程以及不合格品控制流程的电子化，同时在系统里实现 FR、DI-SR 等表单的编制、审核、跟踪归零及打印功能。该模块包含的功能流程及其与装配执行监控模块的交互如图 8-49 所示。

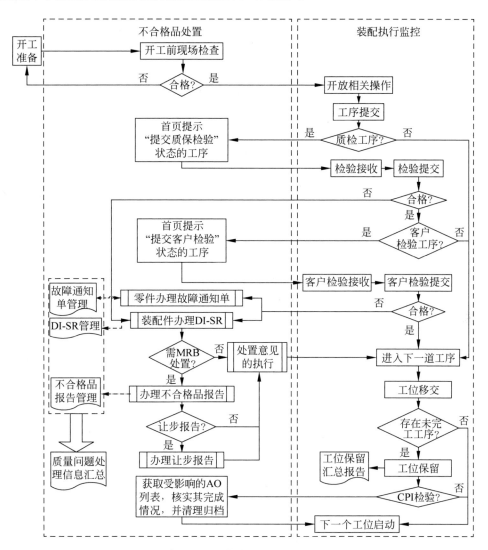

图 8-49　不合格品处置与装配执行监控的功能交互图

参考文献

［1］ 于海斌,朱云龙.可集成的制造执行系统[J].计算机集成制造系统,2000,6(6)：1-6.

［2］ HUANG C. Distributed manufacturing execution systems：A workflow perspective[J]. Journal of Intelligent Manufacturing,2002,13 (6),485-497.

［3］ 饶运清,朱传军,张超勇,等.支持网络化制造的车间资源集成与执行系统[J].计算机集成制造系统-CIMS,2003,9(12)：1120-1125.

［4］ 朱传军,饶运清,张超勇,等.基于 CORBA 的可重构制造执行系统研究[J].中国机械工程,2014,15(23)：2097-2102.

［5］ 张士杰,王成恩,张福顺,等.基于组件的可重构制造执行系统[J].计算机集成制造系统-CIMS,2004,10(4)：422-427.

［6］ 王琦峰,刘飞,黄海龙.面向服务的离散车间可重构制造执行系统研究[J].计算机集成制造系统,2008,14(4)：737-746.

［7］ 黄刚,李晋航,巫婕妤.离散制造业可适应制造执行系统的研究与实现[J].计算机集成制造系统,2011,17(10)：2137-2143.

［8］ 张映锋,赵曦滨,孙树栋,等.一种基于物联技术的制造执行系统实现方法与关键技术[J].计算机集成制造系统,2012,18(12)：2634-2643.

［9］ 李孝斌,尹超.面向生产过程云服务的制造执行系统[J].计算机集成制造系统,2016,22(1)：177-188.

［10］ PEDRO D U C,ROBY L,WAFA L,et al. Part data integration in the Shop Floor Digital Twin：Mobile and cloud technologies to enable a manufacturing execution system[J]. Journal of Manufacturing System,2018,7(48)：25-33.

［11］ 中华人民共和国国家质量监督检验检疫总局.工业自动化系统与集成 制造执行系统功能体系结构：GB/T 25485—2010[S].北京：中国标准出版社,2011.

［12］ 中华人民共和国国家质量监督检验检疫总局.企业控制系统集成：第 3 部分 制造运行管理的活动模型：GB/T 20720.3—2010[S].北京：中国标准出版社,2011.

［13］ 王海丹,孙洁香,姜江,等.制造执行系统标准体系研究[J].制造业自动化,2014,36(1),152-156.

［14］ 朱海平,苟坤,何非.飞机装配制造执行系统关键技术研究及系统实现[J].航空制造技术,2012(15)：26-29.

第9章

数字化与智能化车间综合应用案例

　　本书前面 8 章介绍了数字化智能化车间的各项关键技术和组成软件系统,中间穿插了若干单元应用案例,本章将详细介绍 3 个综合性应用案例,案例分别来源于某 3C 金属结构件加工企业、某输配电装备(中低压开关柜)制造企业和某工程机械制造企业。

9.1　面向 3C 金属结构件加工的数字化与智能化车间建设

　　我国是全球最重要的 3C 产品(computer, communication and consumer electronics,指手机、笔记本电脑、智能手表等通信与消费电子类产品)制造与消费基地。近些年来,3C 产品广泛采用金属结构件,且外观要求 3D 曲面和高光,这促使金属结构件精密加工的业务蓬勃发展。3C 结构件加工业务属于重资产、设备密集类型,需要配备成千上万台数控机床(含数控钻攻中心、自动打磨设备等),效率、质量、柔性和人力成本是企业必须关注的问题。目前,大多数 3C 结构件加工企业的产线自动化水平与车间数字化水平还较为落后,加工效率不高、质量不稳定、生产成本较高,后继发展面临很大的挑战,亟需数字化智能化转型。

　　位于东部省份的某公司(以下简称 A 公司)是一家集 3C 产品研发、精密模具及零部件制造、装配等于一体的综合性科技企业集团,其主营业务在平板电视和笔记本电脑结构件模组化等已经实现行业领跑,是本行业的龙头企业之一。为了应对产品升级快、多品种、高品质、快速交付的市场要求,A 公司积极探索通过机器换人和数字化转型等手段来提升产品质量稳定性和加工效率、降低人力需求和制造成本。2016 年起,公司在工信部智能制造项目支持下,与华中数控、艾普工华、富强科技、武汉开目、武汉创景、凡目视觉、华中科技大学等单位合作,共同开展数字化智能化车间建设,其目标是建设 3C 行业的"智能、绿色、国产"生产车间,形成规模化国产智能装备、国产机器人及自动化设备的应用示范,打造行业领先的自动化、柔性加工制造新模式,满足电子产品结构模组大规模多品种生产的柔性要求。通过应用 MES/APS、PLM/CAPP、三维车间仿真等国产工业软件,实现制造过程数字化、网络化、智能化,形成国产智能制造解决方案,并逐步实现 3C 行业复制推广。

数字化
车间案例

该车间自 2016 年开始建设,2017 年 3 月一阶段(两条线)系统试运行完成,2017 年 9 月二阶段(一楼全部 8 条线体)系统试运行完成,2018 年 3 月三阶段(二楼全部 11 条线体)系统试运行完成,2018 年 6 月全部建设任务完成,整体正式运行。

9.1.1　总体建设框架

1. 车间概况

针对 3C 产品金属结构件切削加工需求,A 公司建设了由多条数控钻攻中心加工生产线、仓储物流设施、工业软件等构成的数字化智能化车间,用于笔记本电脑结构模组零件、iPad 及手机外壳、中件等金属结构件的加工,并通过软件支持及变换不同的夹具和托盘等功能连接件,实现不同规格零件的柔性生产。具体来说:

(1) 按照模块化设计原则,数控钻攻中心可组成不同长度的生产线,适用于笔记本结构模组零件加工,通过工艺排程,进行零件的单工序/多工序自动化加工,生产线设计时考虑了数控机床的排列、零件的自动取放料、加工工序流转、零件翻转、清洗烘干、零件在线检测、误差在线检测及自动补偿等要求,具备较高的单元自动化、智能化能力。

(2) 以数控钻攻中心生产线为基础,配置 AGV 小车、立体智能仓库、在线视觉监控设备、自动化包装线、中央生产调度控制室以及 3D-CAPP、PLM、MES、ERP、云数控、PE 等工业软件,组建数字化智能化车间,实现 3C 结构模组加工全过程的数字化智能化制造。

如图 9-1 所示,车间分为上下两层,由总共 189 台钻攻中心、96 个六关节机器人组成了 19 条机加生产线,其中一楼 8 条,二楼 11 条。每条产线配备独立的工件清洗机和高精度激光在线检测机。根据场地条件,每条产线包含 4～5 台上下料机器人、7～12 台钻攻中心。除线头、线尾的机器人外,线中机器人配置地轨,负责

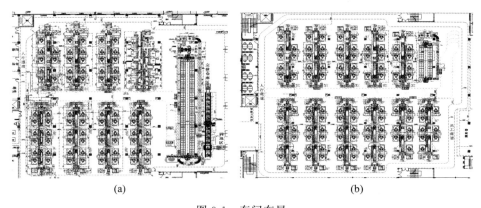

(a) | (b)

图 9-1　车间布局

(a) 一楼;(b) 二楼

3～4 台钻攻中心的上下料操作。另外还有一条由 6 台打磨机器人组成的自动打磨线。现场配备一座总容量为 3260 个库位的数字化立体仓库，分上下两层部署，利用 7 台 AGV 小车为 19 条机加工产线配送物料并回收工件。另外还在二楼配置有一座智能刀具库，利用 RFID 设施和刀具管理系统对刀具进行管理。

2. 数字化与智能化车间体系架构

A 公司数字化智能化车间的体系架构如图 9-2 所示。按纵向集成的技术需求，分为 4 个层次。最底层是由数控机床、机器人以及自动化物流/检测设备构成的设备层；在设备层之上，各类传感器、数据采集装置构成了用于多源异构数据采集的传感层；在传感层之上，MES、CAPP、APS 等软件构成了智能执行层；最后由大数据中心、生产控制中心、移动终端应用等构成了智能决策层。通过系统层次划分及各层次间有机地整合，形成了拓扑结构合理、兼容性强、架构先进的系统集成方案。

数字孪生车间

3. 技术特色

A 公司数字化智能化车间的技术特色可归纳为："三国""六化""一核心"。

1）三国：国产装备、数控系统和工业软件

车间核心设备、数控系统和工业软件全部采用国产自主品牌，包括高速钻攻中心/高速高精钻攻中心（高光机）、高精度检测机、工业机器人、立体仓库、AGV 等装备，华中 8 型数控系统和华数 Ⅱ 型机器人控制系统等系统，以及三维机加工工艺规划系统（开目）、MES（艾普工华）、虚拟工厂仿真平台（创景可视）等工业软件。

2）六化：6 个方面的能力提升

（1）加工过程自动化：传统的生产作业方式在产品取放料、吹屑、检验、清洗、更换刀具、线下检测、生产数据收集等环节均为人工作业，对运行过程中的品质改善、生产效率提升、成本降低造成了很大制约。本车间建立了由立体仓库、AGV 小车、标准料箱、通用托盘、倍速链传送带以及工业机器人组成的自动化物流系统，并部署了自动清洗机、检测机等自动化设备，物料从入库到出库之间的全部生产环节均自动完成，实现了少人化生产。特别地，当某台设备出现故障时可从系统中自动切出，其任务由其余同类设备接管，避免全线停产。同时，产线具有较高柔性，通过APS、MES、WMS 的实时监控和快速调度，可进行单线生产、混线生产、串线生产等多种生产方式，适应不同种类工件的生产需求，发挥最大生产效率。

（2）制造资源物联化：综合应用传感器、设备集成和 RFID 技术，通过与设备控制系统集成以及外接传感器等方式，实现了机机互联、机物互联和人机互联，由SCADA 系统实时采集设备状态、生产报工信息、质量信息等，从而将生产过程中涉及的全部制造资源信息进行了高度集成，打通了所有系统的信息通道，实现了生产过程的全程可追溯。

（3）制造系统数字化：基于制造资源的物联化，通过实时数据驱动的动态仿真机制，形成人、产品、物理空间和信息空间的深度融合，建立虚拟车间与物理车间相

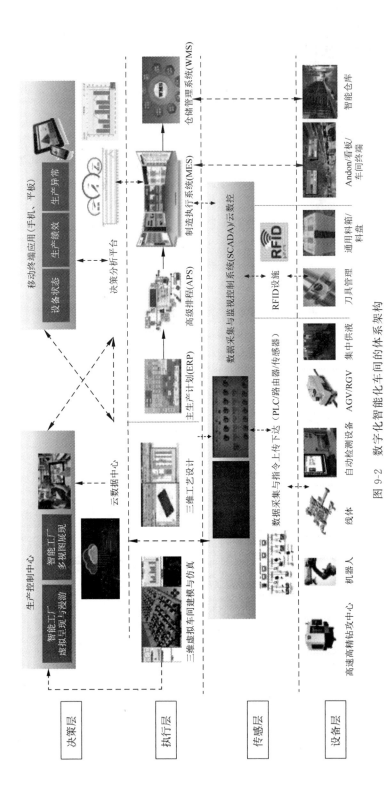

图 9-2　数字化智能化车间的体系架构

互映射、深度融合的数字孪生,实现实时感知、动态控制和信息服务。通过信息系统对物理车间进行可视化监控,实时查看设备状态、质量信息、生产实况和生产实绩,同时进行分析与决策,对物理车间进行智能控制。

(4)质量控制智能化:工件在机床中加工完毕后由机器人送入在线检测机检测,检测完毕后机器人根据检测结果将不合格品放入不合格品料箱,合格品放入工件托盘,保证不合格品即时分拣;同时将检测数据上传至云平台,对同一机床加工的产品历史检测数据进行检索与对比,当对比结果符合设定的情形时,触发自动刀补流程,将信息传递给产线控制器,产线控制器计算刀补参数并下发给目标机床调整刀补,将刀具误差补偿回来,实现工件质量的实时全闭环控制。

(5)决策支持精准化:从生产排产指令的下达到完工信息的反馈,实现了全闭环控制。通过生产指挥系统,管理者可以随时精确掌握工厂的计划、生产、物料、质量和设备状态等资源信息,了解和掌控生产现场的状况,提高各级管理者决策的准确性。

(6)制造过程绿色化:坚持可持续发展战略,车间使用太阳能供电、钻攻中心油雾分离系统、切削液循环利用系统以及产线集中排屑系统,实现能源的高效利用、减少污染排放,践行了绿色制造理念。

3)一核心:大数据云平台

以大数据云平台为数据集成核心,与以往车间网络化的重大区别在于车间工业软件不再是独立的数据节点,而是"生长"在大数据中心之上的一个应用,提升了系统集成的便利性。同时,对采集的机床大数据进行分析、建模、比对,实现了一定程度上的智能化应用。例如,对加工工艺进行评估和优化、实时监控机床健康状况、自动补偿机床热变形、实时监测刀具状况、自动规避主轴共振等。而且通过建立机床故障维修数据库,对机床出现的异常状况进行远程在线诊断,大大缩短了机床维护维修时间,降低了运维难度。

9.1.2　主要建设内容

A 公司数字化智能化车间的主要建设内容如图 9-3 所示,可以从"硬能力建设"和"软能力建设"两方面来描述。下面针对 5 项重点内容进行详细介绍。

1. 高速智能数控钻攻中心建设

针对 3C 金属结构件高效高精加工需求,研制并批量应用了高速钻攻机床 HSC540 和高速高光机 HSC430L,如图 9-4 所示,均采用国产华中 8 型数控系统。性能指标方面,前者:主轴转速 20 000r/min 以上,定位精度 0.01mm,重复定位精度 0.006mm;后者:主轴最高转速 40 000r/min,切削速度 40m/min,定位精度 0.002mm,镜面加工效果。

车间部署了 19 条自动化生产线,共采用 189 台数控机床。其中,18 条线为高速钻攻机床自动化线,采用地轨第七轴机器人取放料方案;1 条线为高速高光机自

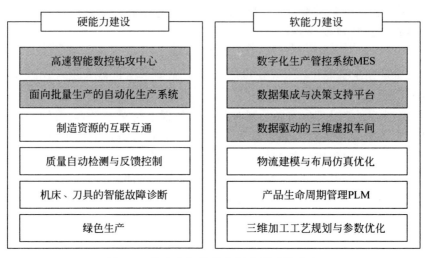

硬能力建设	软能力建设
高速智能数控钻攻中心	数字化生产管控系统MES
面向批量生产的自动化生产系统	数据集成与决策支持平台
制造资源的互联互通	数据驱动的三维虚拟车间
质量自动检测与反馈控制	物流建模与布局仿真优化
机床、刀具的智能故障诊断	产品生命周期管理PLM
绿色生产	三维加工工艺规划与参数优化

图 9-3　数字化智能化车间主要建设内容

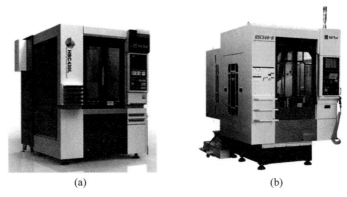

(a)　　　　　　　　　　　　(b)

图 9-4　高速智能数控钻攻中心

(a) 高速高光机；(b) 高速钻攻机床

动化线,采用天轨机器人取放料方案。机床的智能化特征主要体现在机床运行大数据采集与分析方面,通过采用华中 8 型数控系统,直接获取机床运行大数据(系统开机/关机时间,加工起始/终止时间,报警/故障信息,加工程序文件名,刀具号和刀具参数,当前程序行号,进给速度和倍率,主轴转速和倍率,主轴功率,各轴速度和负荷等)以及机床运行实时数据(各坐标轴指令位置和跟踪误差,各坐标轴电流数据和误差补偿信息,机床坐标系信息,数控系统控制参数,各伺服轴、主轴控制参数,PLC 等)。通过对上述数据处理、建模、分析,实现以下功能:

　　(1) 机床的健康状态监测,包括进给系统和主轴系统的健康状态监测。通过运行自检程序,采集 G 指令运行过程中的数控系统内部大数据(指令行号、负载电流、跟随误差等),提取出指令域波形显著的特征信息,进而利用指令域的特征信息进行数控机床健康状态的检测与评估。

（2）加工工艺参数的优化。针对现场加工的零件的 G 代码的可优化百分比进行评估，机床运行现场加工的 G 代码程序后，可在数控系统界面上显示每把刀的优化效率百分比和该 G 代码总的优化效率百分比，为工艺参数优化提供前期评估指导。首件试切时采集加工过程的实时数据，获得加工过程"心电图"，通过智能数据处理与分析，自动定位高负荷区和低负荷区的位置，通过时域和指令域的分析，建立实时数据、材料去除率和加工程序行之间的对应关系，基于实测数据优化进给速度，在均衡刀具切削负荷的同时，可有效、安全地提高加工效率。现场应用表明，加工效率可以提高 5%～10%。

（3）机床断刀检测。对于刀具加工的过程，实现切削力与主轴电流、进给轴电流、刀具状态的标定和校准，建立利用数控系统内部数据描述刀具状态的模型；基于指令域分析方法，提取刀具断裂前后的主轴电流特征；使用深度学习算法，实现刀具断裂状态的检测。

（4）无传感器热误差补偿。根据采集的机床数据对机床的热变形进行预测，在此基础上做补偿，减少因为热变形造成的加工误差。具体而言，通过采集的数控系统大数据（如速度、加速度、位移、功率等），以及机床对应部件一段时间内的热变形量，建立机床各部件发热与散热模型，采用统计学习算法实现变形几何量与热物理量的关联，实现热变形预测和补偿。相对于有传感器的热误差补偿，可以节省传感器及采集卡的硬件成本和施工成本，具有准确的热变形预测和稳定性。

（5）主轴避振。通过对主轴进行从低速到高速的梯度旋转实验，对主轴振动数据进行指令域统计分析，得出各主轴转速对应的振动大小。把各主轴共振转速输出数控系统主轴共振转速规避模块，当主轴转速要运行到共振转速时，通过调整主轴倍频进行转速规避。

（6）机床远程故障诊断及二维码识别。机床控制系统故障信息记录与传递模块主要包含维修决策咨询系统移动端 App 以及云端本地维修案例数据库与云端互联网相似信息数据库。当数控机床发生故障时，数控系统本地生成二维码，记录、传递控制系统故障状态的关键信息和数据。维修人员使用维修 App 扫描数控系统端故障二维码，自动匹配故障案例并反馈给用户。维修人员也可以把新案例添加到数据库中，完成案例库。

2. 面向批量生产的自动化生产系统建设

通过综合应用工业机器人、自动化立体仓库、智能物流、在线质量检测等系统和装置，建设了面向批量生产的自动化生产系统，通过机器换人大大提高了生产效率并降低了人力成本。该生产系统包含 19 条结构模组数字化自动生产线和 1 条机器人全自动打磨生产线，具体构成包括 179 台高速钻攻机床、10 台高速高光机、102 台机器人、19 台在线视觉检测设备、7 套智能型去毛刺飞边与自动打磨设备、19 台超声波清洗烘干机、7 台 AGV 和 2 套智能立体仓库等物流储送装置。生产线的关键设备如图 9-5 所示，第一行设备从左到右分别为上下料机器人、打磨机器

图 9-5　关键设备

人、立体仓库和 AGV,第二行设备从左到右分别为高精度检测机、去毛刺飞边装置、打包设备和全自动打磨生产线。

1) 工业机器人

共 96 台上下料机器人和 6 台打磨机器人。上下料机器人设置在线体取放料工位、钻攻中心加工单元、自动检测台、清洗机等处,负责各功能设备的上下料工作;打磨机器人放置在自动打磨线上,负责工件的打磨抛光工作。各机器人按照所在岗位的工艺要求配备专用夹具,挂载不同的工艺包和运动程序。线头上料机器人具有智能识别工件并进行定位的功能,配备工业视觉检测定位系统,当机器人从料箱中抓取一片工件后便运动到定位机中对工件进行拍照,视觉系统将照片与预设照片进行比对,计算当前工件位置偏差和角度偏差(XY 平面),并将偏差值发送给机器人,机器人根据视觉系统发送的偏差值对放料坐标进行调整,保证工件能够准确放入托盘(误差不超过 0.15mm)。

2) 自动化立体仓库及其控制系统

具有 3260 个库位的自动化立体仓库分布在一、二楼,配合双伸位堆垛机,实现精益物流管理和无人化、高效准确的入出库作业,以及精准的仓库库存管理和追溯管理。具体手段如下:①采用仓库控制系统(WCS)控制自动化设备,随时监测作业状况和设备状况,通过可视画面查询各时间段出入库情况以及货位库存状况等。②采用仓库管理系统(WMS)实现收货、出货、盘点、抽检等仓储管理功能,在正确的地点存货、盘货管理、订单处理、分箱、合箱和自动配送控制。③通过与 MES系统信息交互,将报警代码发送到中央控制室,通过数字化显示终端,将故障类型实时显示,实现故障报警功能,控制相关自动化设备,随时监测作业状况和设备状况。

3）智能物流系统

综合采用自动化立体仓库、AGV、上下料机械手等装备，通过对夹具、托盘等结构模组在制品的物流载体进行改造，并借助于物流软件系统和 RFID 技术，建立一套闭环的智能物流系统。对料箱加载 RFID 芯片，通过 RFID 读取器读取料箱身份信息，对料箱内物料从上线、加工、下线各环节中的料箱、料盘信息追溯，提升物流环节硬件装备的智能化程度；并由 SCADA 系统实时采集设备、生产、质量等数据，进行高度的信息集成，实现了制造资源物联化。通过 WCS 系统控制的高速堆垛机，加上激光认址的位置系统将料箱取出或存储入仓库指定库位。通过 AGV 的调度系统，经过 Wi-Fi 网络、RFID 射频信息卡、贴于地面的磁条导航线路，对立库出货的或产线加工完的成品料箱实现无人自动输送。工位机器人接受 SCADA 发送的工件上下料信息任务，负责将待加工的坯料送到指定钻攻中心加工或者将加工完的半坯料送到下个工序。线头机器人接受 SCADA 发送的工件上下料信息任务，负责将加工的完成品取回线头，由 AGV 运回仓库暂存。整个物流系统的特点是智能化、自动化、信息化、无人化。

自动化
物流

4）在线质量检测系统

研发了在线质量检测系统，如图 9-6 所示。在产线线尾处设置一台非接触式的视觉检测装备，产品加工完毕后由机器人送入检测设备，借助于激光线扫描相机，采用非接触式的方法扫描产品，建立三维点云原始扫描数据，同时通过面阵相机获得高解析度平面画面分析尺寸信息。在扫描的三维点云的基础上做海量数据的处理，通过辅助 2D 信息做精密的空间尺寸校准，提取关键 3D 形状和 3D 尺寸，判断加工模型和 CAD 模型的区别，识别缺陷位置，检测运行速度可以达到每秒扫描 10cm，在 X、Y、Z 3 个轴系方向上，在线管控精度都达到了微米级，满足了量产中全检和高精度质量管控的要求。通过光学特性及基于模式识别的图像模板匹配算法，解决了检测工件每次放置位置有变化的问题，克服了光学测量中焦距变化所带来的测量结果偏差，降低了有效焦距范围控制难度。同时，通过基于线性变换的相机标定算法，简化了产品变更时的人工操作，仅需根据产品要求做一次标定，标定时间不超过 3min。避免了人工操作带来的不一致性，确保了量测的精确性和可重复性。

品质自动
检测

5）基于 RFID 的物联系统

在夹具、托盘、料箱等结构模组在制品的物流载体上加入 RFID 标签，使该载体具备唯一身份标识，通过 RFID 识别装置，实现了机器互联、机物互联和人机互联，打通了所有系统的信息通道。并由 SCADA 系统实时采集设备、生产、质量等数据，进行高度的信息集成，实现了制造资源物联化。

6）智能刀具库管理系统

智能刀具库管理系统由全自动刀具预调仪、刀具暂存架、刀具运输小车、刀具出（入）库机器人、中心刀具库货架等硬件，以及刀具管理系统、中心刀具库控制系

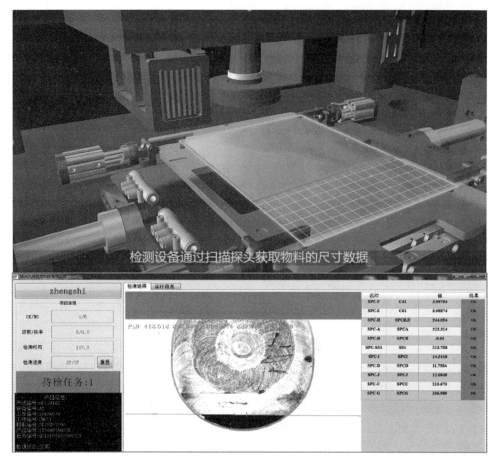

图 9-6　在线质量检测系统

统、刀具自动测量及数据管理系统等软件组成。对车间使用的 4000 余把刀具寿命参数进行管理，确保每把刀具寿命参数处于受控状态，通过 RFID 芯片实现全过程刀具精细化管理，提升刀具寿命期限，科学管理刀具寿命，避免刀具过早报废，为企业节省成本。刀具管理系统具有高度集成性，与 ERP、MES、PLM、CNC 机床系统等上位机交互，及时传送刀具使用信息，保证数据信息交换的标准化和统一。智能刀具管理流程如图 9-7 所示。

3. 数字化生产管控系统 MES 建设

构建以车间工业物联网为基础、以 MES 为核心的数字化车间生产管控系统。通过与 ERP、PLM、APS 等信息系统集成，实现了基于有限产能的自动化计划安排；通过生产调度，实现了车间产线的过程协同，实现了 NC 程序的集中管理，按生产任务下发到钻攻中心；基于车间物联网实时获取生产数据，进行进度追踪，通过数据实时采集实时监控、设备故障自动预警；通过异常处理流程和动态调度，实现

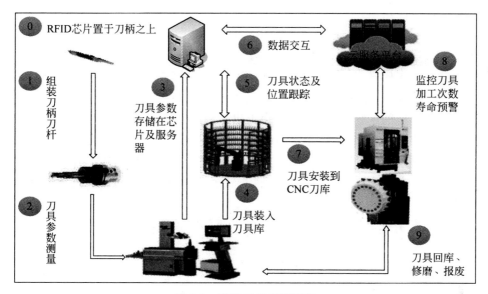

图 9-7　智能刀具管理流程

了设备产能的有效利用；根据计划及生产完成情况，进行物料拉动，有效平衡生产，减少了在制品的无效堆积；通过在线质检，基于 SPC 模型，及时发现潜在问题，对视觉检测数据进行分析。

如图 9-8 所示，MES 系统主要包含生产建模、计划排程、生产调度、生产执行、仓库管理、物料配送、质量管理、设备管理、现场管理和电子看板等业务模块。

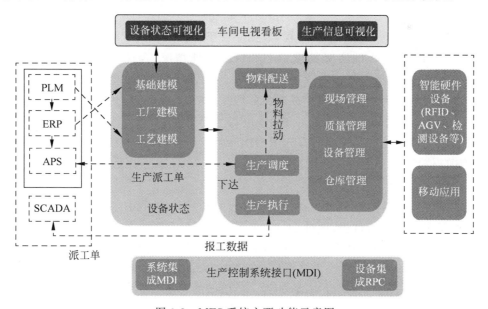

图 9-8　MES 系统主要功能示意图

1）生产建模

由基础建模、工厂建模、工艺建模3个子模块构成，是企业架构及系统运行所需的基础数据模型。具体包括组织架构、人员信息、客商信息、物料信息、自定义项、工作组织、工厂日历、设备信息、工艺路线、工艺路线资源等数据类型的定义。

2）计划排程

基于虚拟车间的物流仿真结果，确定出适应于该车间钻攻中心加工特点的线体产能及钻攻中心配比算法，并定制开发计划排程模块，实现柔性化车间多约束条件下的计划排程和多品种加工下的计划排程。主要核心算法包括：

（1）启发式算法：基于启发式规则，在较短时间内对排程过程中的复杂问题求出较优解。

（2）TOC算法：基于约束理论，聚焦于瓶颈的改善，达到系统各环节同步、整体改善的目标。

（3）换线优化算法：通过优化排程，减小换线时间，减小浪费，提高产能，缩短周期。

（4）人工智能算法：基于人工智能，自动识别紧急工单，提高紧急工单排产优先级，保证工单准交率。

（5）局部滚动算法：基于实时读取数据，当工单修改或设备故障时使用局部滚动算法滚动排程。计划结果通过工单甘特图、资源甘特图、资源负载图、品目库存图等形式实现可视化，分别展示工单的计划开工与完工节点、资源设备生产任务、负荷的预测、在制品的监控与预测等信息。

3）生产调度

全面管理工单的整个生产过程，数据来源于排程模块对ERP生产工单的排产结果。计划员根据车间实际钻攻中心开机及产能情况，合理下达车间生产计划。在派工下达前，根据车间的钻攻中心状态和产能，可以再次对生产任务进行调整，以提高设备的最大利用率，减少在制品的数量，实现均衡投产。计划下达后系统按照工单的数量赋予每个产品唯一的ID进行生产过程追踪，WMS获取生产任务，在原材料出库时将产品序列号写入RFID标签，生产过程中产线PLC实时控制读写RFID信息，实现生产过程的持续追踪。

4）生产执行

实现生产任务监控、在制品监控、车间现场监控、异常监控、设备状态监控等功能。用于跟踪生产的过程，通过SCADA采集生产过程的数据，实现计划与执行的协作统一，针对不同管理人员，提供不同的决策方式：①车间管理者及时掌握生产进度、生产异常和生产绩效，并及时协调处理生产问题；②现场管理人员实时掌握现场生产状况，针对异常进行有效处理；③让生产人员从繁琐的数据记录中脱身，更好地服务于生产。

通过SCADA系统实现指令下达和数据采集的过程如图9-9所示。SCADA

获取 MES 系统下达的派工单信息；线体读取 RFID 中的物料、工序、序列号等信息；线体 PLC 在钻攻中心加工前，读取 RFID 存储的工序和序列号，判断是否为本工序的物料；加工完成后，线体 PLC 修改工序信息，并把完工的工序信息和序列号传给 SCADA；SCADA 系统将派工单和完工信息上传至集成平台；系统获取集成平台的完工信息。

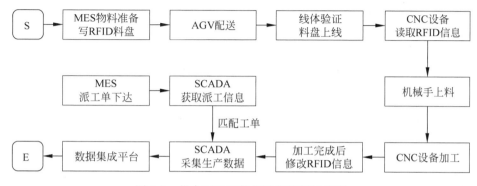

图 9-9　指令下达和数据采集流程示意图

5）质量管理与闭环控制

质量管理贯穿整个生产过程，包含生产过程的全检和人工抽检等，通过检测任务、检测单数据和质量报工数据，分析产品质量情况。检测过程中，如果发现质量异常，则可以通过异常管理进行反馈，减少因为钻攻中心故障而产生的大批量不良品，提高良率和生产效率。

如图 9-10 所示，在产线的最后一道工序加工完毕后，MES 通过数据集成平台获取完工信息，并下达质检任务给在线检测机和 SCADA；SCADA 控制机器人将物料放至在线检测机上，通过工业视觉检测后，合格则继续沿线体向下流转，不合格品（NG）则由机器人搬运至 NG 料箱中。同时，检测数据以及对应的产品序列号会上传至集成平台，一方面，生成质量报表，质量管理人员在办公室实时查看，及时发现潜在的质量风险和问题及原因，为后续处理提供依据；另一方面，还可对机床的历史检测数据进行检索与比对，当比对结果符合设定的情形时，将结果下发给产线控制器，产线控制器计算刀补参数并下发给目标机床调整刀补，将加工误差补偿回来，避免产生批量不合格品，实现在线检测的闭环控制。

6）设备管理

钻攻中心、机器人、AGV、RGV 等自动化设备作为生产的重要资源，是车间生产稳定运行的基本保障。制定计划时需考虑设备产能、负荷、状态等因素，兼顾维护周期、保养时间等。另外，通过采集设备状态信息，为 OEE 计算提供必要的支撑。

如图 9-11 所示，可以通过现场看板对关键设备的运行状况进行实时监控，当

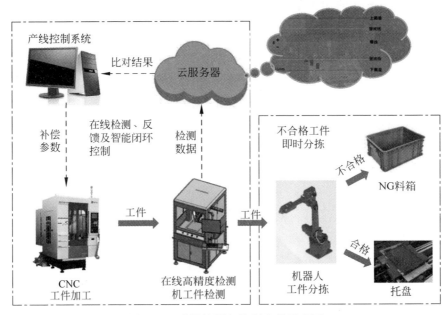

图 9-10　质量检测与控制流程示意图

设备发生故障或处于维修状态时，以颜色警报和消息推送的方式提醒车间管理层及相关人员尽快获知设备异常信息，以便做出及时响应和处理。制造车间针对钻攻中心自动化设备进行点检、维修和保养。点检作为钻攻中心每天开机前的

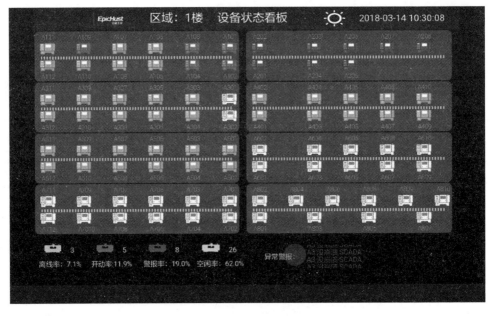

图 9-11　车间设备异常报警看板

必要工作,由生产人员在交接班的时候进行,当点检出现问题时,可发出异常信息给维修人员进行维修。主要功能模块包括设备基础信息、设备计划管理及设备履历。

4. 数据集成与决策支持平台建设

数据集成与决策支持平台的框架如图 9-12 所示。通过底层设备数据采集,将各类生产数据汇入数据集成平台,并与 MES、ERP、CAPP、PLM 等业务应用系统集成,驱动质量管控、生产管控、计划管控等核心业务系统运行。通过对核心业务系统进行共性提炼、业务协同、统计分析等处理后,形成大屏和工作屏的内容展示。通过从生产排产指令的下达到完工信息的反馈,实现全闭环控制,建立生产指挥系统,实时洞察工厂的计划、生产、物料、质量、资源和设备状态信息,方便地了解和掌控生产现场的状态,辅助各级管理人员做出正确决策,大大减少了决策的盲目性。

1) 数据集成平台

如图 9-13 所示,采用艾普工华的企业数据集成平台(MDI)进行数据集成。MDI 管理来自不同数据库的数据,通过提供一个图形化的设置环境来描述数据整合流程。MDI 通过定时转换和任务,完成数据的清理、加工和转换工作。通过客户端拖拽的方式,设置数据处理组件来组成数据流和任务控制流,从而代替手写代码的方式,提升建模效率。依据自身数据处理引擎来完成数据的加工处理。数据流处理的过程中可用多种形式,如循环、比较、数据拆分、数据联合等。数据集成涉及的软件系统有 PLM、ERP、MES、刀具系统、PCT、SCADA、云数控、三维仿真系统、CAPP、APS 等。其中,生产计划、工艺设计、高级排产等数据从 ERP、PLM、APS、MES 等业务管理系统中获取,车间报完工数据、设备状态、设备报警、在线质检等生产数据通过 SCADA 获取。

2) 生产控制中心

生产控制中心建在车间内部,是集成化的数据可视化展示与分析场所,如图 9-14 所示。通过电子大屏,集中展示生产达成率、设备状态、库存状态、产线负责人、加工图纸、异常报警提醒等内容,并可配置实时刷新时间,做到对每条生产线的图形化看板监控。让生产管理者随时掌控车间生产状态,及时修正业务偏离,敏捷调整生产部署,促进达成生产绩效指标。准确了解当前质量水平及质量趋势,提前响应以规避潜在风险。基于正确实时的生产状态数据,提高沟通效率,降低沟通成本。根据制造数据,利用分析模型进行预测,帮助管理者做出合理的决策。

3) 云数控平台

基于华中 8 型数控系统,建立了云数控平台,提供"云管家、云维护、云智能"三大功能,完成制造设备从日常生产到维护保养、改造优化的全生命周期管理,为用户提供设备及产品相关信息的"大数据"。主要内容包括:

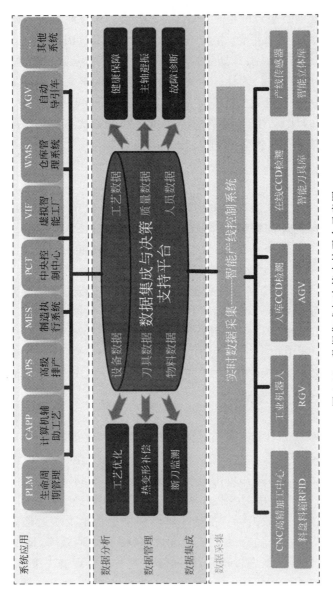

图 9-12　数据集成与决策支持平台示意图

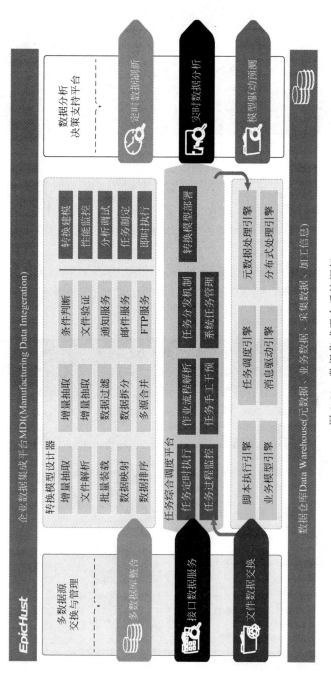

图 9-13　数据集成平台系统框架

图 9-14　生产控制中心及其展示

（1）云数控管家：基于云数控系统的信息平台为工厂设计工程师、试产工程师、设备维护工程师、管理人员提供贴身的管家式服务，通过安装在移动互联终端（手机、PAD）上的云管家软件，随时查看设备运行及维护使用等相关信息，如图 9-15 所示。

（2）云数控维护：基于云数控系统的信息平台，开发远程故障诊断服务，实现自动故障信息提醒与推送，支持基于地理位置的故障报修，专家远程在线检测，自动系统诊断、升级、备份与恢复功能。

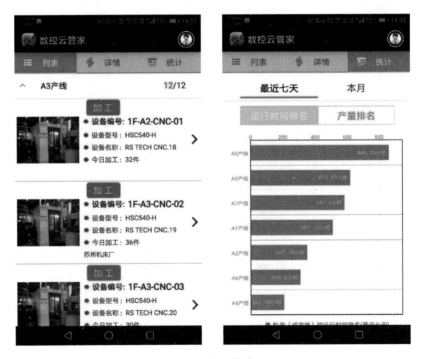

图 9-15　云数控管家界面

（3）云智能技术：基于云数控平台资源，提供第三方编程、工艺优化、设备租借等的智能服务功能，可为专用化、定制化、大批量、小批多品种等特殊订单生产的设备、技术等相关资源协调与服务功能。

5. 数据驱动的三维虚拟车间建设

A 公司智能化车间的一大亮点是建设了数据驱动的三维虚拟车间（也可称为数字孪生车间），该系统基于创景可视公司的 PostEngineer（以下简称 PE）平台而建设，基本流程如图 9-16 所示，主要包括三维虚拟车间建模和生产过程三维虚拟监控两个步骤。

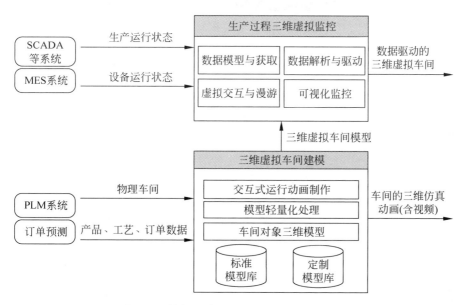

图 9-16　数据驱动的三维虚拟车间建设流程

1）三维虚拟车间建模

利用三维 CAD 软件建立车间厂房、设备、产品和工具的三维模型，连同设备照片等元素，导入 3D Max 软件，进行模型的优化、排布和烘培渲染等处理，确定模型之间的空间位置关系，构建车间的虚拟模型。然后将模型转化为".vis"格式后导入 PE 平台，在 PE 平台内通过模型整合和效果调整，包含材质、纹理、灯光等处理，搭建起虚拟车间的三维场景，对模型进行编辑，通过轻量化和 LOD 等技术，降低模型的复杂度，最终得到三维虚拟车间场景，如图 9-17 所示。

2）生产过程三维虚拟监控

第二步是构建数据驱动的生产过程三维虚拟监控系统，基本过程如图 9-18 所示。该系统支持与车间数据实时同步，通过与现场数据结合，利用现场加工数据，驱动虚拟车间中的设备运行，并保持动作同步。在虚拟车间中，可实现人机交互，可实现各项数据的实时查询及显示。当生产过程中出现故障报警时，系统可

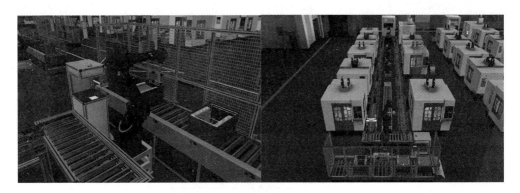

图 9-17　三维虚拟车间场景

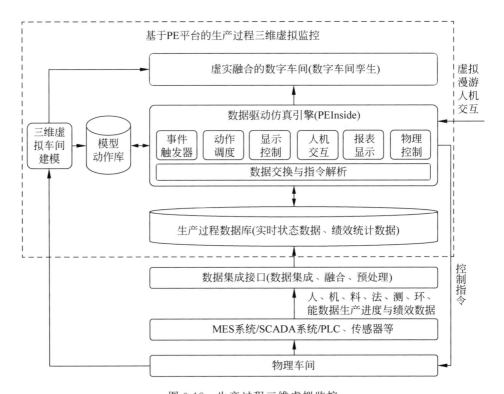

图 9-18　生产过程三维虚拟监控

根据报警的相关数据快速定位至报警机台,并根据储存的故障信息进行故障虚拟诊断,展示故障的排查过程及维修方式,对维修人员进行指导。在系统出现严重事故时,管控人员可利用虚拟车间中的相关紧急停止按钮对车间硬件进行启停控制。

系统的实现关键在于如下 5 点:

（1）**数据驱动仿真机制**：在三维虚拟车间建模过程中,构建了虚拟车间的模型库和动画库,同时定义了模型/动画的属性及运动部件与模型之间的映射关系,以及生产指令与模型之间的映射关系,数据交换插件完成生产数据与三维仿真平台的数据映射。根据条件触发向三维仿真平台发送实时指令,三维仿真平台解析生产指令,驱动模型矩阵的变化,实现三维模型的运动。

（2）**事件触发的动作调度**：物理车间的运作是一个动态过程,包括设备加工、工件运转、机器人运动、仪表显示及物料仓储变化等。首先将设备和工件(统称为部件)的整个运动过程划分为若干段连续的运动过程,并在 PE 引擎中预置这些运动过程,这些分段的连续运动过程称为"动作"。每种类型的部件包含一组动作类型,将这些动作类型存储在动作数据库中。当现场的部件发生状态改变时,即从一个动作的执行跳跃到另一个动作的执行,将这个状态变化信号发送到 PE 引擎,PE引擎通过触发器识别并响应变化,停止旧的动作,激活新的动作执行,最终实现离散数据信号驱动连续的运动过程,从而构成整个运动过程。

（3）**数据变化触发显示控制**：利用 PE 引擎可以实现诸如主轴、数码管、旋钮、表盘等控制对象的驱动。基本原理是将控制对象与变量关联,即控制对象的运动与变量值的变化关联起来。这样只需要改变变量就能驱动控制对象运动,或者控制对象的运动反过来改变变量的值。PE 引擎启动一个定时器线程,按照一定的时间间隔(如 100ms)循环地从实时数据库读取状态数据,当状态数据发生变化时,读取的状态数据会赋值给 PE 引擎程序中定义的变量,使变量发生改变,则变量对应的模型控制对象就会根据变量值发生动作状态的改变。

（4）**人机交互与虚拟漫游**：在三维虚拟车间可视化系统的场景漫游菜单下可以实现车间虚拟场景漫游功能,可以使用户在虚拟车间场景中多视角、身临其境地观察生产场景。在虚拟可视化系统中,用户通过鼠标等外接设备对虚拟车间进行交互控制,根据输入指令,场景中的视角相机也会调整位置和方向。交互控制的基本操作主要包括移动、旋转等,这些都是在前进、下降、左转等基本动作的基础上,通过改变移动距离或旋转角度实现的。系统集成了车间的生产状态信息,因而可以通过虚拟漫游功能,点击相关设备或产品,触发操作指令,提取设备或产品的相关信息,通过透明报表等形式进行展示。

（5）**透明可视报表展示**：在虚拟工厂环境中,以透明可视报告展示生产实况、设备状态和生产实绩。具体内容依赖数据建模,包括：①设备状态数据建模,如设备开、关、负载、故障等状态及历史记录,在制品,生产任务的开/完工时间及当前状态,料库状态,天车/小车位置、状态等;②生产任务信息建模,如每个订单的状态、历史任务、生产异常信息;③绩效报表数据建模,如生产报表、设备报表、质量报表、物流信息报表等。

数据驱动的三维虚拟车间的建设效果如图 9-19 所示。

图 9-19　三维虚拟车间建设效果

9.1.3　建设效果

通过本项目工作,A 公司建立了 3C 结构件制造行业领先的数字化智能化车间,实现了从传统生产方式向自动化、数字化、智能化生产方式的跨越式转变,对比效果如图 9-20 所示。具体而言,本项目实现了高速高精国产钻攻数控设备、数控系统与机器人的协同工作,在装夹环节采用机器人代替人工操作,节省了 73.8% 的人力,建立基于物联网技术的制造现场"智能感知",改造升级数字化生产管控系统,建立全制造过程可视化集成控制中心和数字孪生车间,最终实现少人化、协同化生产。

经过测算,KPI 的对比如表 9-1 所示:

表 9-1　KPI 对比

KPI 指标	传统方式	自动化、数字化、智能化生产方式	提升(＋)/降低(－)
生产效率 OEE/%	65.8	95.6	45.3%
运营成本/(元/件)	21.35	16.10	－24.6%
产品研制周期/天	123	77	－37.4%
产品不良品率/%	0.8	0.5	－37.5%
单件能耗/(kW·h)	1.39	1.13	－18.7%
车间人员/人	229	50	－78.2%

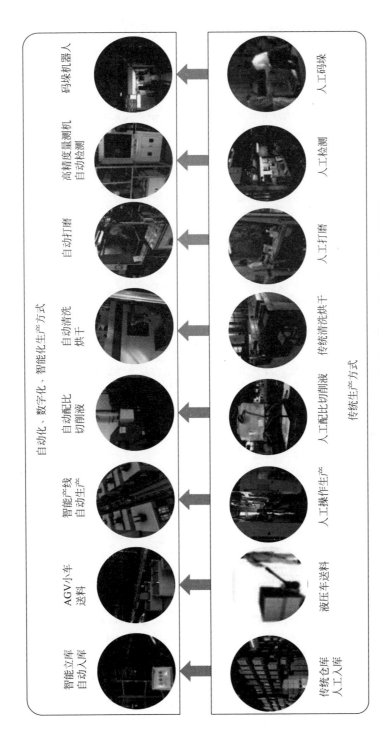

图 9-20　从传统生产方式向自动化、数字化、智能化的生产方式转变

9.2 中低压开关柜智能工厂体系架构研究及应用

位于西部省份的某企业集团(以下简称 B 公司)是我国输配电成套设备研发制造的龙头企业,主营业务为输配电及控制设备研发、设计、制造、销售、检测、服务及总承包。在继续巩固在高压、超高压及特高压交直流输配电设备研发、制造和检测的核心竞争力的同时,B 公司近些年也在大力发展中低压输配电装备(以中低压开关柜为代表)业务板块。2015 年起,公司先后承担了多项工信部智能制造标准项目和智能制造新模式项目。面向中低压开关柜行业,开展智能工厂(含数字化智能化车间)体系架构标准研究,并依托集团内子企业,建设数字化智能化车间。

9.2.1 中低压开关柜行业的特点

电力装备行业是"中国制造 2025"的十大重点领域之一,中低压开关柜(含开关柜及断路器、互感器等关键零部件)行业是其重要的子行业。开关柜是一种组合式电器,由若干功能单元排列组成,功能单元内根据一次主接线需要可以将断路器、负荷开关、接触器、隔离开关、熔断器、互感器、避雷器、电容器、母线,以及相应的量测装置、控制装置、保护装置、监视诊断装置、信号装置、联锁装置以及通信装置等集于一个柜型的金属外壳内。开关柜是电力装备行业中量大面广的产品,广泛应用于发电、输配电系统以及工矿企业,是电力系统中的基础设备,是配电系统的主要组成部分。开关柜产品一般分为(超)高压和中低压两大类。其中,中低压产品的额定电压小于 1kV(低压)或介于 3.6～40.5kV(中压),是使用量最大的产品。

目前,国内的中低压开关制造企业多达千余家,和国际领先企业(如 ABB、西门子、日立、西屋、伊顿)相比,国内企业普遍存在产品创新能力不足、生产效率不高、产品质量欠缺等问题,迫切需要通过引入智能制造技术,实现创新产品设计、优化生产过程、提升产品服务等核心目标。其中,数字化智能化车间建设是实现生产过程优化的关键手段。

中低压开关柜行业具有鲜明的行业特征,制造工厂的运行主流程如图 9-21 所示。该行业一般都采用按订单生产、用户定制产品的生产模式。在销售环节,用户会指定关键零件的供应商,并强制要求其他技术细节。制造企业首先根据用户需求完成产品的变型设计,包括结构设计、电气设计等,设计资料需经设计院进行确认后才能生效。工艺员完成产品的工艺设计后,制定主生产计划,开始原材料和零配件(包含用户指定件)的采购。开关柜产品的主要工艺过程包括柜体钣金加工(冲、剪、折、焊等)、母线加工(冲折和圆弧加工)、关键零部件装配及试验(比如断路器)、开关柜总装(柜体拼装喷涂,一、二次元件装配)等,装配完成后,需要进行试验,包括型式试验(特定情况)、例行试验(一般情况)等类型,试验通过后,产品包装、入库、交付。

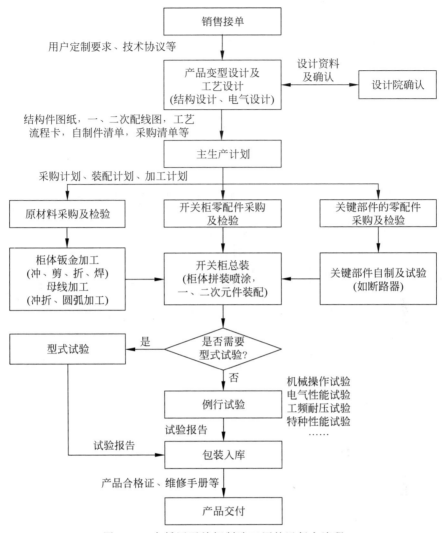

图 9-21　中低压开关柜制造工厂的运行主流程

该行业的共性业务特点总结如下：

（1）大多采用"按订单设计/制造"的生产模式，客户可以指定关键零部件的供应商，并对产品的外观和功能特性提出个性化需求，设计变更较为频繁。

（2）设计和制造工作可能在异地开展，在新品研制阶段，产品由设计院进行设计，设计周期较长。

（3）产品类型多，车间的生产线类型较多，混流生产现象也很普遍，因此，支持柔性生产是生产线的基本要求之一。

（4）基本工艺类型包括钣金（柜体加工）、零件加工（比如母线加工）、部件装配（比如断路器装配）、总装（柜体拼装喷涂、一次元件装配、二次元件装配）、产品试验（型式试验、例行试验）等，其中装配工艺包含一次装配（壳体、一次元件和一次主回路等）和二次装配（电缆室、断路器室、控制室等），以人工装配为主，工序较为复杂。

（5）外购件较多，物料齐套性是保证生产顺利进行的基本要求，但和汽车、电子等行业相比，该行业物料准时齐套的难度大。

（6）车间的自动化程度不高，信息化基础也一般，在建设数字化智能化车间时，老旧生产设备的自动化改造、新设备采购以及信息化建设都是其中的必要任务。

典型的中低压开关柜制造车间现场如图9-22所示。其中，钣金工艺部分完成柜体的加工（冲、剪、焊等），自动化程度比较高；开关柜装配工艺部分完成柜体的拼装和一、二次元件的装配，自动化程度低，一般只实现了柜体的自动流水线移动，大部分安装工序还是通过人工的方式完成。

（a）　　　　　　　　　　　　　　（b）

图9-22　中低压开关柜制造车间现场（图片来自网络）

（a）柜体钣金自动加工；（b）开关柜装配（流水线＋人工装配）

根据对十几家开关柜制造企业的调研，总结出现阶段智能工厂建设的需求，如表9-2所示。

表9-2　中低压开关柜智能工厂建设需求总结

需求类型	需求描述	目　标
车间设施自动化	柜体钣金加工过程的自动化	提高产能和生产效率，提高产品质量
	柜体装配过程的自动化（含物流）	
	断路器装配过程的自动化（含物流）	
全面数字化	基于三维的数字化设计与工艺	提高设计和工艺效率
	工艺和工厂的虚拟仿真分析	减少工艺错误和变更，较为准确地评估车间产能和性能
	生产过程数字化管控	生产过程透明、可控，提高生产效率和质量，降低生产成本，实现精益生产
	供应链和物流过程的数字化管理	物流过程透明、可控，提高零部件的准时齐套率，降低质量风险
	车间能耗的数字化管理	提高能源利用率
	数字化产品档案	实现产品质量信息完全可追溯
	车间数字孪生	通过虚拟车间和物理车间的融合，实现生产过程的三维可视化监控

续表

需求类型	需 求 描 述	目　　标
互联互通与信息集成	设计、工艺与制造之间的信息集成与工作协同	缩短产品交付周期,减少变更成本
	打通数据采集、现场控制、生产管控与企业管理之间的信息流	实现生产过程透明可控,为大数据分析决策奠定数据基础
	企业与上下游及外协单位之间信息集成与协同	提高零部件的准时齐套率,缩短产品交付周期,降低制造成本
关键环节智能手段应用	基于知识的产品设计和工艺设计	提高设计和工艺效率
	产品质量在线检测与自动分析	提高产品质量
	设备状态监控与主动维护	提高设备的服役健康水平,降低维护成本和质量损失风险
	生产绩效分析与决策支持	可视化工厂生产绩效,通过数据分析,为生产与工艺优化提供决策支持

9.2.2　中低压开关柜智能工厂体系架构

标准草案

下面针对中低压开关柜行业制造工厂的共性业务特点和智能工厂建设需求,建立该行业的智能工厂体系架构。

1. 工厂的范围界定

智能工厂所对应的"制造工厂"是在制造设备(生产线)和制造车间之上的、以制造业务为主但也包含一定的产品研发功能的组织。参照《国家智能制造标准体系建设指南(2018 年版)》,从 3 个维度描述制造工厂是较为合理的方式。如图 9-23 所示,智能工厂是智能制造体系的子集,可从工厂结构、产品生命周期和智能功能实现 3 个维度描述智能工厂。

关于中低压开关柜行业智能工厂的范围,界定如下:

(1) 工厂结构:限定在工厂内部的纵向集成,不含产业链上的外部协同;

(2) 产品生命周期:限定在"接到订单后的产品变型设计"到"产品交付"之间的阶段,全新产品的研发一般由设计院所完成,不在工厂范围内;

(3) 智能功能实现:只考虑工厂内部资源要素间的互联互通、系统集成和信息融合,即"信息获取→计算分析→决策控制"的闭环限定在工厂内部。

2. 工厂的生命周期

工厂的生命周期包括两个基本阶段:工厂规划与建设阶段,工厂服役运行阶段。

1) 工厂规划与建设阶段

根据产品规划和产能规划要求,定义工厂结构,对工厂的设备构成、工艺流程、产线布局、物流方式等进行设计和仿真分析,并完成工厂的建设。

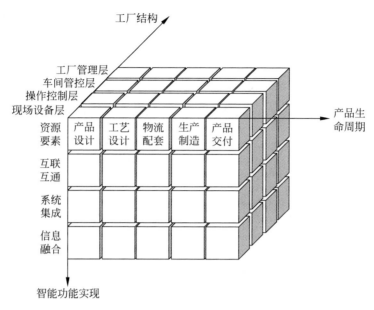

图 9-23　智能工厂的体系架构参考模型

　　虚拟工厂建模与仿真技术在工厂规划与建设阶段能发挥非常关键的作用。通过物流仿真分析和三维工厂运行模拟,可以对工厂产能进行验证,可以对工艺流程、物流设备等进行优化,从而最大程度降低物理工厂建设的风险。

　　针对中低压开关柜制造工厂,在物理布局大致确定的前提下,基于二维/三维虚拟仿真平台,建立虚拟工厂模型,通常包括如下对象:开关柜装配线、断路器装配线、机加线(柔性钣金线等)、仓储(立体仓库、AGV 小车及线边智能料架等)、线下工位(二次配线)、产品及工件、工装夹具等。物流仿真分析的基本任务包括产能分析、瓶颈识别与改善、工艺流程优化、投料策略分析与优化、批量分析与优化、缓冲区分析与优化、生产线平衡分析与优化、物流资源和物流频次的分析与优化、关键资源利用率分析等。

　　2) 工厂服役运行阶段

　　物理工厂建成之后,根据生产订单,安排设计、工艺、物流、生产、检验等任务,最后交付产品。由于订单产品的变化,可能需要对工厂布局或工艺流程进行调整,称为工厂重构。有两种类型的重构方式:物理重构和逻辑重构,前者涉及设备的增减和布局方式的调整,后者主要是工艺流程的调整。

　　虚拟工厂建模与仿真技术同样能够在工厂重构时发挥关键的作用,它可以在虚拟环境中完成验证,从而避免误操作。

3. 工厂结构维度

　　如图 9-24 所示,从微观到宏观,智能工厂的结构分为 4 个层级。

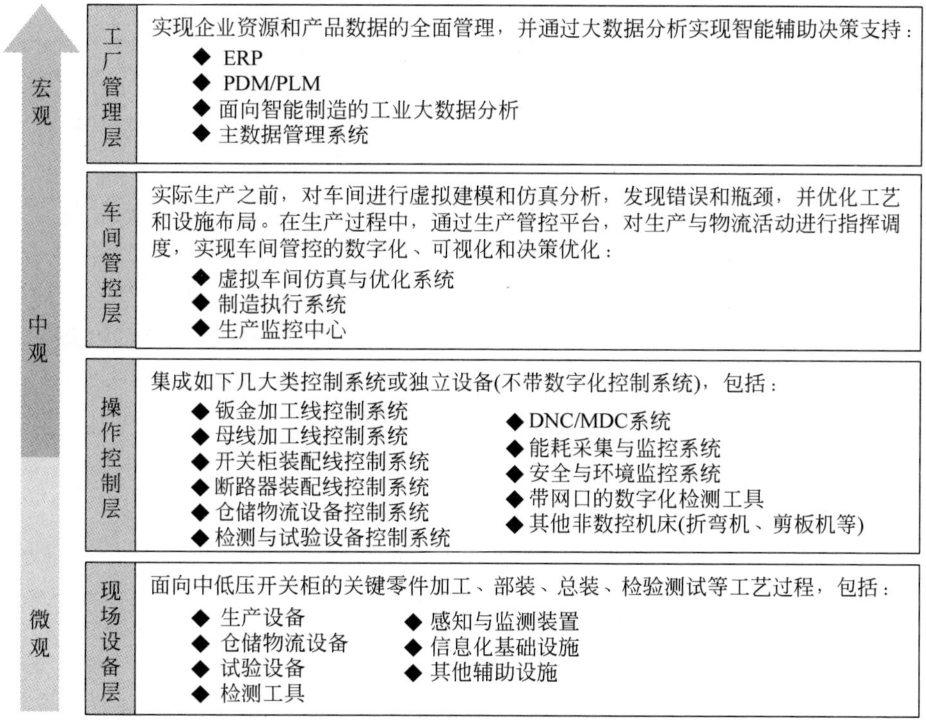

图 9-24　工厂结构维度

1）现场设备层

现场设备指面向中低压输配电装备的关键零件加工(开关柜体钣金加工、母线加工等)、部装(断路器装配等)、总装(空气柜、充气柜、环网柜装配等)、检验测试(耐压测试、开关磨合及特性测试等)等工艺过程的硬件系统,包括生产设备、仓储物流设备、试验设备、检测工具、感知与监测装置、信息化基础设施、其他辅助设施等 7 类设备。

生产设备通常包括独立数控加工机床和加工中心、加工生产线、装配生产线、工业机器人等,它们能够适应不同型号产品的高效混流生产;仓储物流设备包括自动化立体仓库、普通高架仓库、AGV、叉车、普通料架、智能料架等,它们能显著提高物料分拣和配送的效率;试验设备和检测工具包括自动化检测设备(比如视觉检测)、型式与例行专用试验设备、扭矩扳手和无线游标卡尺等检测工具,它们能大大提高检测精度和效率,并完成中低压开关柜的特殊试验;感知与监测装置包括各类传感器、水电气监测仪表、RFID/条码、视频监控装置等,它们是感知生产过程状态、获取制造大数据的基础设施;信息化基础设施包括服务器、数据中心、工业物联网络、工位操作终端、车间电子看板、控制室电子大屏等;其他辅助设施包括能源保障设施、安全保障与环境监控设施、其他公共设施等。上述设备应能实现数字化控制,并具备联网接口。

2）操作控制层

操作控制层包括设备自带的控制系统及之上的设备运行监控系统（比如SCADA、DCS等系统）。通过设备运行监控系统，对各类数字化设备进行联网，实时采集设备运行数据，监测设备运行，实现设备之间、设备与车间管理层软件之间的互联互通。

设备运行监控系统应能集成如下几大类控制系统或独立设备（不带数字化控制系统）：钣金加工线控制系统、母线加工线控制系统、开关柜装配线控制系统、断路器装配线控制系统、仓储物流设备控制系统（仓库控制系统 WCS、AGV 控制系统、智能料架控制系统）、检测与试验设备控制系统、DNC/MDC 系统（冲、剪、折弯、焊接等独立数控设备）、能耗采集与监控系统（实现水、电、气自动监测）、安全与环境监控系统（实现安全提示与保障、环境监测与预警、视频监控）、带网口的数字化检测工具（扭矩扳手、无线游标卡尺等）、其他非数控机床（折弯机、剪板机等）。

3）车间管控层

在实际生产之前，对车间生产设施及工艺流程进行虚拟建模和仿真分析，发现错误和瓶颈，并优化工艺和设施布局。在生产过程中，通过生产管控平台，对生产与物流活动进行指挥调度，实现车间管控的数字化、可视化和决策优化，应包括如下几类系统：

（1）虚拟车间仿真与优化系统：建立断路器部装和开关柜总装的三维车间模型，导入生产订单数据和工艺流程，通过运行仿真，对车间生产过程进行分析评估和优化；

（2）制造执行系统：面向钣金加工、断路器部装和开关柜总装等生产过程，实现计划、物流、生产、质量、设备维护等业务活动的数字化集成管控，并通过数据分析为生产调度提供一定的智能决策支持；

（3）生产监控中心：以电子大屏为载体，以设备运行监控系统和制造执行系统中的生产数据为基础，实现生产过程的集中可视化监控。

4）工厂管理层

实现工厂运营层面各类业务活动的数字化管理，通过大数据分析实现智能辅助决策支持，应包括 ERP、PDM/PLM、面向智能制造的工业大数据分析、主数据管理系统等。此外，安全管理（包括生产安全、信息安全等）也是本层必须考虑的要素。

4. 产品生命周期维度

如图 9-25 所示，在产品全生命周期维度，智能工厂聚焦于开关柜、断路器等产品研制成功后的稳定生产过程，即工厂接到用户订单后，进行产品变型设计并开展生产活动，最终交付产品的过程。所涉及的产品生产周期环节包括产品变型设计、工艺规划与详细工艺设计、物流配套、生产制造、产品交付及服务等。

产品生命周期维度反映了从虚拟制造到物理制造的演变。其中，产品变型设

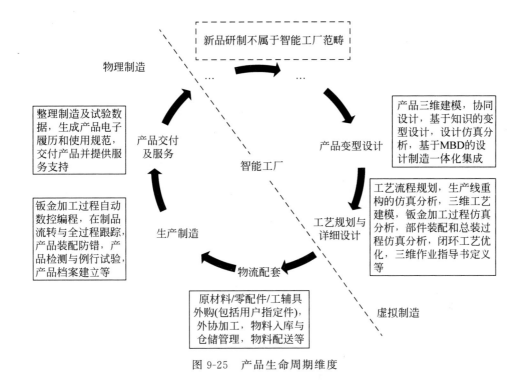

图 9-25　产品生命周期维度

计、工艺规划与详细设计属于虚拟制造范畴,而物流配套、生产制造、产品交付及服务属于物理制造范畴。

1)产品变型设计

产品变型设计包括产品三维建模、协同设计、基于知识的变型设计、设计仿真分析、基于 MBD 的设计制造一体化集成等。中低压输配电装备的一个非常显著的特点就是产品定制化内容非常多,用户可以指定关键零件的供应商,也可以要求制造商调整产品的形状尺寸以适应现场安装需要。因此,在设计阶段必须高效地支持这种变型产品设计,并能对设计变更流程进行规范化管理。

2)工艺规划与详细设计

工艺规划的主要任务是完成总体工艺流程的设计。由于产品的个性化特征突出,针对某些产品,可能需要对现行工艺流程进行一定的调整,这时需要用到虚拟工厂仿真的方法,通过规划仿真,运用工业工程方法对产线、物流、人因等要素进行验证和优化,从而大大降低物理车间调整的成本。

中低压输配电装备的详细工艺设计包括三维工艺建模、钣金加工过程仿真分析、部件装配和总装过程仿真分析、闭环工艺优化、三维作业指导书定义,以及智能工艺设计方法实践、工艺知识库建立等。

3)物流配套

物流配套包括原材料/零配件/工辅具的采购、外协加工、物料入库和仓储管理、物料配送等环节,目前影响中低压输配电装备生产进度的一个很重要的原因就是物料配套不及时,特别是用户指定件不能按时到位,因此,合理的采购计划和高效的内部物流配送对于缩短产品制造周期而言非常重要。

为实现工厂内部物流环节的数字化、透明化管控,应具备如下要素:通过WMS、WCS、AGV调度、MES、ERP等物流信息管理与控制系统(或模块),实现零配件入库、出库、配送、线边、成品发货的数字化管理;通过 MES 系统与 WMS/WCS 系统、AGV 调度系统的集成,实现零部件精益物流配送,比如,根据断路器的上线顺序,通过 AGV 设备自动将配套零件准时配送到生产线工位;通过 MES 系统与智能料架控制系统的集成,实现零配件上线的错漏防控;应用条码(包括二维码)、RFID 等技术,实现物料的标识与自动识别;通过 MES 系统,实现在制品(断路器、开关柜等)的位置跟踪与状态监控。

4)生产制造

从产品视角来看,中低压开关柜的生产过程包括钣金加工过程的自动数控编程、在制品流转与全过程跟踪、产品装配防错、产品检测与例行试验、产品档案建立等。由于个性化突出导致产品的制造一致性难以保证,因此生产过程的质量控制和精准的质量档案记录非常重要。具体而言,应从以下 3 个环节实现开关柜、断路器等产品生产过程的数字化和智能化:

(1)在生产规划阶段,在三维虚拟车间中进行装配生产过程的仿真分析,优化工艺和设施布局,实现生产规划和工艺设计的闭环;

(2)在生产计划阶段,通过制造执行系统的计划排产模块,编制作业计划,并在三维虚拟车间中进行验证,分析物料配送、生产现场设备状态、生产不确定因素等对计划的影响,进而优化调整作业计划,实现计划排产和虚拟验证的闭环;

(3)在生产执行阶段,通过制造执行系统的生产管理模块,对实际生产过程进行指挥调度,并对生产状态进行跟踪与反馈;通过设备运行监控系统,采集设备运行数据;通过虚拟车间环境,对实际生产过程进行虚拟呈现,最终实现"计划-执行-监控-反馈"的数字化闭环控制。

5)产品交付及服务

产品制造完成后,一般要进行两类试验:型式试验和例行试验,当结构、材料、工艺有较大改变时,或者用户提出要求时,需要进行型式试验,一般情况下则进行例行试验。例行试验包括工序检验和出厂检验,具体项目有一般特性检验、机械操作试验、电气性能试验、工频耐压试验等。在该阶段,需整理制造及试验数据,生成产品电子履历和使用规范,交付产品并提供服务支持(比如质量回溯等)。

5. 智能功能实现维度

该维度反映了智能工厂中智能特征的具体实现过程,针对各类资源要素,通过互联互通环节实现信息的通信与控制,通过系统集成环节实现信息的获取与处理,进而通过信息融合环节实现业务协同,并最终实现大数据驱动的智能决策支持。

该维度也能体现 CPS(信息物理系统)的概念,制造资源作为物理实体,通过系统集成、互联互通和信息融合,将映射成赛博空间中的虚拟对象,而决策层针对虚拟对象的控制指令,也将反向操纵物理实体的实际工作。这种虚实映射与控制机制,就是 CPS 的本质。

智能功能实现维度包括以下内容:资源要素、互联互通、系统集成和信息融合。

1) 资源要素

资源要素可实现中低压输配电装备制造工厂内部的人、机、料、法、测、环、能等物理资源要素的数字化表示与信息获取。

(1) 人:包括主数据管理系统中维护人员及组织的基本信息,PDM、ERP、MES 等业务系统中管理人员的工作过程数据和工作绩效数据。

(2) 机:包括工厂/车间/生产线/设备/工装工具等生产设备及基础设施。其基本信息在主数据管理系统进行维护,运行状态信息通过设备运行监控系统获取,并在 MES 系统中进行管理和维护操作。

(3) 料:包括原材料、在制品、零配件、成品等物料资源。基本信息在主数据管理系统进行维护,原材料和零配件等信息在 ERP、仓储管理系统中进行管理,在制品和成品等信息在 MES 中进行管理。

(4) 法:包括设计模型、工艺规程、NC 代码、检测/试验要求、生产计划和派工单等。其中,设计模型在设计系统和 PDM 中进行管理,工艺规程、检测/试验要求等在工艺系统中进行管理,生产计划和派工单等则在 MES 中进行管理。

(5) 测:包括产品的检测与试验结果、分析报告等信息,在 MES 等系统中进行管理,并进行质量数据分析与决策。

(6) 环:包括温度、湿度、振动、噪声、灰尘、有害物质等影响生产安全和产品质量的环境要素信息,通过设备运行监控系统进行采集和管理,并对生产环境进行视频监控。

(7) 能:包括工厂水、电、气等能耗信息,通过能源管理系统进行采集和管理。

2) 互联互通

互联互通侧重于系统之间的通信与控制。通过有线、无线等通信技术,实现资源要素间的网络连接,实现制造资源与企业管理系统间的连接,实现设备-工具-产品-人-软件之间的互联互通,并确保信息安全。

3) 系统集成

系统集成侧重于系统之间的数据集成。实现描述人、机、料、法、测、环、能等数字化资源要素信息的数据流在中低压输配电装备智能化工厂各业务系统之间的贯通,具体包括:

(1) 通过系统层级间的纵向信息集成技术,将设备运行监控系统所获取的机、环、能等实时状态数据传给 MES、虚拟车间仿真与优化、生产监控中心等系统,并将 MES 的生产指令、NC 代码等传给设备运行监控系统。

（2）通过产品生命周期的端到端信息集成技术，实现人、机、料、法、测、环、能数据在主数据管理、设计、工艺、MES、仓储管理等系统间的集成。

4）信息融合

信息融合侧重于业务之间的协同和智能决策支持。通过对各类资源要素信息的关联分析与集成应用，为中低压输配电装备智能化工厂运行提供智能决策支持，具体包括：

（1）产品生命周期的信息融合与决策支持：在设计环节，能获取工艺、制造和试验环节的反馈数据，辅助设计优化；在工艺环节，能获取工艺仿真和生产执行的反馈数据，辅助工艺优化。

（2）生产制造阶段的信息融合与决策支持：通过排产引擎和基于仿真的计划验证，实现计划排程的智能辅助决策；通过质量数据分析，实现质量问题辨识与诊断；通过设备实时监控分析，实现故障诊断和维护决策。

9.2.3　中低压开关柜智能工厂的功能框架

基于图 9-23 的中低压开关柜行业智能工厂体系架构模型，建立智能工厂的功能框架如图 9-26 所示，它包括 11 大功能模块，从两个维度来描述。从左到右包括设计、工艺、生产及物流、交付及服务等产品生产周期阶段，从下到上包括现场设备、操作控制、车间管控和工厂管理等层级。

下面对其主要构成及各模块的智能化特征作详细描述。

1. 生产装备及基础设施

对应工厂结构维度的设备层，包括加工设备、装配设备、仓储物流设备、试验设备、检测工具、感知与监测装置、信息化基础设施、其他辅助设施等类型，具体如下：

（1）加工设备：由冲剪机床、激光切割机、数控折弯机、立体料库和配套软件系统构成的开关柜体钣金加工线，可以实现钣金件的自动化、柔性化加工，NC 代码自动生成并执行，钣金件自动出入库。其他独立加工设备配备数控系统，可通过 DNC/MDC 实现联网。

（2）装配设备：多条可自动流转的开关柜装配线和部件（断路器等）装配线，支持多型号混流装配，关键工位采用机器人（或机械手）进行上下料，机器辅助工人完成柜体拼装，翻转，一、二次装配操作。

（3）仓储物流设备：在断路器部装和开关柜总装环节，通过立体仓库实现物料的自动存取，通过 AGV 实现物料的自动配送，通过智能料架实现装配错漏防控。

（4）试验设备：在断路器部装和开关柜总装环节，采用数字化试验设备，完成耐压测试、开关磨合及特性测试、电阻测试、密封测试等例行试验，自动进行数据分析并输出试验结果。

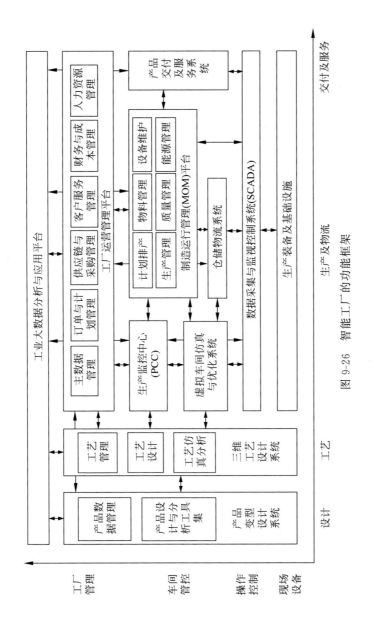

图 9-26　智能工厂的功能框架

（5）检测工具：在生产现场使用扭矩扳手、无线游标卡尺等数字化检测工具，可以实现检测数据自动采集。

（6）感知与监测装置：在断路器部装和开关柜总装环节，通过条码/RFID 等实现在制品自动识别与跟踪，关键工序采用传感器（比如机器视觉）进行质量数据采集；工厂安装有针对环境和安全（温度、湿度等）、能耗（水、电、气等）等的智能检测装置，实现异常预警，保障生产安全和产品质量；工厂安装有视频监控装置，支持实时展现和历史回放。

（7）信息化基础设施：工厂建设有数据存储（服务器、数据中心等）、网络通信（办公用互联网、车间工业网络等）、计算分析、安全保障的信息化基础设施。另外，在车间和中控室布置有工位电脑终端、电子看板、中控大屏等装置，可以实现信息浏览（如工艺文件、生产计划与进度、报警信息）、操作提示（装配物料提示等）、过程反馈（报工等）等操作。

上述生产设备及基础设施具备如下数字化、智能化特征：

（1）柜体钣金加工过程的全自动、智能化、柔性化：通过由激光切割机、转塔冲、自动折弯机、自动料库和配套软件系统构成的柔性钣金加工线，实现钣金加工 NC 代码的自动生成、钣金件自动出入库以及加工质量的智能保证。

（2）物料存取、物流配送过程的自动化、智能化：通过立体仓库实现物料自动存取，通过 AGV 实现物料自动配送，通过立库管理系统、AGV 调度系统与 MES 系统、设备运行状态监测系统的集成，实现物流过程与生产过程的同步。

（3）关键质量特性检测过程的自动化、智能化：通过数字化检测设备实现在线自动检测，通过机器视觉手段实现质量异常的智能辨识。

（4）在制品跟踪与识别的自动化、智能化：通过条码/RFID 等手段实现在制品标识、状态及位置的动态感知。

（5）设备状态感知的自动化、智能化：通过设备集成接口（比如 MDC 或加装传感器）实现设备状态的主动感知。

2. 数据采集与监视控制系统

制造车间中运行着不同类型的设备，包括自动化生产线、单机自动化设备、物流设备、检测设备等，它的各自有独立的运行控制系统，比如数控系统、生产线控制系统、机器人控制系统、AGV 调度系统、立体仓库控制系统、质检设备系统、RFID 中间件等。上述控制系统有可能接口开放，也可能封闭，其通信接口形式、通信协议、数据格式等千差万别。此外，车间可能还加装有多类传感器。比如，加装在设备/产品/工具上的传感器，其目的是监测设备/产品/工具的实时状态信息（比如振动、温度、磨损量、尺寸偏移量、能耗等）；又如，加装在移动物体上的识别跟踪装置，用于监测移动物体（工具、物流设施、在制品、人）的位置信息；再如，生产环境传感器，用于监测温度、湿度、灰尘、电磁等。如何实现上述工业现场数据采集，并实现各类独立设备或生产线统一的实时监测和控制，离不开数据采集与监视控制系统（SCADA 系统）的支持。

SCADA 系统对应工厂结构维度的控制层，起到采集设备数据和监控设备运行状态的作用，如图 9-27 所示。它具备如下特征：

（1）实现对各类生产设备及基础设施的联网，构建符合 OPC 等主流通信协议标准的设备运行状态监测网络，具备数据处理、存储和可视化功能。

（2）通过与钣金自动加工线控制系统、加工设备数控系统、断路器及开关柜装配线控制系统、试验设备控制系统、仓库控制系统、AGV 控制与调度系统等的集成，采集设备的开关机、运行及故障状态、重要工作参数等信息，分析设备故障率、负载情况及平均无故障时间等运行情况，并实现图形化展示。

（3）针对钣金加工线/数控加工设备，部署 DNC 系统，集中管理 NC 代码，获取 MES 加工任务并下发到数控机床。

（4）在车间安装水、电、气等智能计量仪表，构建物理传感网络，实现工厂能耗监测。

（5）在车间安装环境监测传感器，构建物理传感网络，对影响生产安全和产品质量的环境要素（比如温度、湿度）进行实时监测。

（6）建立设备监测电子看板，通过组态方式可视化展现设备状态，并设定阈值，当监测参数超差时，自动对安全风险或设备故障进行报警。

异构设备的集成互联是 SCADA 系统建设的难点，除了要为状态信息的上传和控制指令的下达提供高速通道外，还必须对各类实时信息进行规范化处理、分析和存储，从而为上层系统屏蔽底层设备接口的差异，这些都离不开数据的标准化操作。

SCADA 系统总体上包括两个层次：

1）网络通信层

网络通信设施是实现设备互联的基础，目前已有大量的现场总线标准，比如 IEC 61158（现场总线规范）、IEC 62683（低压开关和控制器）、IEC 62591（WirelessHART）、IEC 62601（WIA-PA）、IEC 62734（ISA 100.11a）、PROFIBUS 过程控制行规等。智能工厂常见的网络通信设施包括：

（1）现场总线：包括工业以太网、PROFIBUS、PROFINET、Modbus、DeviceNet、CAN 等；

（2）无线网络：包括 Wi-Fi、蓝牙、ZigBee 等。

一般情况下，制造车间多种通信网络与协议共存，为实现设备互联，还需要通过协议转换接口，实现将 Modbus、PROFIBUS、PROFINET、CANopen、PPI、MPI、CC-Link、MELSEC、FOCAS 等现场总线的数据转换为以太网或无线网络，并输出给 OPC 服务器或上层应用系统。

2）数据处理层

主要功能包括数据采集、数据处理、数据存储、人机接口（HMI）、过程控制等。

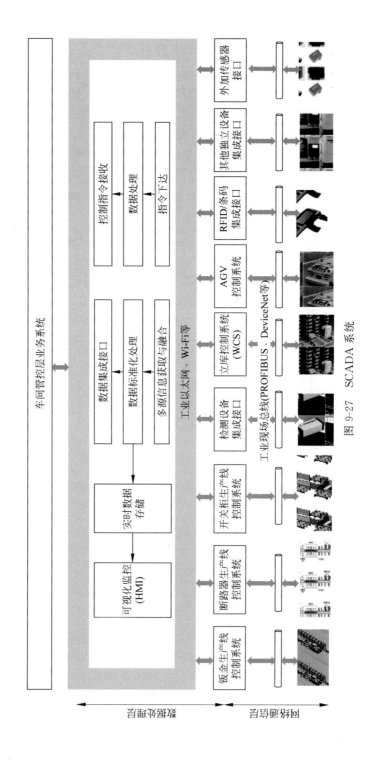

图 9-27 SCADA 系统

SCADA 系统应具备如下智能化特征：

（1）能屏蔽底层设备或传感器的差异，为上层系统提供一致的规范化数据；

（2）具备实时数据采集、数据存储和数据可视化功能，能进行数据融合，为大数据分析提供数据源；

（3）实现车间各类软件、硬件的互联互通。

3．制造运行管理平台

针对中低压开关柜产品的生产活动特点，将制造运行管理平台的主要业务功能模块分为计划排产、生产管理、物料管理、质量管理、设备维护、能源管理 6 部分内容。

1）计划排产

该模块的基本目标是依据开关柜、断路器等产品订单的交货期要求，综合考虑工艺路线、资源能力与可用性、零配件齐套等因素，基于优化排程平台，通过人机交互方式，编制详细的作业计划。它具备如下特征：

（1）建立开关柜总装拉动的钣金加工、断路器部装等多级计划协同生产模式，根据工艺时间和节拍计算各类产品（部件）的上线和下线时间，形成装配上线计划和钣金加工计划；

（2）通过 BOM 分解，考虑采购提前期要求，计算生成开关柜一、二次元件的采购与供应计划；

（3）依据钣金加工计划，通过开关柜体的 BOM 分解得到钣金零件的详细加工任务，支持拆分和组批操作，实现经济批量加工；

（4）排产结果可通过虚拟车间仿真与优化系统进行验证；

（5）计划下达后，通过生产管理模块，可随时查看计划的执行进度，当出现订单变化或生产异常时，可对作业计划进行动态重排。

2）生产管理

该模块的基本目标是按照作业任务要求，辅助工人完成零件加工和产品装配操作，实现生产过程的动态跟踪和生产进度的可视化监控。它具备如下特征：

（1）针对开关柜总装和断路器部装生产线，在生产开工前自动进行齐套性检查，并完成相关工艺参数的切换；

（2）通过三维作业指导引导工人完成装配操作，通过条码、RFID 等手段实现生产跟踪，并实现装配错漏装的报警；

（3）针对钣金自动加工线，根据作业任务规定的生产顺序和批量，自动完成 NC 代码的切换，实现钣金加工并报工；

（4）建立了规范化的电子工作流程，对生产过程出现的物料短缺、质量问题等异常事件快速响应；

（5）自动生成生产信息的统计图表，通过车间电子看板可视化展现生产绩效（计划完成率、一次通过率等）、现场异常及处理进度等信息。

3）物料管理

该模块的基本目标是按生产进度要求,适时将配套零部件配送到生产线或工位,并实现在制品和零配件的跟踪。它具备如下特征:

（1）针对开关柜总装和断路器部装生产线,通过装配上线计划、BOM 和线边库存计算出每个工位的零部件需求;

（2）区分物料类型,选择不同的配送模式（比如按台套配送、按批次配送等）,生成工位配送计划;

（3）通过与仓储物流系统（如 WMS、AGV 调度系统）集成,实现物流配送指令的自动下达与执行;

（4）通过 RFID/条码等手段,实现在制品位置、配套零部件状态（配送中、线边、上线等）的跟踪管理;

（5）通过智能料架等装置,实现零配件上线的错漏防控。

4）质量管理

该模块的基本目标是根据产品质量要求,采集生产过程中的质量数据（包括一般性的检测数据和试验数据）,并对其进行数据分析,从而实现质量判定和改善。它具备如下特征:

（1）针对开关柜总装和断路器部装过程,每个工位的检测数据、装机 BOM 数据和工程更改数据均实现电子化管理,准确记录并生成产品（开关柜、断路器等）详细的数字化质量档案;

（2）针对开关柜、断路器等产品的出厂试验要求,通过与设备运行监控系统集成,实现试验数据（一般特性、机械操作、电气性能、工频耐压等）的自动采集和数字化管理,并自动生成试验报告;

（3）针对开关柜总装和断路器部装过程,利用统计分析、机器学习、数据挖掘等技术对历史数据进行分析,建立质量知识库和质量诊断模型,实现常见质量问题的分类及诊断分析;

（4）建立质量问题电子看板,实现磨合、工频耐压、机械特性质量问题的分类图和分布图;

（5）建立离线的质量数据分析系统,对开关柜和断路器装配质量的影响因素进行关联分析,分析结果可用于产品设计或工艺改进。

5）设备维护

该模块的基本目标是在车间设备（主要是钣金加工线、加工设备、开关柜装配线、断路器装配线、试验设备、仓储物流设备）已联网并实现状态监控的基础上,对设备运行状态数据、故障数据、维修数据等进行管理,实现故障诊断,并制定合理的设备维修策略。它具备如下特征:

（1）设备状态管理:可视化查看车间设备/生产线的状态,包括当前状态和历史状态,并可进一步查看关键运行参数数据;

（2）设备故障诊断：对设备/生产线的故障进行分类管理，建立故障问题库，可针对已出现的故障，进行故障类型和原因诊断；

（3）设备维修计划：周期性维修与基于状态的维修（CBM）相结合，通过对设备运行监控系统所采集数据的分析，判断设备/生产线的状态并进行预测维护。

6）能源管理

该模块的基本目标是对工厂的电力、供水、空压与真空、锅炉及蒸汽、暖通等能源动力系统进行综合监控，以提高能源动力系统的运行质量、效率，提高企业能源动力系统技术和管理水平，实现能源消耗透明化、精细化。它具备如下特征：

（1）通过在设备端搭建计量仪表、传感器等智能部件，构建物理传感网络，将生产控制系统和能源管理系统融合在一起，建立完善的能耗监测和管理体系；

（2）建设对应的电子巡更子系统，管理安保人员对关键能源监测点的巡逻、控制；

（3）对设备状态、电能负载等数据进行分析挖掘与预测，开展精准调度、故障判断和预测性维护，提高能源利用效率和安全稳定运行水平。

4. 仓储物流系统

仓储物流系统的基本目标是实现工厂内部生产物流（含在制品、零配件和原材料）的管理及出入库、配送等操作。它应具备如下特征：

（1）通过仓库管理系统（WMS），实现在库物料自动查询、入库、调拨、盘点等操作；

（2）通过 WMS 与 MES 系统集成，获取物流配送指令，自动（针对自动化立体仓库）或人工（针对非自动化仓库）完成出库作业，并反馈配送清单；

（3）通过 AGV 调度与控制系统，实现将物料从仓库自动配送到生产线工位旁边，并可随时跟踪配送进度。

5. 生产监控中心

生产监控中心（PCC）汇集来自钣金加工线、断路器装配线、开关柜装配线、仓储区以及计划、生产等业务部门的信息，以电子大屏为展现手段，以三维虚拟工厂和多维统计图表为展现形式，综合展示与工厂生产过程相关的设备运行状态、生产进度、质量状况、物流状态、工厂能耗等实时信息和绩效信息。生产监控中心的展示信息包括：

（1）三维虚拟工厂，如断路器的装配线及其物流设施；

（2）三维装配工艺，如断路器、开关柜的三维装配动画；

（3）生产绩效报表，如生产进度、质量统计；

（4）生产异常报警，如物料短缺、产品质量、进度滞后；

（5）设备运行状态，如设备故障、设备运行参数；

（6）质量分析结果，如质量问题排列图、因果图；

（7）能源监控信息，如工厂水、电、气消耗统计；

（8）车间视频监控，通过摄像头监控的实时场景及历史回放。

6．产品变型设计系统

基于机械 CAD 软件（二维/三维）、电气设计软件、PDM/PLM 管理平台，实现开关柜、断路器等产品的变型设计。它具备如下特征：

（1）根据客户定制化要求，以产品基准 BOM 和设计知识库为基础，完成变型产品设计，输出一次柜体元器件排列图、柜体三维结构图、二次仪表箱元器件排列图等设计文档和工程 BOM；

（2）设计与工艺之间、制造厂和设计院之间可以实现 BOM 和三维设计模型传递；

（3）在产品设计过程中，能获取工艺、制造和试验环节的反馈数据，从而实现设计优化；

（4）异地协同设计支持。

7．三维工艺设计系统

建立三维 CAPP 系统，实现三维装配工艺规划、装配工艺仿真分析和闭环工艺优化。它具备如下特征：

（1）在开关柜和断路器等产品的装配工艺规划阶段，接收三维设计模型并进行轻量化处理，以三维工艺模型为基础，完成装配流程图设计、装配工序规划、三维工艺指导作业书编制等操作；

（2）基于三维虚拟环境，对断路器、开关柜的关键装配工艺进行仿真分析，实现干涉检查，优化装配序列，生成装配动画；

（3）通过和虚拟工厂仿真与优化系统、MES 系统的集成，获得生产过程仿真、现场工艺执行的反馈信息，积累并利用工艺知识，不断优化工艺。

8．虚拟车间仿真与优化系统

建立二维/三维虚拟工厂模型，实现工厂规划虚拟仿真和生产过程实时虚拟生产监控。它具备如下特征：

（1）对装配线、仓储物流设施和产品等进行三维建模，建立开关柜和断路器的虚拟装配生产车间；

（2）基于断路器和开关柜的三维虚拟装配生产车间，导入工艺路线和订单等信息，通过生产过程运行仿真，验证生产工艺的合理性，定量分析车间/生产线的产能和瓶颈，优化设备布局及物流，为精益生产提供支撑；

（3）基于断路器和开关柜的三维虚拟装配生产车间，从 MES 中导入生产计划排产结果，通过运行仿真，发现物料阻塞、节拍不平衡及设备等待等问题，对计划的可执行性与效率进行评估分析，并将结果反馈给 MES 系统；

（4）基于断路器和开关柜的三维虚拟装配生产车间，定义设备仿真交互属性及数据驱动模型,从 MES 和设备运行监控系统中导入生产过程的实时状态信息,驱动虚拟车间运行,实现生产过程的可视化监测。

9. 工厂运营管理平台

工厂运营管理主要涉及主数据管理、产品数据管理、订单与计划管理、供应商与采购管理、客户服务管理、财务与成本管理、人力管理等业务模块,上述功能通常分别在主数据管理系统(MDM)、产品生命周期管理系统(PLM)、企业资源规划系统(ERP)、供应链管理系统(SCM)和客户关系管理系统(CRM)中实现。其智能化特征主要体现在商业智能(business intelligence,BI)的应用上,通过平台集成,或者通过第三方的大数据分析平台,可为企业管理者提供更全面、更准确的决策支持。

10. 产品交付及服务系统

产品交付及服务系统为产品档案数据管理及产品维护活动提供支持,起到联系制造工厂与产品客户的作用。它具备如下特征:

(1) 在产品交付前,汇集来自设计、工艺、制造及试验过程的重要数据,包括产品设计图纸、装配工艺规程、制造履历、物料配套记录(供应商、批次、物料号等)、试验(型式试验和例行试验)报告、产品更改通知及更改记录、装配 BOM 等,形成产品质量档案,作为产品交付资料;

(2) 产品交付后,一旦出现质量问题,支持正向和反向追溯,快速定位质量根源。

11. 工业大数据分析与应用平台

中低压开关柜智能工厂的工业大数据主要来自 3 个方面:一是工厂管理软件系统,比如 PLM、MES、ERP、MDM、CAPP 等,这些数据存放在传统关系数据库中,结构化程度高,数据量不是很大,也非实时。二是底层设备控制系统,比如数控系统、生产线控制系统、机器人控制系统、AGV 调度系统、立体仓库控制系统、质检设备系统、RFID 中间件等。三是外加传感器,传感器的类型和数量众多,比如加装在设备/产品/工具上的传感器、加装在移动物体上的识别跟踪装置、生产环境传感器等。上述数据按照业务类型可分为研发数据、生产数据、设备数据、质量数据、运营数据、能耗数据、试验数据等。

大数据分析平台收集来自各系统的原始数据,经过抽取、清洗后存入大数据中心,通过统计计算、数据挖掘、大数据分析等方法进行分析。大数据分析的目标包括:

(1) 研发大数据分析:设计知识积累,闭环工艺优化;

(2) 生产大数据分析:生产绩效分析,瓶颈识别与分析,趋势预测,物料短缺预警;

(3) 设备大数据分析:设备故障预警、识别与诊断,设备预防性维护;

（4）质量大数据分析：质量问题预警、辨识与溯源分析，质量改善建议，工艺参数调控；

（5）运营大数据分析：成本分析，企业绩效评估；

（6）能耗大数据分析：分析能耗利用率，能耗预测，能耗优化调度与调控；

（7）试验大数据分析：试验结果评价，产品改进建议。

9.2.4　中低压开关柜智能工厂建设实践

以上述关于中低压开关柜智能工厂体系架构和功能框架的研究为基础，B公司下属某子公司开展了智能工厂的应用实践，与明匠智能、武汉开目、佰思杰、武汉制信、华中科技大学等单位合作，围绕设计、工艺、制造和试验等产品全生命周期的主要过程，建设以"集成化、精益化、数字化、互联化、智能化"为特征的智能工厂。其智能工厂的功能总体框架如图9-28所示。

整体框架分为5层应用和3个支撑体系。其中，核心的5层应用包括：

（1）智能化装备与设施层：即硬件层。智能化装备是智能工厂的基础，是具备通信与控制以及部分自我学习能力的硬件设施。其核心包括4个部分：能源测量与监控装置，智能生产装备，智能物流装备，智能质量检测仪器与数据采集装置等。

（2）设备运行状态监测系统层：即采集控制层，实现对所有底层智能化装备的集中化监测与控制，采集设备核心运转数据，实现设备运行情况可视化、报警实时提示与处理等，并实现部分设备的远程操作与控制。同时实现对异构业务数据与控制数据的统一规范化、标准化管理，为数据分析提供可靠的数据支撑。

（3）精益生产执行层：指协同研发平台、MES系统、智慧能源、质量大数据分析系统等应用，主要是对与生产车间紧密关联的"人、机、料、法、测、环、能"等资源进行全面的管理。

（4）企业运营管理层：指ERP、虚拟工厂仿真平台等系统，实现对采购、销售、库存及财务等业务的信息化管理，实现工厂规划虚拟仿真和生产过程实时虚拟监控。

（5）智能决策支持层：本层的应用主要面向公司的高层领导，是基于对底层业务数据的抽取、分析，形成对公司高层决策有帮助的报表等应用，支持高层运营决策。

为了实现智能工厂建设达到最终目标，需要智能工厂标准体系和基础保障体系的支持。

本项目所开展的工作包括数字化智能化车间建设、数字化研发系统建设、数字化实验系统建设、智慧能源系统建设、智能工厂标准制定、智能工厂支撑环境建设共6部分内容。下面对数字化智能化车间的建设情况做介绍。

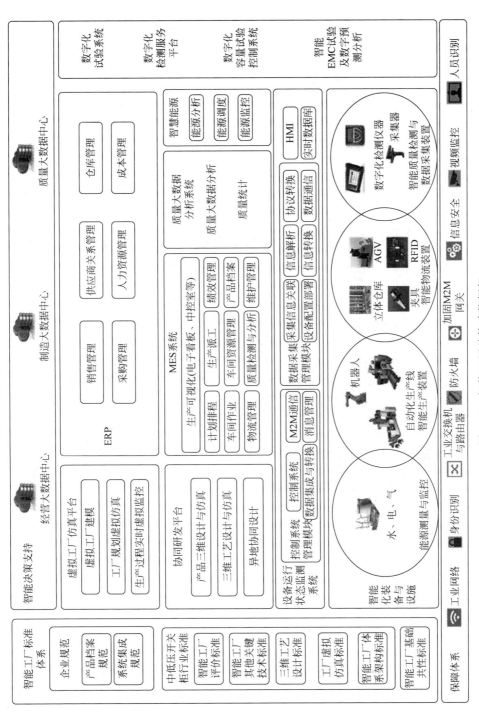

图 9-28　智能工厂总体功能框架

1. 数字化柔性生产线建设

新建全自动柔性钣金生产线 1 条、中压空气柜装配线 2 条(12kV 和 40.5kV 各 1 条)、10kV 断路器装配线 1 条,配备立体仓库及物流系统。全面提升了制造装备的数字化、自动化、柔性化能力。

(1)钣金生产线:实现了开关柜壳体金属钣金零件自动化加工生产。生产线由高速数控冲床、冲床自动上下料及分拣装置、折弯机、折弯自动化单元、激光切割机、激光机自动上下料装置和数字料库系统联合组成柔性生产线。3 个设备加工单元之间由侧向数字化料库有机连接,由编程数控系统全面控制整个加工过程,从而高效、高质量、自动化地完成金属钣金零件在各单元加工生产。如图 9-29 所示,该生产线在国内同行业中,在技术方面,设备加工精度处于国际一流;在加工效率方面,处于国内一流。

图 9-29　全自动柔性钣金生产线

(2)中压空气柜装配线:完成 12kV 系列、40.5kV 系列开关柜的柜体拼装、元器件装配、二次布线及整柜检测工作。装配线设备主要有自动穿梭车、轨道系统、模块化工位平台、拼柜机、生产线管理软件、转运车及工作台等辅助工装。无论从技术方面,还是装配效率等方面都处于国内一流水平。

(3)断路器生产线:主要设备包括主线体、翻转装置、提升╋旋转装置、站位装配台及控制系统等、机械特性测试台、机械特性测试工装、综合测试台等。该生产线以三菱 PLC 为控制中心,采用 CC-Link 网络实现系统与区域的集散控制,具有执行设备组态、操作、监控及异常维护指导功能;输送线体和各专机设计先进合理,具有较高的自动化程度,物流符合工艺路线要求,生产线不会发生拥挤堵塞现象;生产线配置齐全的状态、位置检测传感器及主令操作与指示器件。对于异常危险状况,生产线在各升降机、移载车、专用设备及间段可操作位设置了系统紧急停止与专机急停保护按钮,实施危险处理操作,快速切断执行电源,并进入待机状态。主控人机界面采用基板总线接入,执行设备组态、监控及异常维护指导功能,在线监控 PLC 运行程序。

2. 设备运行状态监测系统建设

设备运行状态监测系统是数字化车间的核心系统,处在上层的制造执行系统(MES)和下层的智能设备(柔性生产线、立库、AGV、RFID、数字化检测设备等)之间,实现设备状态信息的上传和控制指令的下达及实时信息规范化处理、传输和存储等功能。

(1)基于工业以太网和异构系统数据集成技术,构建符合工业主流通信协议标准的底层设备运行状态监测网络,打通数字化厂房从设备层到执行层的数据集成和信息共享通道,为实现设备互联互通奠定基础。

(2)通过与现场钣金自动化线、断路器及开关柜装配线、检测设备、AGV 调度系统和 WMS 等系统的集成,采集产线设备的开机、运行及故障状态等信息,分析设备故障率、负载情况及平均无故障时间等运行情况,为设备的保养、维护和维修提供参考和真实依据,提升设备管理水平,减少设备意外停机,提高设备综合利用率和劳动生产效率。

(3)与主数据管理系统、虚拟仿真系统、MES 系统及 WMS 系统等进行集成。

(4)集中管理数控设备 NC 代码,获取 MES 加工任务并形成 NC 加工作业指导书,实现 NC 代码和加工任务的规范化管理。

(5)通过与工厂虚拟仿真软件的集成以及组态软件等多种方式,清晰、直观地展示厂房设备和生产线的关键运行情况,提升现场管理的可视化程度和精益管理水平。

3. MES 系统建设

通过 MES 系统制定高效的可执行计划、实时及便捷化的数据采集、完备的质量过程追溯、精益化的看板监控等,在顺畅的信息流基础上围绕生产计划,实现对人员、设备、物料、工艺、质量等一系列的精细化控制管理,实现车间生产过程的透明化、精益化。MES 实现的主要功能包括计划排程与任务下达、生产任务接收与反馈、生产执行监控及可视化看板、车间现场异常的及时响应、设计与制造一体化作业指导、生产执行与物流调度协同、全面质量管理、车间生产设备管控一体化、软硬件管控一体集成等。

MES 中的计划排程与计划执行看板如图 9-30 所示。

4. 三维工艺设计系统建设

针对中低压开关柜产品的特点,在三维工艺系统基础平台上进行开发实施,构建了基于 MBD 的三维工艺设计与仿真系统,如图 9-31 所示。其具体功能包括:

图 9-30　计划排程与计划执行看板

（1）工艺规划与组件划分：在三维可视化环境规划工艺路线和工艺文件，制定出反映装配关系的装配流程图，以三维模型和产品结构树相结合的方式进行可视化零组件分配，分配相关的产品与资源，划分工艺流程节点，针对 10kV 开关柜、35kV 开关柜、35kV 断路器及 10kV 断路器进行 PBOM 划分和管理。PBOM 设计通过制造资源库，为工序分配设备、工具等生产资源，并在可视化环境下为工序分配工序装入件，提供 PBOM 中工艺节点零部件遗漏检查或提示。

（2）装配工艺仿真与优化：支持装配路径和装配次序的设定，在三维虚拟环境中对装配工艺进行仿真，在工艺验证过程中调整工艺过程和 BOM 划分，更新工艺设计数据。通过与虚拟工厂仿真系统集成，进行工艺可行性分析，实现对工艺系统

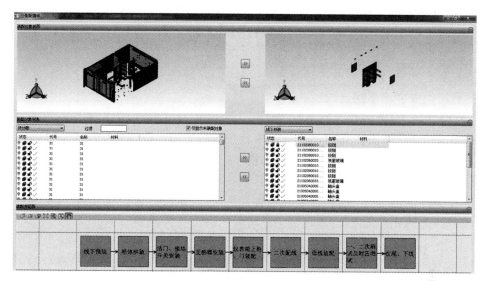

图 9-31　三维工艺设计系统

的反馈,支持工艺的优化调整,实现对工艺的持续优化,提升工艺设计的可行性。

（3）详细工艺编制：设计基于 MBD 的装配工艺模型,通过提取和重用 MBD 装配工艺模型中的设计、工艺及其他信息,快速进行产品装配详细工艺编制。基于工艺模板进行装配工序设计、工步设计,编制三维可视化视图。

（4）三维装配作业指导书编制及发布：通过获取结构化的工艺信息和装配仿真动画数据,生成可视化作业指导书、统计汇总文件,包括工序内容、可视化操作步骤、工装设备、可视化三维产品模型、注意事项及附件等；支持三维作业指导书的发布输出、浏览。当设计模型发生变更时,通过人机交互等方式快速实现三维装配视图和三维装配作业指导书的更新。

（5）制造资源库和工艺知识库建立：实现对工艺知识的分类、实例及其重用管理。装配工艺知识管理主要包含工艺术语、典型装配工艺工序、典型工艺流程及常用工艺知识管理等。

9.3　工程机械数字化车间建设

位于中部省份的某重工企业（以下简称 C 公司）是我国最大的工程机械企业之一,主导产品有混凝土输送泵、输送泵车、搅拌站、搅拌车等。C 公司是国内较早开展数字化智能化车间建设的企业,2012 年,在工信部智能制造装备发展专项的支持下,C 公司与华中科技大学、艾普工华等单位合作,开展数字化智能化车间的全面建设,立足打造国内工程机械行业首座全数字化工厂。该工厂的总装区将数字化管理理念融入总装流程的各个部分,包括设计新颖的数字化厂房设施与生产线规划、柔性化的数字化生产、有序高效的数字化物流及更为可靠的数字化质量保障等。生产全线使用了数字化控制和管理,具有更高的生产精度和生产效率,实现柔性化混流生产。数字化加工区通过综合应用业内最先进的工程机械产品加工生产设备和制造工艺,并努力融入国际领先的精益生产理念,凝练可供其全球制造基地参考利用的数字化车间建设经验。

C公司认为,数字化车间是数字化制造体系的关键组成,是数字化制造技术在生产领域的应用体现。它首先包括车间、产线、单元和设备等不同层次上设备与工艺方面全面的自动化、数字化及智能化技术应用,同时也包括上述各个层次上制造信息的数字化和生产管理信息的数字化。在此背景下的智能制造装备,是指具有感知、分析、推理、决策、控制功能的制造装备,它是先进制造技术、信息技术和智能技术的集成和深度融合,也是数字化车间系统的重要构成基础。

C公司数字化车间的基本框架如图9-32所示,主要由自动化生产单元与生产线、自动化仓储与物流设施、数字化生产执行过程管控平台、可视化生产控制中心四大部分构成。

图9-32　工程机械数字化车间基本框架

9.3.1　自动化生产单元与生产线

新建厂房的生产区域主要包括装配区、高精机加区和结构件区,如图9-33所示。

装配区分南北两部分,包括泵车、拖泵、车载泵、搅拌主机等4种产品的5条总装线和11条部装线。主要设备包括专用螺纹拧紧机、专用压装机、臂架翻转机、助力机械手等先进装配设备及工具。采用空中轨道输送线和AGV等先进物流设

图 9-33　厂房布局

(a) 装配区(虚拟)；(b) 高精机加区(虚拟)；(c) 结构体区(虚拟)；(d) 装配区实景

备,配备 MES 生产/物流/质量管控系统,支持多品种混流均衡生产。

高精机加区由 4 条阀块柔性生产线、1 条销轴柔性生产线以及小件高精机加区组成,包含倒立式车削中心、双主轴双刀塔车削中心、立式加工中心、卧式加工中心、热能去毛刺机、自动化立体刀库等 100 多台高精设备。柔性生产线和柔性生产单元设备均配置自动上、下料机械手。机械手控制系统与加工中心集成,保证放件自动准确定位,水平/垂直的运动重复精度均达到±0.05mm;自动加工生产单元的整个动作过程从自动选料开始,到机械手取下加工好的工件、抓取下一工件、装卡工件、关防护门到完成零件的加工程序等,各个部件的动作顺序协调统一,实现加工过程的全自动控制。通过 DNC 系统,实现加工设备的联网和 NC 程序的上传下达,同时,通过智能刀具系统实现刀具的跟踪管理。

结构件区由转台生产线、连杆生产线、转塔生产线等构成,其中:

(1) 转台生产线引进了先进、自动化的设备,包含通用自动化组对工装、焊接机器人、加工专机等先进设备。通用转台组对工装采用气动和快速夹紧相结合,定位可靠,操作快速简单方便,产品调整换型时间小于 5min,提高了组对精度、效率,降低了劳动强度。生产线采用焊接机器人进行焊接,提高了焊接质量,降低了工人劳动强度。研制的转台加工专机,集以前的车、镗、钻功能于一体,装夹由以前的 3 次减少到 1 次,并配备先进刀具,极大提高了作业效率。

（2）连杆生产线大量采用了先进、自动化的设备,包含组对机器人、焊接机器人、消氢抛丸线、辊道输送线、加工专机等先进设备。组对机器人的成功应用,实现了连杆组对自动化,提高了组对效率和组对质量。生产线大量使用焊接机器人焊接,提高了焊接质量,降低了工人劳动强度;连杆消氢、抛丸首次使用了积放链将两台设备连接起来组成一条循环线,通过设定输送线的节拍时间实现自动化生产。连杆镗加工区通过机加辊道线输送待加工的毛坯和加工完后的成品,加快了流转速度,降低了在制品库存。同时,连杆加工引入了连杆加工专机,专机双面同时加工,效率大大提升。

（3）转塔生产线由转塔座、转塔台、固定转塔生产线组成。生产线采用流程化生产方式,主要包含转塔座组对工装、转塔座内焊机器人、转塔座焊接变位机、转塔座外焊机器人、转塔座自动输送线、轴套焊接变位机、转塔座连续式消氢炉、转塔台组对工装、转塔台焊接机器人、转塔台焊接变位机、固定转塔焊接变位机、固定转塔加工专机等先进设备。生产线大量采用机器人焊接,焊接自动化率超过 50％,水平焊接化率超过 90％。采用空中自动输送线设备替代行车进行点对点的输送,减少了搬运浪费,提高了转运的自动化水平及效率。

结构件区大量采用先进的 AGV、KBK、空中输送线、辊道线、专用行车等物流设备,极大地提高了输送效率及整个区域的自动化水平。

9.3.2　自动化仓储与物流设施

自动化仓储与物流设施包括立体仓库、AGV 系统、基于 RFID 的物料识别设施等。

1. 立体仓库

立体仓库由南北两部分组成,共有货位约 15 000 个,采用 AGV 进行物料的自动配送。立库系统的现场图和内部控制结构如图 9-34 所示。

立库系统分为数据管理层、设备控制层和设备执行层。其中,数据管理层硬件由数据服务器、管理工作站、监控工作站、入出库工作站、无线基站以及网络交换机、打印机、UPS 等设备构成,完成系统数据管理。设备控制层由堆垛机控制器、输送机控制器、穿梭车控制器以及无线以太网控制网络、检测系统等组成,实现设备的自动控制。设备执行层由巷道堆垛机、各类输送机设备等组成,完成货物的搬运和输送。立体仓库配备 WMS 系统,实现收料、发料、查询等功能,并与物流执行系统 LES 实现集成。

2. AGV 系统

采用 AGV 系统实现物流配送。AGV 系统负责将自动化立体仓库出库物料按固定节拍自动配送到生产线,或由操作人员根据各工位实际生产需求物料的使用情况,通过 MES 系统中各个工位配套的 MES 机或 PDA 提出物料配送申请后,

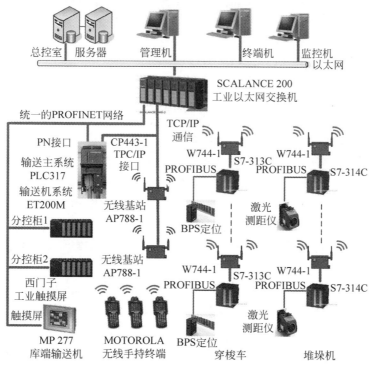

图 9-34 立体仓库及其内部控制结构

由 AGV 自动导引车系统中的 AGV 车进行各工位间物料的自动配送。

3. 物料识别设施

采用车间物料识别与跟踪装置,实现物料状态监控、配送作业监控、运输工具监控及线边库存监控。通过 GPS、RFID 定位系统等物联网技术,实现对物料和运输工具的实时定位、追踪与监控,获取物料和运输工具的状态和位置等信息,为物流调度提供基础数据。在产品制造过程中,使用托盘 RFID 标签和工位 RFID 读写设备,实时采集生产过程在制品和物料信息,作为生产进度控制、及时配料的依据。

9.3.3 数字化生产执行过程管控平台

如图 9-35 所示,通过数字化生产执行过程平台,实现对生产过程、质量过程和物流过程的综合管控(包括数据和流程),打通设备层与车间层之上应用系统之间的数据流。

1. 生产管控系统

生产管控系统(MES)与 ERP 系统 SAP 集成,自动获取主计划信息及相关生产准备信息,利用计划排程模块(APS)制定多车间、多产线、多工作单元的作业计划,通过生产执行模板下达作业计划并进行开/完工控制,通过现场机床联网系统(DNC/MDC)自动获取设备状态信息及加工进度信息,利用现场数据采集终端获取订单完成和计划变更信息,通过 ANDON 系统记录及处理人为异常及信息反馈。其中:

(1)高级计划排程模块 APS 实现主机计划、大件计划、小件计划等的优化排产功能,并与执行模块集成,实现动态调度。通过主机计划优化排产功能,评价库存水平完成自动排产,实现计划手工调整和动态重排;通过大件计划优化排产功能,制定大件和小件网络关联计划,全程追踪大件制造全过程,为大件流水线提供计划支持;通过小件计划优化排产功能,综合考虑多种约束前提,合理排定小件计划开工时间,根据负荷情况给定外协建议;通过标准工时测定功能,测定标准工时,为计划系统提供基础数据;与执行模块集成,通过 APS/MES 终端进行计划浏览与进度查询,借助车间实时状态获取装置,实现计划环境参数更新与计划/执行状态同步。

(2)生产管理模块和 SAP 的 MM、PP、SD 等模块集成,实现订单的工时、节拍、在制品与成品数量自动记录;以拉式方式配送大件物料、看板配送小件物料;实现关重件钢印号 RFID、条码扫描;通过现场缺件、节拍延时等声光报警提示、电子看板展示、短信与邮件自动通知关联责任人,实现生产异常处置;实现生产线流水节拍自动控制。该模块和 PLM 集成实现按物料编码查询图纸、技术规程、技术变更等信息,并可以把现场问题反馈给 PLM。

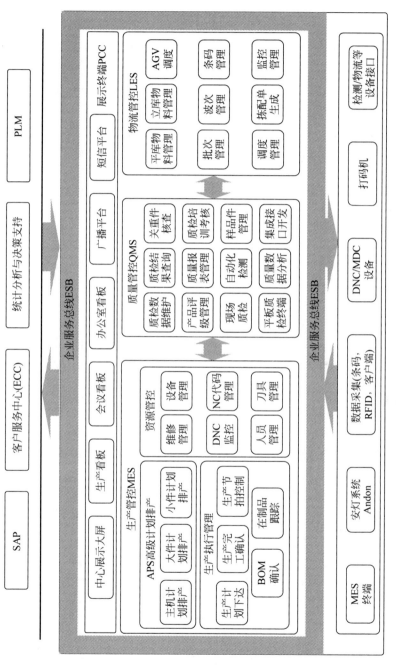

图 9-35　数字化生产执行过程管控平台示意图

（3）设备管理模块和 SAP 的 PM 模块集成，实现设备从采购需求评估到报废的全寿命周期管理。通过 DNC 监控机床状态并统计零件工时，为 SAP 的生产能力规划和 APS 的工作中心能力规划提供基础数据支持，实现 NC 代码的数据库管理、车间局域网上传下发、版本管理和 NC 代码状态流程化管理，为基于生产资源的 NC 代码调度提供了底层支持；通过刀具管理，实现选刀自动优化、刀补参数自动下发至机床、刀具配送和立体柜管理自动化；通过设备故障维修和预防性点检维修管理，自动产生设备维护工单，评估维修工人绩效，对配件进行安全库存管理，自动调度维修任务；LCD/LED 电子看板系统是可视化管理的重要辅助手段，其按功能细分为生产看板、物流看板、行政看板、6S 看板等。

（4）统计与决策支持平台主要实现对 MES 已经采集数据的统计分析，按需提供各类统计报表。在实现各环节数据信息化管理的基础上，通过与研发、制造和服务等系统的集成，实现跨平台信息共享，从时间、物料、人员/设备和质量 4 个方面关注产品在研发、制造、交付和售后 4 个阶段的信息变化，提供浏览和报表两种查看方式。

2. 物流执行系统

物流执行系统（logistics execution system，LES）通常配合 MES、ERP 使用，实现精益物流配送模式。精益物流配送模式的特征包括：

（1）加速物料流动，提高转运效率，节约物流空间；

（2）实现台套制配送，减少装配中的物料取用时间，提高生产效率；

（3）实现物流小批量多频次拉动模式，保证物料配送准时化，促进精益生产。

如图 9-36 所示，为了实现物料的准时化配送，需要根据生产工艺时间、生产计划等信息，计算配送提前期和配送量，并与立体仓库、AGV 等系统集成，依次启动物料分拣、组盘、配送任务，这些任务的调度控制均由 LES 系统完成。如图 9-37 所示，LES 主要实现物流配送模式与计划、物流配送执行、物流跟踪与可视化监控等功能，具体如下：

（1）针对产品和生产模式特点，确定工程机械零配件的物流配送模式，常见的配送模式包括计划拉动、序列拉动（JIS）、台套拉动（SPS）、Andon 拉动、看板拉动、紧急要货等。针对不同物料类型，采取组合配送方式，可以优化厂内整体物流环节，使物料配送与生产节拍保持一致，提高物料配送效率。

（2）物流计划是物料执行模块的主体，包括主生产计划物料的发料、转运、收料计划功能，并管理其他物料需求如标准件的看板需求、中大件的 Andon 需求等。为实现精细化管理，将每个配送单元的物流计划细分为物料收货计划、下架计划、分拣计划、配送计划。

（3）配送执行功能包括对配送计划的报工以及配送过程中异常的记录和处理（如生产质量异常，立体仓库、AGV 运转异常记录和分拣过程中发现异常等），同时包括对拣配单打印、订单物料查询、配送状态与历史查询等功能。

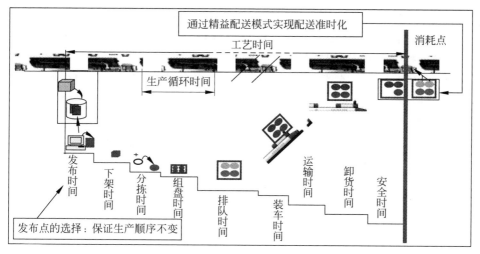

图 9-36　精益物流配送模式示意图

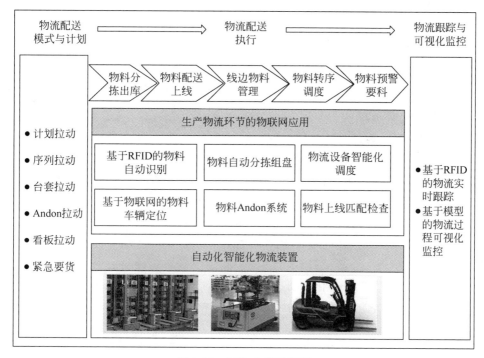

图 9-37　LES 功能示意图

（4）物流跟踪与可视化监控功能包括对库存的监控、在途物流的查询和中控管理等功能。其中,中控管理通过图表的方式全面展现厂房内物流计划、物流执行状态、物流设备状态、异常报警等全局信息。

LES 系统和车间规划与虚拟仿真优化、自动化仓储与物流设施（含立体仓库及 WMS 系统、AGV 装置及调度系统、RFID 设施等）等一起,共同构成了 C 公司的智

能物流体系,该体系带来的效益主要表现在以下方面:

(1) 优化了仓储管理:通过统一的仓储管理,重新布置仓库规划及物料分布,合理部署物料库存水平,加大仓储与供应链管理衔接程度,大幅降低了仓储成本。

(2) 提升了自动化水平:采用自动化物流设备实现物料的自动存取、下架出库,大幅提高了作业效率;通过条码扫描大大减小收发货作业人工劳动强度,通过AGV配送系统加大配送自动化作业水平,同时防止了人为操作产生的差错。

(3) 加强了配送精益化程度:通过打造适合C公司的先进物流模式"按波次下架、在线分拣、实时上线",针对不同物料采用合理的配送批次、优化的配送计划、智能的车辆调度策略,提高了物流配送精益化、智能化水平。

(4) 提高了装配线生产人员的工作效率:通过在合适时间将合适物料送到合适地点,并辅以方便取用的工位器具,显著减少了一线生产人员的物料取用时间,提高了其装配效率。

(5) 降低了物流运营成本:通过自动化、智能化、敏捷化、精益化物流体系,加强了物流成本管理和控制,从仓储、分拣、配送、紧急处理等方面大大降低了生产物流成本。

从量化角度分析,该物流体系实现了装配线 80% 以上的 B、C 类物料的台套化配送,立体库 90% 以上的物流实现"先进先出",订单响应时间由 24h 缩短至 12h 以内,因配送不及时导致的停线率低于 1%,线边物料库存量减少 45%。

3. 质量管理系统

通过建立质量管理系统(quality management system,QMS),实现全制造过程的数字化质量管控,具体建设目标如下:

目标 1:质量信息集成化。实现 100% 质量记录无纸化,建立产品全制造过程质量档案和跨系统的全质量信息中心,实现跨系统的质量管控流程。

目标 2:质检过程便捷化。实现图形化质检本及操作导航,在开工前辅助完成4M 检查,建立各种专门培训资料和检验标准视频,引入手持平板电脑,人机交互界面更加友善。

目标 3:质量检验自动化。通过数字化检测设备自动采集数据并处理,不合格品处理流程电子化,质量问题自动跟踪与验证,检验任务自动下发,远程视频通话。

目标 4:考核评价自动化。检验员、操作工人工作量自动记录、评价,根据检验的准确性、检出率,自动考评检验员的工作质量,产品评级自动化,供应商考核自动化。

目标 5:数据分析深层化。自动生成各类质量报表,SPC 在线质量分析与控制,通过关联分析找出引发质量问题的深层原因,通过数据挖掘辅助质量决策。

QMS 的主要功能如图 9-38 所示,主要包括质量数据维护、质量档案与质检数据查询、质量设备数据采集、平板/PDA 质检终端、质量处置流程、质量统计分析等功能。

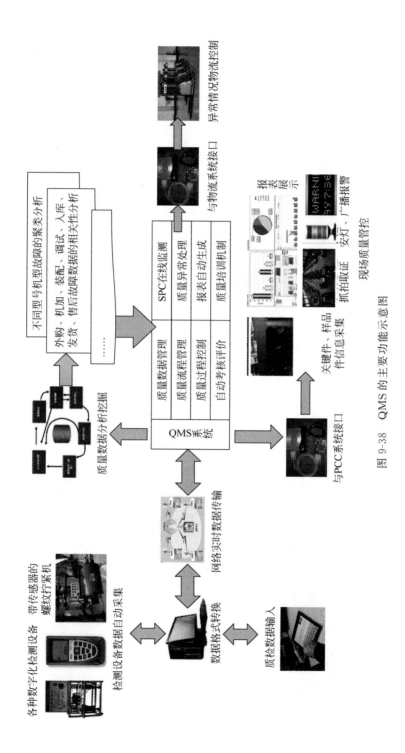

图 9-38　QMS 的主要功能示意图

（1）质检数据维护：实现质检特性基础数据维护、检验条目维护、质检特性组维护、主检验项维护、检验类型维护、质检特性维护、技术变更维护、关重件管理、物料组设置、调试班组和质检班组人员信息、调试数据判定标准、关键检验点配置信息、手动创建质检本等功能。

（2）质量档案与质检数据查询：实现质检档案记录、交检不合格率报表、质检信息历史查询、关重件使用历史查询、质检配置、质检及时率报表、交检记录查询、质检电子化率查询等功能。

（3）质量设备数据采集：通过开发与螺纹拧紧机、数显游标卡尺、内径表、深度尺、千分尺、激光测距仪、超声波探伤仪、三坐标测量机、黄油加注机、气泵及压力表、温度计、声级计等检测设备的集成接口，实现质量数据自动采集、数据融合、判异和报警。

（4）平板/PDA质检终端：实现质检指令下达、图形化质检结果录入、质检结果获取与显示、质检位置定位跟踪、质检问题反馈与交流等功能。如图9-39所示，检验员通过手持平板终端，即可查看需要检测的任务，并通过简单直观的图形化操作，完成检测结果反馈。

（5）质量处置流程：不合格品处置流程、例外转序、OBOM核对等基本流程的电子化。

（6）质量统计分析：装配过程质量分析主要实现在线监控和预警功能，即检测结果可实时地反馈到系统中，并对检验不合格情况设置实时报警功能，同时通过短

图9-39　平板质检终端界面

信、安灯(Andon)、电子看板等方式反馈到相关责任人,以及时采取改进措施。机加过程生产阀块、连杆、水箱等产品,对其外形尺寸有着较高的要求,通过 SPC 对生产过程进行监视控制,发现异常情况随时报警。最终将各种质量异常按原因进行统计分析,以指导生产的改进。

9.3.4　可视化生产控制中心

生产控制中心(production control center,PCC)由中央控制室、现场 Andon、电子看板等系统构成。通过底层数据采集,将各类生产数据采集后形成 PCC 数据库,PCC 与 MES、SCM、SAP、PLM 等业务应用系统集成,驱动质量管控、物料管控、生产管控、计划管控等核心业务系统的运行;通过对核心业务系统进行共性提炼、业务协同、统计分析等处理后,形成大屏和工作屏的内容展示;在 PCC 中心,通过业务协同,形成对生产现场的分析结论、操作指南、工作指令,并反馈给底层,从而实现多生产现场的综合管控。

如图 9-40 所示,PCC 展示的信息包括:

(1)生产信息,以轮播的方式展示工位是否异常和详细异常信息。生产看板显示生产线各工位是否超时、是否缺料、是否质量不合格和责任人,如果工位出现超时、缺料或者质量问题,则看板相应工位上亮红灯。生产看板还会定时显示具体的异常情况,比如缺哪种物料及对应的负责人。

(2)KPI 信息,以柱状图展示计划完成情况,以折线图展示开工及时率、完工率和下线率,并以饼图展示设备的纯作业时间、待机时间、停止时间和辅助作业时间主要。显示每条生产线的计划上线、计划下线、实际上线、实际下线,产线的异常问题类型及数目。

(3)物料信息,显示工位的缺料情况以及补缺后的反馈。

现场布置安灯系统(ANDON),安灯为四色安灯,分别为红、黄、蓝、绿。其中,红色代表停工,黄色代表缺料,蓝色代表正常,绿色代表 BOM 错误,当异常发生时,相应的灯便会亮起。

图 9-40　生产控制中心